KB056316

언리얼 엔진 4 머티리얼

언리얼 엔진 4 머티리얼

70가지 예제로 배우는 머티리얼 제작과 활용

브라이스 브렌라 라모스 · 존 도란 지음 김규열 옮김

i!i
에이콘

 에이콘출판의 기틀을 마련하신 故 정완재 선생님 (1935-2004)

| 지은이 소개 |

브라이스 브렌라 라모스^{Brais Brenlla Ramos}

열정적인 아키텍트, 3D 아티스트, 언리얼 엔진 4 개발자이며, 영국 런던에 있는 작업실과 스페인의 라 코루냐를 오가며 지내고 있다. 3D에 대한 열정의 원천은 건축과 컴퓨터 애니메이션 공부를 시작하도록 영감을 준 비디오 게임을 하던 어린 시절까지 거슬러 올라가야 할 것이다. 이미 학생 때 여러 스튜디오에서 건축 시각화 관련 프로젝트에 참여하면서 3D 분야에 입문했다. 이후 여러 가지 3D 모델링과 앱 개발 프로젝트에 참여했다. 처음에는 팀 멤버로, 현재는 런던에 있는 애큐시티스^{AccuCities}에서 언리얼 엔진 4 책임 개발자로 일하고 있다.

먼 여정을 가능하게 해준 친구들과 가족, 동료들에게 감사의 말을 전한다. 태미의 지원과 사랑 덕분에 이 책을 쓸 수 있었다.

존 도란 John P. Doran

열정적이고 숙련된 기술을 가진 게임 디자이너, 소프트웨어 엔지니어다. 미국 일리노이 주 피오리아에 살고 있다. 10년 동안 게임 개발에서 게임 디자이너, 책임 UI 프로그래머 업무를 수행하면서 다양한 실무 경험을 쌓았다. 싱가포르와 대한민국, 미국에서 게임 개발 교육 과정 강의를 했다. 최근까지 게임 개발 관련 책 10여 권에 저자로 참여했다.

현재 브래들리대학교에서 강사로 일하고 있다. 수상 경력이 있는 비디오 촬영 작가이기도 하다.

이 책을 쓰는 동안 모든 지원을 아끼지 않은 내 아내 혜인에게 감사의 말을 전한다.

| 기술 감수자 소개 |

디팍 자하브 Deepak Jadhav

인도 푸네에서 살고 있는 게임 개발자다. 컴퓨터 기술학과에서 학사 학위를 받았고 게임 프로그래밍과 프로젝트 관리 분야에서 석사 학위를 받았다. 현재 인도의 선두 게임 개발 업체에서 개발자로 일하고 있다. PC, macOS, 모바일처럼 멀티플랫폼용 게임 개발에 참여하고 있다. 수년 동안의 게임 개발 경험은 C#과 C++에 대한 강력한 배경지식이 됐다. 유니티, 언리얼 엔진, AR/VR 분야를 포함한 각종 플랫폼에 관한 기술을 꾸준히 익히고 있다.

이 책을 리뷰할 수 있는 기회를 준 팩트출판사와 저자들에게 감사를 전하고 싶다.

| 옮긴이 소개 |

김규열(gyuyoul@gmail.com)

1997년에 게임 프로그래머로 현업을 시작한 올드타이머[old-timer]다. 2005년 엔씨소프트에서 처음 언리얼 3를 사용했으며 이후로도 언리얼 엔진을 사용 중이다. 초창기에 3D 엔진 개발이 꿈이었고 한동안 엔진 개발에 매진해 언리얼 엔진을 썩 선호하지는 않는다. 그럼에도 아직 적절한 대체품을 찾지 못하고 있다. 현재 크래프톤에서 신기술을 적용한 게임 개발에 열정을 쏟고 있다.

| 옮긴이의 말 |

2001년 2월 엔비디아^{NVIDIA}에서 지포스 3 그래픽 카드를 출시하면서 셰이더의 세계가 눈앞에 펼쳐졌다. 나도 당시 큰돈을 들여 지포스 3를 구입해 어셈블리로 셰이더 프로그래밍을 배우면서 고정 파이프라인에 자유를 제공하는 일이 실력이나 상상력의 차이를 만들 거라 믿었다. 실제로 실시간 3D 그래픽스에서 품질 차이는 극명해지기 시작했다.

하지만 초창기 셰이더는 어셈블리로 작성해야 했다. 제약 사항도 많아 실제로 3D 아티스트가 다룰 수 있는 물건이 아니었다. 물론 시간이 지나면서 셰이더도 HLSL과 같은 고급 프로그래밍 언어 형태로 프로그래밍이 가능해지고 접근성이 점점 더 나아졌지만 여전히 3D 아티스트에겐 어려운 영역이다.

시간이 지나면서 셰이더를 노드 그래프 형식으로 제작할 수 있는 툴이 생겨나기 시작했다. 이러한 변화는 어려운 셰이더 프로그래밍을 좀 더 쉽게 만들어줄 거라는 착각을 일으켰다. 물론 글자보다 노드 그래프로 보는 것이 시각적으로 더 쉽고 편하게 느껴진다. 그렇다고 해서 그래픽스 이론과 선형대수를 몰라도 셰이더를 만들 수 있도록 해주는 것이 아니다. 실제로 국내 3D 아티스트나 테크니컬 아티스트 중에 셰이더를 만들 수 있는 이가 극히 드물다는 사실이 이러한 변화가 아무런 어려움도 줄여주지 못했다는 점을 반영한다고 생각한다.

3D 아티스트가 표현하고 싶어하는 요구 사항을 프로그래머가 셰이더로 작성하기 때문에 서로 소통하는 데 비용이 많이 들고 원하는 바를 정확하게 표현하지 못하는 결과를 낳는다고 본다.

결국 3D 아티스트가 직접 셰이더를 작성할 수 있어야 더 좋은 그래픽을 빠르게 표현할 수 있다. 그 힘든 여정을 출발하는 데 미적분, 선형대수 같은 과목을 공부하고 그래픽스 이론을 공부하듯이, 정공법으로 가는 길보다 실습으로 이미 만들어진 셰이더를 따라 해보면서 우선 익숙해지는 과정을 갖는 방법이 조금 더 낫다.

만약 언리얼 엔진을 사용하거나 사용해보고 싶고 언리얼 엔진에서 머티리얼^{material}(언리얼에서 머티리얼은 큰 셰이더 템플릿 코드에서 특정 부분을 채워주는 셰이더 코드 조각)을 만들어보고 싶다면 이 책이 입문용으로 가장 적절하다. 예제를 쉽게 따라 해보고 결과를 보면서 만족감과 성취감을 느낄 수 있음과 동시에 학습의 원동력이 돼 줄 것이다. 아울러 전반적인 원리를 설명하고 있고 더 깊이 있는 내용을 찾아볼 수 있는 이정표가 돼 줄 것이다.

원서 정오표에 올라온 내용은 없었지만 번역을 진행하면서 발견한 오타와 오류를 수정했다. 때로는 주석으로 설명을 덧붙이기도 했다. 실습을 진행하는 데 혼동되지 않도록 언리얼 에디터에서 영문으로 표기한 메뉴는 이 책에서도 영문으로 표기했다. 모든 예제는 언리얼 엔진 4.20에서 4.24까지 확인했으며 문제는 없었다. 이 글을 쓰고 있는 시점에서 가장 최신 버전은 4.25.1이지만 예제가 문제없이 동작할 거라고 믿는다.

이 책은 언리얼 엔진에서 머티리얼을 제작하는 데 출발점이 돼 줄 수 있을 뿐이다. 필요한 머티리얼을 척척 만들고자 한다면 걸어야 할 여정은 정말 멀고 험하다. 그래도 멈추지 않고 원하는 바를 얻는 길로 나아가길 바란다.

| 차례 |

2장   포스트 프로세싱 이펙트   93

| 들어가며 |

언리얼 엔진 4로 만드는 게임 개발의 여정으로 개발자들을 이끌 것이다. 게임과 앱의 시각적 요소에 영향을 주는 조작을 수행해보며 언리얼 엔진의 구석구석을 탐험한다. 꼭 알고 있어야 하는 기본적인 주제를 시작으로 특정 주제를 하나씩 살펴본다. 각 장은 그 기본 내용을 확장해 나간다. 대부분 개발자가 내용을 따라갈 수 있도록 완만한 학습 곡선을 갖게 구성했다. 만약 관련 내용을 잘 안다면 실습을 건너뛰고 다른 장이나 실습을 진행해도 상관없다.

우선 언리얼 엔진에서 물리 기반 렌더링physically based rendering을 다루는 방법이나 포스트 프로세싱 이펙트post-processing effects와 같은 엔진의 렌더링 파이프라인rendering pipeline 아래 핵심 개념부터 시작한다. 두 주제에 관한 견고한 기반 지식을 갖고 그 지식을 확장해 불투명, 투명, 서브서피스subsurface 머티리얼과 또 다른 셰이딩 모델shading model 같은 좀 더 많은 내용을 알아볼 것이다. 또 여러 향상된 머티리얼 생성 기술과 기법을 살펴볼 것이다. 이 기술들은 머티리얼과 블루프린트blueprint를 함께 사용하는 것부터 머티리얼을 인스턴싱instancing하고 최적화하는 등의 다양한 효과를 만드는 데 이용할 수 있다.

이 책을 다 마치고 나면 다양한 머티리얼의 개념과 기법에 관한 지식과 실무를 모두 탄탄히 다지게 될 것이다. 개발자가 하고자 하는 것이 게임 개발이든 앱 개발이든 혹은 개인적인 프로젝트든 간에 이 책을 통해 새롭게 배운 개념을 정확하게 이해하고 있다는 확신을 갖고 사용하게 될 것이다. 이제 시작해보자!

▌ 이 책의 대상 독자

내용이 진행될수록 점점 더 어려운 주제를 다루는 구조로 구성돼 있다. 따라서 언리얼 엔진의 머티리얼 파이프라인을 다뤄 보지 않은 초보 개발자부터 숙련된 개발자까지 모두를 대상으로 한다. 개발자의 숙련도와 상관없이 언리얼에 대한 이해도가 높다면 이 책을 따라가는 데 좀 더 수월할 것이다.

▌ 이 책의 구성

1장, 물리 기반 렌더링 언리얼이 근간을 두고 있는 기본적인 렌더링 개념을 다루는 것으로 시작하며, 머티리얼 에디터도 소개한다.

2장, 포스트 프로세싱 이펙트 포스트 프로세싱이라는 강력한 개념을 소개하고 이를 이용해 얻을 수 있는 서로 다른 이펙트를 설명한다.

3장, 불투명 머티리얼과 텍스처 매핑 언리얼에서 가장 기본이 되는 머티리얼 형식 가운데 한 가지를 자세히 다루고 여러 사용법을 알아본다.

4장, 투명 머티리얼과 더 많은 이야기 투명 머티리얼이라는 가장 흥미로운 머티리얼 형식 가운데 한 가지를 다룬다. 추가적으로 서브 서피스와 이미시브^{emissive} 머티리얼을 포함해 다양한 머티리얼도 다룬다.

5장, 머티리얼의 활용 범위 확장하기 단순히 3D 모델링에 머티리얼을 적용하는 것 이외에 라이트 함수, UI 요소, 비디오를 화면에 출력하는 방법 등을 다룬다.

6장, 머티리얼 고급 기법 시차 차폐 매핑$^{parallax\ occlusion\ mapping}$과 메시 거리 필드$^{mesh\ distance}$ ^{fields}와 같은 향상된 기술을 사용해 머티리얼 에디터에서 만들 수 있는 최신 이펙트를 이야기한다.

7장, 머티리얼 인스턴스 사용하기 인스턴싱의 개념을 사용하는 방법을 알아본다. 이를 통해서 서로 다른 머티리얼 위에 또 다른 셰이더를 레이어로 둔 머티리얼 인스턴스에 빠르게 변형을 주는 방법과 여러 머티리얼 설정을 한 번에 변경하는 방법을 알 수 있다.

8장, 모바일 셰이더와 머티리얼 최적화 모바일 장치나 가상현실과 같이 성능이 중요한 하드웨어에서 이전에 만든 머티리얼이 좀 더 성능에 최적화될 수 있도록 하는 여러 방법을 다룬다.

9장, 몇몇 유용한 노드 어떤 분류 목록에도 속하지 않지만 언리얼에서 찾을 수 있는 정말로 유용한 몇 가지 노드에 초점을 맞춰 이야기한다.

▌ 이 책의 활용 방법

이 책을 따라 해보려면 우선 컴퓨터에 언리얼 엔진이 설치돼 있어야 한다. 가능하면 최신 버전일수록 좋다. 책에 나오는 대부분 실습 과제가 엔진의 여러 버전에서 작동할 것이라고 확신한다. 하지만 최신 기능을 사용하려면 4.24 버전을 추천한다.

언리얼에 관한 지식은 필수는 아니다. 그러나 언리얼을 사용해본 경험이 있는 것이 책을 좀 더 수월하게 따라갈 수 있도록 도움을 줄 것이다. 코딩 기술을 요구하지 않지만 비주얼 스크립팅 언어인 블루프린트를 다룰 줄 아는 것 또한 도움이 되는 것은 사실이다.

예제 코드 다운로드

이 책의 예제 코드는 에이콘출판사의 도서정보 페이지 http://www.acornpub.co.kr/book/unreal-shader-effect에서 다운로드할 수 있다. 또한 다음의 깃허브 링크 https://github.com/PacktPublishing/Unreal-Engine-4-Shaders-and-Effects-Cookbook에서 다운로드할 수 있다. 코드가 갱신될 경우 깃허브 저장소도 갱신된다.

편집 규약

독자의 이해를 돕고자 다루는 정보에 따라 글꼴 스타일을 다르게 적용했다.

화면에 나타난 단어나 메뉴 또는 대화창에 나온 단어는 다음과 같이 표시한다. "원본 **텍스처 샘플**에서 선을 끌어다 놓고 새로운 **곱셈** 노드를 생성한다."

 주의 사항이나 중요한 내용은 이와 같이 나타낸다.

 유용한 팁이나 요령은 이와 같이 나타낸다.

절

준비하기

실습하기 전에 어떤 소프트웨어를 준비해야 하는지, 실습을 진행하고자 필요한 설정을 설명한다.

예제 구현

실습을 따라 해볼 각 단계에 관한 내용을 담고 있다.

예제 분석

예제 구현에서 실습했던 내용에 관한 자세한 설명을 담고 있다.

추가 정보

실습에서 좀 더 많은 지식을 얻을 수 있도록 필요한 부가 정보를 담고 있다.

읽을거리

실습과 관련한 또 다른 도움이 되는 유용한 정보 관련 링크를 제공한다.

▌ 고객 지원

독자 의견은 언제나 환영한다. 이 책과 관련해 궁금한 점이 있다면 이메일 제목에 책 제목을 적어서 questions@packtpub.com으로 보내면 된다. 한국어판에 관한 질문은 에이콘출판사 편집 팀(editor@acornpub.co.kr)이나 옮긴이의 이메일로 문의하길 바란다.

오탈자

콘텐츠의 정확성을 위해 모든 노력을 기울였음에도 실수가 있을 수 있다. 이 책의 오류를 발견하고 전달해준다면 매우 감사할 것이다. https://www.packtpub.com/submit errata에서 해당하는 도서명을 선택한 다음 정오표 제출 양식 링크를 클릭해 상세 정보를 입력하면 된다.

한국어판의 정오표는 에이콘출판사의 도서정보 페이지 http://www.acornpub.co.kr/book/unreal-shader-effect에서 찾아볼 수 있다.

저작권 침해

인터넷상에서 어떤 형태로든 당사 저작물의 불법적 사본을 발견한 경우, 해당 자료의 링크 또는 웹사이트 이름을 제공해주면 감사하겠다. 해당 자료의 링크를 포함해 copyright@packtpub.com으로 이메일을 보내주기 바란다.

물리 기반 렌더링

우선 실습 결과를 확인할 때 사용할 레벨을 언리얼에서 세팅하는 방법을 알아보고자 한다. 개발자의 숙련도와 상관없이 언리얼에서 레벨을 만들거나 파악할 수 있는 가장 필수적인 요소를 정확히 알고 있어야 하기에 앞으로의 내용을 진행하기 전에 세팅 방법을 확실히 알고 넘어가도록 한다. 또 적절한 조명의 타입을 이용하는 것, 가장 일반적인 머티리얼 속성들이 어디에 있는지와 세이더가 성능에 미치는 영향을 측정하는 방법 등을 아는 것은 프로젝트의 종류와 관계없이 중요하다. 1장에서는 다음 내용을 다룬다.

- 실습 확인용 레벨 세팅하기
- 머티리얼 에디터 사용하기
- 첫 번째 물리 기반 머티리얼 만들기
- 투명 블렌드 모드^{translucent blend mode}를 이용해 간단한 유리 재질 만들기

- 이미지 기반 조명image-based lighting을 레벨에 적용하기
- 제작한 머티리얼의 비용 확인하기

▌ 소개

언리얼 엔진 4에서 머티리얼 생성 과정을 깊숙이 파고들어 갈 것이다. 언리얼이 제공하는 최신 렌더링 기법의 가능성에 흥미가 있다면 1장이 재미있을 것이다. 여기서 최신이라는 용어는 강력하고 견고한 렌더링 파이프라인을 의미한다. 언리얼을 이용하면 전체적인 개발 환경 변경 없이도 실사적이거나 비실사적인 게임을 만들 수 있다.

아마 이런 시스템의 유연성이야 말로 실시간 렌더링 분야에서 몇 년 동안 지속적인 발전을 해왔다는 사실을 증명하는 사례일 것이다. 개발자들은 2D 시대를 거쳐서 3D 시대로, 스프라이트와 2D 이미지에서 폴리곤과 3D 월드를 렌더링하는 것으로 변화의 과정을 목도했다.

더욱 강력한 새로운 하드웨어와 발전하는 지능적 렌더링 파이프라인 기법의 결합으로 인해 이런 변화들이 가능했다. 책을 통해서 지속적으로 다룰 물리 기반 렌더링 워크플로우workflow가 이야기해볼 만한 가장 최신의 발전일 것이다.

PBR은 Physically Based Rendering(물리 기반 렌더링)의 약자다. PBR은 빛과 3D 물체가 상호작용하는 방식에 관한 한 방법론이다. 3D 환경 속에 적용한 머티리얼을 표현하려면 아티스트가 만들려고 하는 각 머티리얼마다 특정 속성을 설정해야만 한다. 알베도albedo[1]가 어떤 색상인지, 얼마나 많은 광량을 반사하는지, 또는 반사를 어떻게 정의할 것인지와 같은 속성이 있다.

---

1 '기저에 깔린 색상'을 말한다. 예전에는 이를 디퓨즈(diffuse) 색상이라고 했는데 요즘은 실제 아티스트들이 알베도(albedo)라는 기술적인 용어를 좀 더 많이 사용하기 때문에 이와 같이 번역했다. – 옮긴이

이런 점이 과거 워크플로우와의 확실한 차이점이다. 과거 워크플로우는 빛의 확산과 같은 시뮬레이션 과정에서 전혀 물리적인 방법을 이용하지 않았다. 예를 들면 머티리얼을 서로 다른 조명 조건 속에 적용해도 그것을 반영하지 못했다. 결국 밤과 낮 장면에서 동일한 에셋(asset)을 사용하면 결과적으로 보여지는 것이 달라져야 하지만 그렇지 않았다. 그래서 아티스트가 서로 다른 텍스처 한 벌을 만들거나 물체가 배치되는 환경에 어울려 보이도록 머티리얼을 수정해야만 했다.[2]

최근 물리 기반 렌더링 워크플로우의 도입으로 모든 것이 달라졌다. 언리얼 엔진 4와 같은 최신 게임 엔진은 물리 기반 렌더링을 기본 렌더링 방법으로 도입했다. 또한 구세대의 렌더링 방법도 같이 제공함으로써 아티스트에게 좀 더 사용의 자유도를 제공하고 있다. 이제 서로 다른 조명 조건에서도 머티리얼이 올바르게 표현된다. 이런 제작 파이프라인 pipeline에서 콘텐츠를 만드는 방법을 알아봄으로써 여러 환경에서 활용할 수 있는 방법을 확실히 알 수 있을 것이다.

하지만 물리 기반 렌더링을 구현하는 정해진 규약이 있는 것이 아니다. 그래서 실제 구현에 따라서 얼마든지 차이가 있을 수 있다. 결국 실제 물리 기반 렌더링이 동작하는 방법은 서로 다른 렌더링 엔진들에 의존적이다. 에픽이 언리얼 엔진에서 선택한 구현 방법이 다른 서드파티third-party 제작 소프트웨어의 구현과 다를 수 있다. 게다가 실시간 애플리케이션에서 물리 기반 렌더링 워크플로우는 오프라인 렌더러들과 확실한 차이가 있다. 실시간 애플리케이션에서는 효율성과 속도가 필수적으로 고려해야 하는 요소이기 때문이다. 그래서 몇몇 제한이 존재하지만 물리 기반 렌더링이 제한을 상쇄시켜 줄 만한 커다란 이 점을 제공한다. 그리고 제한 사항을 이해하는 것이 아티스트들이 엔진의 성능을 최대한 사용하는 데 도움을 줄 것이다.

앞서 이야기한 내용이 책의 목표다. 언리얼에 많은 다른 기능들을 사용하는 일련의 실습

---

2 이 부분은 오해의 소지가 다분하다. 만약 머티리얼을 구현한 셰이더의 공식에서 물리 기반이 아닐 때 빠지는 요소들 때문에 조명의 변경을 반영하지 못한다는 의미에서 예를 든 것이라면 문제가 없지만, 언급한 예가 왠지 3D 물체가 동적 조명을 수용하느냐 아니냐에 대한 문제에 불과해 보여서 약간 억지스럽다고 생각한다. – 옮긴이

들을 제공한다. 각 단위는 서로 독립적이기 때문에 원하는 순서에 따라서 읽어도 문제가 없다. 그러려면 우선 다음 몇 페이지 동안 엔진을 설치하는 방법과 기본 레벨을 세팅하는 방법을 알아봐야 한다. 실습 결과를 확인하는 용도로 이 레벨을 사용할 것이다.[3]

█ 실습 레벨 세팅하기

첫 번째 실습에서 기본적인 레벨을 만들어보고자 한다. 초기 단계에서 엔진의 기본적인 사항을 다루고 여러 에셋을 다운로드할 수 있는 유용한 웹사이트도 알아볼 것이다.

준비하기

실제로 기본 실습 레벨을 만들기 전에, 언리얼 엔진 4를 다운로드해야 한다. 책을 집필할 때 4.20.3 버전으로 시작을 했는데 독자는 책을 읽고 있는 시점에서 가장 최신 버전을 사용해도 된다.[4]

엔진 설치 절차는 다음과 같다.

1. https://www.unrealengine.com/ko/feed로 이동해 페이지 상단의 **런처 다운로드** 버튼을 누르고 지시에 따라 설치 과정을 진행한다.

2. 설치를 했다면, 최신 엔진 버전을 다운로드한다. 런처의 **라이브러리** 탭을 누르고 엔진 버전 옆의 (1) **+** 아이콘을 누르면 다운로드할 엔진 버전을 선택할 수 있다. 다운로드가 완료되고 (2) **실행** 버튼을 누르면 엔진이 실행된다.

3　이 책에서 'scene'이라는 용어가 나왔을 때 언리얼과 관련된 문맥이면 '레벨'로, 아니라면 '장면'으로 번역했다. – 옮긴이
4　4.24.3 버전까지 예제들을 실행해본 결과 문제가 없었다. – 옮긴이

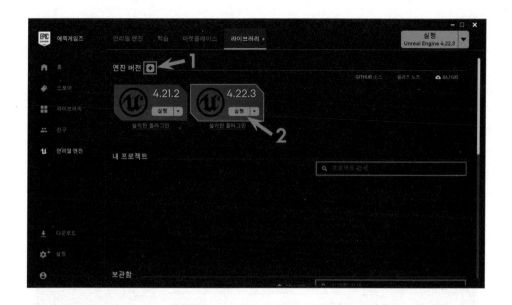

이렇게 하면 언리얼 엔진 4를 사용할 준비가 완료된 것이다. 간단한 조작만으로 엔진 설치가 가능하다. 완전히 무료이며 완전히 숙달되려면 몇 년이나 걸릴 다양한 툴이 그 안에 들어가 있다니, 정말 놀랄 노자다. 우선 여러 툴 가운데 머티리얼 툴을 공부해볼 것이다. 그 전에 우선 첫 번째 프로젝트를 생성하자.

예제 구현

우선 설치한 엔진을 실행한다. 이후 다음 단계에 따라 새로운 프로젝트를 생성한다.

1. 새 프로젝트 생성하기: 프로젝트 이름을 입력하고 프로젝트 파일이 위치할 폴더를 선택한다. 블루프린트 기반 프로젝트 가운데 기본 프로젝트를 선택했다. 그러나 어떤 템플릿으로 시작하든 아무런 문제가 되지 않는다. 지금까지 특별한 것은 없다. 원한다면 시작용 콘텐츠$^{Starter Content}$를 추가해도 된다. 나중에 사용할 몇몇 유용한 리소스가 시작용 콘텐츠에 들어가 있다.

TIP

추가적으로 좀 더 많은 무료 리소스를 구할 수 있는 곳이 있다. 우선 에픽 게임 런처(Epic Games Launcher) 안에 학습 탭에서 무료로 얻을 수 있는 많은 예제를 확인할 수 있다. 새로운 멋진 콘텐츠가 있는지를 확인해보려면 커뮤니티 섹션을 살펴보라.[5]

최근 에픽에서 모든 언리얼 사용자가 사용할 수 있는 다양한 에셋을 제공하려고 여러 콘텐츠 제작자와 협업하고 있다. 다음 웹사이트를 확인해보라.[6]

- https://www.unrealengine.com/ko/feed
- https://www.unrealengine.com/marketplace/ko/free

---

5 커뮤니티 섹션도 학습 탭에 있다. – 옮긴이

6 블로그 피드 페이지 뉴스 가운데 "마켓플레이스 무료 콘텐츠 – 2019년 8월" 이런 형식의 제목을 가진 블로그 게시글로 가면 된다. 또는 두 번째가 마켓플레이스 무료 콘텐츠를 보여주는 링크다. 이쪽으로 가는 것이 더 편할 것이다. – 옮긴이

2. 에디터가 가동되면 우선 **파일 › 현재 레벨을 다른 이름으로 저장**(File › Save Current As) 메뉴를 선택해 맵을 다른 이름으로 저장한다. 이렇게 해서 나중에 변경될 사항들이 그 맵 파일에 저장될 수 있게 준비한다. 그렇지 않으면 기본 무제^{Untitled} 맵에서 작업을 하게 되는데 어떻게 변경하든 그 변경을 저장할 수 없는 맵이다.[7]

3. 여기까지 마쳤다면, 이제 실습할 준비가 된 것이다. 월드 아웃라이너^{World Outliner}에서 모든 액터^{Actor}를 삭제한다. 배치된 어떤 액터도 실습 레벨에서 사용하지 않을 것이기 때문에 괜찮다. 뷰포트^{Viewport}에서 레벨과 월드 아웃라이너가 다음 그림과 같은 상태로 보일 것이다.

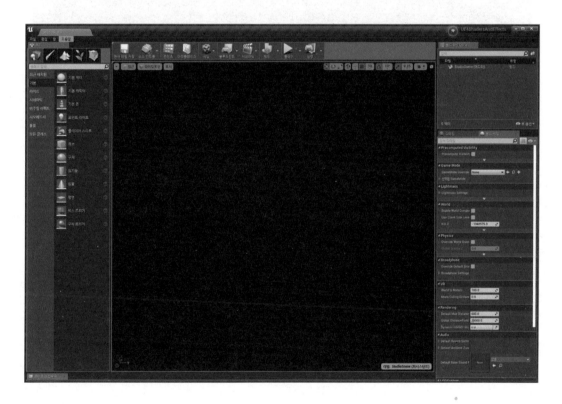

---

7 실제로 무제 상태일 때 저장을 누르면 자동으로 레벨 다른 이름으로 저장 대화상자가 나온다. 그때 새 이름으로 맵을 저장할 수 있다. – 옮긴이

4. 만약 시작용 콘텐츠를 추가하지 않았다고 해서 걱정할 필요는 없다. 새로운 프로젝트를 만들 때에만 포함할지 말지를 결정할 수 있는 것이 아니기 때문이다. **콘텐츠 브라우저**를 보면 좌측 상단에서 **신규 추가**^{Add New} 버튼을 찾을 수 있을 것이다. 그 버튼을 누르면 메뉴의 가장 상단에 **피처 또는 콘텐츠 팩 추가**^{Add Feature or Content Pack}라는 이름의 메뉴가 있다. 그 버튼을 누르면 **프로젝트에 콘텐츠 추가**^{Add Content to the Project} 대화상자가 나온다. 그다음 **콘텐츠 팩** 탭을 누르고 Starter Content[8]를 선택한 다음 **프로젝트에 추가**^{Add to Project} 버튼을 누르면 된다.

8　실제 언리얼에서 에디터 언어 설정이 한글이라도 영어로 표기되는 부분은 영어로 표기했다. 독자가 실습할 때 혼동을 덜 주기 위함이다. - 옮긴이

5. 시작용 콘텐츠를 추가했다면 만들 레벨에 조명을 설정해야 한다. 정말 유용한 블루프린트^{Blueprint}를 StarterContent 폴더 안에서 찾을 수 있다. **콘텐츠 브라우저** 에서 StarterContent 폴더 안으로 들어간 다음 Blueprints 폴더 안으로 가 보면 BP_LightStudio라는 이름의 블루프린트가 있을 것이다. 그 **블루프린트**를 선택한 후에 드래그해서 만든 레벨 안에 배치한다.

   BP_LightStudio라는 블루프린트는 에픽 게임즈에서 제공해주는 것이다. BP_LightStudio는 여러 조명 설정을 포함하고 있다. 그래서 직접 여러 개의 조명을 각각 배치하고 설정해야 하는 번거로운 작업을 하지 않아도 된다. 레벨이 어떻게 보이길 원하는지만 선택하면 된다. BP_LightStudio 블루프린트 때문에 정말 간단하게 실습 확인용 레벨을 만들 수 있다.

   물론 배치한 조명을 어느 수준까지 조정할 수 있는지 이해하고 조정하는 방법을 아는 것도 매우 중요하다. 나중에 관련된 몇몇 사항을 살펴볼 것이다. 하지만 지금은 BP_LightStudio가 사용할 수 있는 가장 강력한 도구다.

6. BP_LightStudio 블루프린트를 레벨에 배치했다면, 월드 아웃라이너에서 BP_LightStudio 블루프린트를 선택한 후 몇몇 속성을 조절해 실습 확인용 레벨의 조명을 설정할 것이다.

7. 우선 BP_LightStudio의 **디테일** 탭에 있는 HDRI 항목을 살펴보자. HDRI는 High Dynamic Range Imaging(고생동폭 화상)의 약자다. HDRI는 사진을 찍은 위치에 조명 정보를 저장하고 있는 텍스처의 한 종류다. 3D 레벨에 배치 가능한 조명의 한 종류다. 조명 정보를 저장한 텍스처 데이터를 이용하는 것은 매우 강력한 기법이다. HDRI를 이용해서 환경을 좀 더 자연스럽고 실제적으로 보이게 할 수 있다.

8. HDRI가 유용한 기능이지만 기본적으로 꺼져 있다. **Use HDRI** 체크박스를 체크
해서 기능을 활성화하자. 그러면 레벨이 **HDRI Cubemap** 슬롯 안의 기본값으로
할당된 텍스처가 보이는 것을 확인할 수 있다. 개발자가 가지고 있거나 혹은 다
운로드해놓은 HDRI 이미지가 있다면 대체해서 사용해도 된다.[9]

HDRI 이미지는 3D 아티스트에게 매우 유용하다. 물론 이 이미지를 만드는 것
은 엄청나게 긴 과정이다. 그리고 몇몇 과정은 마술처럼 보일 수도 있다. 개발자
가 HDRI 이미지를 구매할 수 있는 여러 사이트가 있다. 또 몇몇 유용한 HDRI

---

9 실제로 세팅을 변경하면서 결과가 제대로 된 것인지 아닌지 확인하려면 책 속 설정대로 하는 것이 낫다. 저자는 꾸준히 자
유롭게 하는 것을 강조하는 경향이 있지만 좀 더 원활하게 실습 과정을 따라 하거나 결과가 올바른지 확인하려면 책에 실린
내용대로 하는 것이 훨씬 낫다고 생각한다. – 옮긴이

이미지를 무료로 구할 수 있는 웹사이트도 하나 알려주겠다.

http://www.hdrlabs.com/sibl/archive.html

이번 실습에서 무료 HDRI 이미지 중에 **Alexs Apartment**를 사용할 것이다. 이 HDRI 이미지는 실내를 시각화하는 데 정말 유용하다.

9. HDRI 이미지를 사용할 것이므로 BP_LightStudio 블루프린트의 **디테일** 탭에서 **Sun** 카테고리와 **Atmosphere** 카테고리에 속한 **Use Light Sun**과 **Use Atmosphere** 체크박스의 체크를 해제한다. 언급한 바와 같이 이 이미지 형식은 조명 정보를 저장하고 있다. 그러므로 다른 종류의 조명을 사용할지는 선택 사항이다.

10. 이제, 물체를 놓을 기본적인 평면을 하나 만들자. 왼쪽에 있는 **모드 > 기본 > 평면** (Mode > Basic > Plane) 메뉴를 찾아 평면을 선택한 후에 레벨로 드래그해서 놓아라.

11. 배치한 평면에 새 머티리얼을 적용해 그럴듯하게 보이도록 해보자. 우선 평면을 선택하고 **디테일** 탭에서 Materials 카테고리를 찾아서 엘리먼트 0Element 0에 할당된 값을 M_Wood_Pine으로 변경하라. 시작용 콘텐츠 안에 들어가 있는 머티리얼이다. 그러므로 **시작용 콘텐츠**가 설치돼 있어야만 사용할 수 있다.

여기까지 진행했다면 화면이 다음 그림과 비슷해 보일 것이다.

이렇게 기본 실습 확인용 레벨을 만드는 과정이 마무리됐다. 이제 실습 결과를 확인할 때 이 레벨을 사용하면 된다. 마치 그림 그리기 전에 하얀 도화지를 준비한 것과 같다. 이 레벨에 만든 모델을 배치하거나 배치된 모델에 머티리얼을 적용해 에셋들이 올바르게 보이는지 확인하는 용도로 이 레벨을 사용할 것이다.

예제 분석

두 가지 목적 때문에 실습을 직접 완성해봐야 한다. 첫 번째는 실습 확인용 레벨을 만든 것이고 두 번째는 엔진에 익숙해지는 것이다. 물론 엔진에 익숙해지려면 시간을 들여 직접 해봐야 한다. 그러니 꼭 실습을 직접 해보라. 그러면 좀 더 빠르게 엔진에 익숙해질 것이다.

엔진에 빠르게 익숙해질 수 있는 또 다른 방법은 실습 과정을 리뷰하는 것이다. 실습을 리뷰하는 과정을 통해 좀 더 빠르게 배울 수 있다. 또 작업 방법과 의도를 이해하는 과정을 통해 배운 지식이 좀 더 견고해진다. 그래서 각 실습을 마친 이후에 '예제 분석' 절을 읽어보는 것이 중요하다. 우선 첫 번째 실습에서 한 작업을 살펴보면서 언리얼에서 어떤 작업을 해본 것인지 알아보자.

첫 번째 사용할 언리얼 엔진 프로젝트를 만들어봤다.[10] 다음으로 에픽 게임즈에서 제공하는 시작용 콘텐츠 패키지를 프로젝트에 추가했다. 시작용 콘텐츠는 이후 실습을 진행하면 알게 되겠지만 유용한 3D 모델과 머티리얼이 포함돼 있다. 이번 실습 과정에서 조명을 설정한 것이 가장 중요한 부분일 것이다. 다음 몇몇 실습에서 가장 본질적인 부분이기 때문이다. 광원이 없으면 여러 에셋을 만들고 레벨에 배치해도 화면에 보이질 않는다. 다음 실습에서 조명을 좀 더 자세히 살펴볼 것이다. 하지만 이번 실습에서 사용한 방법이 책에 나오는 실습에서 사용할 조명 중에서 가장 멋진 기법이다. 언리얼 엔진에서 블루프린트라고 부르는 에셋도 사용해봤다. 블루프린트는 C++ 코드 없이도 언리얼 엔진이 제공하는 여러 기능을 사용 가능하게 해주는 비주얼 스크립트 언어다. 블루프린트를 이용해서 사용할 여러 액터들에 다른 행동들을 프로그래밍할 수 있기 때문에 특히 유용하다. 조명을 켜고 끄기, 문을 열기 그리고 특정 이벤트에 발동하는 무언가를 만드는 것 등과 같은 것들이 가능하다. 이후에 좀 더 많은 사용법을 살펴볼 것이다. 하지만 이번에는 레벨에 원하는 조명 효과를 설정하려고 이미 만들어진 블루프린트를 사용했다. 조명을 설정하려고 블루프린트를 사용한 것이 블루프린트의 활용 가능성을 보여주는 하나의 예라고 생각한다. BP_LightStudio 블루프린트를 사용해 각 성분들을 개별적으로 설정하지 않고도 여러 가지 성분들을 한 번에 설정할 수 있었다. 구체적으로 **디테일** 탭에서 확인힐 수 있는 HDRI 이미지, 태양의 위치와 같은 다양한 속성을 말이다.

---

10 실제로 이 프로젝트를 계속 사용하신 않는다. 저자가 제공히는 특정 레벨을 열어서 준비를 하는 실습일 때 책에서 제공하는 프로젝트를 열고 레벨을 담고 있는 맵 파일을 열어 실습을 진행해야 한다. – 옮긴이

▌ 머티리얼 에디터 사용해보기

이제 머티리얼 에디터를 살펴보자. 머티리얼 에디터에선 마법과 같은 일들이 가능하다. 또 대부분의 실습 시간을 머티리얼 에디터에서 작업으로 사용할 것이다. 그래서 머티리얼 에디터와 익숙해지는 것이 중요하다. 언리얼에서 제공하는 다른 에디터들과 마찬가지로 머티리얼 에디터도 다양한 사용자 인터페이스를 커스터마이징할 수 있다. 모든 사용자 인터페이스가 설정 가능한 탭과 이동 가능한 윈도우 그리고 확장 가능한 영역으로 구성돼 있기 때문이다. 그래서 개발자가 원하는 대로 설정할 수 있다.

사용자 인터페이스의 설정 자유도 때문에 다음과 같은 질문들이 떠오른다. 머티리얼을 만드는 것을 시작하는 방법과 가장 공통적으로 사용하는 속성들은 어디에 있는가? 여러 탭들이 있다는 것은 각 탭마다 다른 기능들을 가진다는 의미다. 그래서 원하는 기능이 있는 곳을 알아봐야 한다. 단지 화면에 보이는 탭들의 기능만 알아보는 것으로 끝내진 않을 것이다. 머티리얼을 좀 더 쉽게 만들 수 있도록 도와주는 여러 가지 유용한 작은 툴들이 머티리얼 에디터에 포함돼 있기 때문이다. 그리고 그 툴들이 어디에 있는지 아는 것이 가장 필수적인 단계 중 하나다.

그러니 설명은 이만하고, 이전 실습에서 생성한 프로젝트를 열어서 첫 번째 머티리얼을 만들어보자.

준비하기

이 시점에는 준비해야 할 것이 많지 않다. 이전에 만든 프로젝트 덕분이다. 첫 번째 실습에서 레벨을 만들었기 때문에 바로 머티리얼 제작을 바로 시작할 수 있다.

그렇지만 꼭 첫 실습에서 만든 레벨을 사용해야 할 필요는 없다. 결과를 확인할 수 있도록 필요한 몇몇 조명만 배치돼 있다면 다른 레벨을 사용해도 된다. 이것이 물리 기반 렌더링 워크플로우의 장점이다. 원리에 따라 만들기만 한다면 서로 다른 조명 조건 속에서도 올바르게 동작한다.[11] 바로 시작해보자.

예제 구현

이제 머티리얼 에디터가 동작하는 방법을 알아볼 것이다. 더불어 첫 번째 머티리얼도 만들어볼 것이다. 머티리얼 에디터가 다양한 툴과 기능을 갖고 있어서 살펴볼 것이 많다.

 새 머티리얼을 생성하고 생성된 머티리얼 위에서 더블클릭해야 머티리얼 에디터를 띄울 수 있음을 기억하라.

이 실습에서 가장 중요한 것은 실제로 머티리얼 에셋을 생성하는 것이다. 물론 이는 매우 간단한 작업이다. 그래서 설명할 것이 많지 않다. **콘텐츠 브라우저** 안에 어디서든 우클릭해서 문맥 메뉴가 나오면 **기본 에셋 생성 › 머티리얼**(Create Basic Asset › Material) 메뉴를 선택한다. 중요한 것은 에셋의 명명법과 콘텐츠들을 어떤 구조로 저장할 것인가 결정하는 것이다. 콘텐츠 브라우저를 구조화하는 것이 이 실습의 핵심 목표는 아니다. 하지만 간략하게 이야기할 기회를 넘기고 싶지는 않다. 구조를 단순화하는 한 가지 좋은 방법은 각 종류별로 폴더 구조를 가지도록 하는 것이다(Materials, Characters, Weapons, Environment 등). 그리고 언리얼이 추천하는 규칙을 사용해 여러 종류의 에셋 이름을 결정하자. 여러 토론방이나 에픽 게임즈의 위키 사이트에서 관련 내용을 찾을 수 있다.

---

11 올바르게 작동하는 것과 실습을 제대로 했는지 실제 결과를 확인하는 것은 다르다. 조명 조건이 다르다면 당연히 머티리얼이 그 환경에서 반응하는 것이 다를 것이기 때문에 결과에 차이가 생긴다. 때문에 '다른 조명 조건의 레벨을 사용한다면 실습을 잘못 따라 한 건가?'라는 의문이 생길 수도 있기 때문에 같은 조명 조건 속에서 실습해 결과물을 확인하는 것이 더 낫다고 본다. – 옮긴이

- 언리얼 엔진 4 스타일 가이드: https://github.com/Allar/ue4-style-guide
- 에셋 명명 규칙: https://wiki.unrealengine.com/Assets_Naming_Convention

두 번째로 중요한 것은 머티리얼 에디터의 UI 구조를 기본 상태로 설정하는 것이다. 이 렇게 해서 책에 포함된 그림과 개발자의 모니터에 나오는 화면을 같아 보이도록 한다. 다 음 그림처럼 **창 › 레이아웃 리셋**(Window › Reset Layout) 메뉴를 누른다.

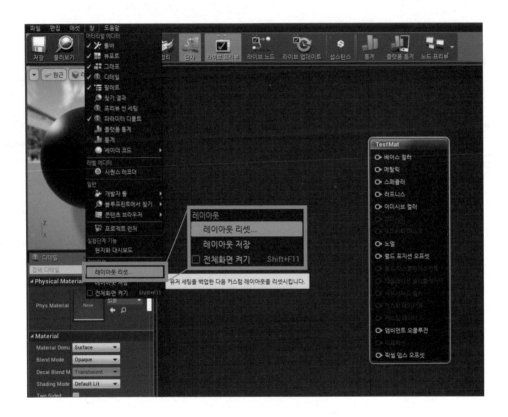

레이아웃을 기본으로 돌린다고 해서 독자의 화면과 내 화면이 똑같이 보이진 않는다. 화 면 해상도나 가로 세로 비율과 같은 설정 때문 몇몇 탭이 보이지 않거나 상대적으로 작은 비율로 보일 수도 있기 때문이다.

이제 유저 인터페이스가 비슷한 레이아웃으로 보일 것이다. 실제 머티리얼 에디터를 구성하는 여러 요소들을 살펴보는 것으로 관심을 돌리자. 기본적으로 다음 그림과 같은 부분으로 이뤄져 있다.[12]

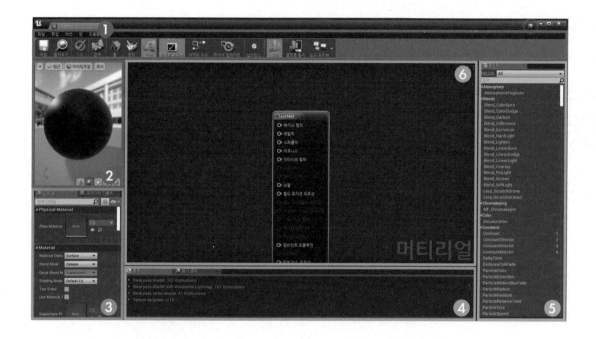

- 1번은 **툴바**다. 엔진의 다른 툴에도 툴바가 있다. 툴바에서 작업을 저장하거나 변경 사항을 실제 머티리얼이 적용된 물체에 반영하게 할 수 있다.

- 2번은 **뷰포트**다. 여기서 만들고 있는 머티리얼이 어떻게 보이는지 확인할 수 있나. 뷰포드는 회전, 줌 인과 줌 아웃이 가능하고 조명 설정도 변경할 수 있다.

- 3번 **디테일** 탭은 만든 머티리얼의 변경 가능한 속성이 모여 있어 편리하다. 이 창에서 보이는 인터페이스는 (그림에서 6번인) 메인 그래프 에디터에서 무엇을 선택했는지에 따라 달라진다.

---

12 4.24.3 버전에선 레이아웃을 리셋해도 그림의 4번 항목에 해딩하는 찾기 결과(Find Results) 창이 기본적으로 나오지 않는다. **창 ▶ 찾기 결과**(Window ▶ Find Results) 메뉴를 눌러야만 나온다는 걸 알아두자. – 옮긴이

- 4번에 해당하는 **통계**와 **찾기 결과** 탭은 만든 머티리얼의 비용이 얼마나 드는지, 얼마나 많은 텍스처를 사용했는지 확인할 수 있는 영역이다.[13]
- 5번에 해당하는 **팔레트**는 머티리얼을 만들고 변경하려고 사용할 수 있는 여러 가지 노드와 함수의 라이브러리다.
- 6번 **메인 그래프 에디터**는 실제 머티리얼을 만들려고 노드를 배치하고 사용하고자 하는 기능을 포함하는 것과 같은 비주얼 스크립팅 작업을 수행하는 영역이다.

지금까지 언리얼에서 머티리얼 에디터를 구성하는 각 부분을 살펴봤다. 이제 간단한 플라스틱 머티리얼을 만들어볼 것이다. 플라스틱을 굉장히 직관적인 머티리얼이라고 생각한다. 물론 원한다면 플라스틱도 엄청 복잡하게 만들 수 있지만 말이다. 실습 과정을 살펴보자.

1. 메인 그래프를 살펴보자. 기본적으로 중앙에 메인 머티리얼 노드가 있는 것을 확인할 수 있다. 메인 머티리얼 노드에는 입력이 여러 개 있다. 입력들은 각각의 용도가 있다. 그래서 만든 그래프를 용도에 맞는 입력에 연결하면 된다.

2. 메인 그래프에 메인 머티리얼 노드의 약간 왼쪽에서 우클릭을 해보자. **문맥** 메뉴 Context Menu가 뜨는 것을 확인할 수 있다. 검색창에 constant라고 입력해보자. 입력을 시작하면 자동 완성 기능이 여러 가지 대응하는 선택지를 보여주는 것을 확인할 수 있다. 이때는 Constant, Constant2Vector, Constant3Vector와 같은 것들이다. 다음 그림과 같이 Constant3Vector를 선택하자.

---

13 '찾기 결과' 탭은 메인 그래프 에디터에서 사용한 노드 이름이나 속성 이름을 입력하면 찾은 결과를 보여주는 곳이다. - 옮긴이

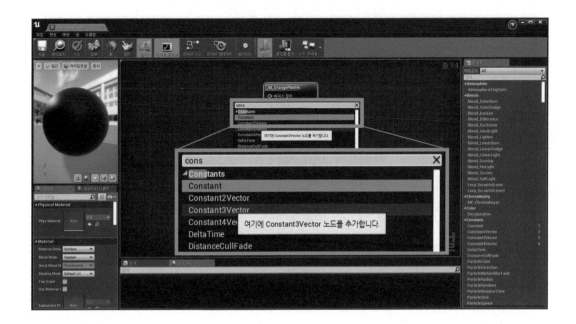

3. 메뉴를 선택하면 새로운 노드가 화면에 생성된 것을 확인할 수 있다. 출력 핀을
    메인 노드의 **베이스 컬러**Base Color 입력에 연결하자. 만약 Constant3Vector 노드
    가 선택돼 있다면 **디테일** 탭을 살펴보자. 변경할 수 있는 두 가지 설정이 있을 것
    이다. 지금은 기본값을 변경할 것이기 때문에 Constant라고 써 있는 바로 옆에
    검은색 네모 상자를 클릭하자. 그러면 **색 선택 툴**Color Picker Tool이 나온다. 여기서
    색상을 변경할 수 있다. 지금은 주황색으로 변경하자.

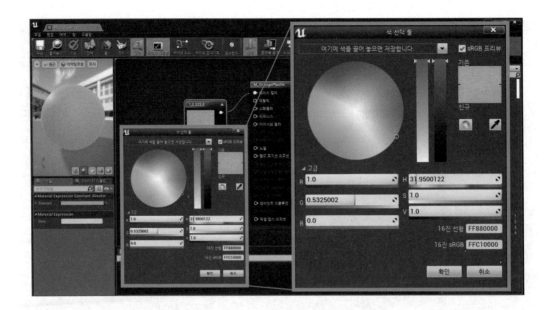

지금 단계에서는 위의 팁을 그렇게 신경 쓰지 않아도 된다. 하지만 알아두면 나중에 유용할 것이다.

이제 만든 머티리얼 색상이 변경된 것을 알 수 있다. 다음으로 얼마나 선명하게 반사할지를 조정하자. 플라스틱처럼 보이는 재질을 만들려고 하기 때문이다. 그렇게 하려면 또 다른 상숫값으로 **러프니스**Roughness를 조절해야 한다. 메인 그래프에서 우클릭을 하지 않고 대신 팔레트 메뉴에서 노드를 만들어보자.

4. **팔레트** 메뉴를 살펴보자. 그러면 Constants 카테고리를 찾을 수 있다. 거기서 카테고리 이름과 같은 첫 번째 항목인 Constant를 선택하자. 또 다른 방법은 탭 상

단에 있는 검색창에 이름을 입력하는 것이다.[14]

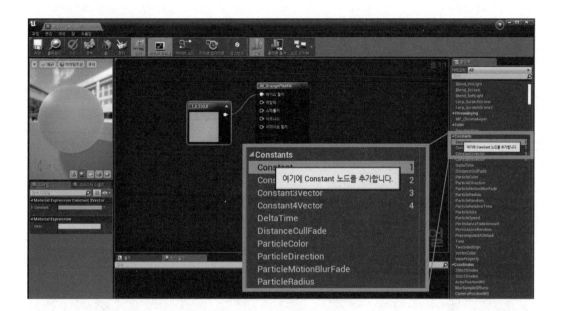

5. 새로운 작은 노드가 메인 그래프 화면에 보일 것이다. 이전 노드와는 다르게 이 노드는 색상 선택 옵션을 갖고 있지 않다. 대신 값을 입력한다. 대략 **0.2**와 같은 작은 값을 입력하자. 다음으로 **러프니스** 입력에 연결하라.

이전 프리뷰 뷰포트를 확인했다면 머티리얼 재질에 변화가 생긴 걸 눈치 챘을 것이다. 이 전보다 좀 더 선명하게 주변 환경을 반사하는 것이 보인다. 앞서 생성한 상숫값을 연결해서 이렇게 된 것이다. 이 값이 0에 가까울수록 반사가 더 선명해 보인다. 이 값이 1에 가까워지면 반대로 반사가 점점 희미해진다. 다른 말로 하자면 표면이 더욱 거칠어지는 것이다.[15]

---

14 그 항목을 메인 그래프 노드로 끌어 놓아야 해당 노드가 생긴다. – 옮긴이

15 러프니스 입력에 연결돼 있으므로 실제적으로 상수를 변경한다는 것은 러프니스 값을 변경하는 것이다. 결국 값이 0이면 매끄러운 표면이고 1에 가까워질수록 거친 표면이 되는 것이다. – 옮긴이

이제 레벨에 배치된 모델에 머티리얼을 적용할 차례다. 메인 에디터로 돌아가 **모드 › 기본**
(Modes › Basic) 메뉴를 살펴보면 큐브^{Cube}가 있다. 이를 선택해서 메인 뷰포트로 드래그 앤
드롭을 하자. 다음 그림처럼 보이도록 **디테일** 탭 값을 조절하자.[16]

화면에 알맞은 크기로 보이도록 큐브 크기를 줄이자. 이제 **디테일** 탭에서 Materials ^{머티리얼}
카테고리를 살펴보자. 드롭다운 메뉴를 클릭하자. 그러면 앞서 만든 머티리얼을 찾을 수
있다. 해당 머티리얼을 큐브에 적용하자. 그리고 마지막으로 툴바에 있는 **빌드** 아이콘을
누르자. 다음 그림을 보면 **빌드** 버튼의 위치를 알 수 있다.

---

16 위치는 모두 0.0이고 스케일은 0.1로 맞추면 된다. - 옮긴이

지금까지 만든 머티리얼을 간단한 모델에 적용했다. 화면에 보이는 것이 그 결과물이다. 이 실습이 정말 거대한 세상을 아주 단순하게 소개했지만 머티리얼 에디터에서 대부분의 탭과 툴을 살펴봤다. '예제 분석'으로 넘어가보자.

예제 분석

이번 실습은 머티리얼 에디터를 알아보기 위한 것이다. 또 첫 번째 머티리얼도 만들어봤다. 에디터의 각 탭의 역할과 기능을 알아두면 이후 실습에서도 많은 도움이 될 것이다. 진짜 목표인 물리 기반 머티리얼을 만들기 위한 전주곡이라고 이번 실습을 생각하면 된다. 목표를 달성하기 위한 좀 더 좋은 위치로 다가선 것이라고 볼 수 있다. 다음 실습에서 물리 기반 머티리얼을 살펴볼 것이다.

그 전에 이번 머티리얼을 만들 때 사용한 노드들을 살펴보자. 아티스트의 관점에서 보면 엔진이 사용하는 색상 값이나 그레이스케일grayscale 값에 대한 용어가 약간 생소할 수 있다. 아마 Constant3Vector 노드와 색상 사이에 연관성을 이해하는 것이 쉽지 않을 것이다. 그렇지만 모든 것에는 이유가 있다.

이런 용어를 사용하는 개념은 Constant3Vector와 같은 노드가 단순히 색상 값을 할당하는 것 이외에도 사용될 수 있다는 것이다. 결국 단순한 상수라도 다양한 상황에 따라 다르게 사용할 수 있다. 예를 들면 그레이스케일을 표현하거나 밝기를 좀 더 강하게 하려고 승수로 사용하거나 머티리얼 함수 안에서 매개변수로 사용되는 것처럼 말이다. 지금 당장 이해가 되지 않는다고 걱정하지 말자. 지금은 노드의 이름이 알려주는 것보다 더 많은 용도로 사용할 수 있다는 것만 알면 된다.

이 점을 기억해두면 좀 더 수학적인 표현식에서 사용할 요소들을 생각하는 것이 수월할 것이다. 예를 들어 색상을 빨강, 초록, 파랑(RGB) 삼색으로 다루는 것은 이전 Constant3Vector 노드를 정의하는 것과 꼭 들어맞는다. 만약 빨강, 초록, 파랑 이 세 가지 색에 추가적으로 알파값도 같이 사용하고 싶다면, Constant4Vector 노드를 사용하지 못할 이유가 무엇이 있나? 이 노드가 4개의 입력을 가질 수 있는데 말이다. 지금까지 다룬 내용이 기초 수준이다. 하지만 엔진에서 사용하는 여러 다른 표현에 익숙해질 수 있기 때문에 도움이 된다고 생각한다.

▌ 첫 번째 물리 기반 머티리얼 만들기

여러 그래픽 엔진이 추구하는 핵심 사항이 물리 기반 렌더링이다. 물리 기반 렌더링은 모든 렌더링 프로그램이 꼭 준수해야 할 엄격한 규약이 아니라 좀 더 개념적인 것이다. 말하자면 화면에서 보이는 것을 묘사하는 방법 같은 것이다. 빛이 특정 표면과 상호작용할 때 동작 방법에 대한 연구 결과와 같은 것 말이다.

결론부터 말하면 소위 물리 기반 렌더링 워크플로우는 각각의 렌더링 솔루션마다 다르다. 워크플로우는 소프트웨어 제작자가 시스템을 구축하는 방식에 의해 결정된다. 책에서는 당연히 언리얼 엔진 4 리얼타임 렌더러를 구현하려고 에픽 게임즈에서 선택한 구현 방법을 살펴볼 것이다.

하지만 이론적인 이야기를 통해서가 아니라 앞서 실습해본 것처럼 물리 기반 렌더링 워크플로우에 따라서 실제 머티리얼을 만들어보면서 알아볼 것이다. 시작해보자.

준비하기

실습하기 위한 준비 사항은 별로 없다. 이전에 만든 프로젝트가 있으므로 밑바닥부터 시작할 필요가 없다. 또 이전에 만든 머티리얼에서 시작해도 되고 새 머티리얼을 만들어도 된다. 원하는 편한 방법을 선택하면 된다. 이전에 사용했던 레벨을 미리 열어두자. 만든 머티리얼을 확인할 때 레벨에 배치돼 있는 3D 모델에 적용하면 되기 때문에 편리할 것이다.

이번에는 여러 가지 머티리얼을 만들 것이다. 그래서 처음부터 새로 시작하는 것보다 이미 있는 에셋을 복제, 변경하는 것이 훨씬 빠르다. 콘텐츠 브라우저에서 원하는 머티리얼 에셋을 선택하고 Ctrl+W 키를 누르면 에셋을 복제할 수 있다.

예제 구현

새 머티리얼을 제작하려고 물리 기반 렌더링 워크플로우를 알아보자. 물리 기반 머티리얼을 정의하는 여러 가지 입력도 살펴볼 것이다.

1. **콘텐츠 브라우저**Content Browser 안에서 우클릭을 한다. 그리고 **기본 에셋 생성**Create Basic Asset 구역에 있는 머티리얼 메뉴를 선택한다. 원하는 이름을 입력한다. 머터

리얼의 이름을 M_PBR_Metal로 입력했다. 새로 만든 머티리얼을 더블클릭해서 머티리얼 에디터를 연다.

2. **머티리얼** 에디터가 열렸다면 이제 물리 기반 렌더링 워크플로우를 살펴보기로 한다. 첫 번째로 만들어볼 머티리얼은 금속 재질이다. 금속 재질을 만들면서 물리 기반 렌더링 파이프라인에 관련된 입력 중에 거의 대부분을 다루게 된다. 여기서 주의 깊게 살펴봐야 할 부분은 **디테일** 탭과 메인 **머티리얼** 노드다.

언리얼에서 대부분 머티리얼은 위의 그림에서 보이는 설정을 기본적인 값으로 사용한다. 그리고 이 설정이 물리 기반 렌더링 파이프라인을 거의 따르고 있다. 첫 번째 속성인 Material Domain^{머티리얼 도메인}은 Surface^{표면}로 설정돼 있다. Surface 는 만들 머티리얼이 3D 모델에 적용된다는 것을 의미한다. Opaque^{불투명}로 설정 돼 있는 Blend Mode^{블렌드 모드}는 유리와 같은 투명 재질이 아님을 나타낸다. 마지막으로 Shading Model$^{세이딩\ 모델}$은 Default Lit$^{기본\ 조명}$ 값이다. 대부분 머티리얼에서 Default Lit을 사용한다.

대부분 머티리얼이 Blend Mode와 Shading Model 속성을 Opaque와 Default Lit으로 설정해서 사용한다. 예를 들면 금속, 플라스틱, 나무, 또는 콘크리트와 같은 재질들을 만들 때 Opaque와 Default Lit 값을 사용한다.

3. 이론적인 이야기는 그만 하자. 그래프에 Constant3Vector 노드를 생성해서 머티리얼의 **베이스 컬러**$^{Base\ Color}$ 입력에 연결하자. 이전 실습에서도 베이스 입력을 사용했다. 이전에 확인한 바와 같이 베이스에 연결된 노드가 전반적인 색상을 지정한다.

4. 다음으로 Constant 노드를 하나 추가한다. 숫자 1키를 누르고 메인 그래프 에디터 안에서 어디든 클릭하면 된다. 다음 **디테일** 탭에서 값을 1로 변경하자. 그러고 나서 메인 머티리얼 노드의 Metallic^{메탈릭} 입력에 연결한다.

메탈릭 입력은 금속 재질인지 비금속 재질인지를 정의한다. 금속 표면을 만들려면 값을 1로 하면 되고 비금속 재질은 값을 0으로 해야 한다. 아니면 노드를 연결하지 않았을 때 기본값은 0이다. 부식되거나 페인트가 칠해진 금속과 같은 특별한 경우를 다룰 때에만 0과 1 사이 값을 사용한다.

5. 다음으로 이전처럼 다른 Constant 노드를 하나 더 만들고 그것을 **러프니스**^{Roughness} 입력에 연결한다. 이제 그 노드의 값을 1이 아니라 0.2로 설정한다. 최종 머티리얼 그래프는 다음 그림과 같을 것이다.

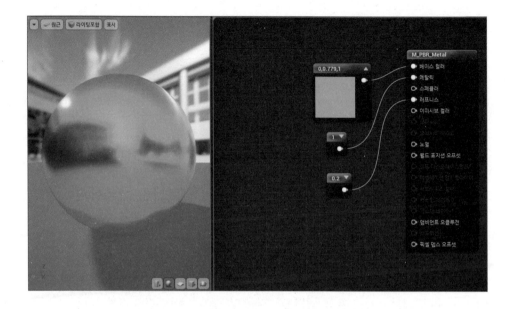

앞의 상수를 통해 조절하고자 했던 러프니스 입력은 머티리얼의 표면이 얼마나 거친지 그 정도를 표현한다. 1처럼 높은 값일수록 머티리얼의 극세 표면이 빛을 모든 방향으로 퍼뜨리는 것을 의미한다. 이건 이 재질을 보았을 때 반사가 선명하지 않다는 것이다. 값이 0에 가까울수록 입사하는 광선을 정확하게 반사해 반사된 이미지가 좀 더 선명해 보인다.

실습을 통해서 물리 기반 머티리얼을 정의하려고 사용한 가장 중요한 머티리얼 입력을 살펴보면서 금속 재질을 만들었다. 이 실습이 금속 재질을 표현하려고 입력을 올바르게 사용하는 법에 대한 좋은 예일 것이다. 그러니 이제 빠르게 비금속 재질을 하나 만들어보자. 비금속 재질을 만들어봄으로써 물리 기반 렌더링 워크플로우의 또 다른 입력을 살펴볼 수 있기 때문이다. 그리고 이번에 스페큘러specular 머티리얼 입력을 살펴볼 것이다.

6. 다른 머티리얼을 생성한다. 그리고 M_PBR_Wood라고 이름을 입력하고 에셋을 더블클릭해서 머티리얼 에디터를 연다.

7. 이번에는 베이스 입력에 색상을 표현하는 단순한 상수를 사용하지 않고 이미지를 사용할 것이다. 이런 용도에 알맞은 여러 텍스처가 **시작용 콘텐츠**Starter Content에 있다. 텍스처 중에 하나를 사용한다.

   메인 그래프에서 우클릭을 하고 Texture Sample을 찾아보자. 그러면 다음 그림과 같을 것이다.

8. 새로운 노드가 그래프에 생겼다. **디테일** 탭에서 속성을 접근하려고 Texture Sample 노드를 선택하자. 스크롤을 내려보면 Material Expression Texture Base ❯ Texture(머티리얼 표현식 텍스처 기본 ❯ 텍스처) 슬롯을 찾을 수 있다. 드롭다운 박스를 클릭하고 wood라고 입력한다. T_Wood_Floor_Walnut_D 에셋을 선택한다. 그런 다음 Texture Sample 노드를 **베이스** 입력에 연결한다. 다음 그림과 같을 것이다.

 TIP 만약 온라인에서 좀 더 많은 텍스처를 구하고 싶다면 인터넷에서 자유롭게 찾아보라. 내가 텍스처를 구할 때 자주 찾는 사이트는 http://www.texture.com이다. 무료 계정을 만들면 하루에 샘플 여러 개를 다운로드할 수 있다.

여기까지 완료했다면 이제 스페큘러Specular라는 또 다른 머티리얼 입력을 살펴볼 시간이다. 러프니스와 다르게 이 입력은 재질이 얼마나 많은 빛을 반사할 것인 지를 조절한다. 반사가 얼마나 선명한지가 아니라 말이다. 표면에 따라서 발생 하는 아주 작은 비율의 가려짐이나 작은 그림자들이 있을 때 값의 범위를 변경 한다. 앞서 선택한 나무 텍스처가 여기에 해당한다.

9. 나무 보드 사이의 틈은 스페큘러 맵을 사용하기에 가장 적절한 때다. 그런 곳에 선 빛을 덜 반사하기 때문이다. 언리얼에서 빛을 덜 반사할수록 0에 가까운 값으

로 표현한다. 이전에 생성한 Texture Sample 노드의 R 채널에서 핀을 끌어다가 메인 머티리얼 노드의 **스페큘러** 입력에 연결하자.

아마 나무 텍스처의 R 채널을 사용해 스페큘러 입력을 조절하는지 의아할 것이다. 답은 간단하다. 물론 동일한 효과를 얻으려고 그레이스케일 이미지를 만들 수도 있다. 하지만 원본 텍스처의 세 개의 채널 가운데 하나도 필요한 정보를 담고 있는 그레이스케일 이미지다.[17] 틈은 다른 영역보다 좀 더 어두운 픽셀을 포함하고 있을 것이다. 그래서 원본 텍스처의 R 채널을 사용해 거의 같은 효과를 얻을 수 있다. 다음 그림이 원본 텍스처와 텍스처의 R 채널을 보여준다.

10. Texture Sample 노드를 두 번 복사해서 하나는 러프니스 입력에, 다른 하나는 Normal 입력에 사용할 것이다.

11. 전처럼 첫 번째 Texture Sample 노드에 T_Wood_Floor_Walnut_M 텍스처를 그리고 두 번째 Texture Sample 노드에 T_Wood_Floor_Walnut_N 텍스처를 할당한다. 첫 번째 노드를 **러프니스** 입력에 연결하고 다른 노드는 **Normal** 입력에

---

17 각 색상 채널은 0에서 1 사이의 값을 가진다. 그렇기 때문에 각 채널은 흑백 정보를 갖고 있다고 볼 수 있다. 하지만 특정 채널이 정확하게 나무 보드의 틈을 나타내고 있지 않다면 단순히 색상 채널을 사용해 원하는 효과를 얻을 수 없을 것이다. 다만 월넛색은 빨간색이 주도적이므로 그 색상이 0에 가까워진다면 거기가 틈일 확률이 높을 뿐이다. 앞서 설명한 경우가 아니라면 스페큘러 입력을 조절하려고 텍스처의 색상 채널 가운데 하나를 사용해도 원하는 결과를 얻을 수 없음을 알아두자. – 옮긴이

연결한다. 머티리얼을 **저장**^{Save}하고 **적용**^{Apply} 버튼을 누르자. 머티리얼 노드 그래프가 다음 그림처럼 보일 것이다.

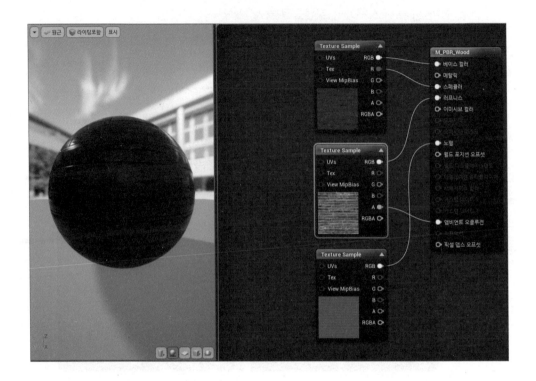

12. 메인 에디터로 돌아가서 바닥 평면을 선택한다. **디테일** 탭에서 스크롤 다운을 해서 Materials^{머티리얼} 항목을 찾는다. 그다음 앞서 만든 M_PBR_Wood 머티리얼을 적용한다. 그러면 화면이 다음 그림과 같이 보일 것이다.

멋지지 않나? 새롭게 사용한 노드들은 위의 그림에서 확인할 수 있는 바와 같이 스페큘러와 노멀에 영향을 주었다. 스페큘러 노드는 나무 조각들이 연결부 틈 속에서 빛이 좀더 약하게 반사되도록 했다. 그리고 노멀 맵normal map은 빛이 표면에서 반사해서 어디로 향하게 되는지 방향을 변경한다. 두 개의 효과를 통해 단순한 평면이 좀 더 기하학적으로 정밀함을 갖게 돼, 좀 더 사실적으로 보이게 됐다.

예제 분석

물리 기반 렌더링 워크플로우를 구현하는 방법이 각 렌더러마다 서로 다르다고 했던 이야기를 기억하는가? 그래서 이제 에픽이 언리얼 엔진을 구현하려고 선택했던 방법을 살펴볼 것이다.

이전에 이야기한 바와 같이 효율성과 성능은 실시간 애플리케이션의 핵심이다. 효율성과 성능이 물리 기반 렌더러를 코딩할 때 에픽 엔지니어에게 가장 큰 영향을 준 요인이다. 이렇기 때문에 언리얼이 빛과 3D 모델 사이에 상호작용을 다루는 방식에선 앞서 조절했던 입력이 가장 중요하다. 베이스가 머티리얼의 전체적인 외견을 결정하고, 반면 러프니스는 반사가 얼마나 정확한지 혹은 흐릿한지를 결정했다. Metallic은 물체가 금속으로 만들어졌는지 아닌지를 지정할 수 있게 해준다. 그리고 스페큘러 입력으로 반사의 세기를 조절할 수 있다. 최종적으로 노멀 맵을 사용해 입사한 빛이 어느 방향으로 반사될지를 조절할 수 있었다. 특히 노멀 맵은 실제로 추가적인 폴리곤을 사용하지 않고 정밀함을 추가할 수 있는 유용한 기법이다.

앞서 설명한 입력들은 실시간 렌더러에서 매우 일반적이다. 하지만 모든 프로그램이 똑같은 입력을 사용하진 않는다. 예를 들어 VRay와 같은 오프라인 솔루션은 최종 결과물을 계산하려고 다른 종류의 계산 방법을 사용한다. 물론 그 계산 방법도 본질적으로 물리 기반 렌더링이지만 사용하는 기법이 다르다. 최종적으로 에픽이 사용하는 물리 기반 렌더링이 언리얼 엔진의 구현에 종속적이며 가능성과 한계를 아는 것이 필요하다.

실습을 통해서 언리얼 엔진 4에서 물리 기반 렌더링을 다루는데 영향을 주는 중요한 입력 대부분을 알아봤다. 입력들은 베이스, 러프니스, 스페큘러, 앰비언트 오클루전ambient occlusion, Normal 그리고 Metallic이다. 이 모든 것들이 물리 기반 렌더링 워크플로우에 핵심적인 기여를 한다.

여기까지 이해했다면, 이제 좀 더 복잡한 머티리얼과 이펙트를 만드는 방법을 살펴볼 준비가 된 것이다.[18] 물론 아직 파이프라인에 영향을 주는 알아야 할 몇몇 다른 요소들이 있다. 하지만 이미 다룬 핵심 사항을 분명히 알고 있다면 쉽게 이해할 수 있다.

▌ 투명 블렌드 모드를 이용한 간단한 유리 재질 만들기

이전 실습에서 언리얼 엔진이 3D 모델을 화면에 렌더링할 때 사용하는 물리 기반 방법에 따라서 기본적인 머티리얼을 만들어봤다. 머티리얼의 러프니스나 Metallic과 같은 재질에 영향을 미치는 입력과 표현을 사용해 잠재적으로 거의 무한의 조합을 만들어낼 수 있는 방법을 알아봤다. 플라스틱 재질로 시작해 콘크리트, 금속, 나무 재질을 만들어봤다.

이런 재질이 단순한 예라고 생각할 수 있다. 이러한 재질은 똑같은 셰이딩 모델을 사용하기 때문이다. 셰이딩 모델은 각 요소들을 화면에 렌더링하는 방법을 결정한다. 일상생활에서 보게 되는 대부분의 재질이 이 분류에 속한다. 이전에 설정했던 속성들을 사용해 이러한 재질을 표현할 수 있다. 그렇지만 하나의 셰이딩 모델만 가지고 정확하게 표현할 수 없는 재질이 항상 존재한다. 예를 들면 빛이 유리와 상호작용하는 방식은 셰이딩 모델을 재정의할 필요가 있다. 또 다른 셰이딩 모델이 필요한 비슷한 예가 피부나 잎과 같은 경우다. 이런 재질에서 빛 분산은 나무 재질의 빛 분산과 다르다.

이 점을 염두에 두고 표준 셰이딩 모델이 아닌 머티리얼을 만들어보자. 간단한 유리 재질

---

18 '이펙트'라는 용어는 일반적으로 아티스트들이 생각하는 파티클 이펙트와 같은 것이 아니다. 저자가 머티리얼에 효과를 주거나 (투명 재질과 같은) 포스트 프로세싱(post processing) 이펙트를 이야기할 때 사용하는 단어다. – 옮긴이

부터 시작해보고자 한다. 이것이 가장 쉬운 난이도라고 할 수 있다. 이후 좀 더 복잡한 예를 만들어볼 것이다. 준비하고 바로 시작해보자.

준비하기

실습을 진행하는 데 준비할 것이 많지 않다. 이전에 만든 언리얼 프로젝트만 있다면 충분하다. 책을 여기서부터 읽는 독자가 있다면 새로운 프로젝트를 만들어도 된다. 엔진에 포함돼 있는 표준 에셋을 사용하는 것도 괜찮다. 좀 더 정확하게 책 속 실습을 따라 하고 싶다면 내가 준비한 몇 가지 다운로드 가능한 에셋이 있다.

예제 구현

첫 번째 실습에서 간단한 유리 재질을 만들어볼 것이다. 이전처럼 콘텐츠 브라우저^{Content Browser}의 적절한 서브 폴더 안에서 우클릭을 해서 새로운 머티리얼을 생성하자. 그리고 다음을 과정을 따라 해보자.

1. 생성된 머티리얼 에셋의 이름을 알맞게 입력한다. M_SampleGlass로 입력했다.

2. 머티리얼 에디터를 열고 **디테일** 탭으로 간다. 거기서 몇 가지 속성을 우선 변경해야 한다. 메인 머티리얼 노드가 선택된 데 있어야 하는 것을 잊지 마라.[19] 물론 머티리얼 에셋을 생성하고 처음으로 에셋을 머티리얼 에디터로 열었다면 당연히 메인 에디터 그래프 안에는 메인 머티리얼 노드만 있다.

---

19   머티리얼 그래프에서 아무 노드도 선택되지 않았다면 메인 머티리얼 노드가 선택된 것과 같다. – 옮긴이

3. 메인 노드가 선택된 상태에서 **디테일** 탭을 보자. 그러면 Material ^{머티리얼} 카테고리 안에 두 번째 속성이 Blend Mode^{블렌드 모드}다. 드롭다운 메뉴를 통해 설정이 가능하다. 기본값인 Opaque^{불투명}에서 다음 그림처럼 Translucent^{투명}로 변경해보자.

4. 값을 변경했다면, 메인 머티리얼 노드에 몇몇 입력이 사용 불가로 바뀐 것을 알 수 있다. 나중에 관련 내용을 잠시 다루겠다.

5. 계속 **디테일** 탭에서 스크롤을 내려서 Translucency 카테고리를 찾아보자. 거기에 Lighting Mode^{라이팅 모드}라는 이름의 드롭다운 메뉴를 찾을 수 있다. 다음 그림처럼 기본값인 Volumetric NonDirectional에서 Surface Translucency Volume으로 변경한다.

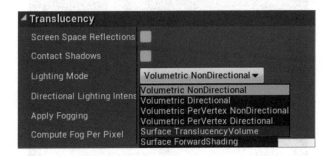

만약 Lighting Mode 드롭다운 박스 안의 각 옵션 위에 커서를 올려놓으면, 각각에 대한 설명을 볼 수 있다. 몇몇은 파티클에 사용되고 반면 몇몇은 3D 모델에 사용되는 것을 알 수 있다. 머티리얼의 몇몇 입력들이 사용 불가로 변경된 이유가 이 때문이다. 몇몇 입력은 파티클에 머티리얼을 적용한다고 생각해보면 말이 안 된다는 것을 알 수 있다. 그래서 해당 입력은 사용 불가로 변경된다.

6. 위의 작업이 끝났다면, 이제 **베이스** 입력에 Constant4Vector 노드를 연결하고 값을 지정한다. 약하게 색조를 가지고 있는 유리 재질을 만들고 싶다. 그래서 푸른빛 계열로 값을 지정했다.

ℹ 전과 다르게 왜 베이스에 Constant3Vector가 아닌 Constant4Vector를 사용하는가? 사용한 Constant4Vector 노드가 4개의 매개변수를 가진다. 그리고 그 네 번째 변수를 알파 값으로 사용할 것이다. 알파는 유리와 같은 재질을 표현할 때 유용한 값이다. 나중에 직접 확인할 수 있다.

7. Constant4Vector 노드에 색상값을 설정하고 알파값도 0.5처럼 다른 값으로 설정해본다. 알파값은 0에서 1 사이의 값을 가진다. 0은 불투명 재질을, 1은 완전 투명 재질을 나타낸다. 그래서 그 사이 값을 지정한 것이다. 색 선택 툴의 값 설정이 다음 그림과 같아야 한다. 그리고 노드를 **베이스**에 연결하라.

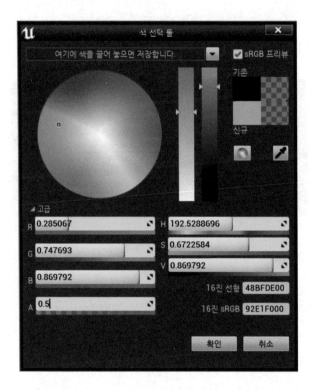

8. 이제 Constant4Vector 노드의 알파값을 메인 머티리얼 노드의 **오파시티**^{Opacity}에 연결할 차례다. Constant4Vector 노드에서 핀을 끌어다가 메인 그래프의 빈 공간에 놓는다. 그러면 **문맥 메뉴**^{Context Menu}가 나올 것이다. 여기서 mask라고 입력하고 **ComponentMask**를 선택하면 끝이다.

9. ComponentMask 노드를 선택하고 **디테일** 탭을 보자. 거기에 Constant4Vector 의 네 개의 요소 가운데 어떤 것을 사용하고 싶은지 선택할 수 있다. 지금은 알

파값으로 오패시티를 조절할 것이므로 마지막 요소만 선택한다.

10. 끝으로 ComponentMask 노드를 **오패시티**에 연결한다. **적용** 버튼을 누르고 머티
리얼을 세이브한다. 프리뷰 뷰포트가 갱신되는 데 약간 시간이 걸릴 수도 있다.
갱신됐다면 다음 그림과 같은 투명한 재질을 볼 수 있다.

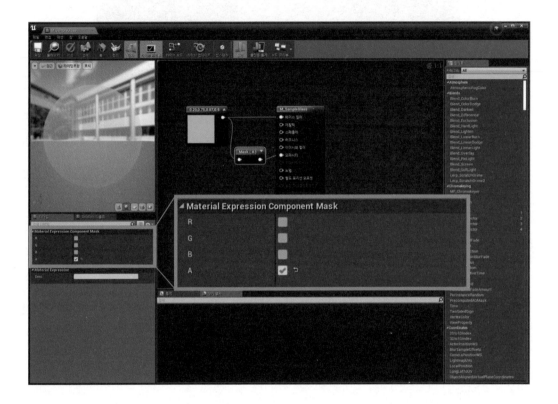

지금까지 머티리얼을 제대로 세팅했다면 이제 레벨 안의 모델에 적용해보자. 01_04_
TranslucentMaterial_Intro라는 내가 세팅한 레벨을 열어보자.[20] SM_Glass라는 물체를 확
인할 수 있을 것이다. 만약 직접 만든 프로젝트를 사용한다면 새로 만든 머티리얼을 적

---

20 제공한 프로젝트로 시작했을 때만 가능하다. 그렇지 않다면 적절한 모델을 배치하고 거기에 머티리얼을 적용하자. - 옮긴이

용할 모델을 생성하자. 어떤 경우든 새로운 머티리얼을 적용했다면 화면이 다음 그림과 비슷하게 보일 것이다.

단순하지만 효과적이다. 나중에 좀 더 복잡한 투명 재질을 올바르게 세팅하는 방법을 살펴볼 것이다. 복잡한 투명 재질은 반사, 굴절, 다른 흥미로운 효과를 갖고 있다. 지금까지 목적지로 향하는 중요한 한 걸음을 내디뎠다. 뭐 실제로는 걷고 있는 거지만 말이다!

예제 분석

투명 재질은 실시간 렌더러에서 정공법으로 처리하진 않는다. 왜 그런지 살펴보자. 유리 재질을 만들려고 다른 셰이딩 모델을 사용하지 않은 것이 힌트다.[21] 대신 다른 블렌드 모드를 사용했다. 그래서 이 둘 사이의 개념의 차이는 무엇인가? 그리고 렌더러의 마지막 단계에서 투명 재질이 복잡도를 증가시키는 원인은 무엇인가?[22]

---

21 물리 기반 렌더링의 핵심은 빛과 재질의 상호작용을 설명하는 모델을 이용해서 렌더링하는 것이다. 물리 모델은 한 가지이기 때문에 단 하나의 셰이딩 모델로 모든 재질을 나타낼 수 있기 때문이다. 그런데 다른 셰이딩 모델을 사용하지 않았다고 정공법으로 처리하지 않았다는 것은 틀린 이야기다. 실시간 렌더러에서 여러 셰이딩 모델이 있는 것은 성능 때문이다. – 옮긴이

22 일반적으로 불투명 픽셀은 그 위치에서 카메라에 가장 가까운 픽셀만 그리면 된다. 하지만 투명 픽셀은 그것이 카메라에 가장 가깝다고 그 뒤의 불투명이나 투명 픽셀을 그리지 않을 수가 없다. 불투명 객체들은 Z값을 이용해 특정 픽셀에 그려질지 아닐지를 바로 판단해, 만약 보이지 않는다면 바로 제외함으로써 픽셀 셰이딩을 건너뛸 수 있지만 투명 물체들은 그렇지 않기 때문에 비용이 더 든다. 뿐만 아니라 픽셀 셰이딩 이후 픽셀 오퍼레이션에서 색을 섞는 과정도 하드웨어적으로 존재하기 때문에 정말 비싼 연산을 필요로 한다고 보면 된다. – 옮긴이

우선 셰이딩 모델은 모델이 빛과 상호작용하는 방식을 정의하는 수학적 표현식과 로직의 결합이다. 여러 셰이딩 모델 중 하나는 셰이딩 방법이라고 부르는 빛이 사용한 재질에 비쳤을 때 상호작용하는 방식을 묘사한다. 필요한 여러 가지 모델을 사용해 일상생활에서 볼 수 있는 다양한 재질을 표현한다. 예를 들면 빛이 피부에 비춰서 흩어지는 방법이나 나무 표현에 비춰서 흩어지는 방법처럼 말이다. 그리고 이런 문제를 컴퓨터에서 프로그래밍 가능한 방법으로 표현이 가능해야 한다.

여기까지 보면 투명 재질을 표현하려고 다른 셰이딩 모델이 있을 거라 생각할 수도 있다. 하지만 실시간 렌더러에서 실상은 그렇게 단순하지 않다. 실제적인 시뮬레이션을 하려고 수행할 계산이 성능적인 측면에서 너무 고비용이기 때문이다. 효율성과 성능을 항상 고려하면서, 언리얼에서 이 문제를 해결하는 데 사용한 방법은 다른 블렌드 모드를 생성하는 것이다. 그러면 이 방법으로 처리한 이유는 무엇일까?[23]

블렌드 모드를 렌더러가 배경에 그려진 것 위에 전경에 있는 모델에 적용된 머티리얼을 결합하는 것이라고 생각해보자. 지금까지 두 가지 서로 다른 타입을 살펴봤다. 바로 불투명과 투명이다.

불투명 블렌드 모드는 이해하기 정말 쉬운 모드다. 어떤 물체 앞에 있는 물체가 뒤에 있는 물체를 가린다. 이것은 실생활에서 불투명 재질에서 확인 가능한 것이다. 나무, 콘크리트, 벽들 등처럼 말이다. 하지만 투명 블렌드 모드는 오패시티 입력에 연결된 값에 의해서 뒤에 있는 물체가 부분적으로 보인다.

이것이 투명도translucency를 구현하는 가장 단순한 방법이다. 하지만 시스템에 있는 몇 가지 주의 사항을 알아야 한다. 그중 한 문제점은 투명 블렌드 모드에서 반사secularity를 지

---

23 GPU는 오래전부터 블렌드 모드를 이용해서 투명 처리를 해왔고 그것을 OS 차원에서 DirectX이건 OpenGL이건 그래픽 드라이버가 추상화해준다. 그리고 그 API들을 사용해 언리얼과 같은 렌더러를 만들기 때문에 종속성이 생긴다. 글은 뭔가 다른 방법이 있는데 에픽에서 언리얼을 구현하려고 이 방법을 선택한 것과 같은 뉘앙스를 전달하는 것 같은데 아니다. 모든 것을 소프트웨어적으로 구현하지 않는 이상, 하드웨어 부분에서 한계가 우선 결정된다. 특히 성능이 중요한 실시간 렌더러에서는 말이다. – 옮긴이

원하지 않는다. 투명 재질에서 반사를 표현하려면 약간의 트릭을 필요로 한다. 그 방법은 나중에 확실히 알아볼 것이니 걱정하지 마라.

▌이미지 기반 조명을 레벨에 적용하기

지금까지 언리얼이 제공하는 물리 기반 렌더링 워크플로우의 몇몇 핵심적인 부분을 자세히 알아봤다. 물론 물리 기반 렌더링이 책의 주된 관심사여서 이미 여러 핵심 요소를 살펴봤다. 여러 머티리얼 입력과 셰이딩 모델 말이다.

하지만 앞서 언급한 바와 같이 물리 기반 렌더링은 모든 재질이 어떻게 보일지를 계산하고 출력하려고 장면 안의 조명에서 정보를 가져온다. 지금까지 렌더링되는 물체와 재질에 대한 것에만 초점을 맞췄다. 하지만 물체와 재질이 공식의 한 부분일 뿐이다. 그리고 다른 한 부분은 빛이다. 빛은 물리 기반 렌더링 워크플로우에서 핵심이다. 최종 이미지에 영향을 미치는 그림자, 반사 그리고 다른 중요한 현상들이 빛에 의해서 생겨난다. 빛은 이전 실습에서 몇몇 입력에 값을 설정해서 만들었던 머티리얼과 함께 동작한다. 러프니스 텍스처와 노멀 맵은 빛과 환경 그 자체와 상호작용한다. 그리고 이 모든 것을 합한 것이 1장에서 살펴보는 물리 기반 렌더링 파이프라인의 핵심이다.

앞서 언급한 이야기를 목표로 해 이번 실습에서 다른 종류의 조명을 설정해서 이전에 만든 머티리얼에 어떤 영향을 주는지 살펴보자. 가장 중요한 고생동폭 화상 HDR, High Dynamic Range 맵도 살펴볼 것이다. HDR 맵은 32비트 텍스처이고 조명 정보를 포함하고 있다. 그래서 레벨에서 조명으로 사용할 수 있다. 시작해보자.

준비하기

도입부에서 만들었던 레벨을 사용해도 괜찮다. 그때는 여러 물체들을 배치하고 결과를 확인하려고 레벨을 세팅하는 것을 소개하는 데 시간을 할애했다. 그리고 단지 빠르게 필요한 것을 만들기 원했다. 그래서 시작용 콘텐츠에서 사용할 수 있는 리소스 중에서 BP_LightStudio라는 블루프린트를 가져다 사용했다. 그리고 BP_LightStudio를 이용해 HDRI 조명을 간단히 설정했다. 이번 실습에서 다룰 것이 바로 HDRI 조명이다.

이 점을 염두에 두고 이 종류의 조명을 최대한 활용하는 방법이 무엇인지 살펴보자. 그리고 HDRI 조명을 이용해 레벨이 더욱 사실적으로 보이게 해보자.

예제 구현

실습 확인용 레벨에 반사 물체를 배치하는 것으로 시작한다. 그리고 환경의 어떤 부분이 그 표면에 반사돼 보여지는지 확인해보자. 다음 과정을 따라 해보자.

1. 01_05_HDRI_Lighting이라는 맵을 열자.[24] 그러면 레벨의 가운데 반사 구체를 확인할 수 있다.

M_Chrome이라는 이름을 가진 머티리얼이 모델에 적용된 것을 확인할 수 있다. 세 번째 실습에서 만들었던 M_PBR_Metal 머티리얼의 복제본이다. 그 예제의 머티리얼이 크롬 재질로 보이도록 베이스 컬러와 러프니스를 변경했다. 변경된 속

---

24 책에서 제공하는 프로젝트를 열어서 언리얼 에디터를 시작해 해당 레벨을 열자. – 옮긴이

성 덕분에 환경이 좀 더 선명하게 반사된 것을 볼 수 있다. 그때 사용한 HDRI 이미지 덕분에 반사되는 것을 확인할 수 있다. 이전 실습에서 사용했던 BP_ LightStudio 블루프린트를 사용하는 대신 직접 만들어서 이 효과를 따라 해볼 것이다.

준비 과정에서 가장 먼저 설정된 큐브맵이 레벨에 보이지 않게 해야 한다. 아마 금속 재질로 된 구체가 이전 그림에서 봤던 이미지를 반사해서 그렇게 보이는 것이지 실제 빛을 반사해서 그런 것은 아니라고 생각할 것이다. 이미지를 반사 할 때라면 배경 이미지가 실제 레벨에 존재할 때에만 자연스럽다. 하지만 배경 이미지는 환경 조명이 물체의 어느 부분에 충돌했는지 여부에 대한 정보로부터 좀 더 쉽게 확인할 수 있도록 BP_LightStudio 블루프린트가 사용한 단순한 시각 신호일 뿐이다.[25] 이 점을 고려하면서 가장 기본적인 조각부터 만들기를 시작해 보자. 작동 방법을 좀 더 잘 이해하려고 엔진에서 제공하는 에셋을 사용하진 않 는다.

2. BP_LightStudio와 SphereReflectionCapture를 지우자. 그리고 **빌드** 아이콘을 클 릭하라. 그러면 레벨이 완전히 검은색으로 보이는 것을 확인할 수 있다.

3. **모드** 탭에서 **배치** 탭을 살펴보면 그 안에 **라이트**^{Lights} 카테고리가 있을 것이다. HDRI 텍스처를 이용해 빛을 발산하는 데 사용할 수 있는 조명의 한 종류인 **스카 이 라이트**^{Skylight}를 찾을 수 있다. 다음 그림처럼 보이도록 스카이 라이트를 드래 그해서 레벨에 가져다 놓자.

---

25 두 가지가 다른 것처럼 설명하고 있지만 둘 다 설정된 큐브맵 정보를 가져와 반사를 표현한다. 단순히 큐브맵을 레벨에 보이게 했는지 아닌지의 차이만 있을 뿐이다. – 옮긴이

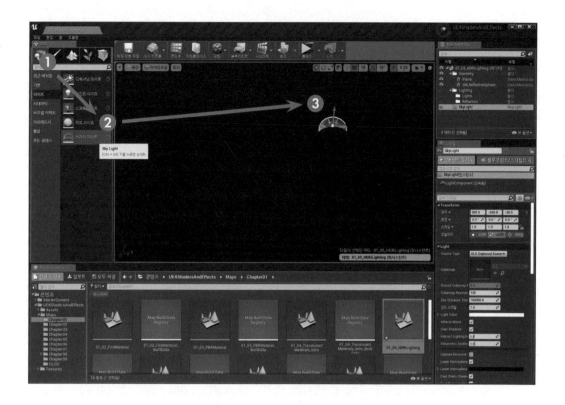

4. 새로 배치한 **스카이 라이트**를 선택하고 **디테일** 탭을 살펴보자. 그러면 Light 카
   테고리 안에 여러 속성이 보일 것이다. 드롭다운 메뉴가 SLS Captured Scene
   으로 설정돼 있는 Source Type이 첫 번째 속성이다. SLS Captured Scene은
   조명을 생성하려고 이미 존재하는 배경을 사용한다는 것을 의미한다. 이 값
   을 SLS Specified Cubemap으로 변경한다. 그러고 나면 드롭다운 메뉴 아래에
   Cubemap을 선택할 수 있는 속성이 생긴 걸 확인할 수 있다. 다음 그림처럼 전
   에 사용했던 HDRI_AlexsApt를 지정한다.

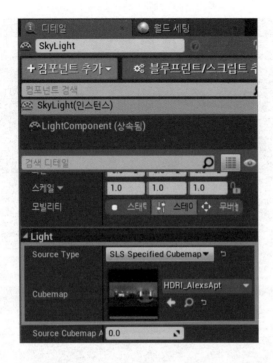

5. 텍스처를 할당해도 아무런 변화를 확인할 수 없을 것이다. 만약 여전히 검은 화면을 보고 있다면 이것은 레벨에 배치한 스카이 라이트의 기본 타입이 **스태틱** Static이기 때문이다. 이 타입일 때에는 빌드를 해야만 화면이 보인다. 다시 **빌드** 아이콘을 누르면 다음 그림처럼 보일 것이다.

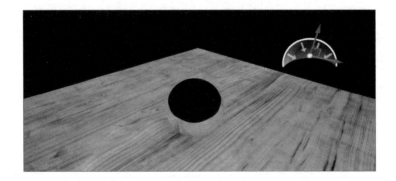

6. 이제 HDRI를 이용해 레벨에 조명을 배치한 상태다. 여전히 스태틱 속성을 사용하고 있다면 반사가 이상하게 보일 것이다(반사할 것이 아무것도 없는 것처럼 말이다). 모빌리티^{Mobility} 속성을 스태틱^{Static}, 스테이셔너리^{Stationary}, 무버블^{movable} 값으로 변경해보면서 어떻게 변화하는지 확인해보라.

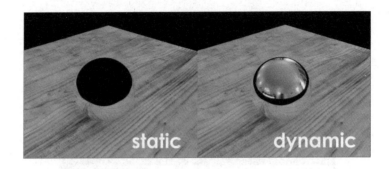

모빌리티 속성을 변경해보면 알 수 있는 바와 같이 스태틱 조명에서 무버블 조명으로 변경하면 다시 반사가 되는 것을 알 수 있다. 스태틱 조명은 라이트맵 빌드 과정을 통해서만 조명 계산을 하기 때문이다. 조명 계산은 **빌드** 아이콘을 누를 때 수행된다. HDRI를 제대로 사용하려면 조명의 모빌리티를 꼭 스테이셔너리나 무버블로 지정해야만 한다.

이제 새로 설치한 무버블 스카이 라이트 조명에서 금속으로 된 구체가 어떻게 보이는지 다시 주목해보자. 자세히 살펴보면 약간 이상한 점을 찾을 수 있을 것이다. 다음 그림처럼 말이다.

구의 표면을 가로지르는 검은색 띠가 보일 것이다. 이것은 스카이 라이트가 선택된 텍스처를 투영하려고 기본적으로 스카이 라이트 구의 반쪽만 사용하기 때문에 일어나는 현상이다. 때로는 하반구에서 방출하는 빛이 드리우지 않는 물체에서도 이 현상이 발생한다. 가끔 이런 현상이 적절한 때가 있기도 하다.[26] 하지만 다음 그림처럼 다음 속성을 선택해서 이 문제를 해결할 수 있다.

7. 위의 그림에서 보이는 것처럼, **스카이 라이트**를 선택하고 **디테일** 탭 안에 Light 카테고리를 확장하라. 그러면 거기서 Lower Hemisphere Is Solid Color라는 속성

---

26 지평선을 바라보면 지평선 너머 있는 하늘에서 방출된 빛들이 결국 지면에 가려져서 볼 수가 없다. 물론 가끔 빛이 림 라이트 형태로 지평선에 영향을 주기는 하지만 말이다. 큰 행성에서 환경에 영향을 주는 스카이 라이트는 한정적이다. 언리얼에서 반구라는 표현을 사용하지만, 실제로 구체의 정확히 반을 의미하는 것은 아니다. – 옮긴이

을 확인할 수 있다. 그리고 기본값은 체크가 돼 있다. 이 속성의 체크를 해제하면 전체 구체에 HDRI가 투영되도록 만들 수 있다.

> ℹ️ 아마 크롬볼에 빈 공간이 반사되지 않도록 하려고 레벨에 물체를 가득 채우려는 생각도 해 봤을 수 있다. 하지만 언리얼은 카메라에 보이지 않는 물체는 그리지 않는다. 그런데 이 레벨에서 크롬볼에 일어나는 반사는 카메라 뒤쪽에 있어서 전혀 보이지 않는 물체들도 한몫을 거든다. 효율성이 중요한 실시간 렌더러에서 감수해야 할 희생 가운데 하나다. 이 점을 기억해두자. 다음에 살펴보겠지만 이 문제를 리플렉션 캡처(reflection capture)를 배치하는 것으로 해결할 수 있다.

완전 구체 모양의 HDRI 스카이 라이트를 사용해 레벨에 조명을 드리우는 것이 편리했다. 하지만 그 때문에 원하지 않는 몇 가지 부작용이 발생하기도 했다. 예를 들면 크롬볼의 아랫부분에 HDRI가 아니라 레벨에 있는 실제 기하학 물체가 반사되도록 하고 싶을 수도 있다.[27] 이럴 때 다시 Lower Hemisphere Is Solid Color 속성을 체크하고 다음과 같이 해보자.

8. 레벨에 몇몇 평면을 배치하자. 다음 그림에 나오는 것처럼 말이다. 이건 레벨에 더 많은 기하학 물체들이 있다는 조건을 흉내 내기 위한 것이다. 이것이 반사가 되므로 이전에 봤던 검은색 밴드가 가로질러 나타나는 현상은 사라질 것이다. 그 평면들에 다른 머티리얼을 적용하자. 시작용 콘텐츠에 있는 M_Basic_Wall을 사용했다.

---

27 스크린 스페이스 리플렉션(SSR, Screen Space Reflection) 기능이 기본적으로 활성화돼 있어 이미 바닥이 반사되고 있다. 실제로 실습해보면서 비닥을 배치하면 바로 반사되는 것을 알 수 있다. 하지만 리플렉션 캡처는 성능상 이유로 꼭 사용해야 할 기능이므로 남은 실습을 확인하는 과정이 중요하다. – 옮긴이

9. 결과를 정확히 보고 싶다면 카메라를 크롬볼 가까이로 옮겨보자. 그러면 현재
   장면이 아니라 전에 반사된 결과를 그대로 보여주고 있다는 것을 알 수 있다.

10. 이 문제를 해결하려면 우선 **모드 › 비주얼 이펙트 › 스피어 리플렉션 캡처**(Mode ›
    Visual Effects › Sphere Reflection Capture)를 드래그해서 레벨에 배치하자. 그리고
    빌드 아이콘 옆에 있는 드롭다운 메뉴를 누르고 **리플렉션 캡처 빌드**Build Reflection
    Captures 항목을 선택하자.

여기까지 마쳤다면, 다음 그림처럼 배치한 평면들이 크롬볼에 반사하는 것을 볼 수 있을 것이다.[28]

예제 분석

이번 실습을 통해서 HDRI 조명을 다뤄 볼 기회를 가졌다. 언리얼 엔진 4에서 스카이 라이트가 이런 기법을 사용하는 조명이다. 스카이 라이트는 조명 정보를 담고 있는 텍스처를 입력으로 허용한다.

앞서 언급한 바와 같이 HDRI 이미지는 3D 환경 속에서 특정 장면의 조명 상태를 이용할 수 있도록 해주는 정보를 담고 있다. 이런 정보를 저장할 수 있는 방법이 서로 다른 노출 상태에서 동일한 환경을 여러 번 샘플링하는 것이다. 그래서 여러 번 사진을 찍고 후처리 단계에서 그 사진들을 결합한다. 이 과정에서 장면에 조명이 드리우는 방식을 더 잘 표현할 수 있도록 값의 차이를 보간한다.

여기서 용도에 맞는 올바른 텍스처 형식을 찾는 것이 중요하다. HDRI 이미지는 EXR, HDRI와 같은 확장자를 가진 32비트 포맷으로 돼 있다. 각 픽셀은 그 안에 여러 계층의 정보를 압축해서 담고 있다. 만약 32비트 포맷이 아닌 HDRI 이미지를 찾았다면, 실제 포맷과 동일한 조명 정보를 담고 있지는 않을 것이다.

HDRI 이미지를 합성하려고 촬영한 조리개 값의 개수가 눈여겨봐야 할 다른 매개변수이다. 이 값은 HDRI 이미지를 합성할 수 있도록 다른 노출도에서 찍은 사진의 장수를 의미한다. 이 값이 5라면 그 HDRI 이미지가 다섯 장의 보간된 이미지들로 만들어졌다는 것이다. 7이면 일곱 장이 사용됐다는 의미다. 더 많은 사진은 더 폭넓은 노출 값의 범위를 의미하고 결과적으로 정보의 양이 증가한다. 다음 그림에서 알 수 있듯이 더 많을수록 더 나은 결과를 보여준다.

이 사진들은 HDRI 이미지를 만들려고 사용한 일련의 노출 값이 다르다. 출처는 HDR labs다.

이 실습에서 물리 기반 렌더링 워크플로우에서 여러 핵심 개념을 살펴봤다. 이미지 기반 조명Image-based lighting, 반사 그리고 조명 속성 가운데 하나인 모빌리티mobility 같은 것들 말이다. 이 요소들이 머티리얼 파이프라인에 해당하는 것은 아니다. 하지만 언리얼의 핵심인 전체 물리 기반 렌더링에서 필수 부분이다. 그래서 이 요소들은 머티리얼과 밀접하게 상호작용한다. 이 요소들이 머티리얼의 가능성을 확장하고 머티리얼을 만들 때 사용했던 기본 입력을 보충해준다. 생각해보자. 만약 엔진에 높은 반사율을 갖는 머티리얼을 처리할 방식을 지정할 수 없다면 그러한 머티리얼을 만드는 것이 그렇게 유용하진 않을 것이다. 이 내용이 유용했으면 좋겠다.

▌ 머티리얼 비용 확인하기

이번 실습에서 머티리얼이 성능상 어떤 영향을 미치는지 확인해볼 것이다. 이제 렌더링 파이프라인의 기초 사항을 살펴보려 한다. 지금까지 물리 기반 머티리얼을 만드는 방법, 다른 셰이딩 모델들이 무엇인지를 알아봤고 최종 이미지가 전체적으로 어떻게 보여지는 지에 빛이 어떤 역할을 하는지도 알아봤다. 하지만 지금까지 개발자의 게임 또는 애플리 케이션을 실행하고 있는 컴퓨터에 미치는 영향에 관해서는 전혀 고려하지 않았다.

첫 번째로 몇몇 머티리얼과 이펙트는 다른 렌더링 요소에 비해 효율성 측면에선 좀 더 비 싼 점을 알아야 한다. 이미 경험해봤을 수도 있다. 비디오 게임에서 초당 대략 몇 프레 임을 그리는지 상상해보라. 하드웨어가 초당 몇 번 화면을 갱신하느냐에 따라 게임 플레 이 경험에 얼마나 직접적으로 영향을 줬나? 성능에 영향을 미치는 요소는 많다. 하지만 성능 공식에서 결정적인 요인은 머티리얼이 얼마나 복잡한가다. 만약 개발자가 VRay나 Corona와 같은 전통적인 오프라인 렌더러에 더욱 익숙하다고 해보자. 그렇다면 '렌더링 하려는 머티리얼의 복잡도에 따라 렌더링 속도가 얼마나 많이 변화하느냐?'를 묻는 것이 조금 더 적절할 것 같다. 서브서피스 스캐터링subsurface scattering, 복잡한 투명 또는 여러 고 급 효과를 혼합해 사용하면 렌더링 시간이 몇 분에서 몇 시간까지 걸릴 수도 있다.

화면에 렌더링할 장면을 성능에 따라 조절할 수 있어야 하는 것이 핵심이다. 언리얼은 특 정 이펙트와 머티리얼이 얼마나 비용이 드는지 확인할 수 있게 해주는 여러 도구를 제공 한다. 또한 에셋의 어느 부분을 최적화해야 하는지 또는 작동이 안 되는 것이 어떤 부분 인지 점검해준다. 이 점을 염두에 두고 앞서 만들어봤던 모든 에셋을 가져와 이 툴들을 이용해 점검해보자.

준비하기

01_06_TheCostOfMaterial이라는 맵 파일을 열기만 하면 실습을 진행할 수 있다. 레벨 을 보면 지금까지 실습을 진행했던 레벨임을 알 수 있다. 두 개의 물체가 더 있는 것을 제

외하면 말이다. 원하는 메시와 머티리얼을 자유롭게 배치해도 된다. 기술적인 관점에서 다양한 메시와 머티리얼을 살펴볼 수 있기 때문이다. 그래서 서로 다른 블렌드 모드를 사용한 머티리얼을 적용한 물체를 레벨에 배치하는 것이 블렌드 모드 사이에 어떤 성능적인 차이가 있는지 확인하는 데 도움이 된다.

예제 구현

책에서 제공한 레벨이든 직접 만든 레벨이든 관계없다. 화면에 출력되는 머티리얼의 렌더링 비용을 살펴볼 것이기 때문이다. 그렇게 해봄으로써 레벨을 좀 더 자세히 이해하는 데 도움을 주는 여러 보기 모드를 살펴볼 것이다. 다음 단계를 따라 해보자.

1. 다음 그림을 살펴보는 것으로 시작해보자.

   4개의 물체가 있고 각 물체마다 서로 다른 머티리얼을 적용했다. 이렇게 해서 각 머티리얼마다 성능적 측면에서 드는 비용을 이해하는 데 도움이 된다.

2. SM_ReflectiveSphere 이름을 가진 크롬볼을 선택하고 **디테일** 탭에서 Materials 카테고리를 찾아보자. 모델에 적용된 머티리얼을 더블클릭해서 머티리얼 에디터를 열자.

3. 머티리얼 에디터를 열었다면 Stat^{통계} 탭을 살펴보자.

Stat 탭에서 머티리얼을 랜더링하는 데 얼마나 비용이 드는지 근사값을 보여준다. M_ReflectiveSphere 머티리얼의 베이스 패스 셰이더에서 115개 명령어가 필요하고 스태틱 조명을 사용할 때 135개 명령어가 필요하다. 무버블 조명일 때 필요한 명령어 수는 191개다. 이 값도 다른 머티리얼과 비용을 비교하는 데 유용하다.[29]

4. 다시 메인 에디터로 돌아가 SM_Glass라는 이름을 가진 물체를 선택하자. 마찬가지로 모델에 적용된 머티리얼을 머티리얼 에디터로 열자. 그러고 나서 다시 **통계** 탭을 살펴보자.

이전 예보다 명령어 수가 훨씬 많다는 것을 확인할 수 있다. 불투명 머티리얼

---

29 4.24.3 버전에서 명령어 개수는 각각 베이스 패스가 128개, 스태틱 조명은 159개, 무버블은 206개이다. 머티리얼은 실제 셰이더 코드 중 일부분에 삽입되는 코드라 실제로 템플릿 코드가 변경이 되면 명령어 수가 달라진다. - 옮긴이

보다 투명 머티리얼의 복잡도가 더 높기 때문이다.

5. **셰이더 복잡도**^{Shader Complexity}를 살펴보는 또 다른 방법이 있다. 메인 뷰포트로 가 **최적화 뷰모드**^{Optimization viewmodes}의 선택 가능한 옵션 중에서 셰이더 복잡도를 선택하자. 다음 그림을 보면 셰이더 복잡도를 켜는 법을 확인할 수 있다.

6. 버튼을 클릭하고 나면 다음 그림과 같은 화면을 볼 수 있다.

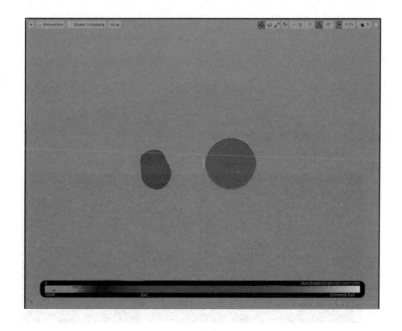

이 화면은 셰이더 복잡도를 확인하기 위한 시각적인 접근 방법이다. 하지만 이 화면 표시가 100% 정확한 것은 아니다. 언리얼은 위의 그림에서 보이는 그레이디언트gradient를 계산하려고 머티리얼의 노드 자체의 복잡도가 아니라 명령어의 개수를 참조한다.

다른 두 머티리얼이 똑같은 복잡도를 갖고 있지 않더라도 화면으로는 비슷한 값으로 보일 수 있다. 예를 들어 여러 텍스처를 사용하는 머티리얼과 단순한 상숫값들을 사용하는 머티리얼이 셰이더 복잡도 뷰모드에서 비슷한 복잡도로 보인다. 하지만 실제로 첫 번째 머티리얼은 **그래픽 처리 유닛**GPU, Graphics Processing Unit 에 더 의존적이다.

지금까지 최적화 뷰모드 가운데 하나를 살펴봤다. 하지만 셰이더 복잡도만 알아보는 것에서 그치진 않을 것이다. 모든 최적화 뷰모드가 다른 기술적인 관점에서 레벨이 작동하는 방식을 이해하는 데 유용하다. 그럼 최적화 뷰모드를 통해 어떤 도움을 얻을 수 있는지 빠르게 살펴보자.

7. 우선 **라이트 복잡도**Light Complexity 모드를 알아보자. 레벨에 여러 조명이 얼마나 비용이 드는지 분석하는 데 도움을 준다. 모드를 켜고 장면이 어떻게 보이는지 확인해보자.

8. 전체 장면이 블랙으로 렌더링되는 것을 확인할 수 있다. 스태틱 HDRI 조명을 사용하기 때문이다. 스태틱 조명은 이미 계산이 완료됐다. 그래서 이 단계에선 전혀 조명 복잡도가 존재하지 않는다. 다음 그림처럼 참조 목적으로 내가 선택한 물체들에 노란색 아웃라인이 그려지는 것을 알 수 있다.

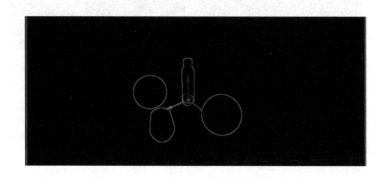

9. 새 포인트 조명을 배치하면 푸른색으로 장면이 변하는 것을 볼 수 있다. 푸른색은 장면에 약간 복잡도가 생겼다는 것을 나타낸다. 하지만 이 조명도 성능상으로 값싼 방법이다.

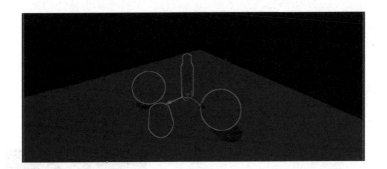

10. 조명을 몇 개 더 배치해보자. 점점 완전 푸른색에서 멀어지기 시작한다. 그렇게 색이 변하는 것은 조명이 점점 복잡해지고 있고 하드웨어가 계산을 하는 데 비용이 증가하고 있다는 의미다. 이 점을 기억하자. 다음 그림은 7개의 다른 조명들을 배치한 레벨에서 조명 복잡도 모드일 때 화면을 보여준다.

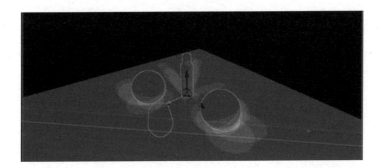

11. 라이트 복잡도 뷰모드와 연관된 다른 뷰모드는 스테이셔너리 라이트 오버랩 Stationary Light Overlap 모드다. 레벨에 여러 개의 스테이셔너리 조명을 사용하고 있다면, 그 레벨을 렌더링하는 비용이 어느 정도인지를 알려준다. 비용은 녹색에서 시작해서 비쌀수록 흰색으로 바뀐다.

12. 마지막으로 라이트맵 밀도^{Lightmap density} 뷰모드로 레벨에 배치된 물체들이 어느 정도 밀도의 라이트맵을 사용하고 있는지 보여준다. 스태틱이나 스테이셔너리 조명을 사용할 때 정적 물체들은 조명 계산을 미리 텍스처로 굽는다. 라이트맵 밀도 뷰모드일 때 물체들에 설정된 라이트맵 텍스처의 분산 정도를 볼 수 있다. 이제 다음 두 개의 예들을 살펴보자.

13. 첫 번째 그림 쌍에서 두 나무 평면의 라이트맵 해상도를 1024라는 높은 값으로 설정했다. 위의 그림에서 그림자가 두 표면을 가로질러 정확하게 드리운 것을 볼 수 있다.

14. 다음 그림 쌍에선 라이트맵 해상도를 낮게 설정했는데, 좀 더 드라마틱한 상황을 연출하려고 수직으로 서 있는 나무 평면의 해상도를 훨씬 더 낮게 설정했다. 결국 수직으로 서 있는 나무 평면은 그림자를 보여줄 수 있는 정도의 해상도를 갖지 못해서 그림자가 보이지 않는다. 하지만 수평으로 있는 나무 평면에는 여전히 그림자가 드리운 것을 볼 수 있다.

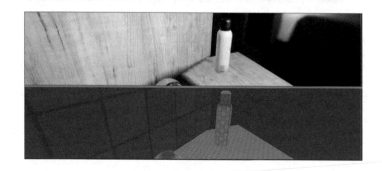

아직 다루지 못한 두 개의 뷰모드가 있다. 사용한 머티리얼에 대한 것이 아니라 물체를 만드는 데 사용한 폴리곤의 개수를 다루는 모드다. 앞서 살펴본 것과 같은 탭에서 찾을 수 있다. 모드의 이름은 각각 쿼드 오버드로우$^{Quad\ Overdraw}$30와 셰이더 복잡도와 쿼드$^{Shader\ Complexity\ and\ Quads}$다. 이 모드들은 많은 하이 폴리곤 메시들 또는 반투명 물체들을 사용했을 때 레벨을 진단하는 데 무척 유용하다. 필요할 때 이런 모드들도 있음을 기억하자.

예제 분석

이전 실습에서 살펴본 것처럼 머티리얼은 실제 재질과 같지는 않다. 그리고 물론 언리얼에서 몇 개의 머티리얼을 만들어봤지만 현실 속의 재질을 이야기조차 하지 않았다. 다른 셰이딩과 블렌딩 모드를 표현하려고 사용된 수학과 함수는 각 모델마다 드는 비용이 다르다. 각각이 얼마의 비용이 드는지 아는 것이 꽤나 번거롭고 복잡한 작업일 수 있다. 그렇지만 애플리케이션이 잘 작동하도록 하려면 전반적인 개념을 이해하는 것이 중요하다.

앞선 몇 페이지에서 불투명과 투명 머티리얼을 포함해 몇 가지 머티리얼을 살펴봤다. 그 머티리얼들은 이전 실습에서 만든 것이었다. 하지만 나중에 다룰 더 많은 종류가 있음을 알아두자. 언리얼은 다음과 같은 셰이딩 모델을 가진다. 비용이 낮은 것부터 높은 것 순으로 적어 놓았다.

- Unlit
- Default Lit
- Preintegrated skin
- Subsurface
- Clear coat
- Subsurface profile

---

30 GPU에서 밉맵 단계를 계산하기 위해 특정 픽셀을 처리찰 때 실제로 인접 3개의 픽셀까지 총 4개의 픽셀을 처리한다. 그래서 발생하는 중복 계산을 쿼드 오버드로우라고 한다. 같은 이름으로 복잡도를 시각적으로 확인할 수 있는 모드를 언리얼에서 제공한다. - 옮긴이

(머리카락이나 눈동자를 표현하기 위한 셰이딩 모델은 캐릭터에 매우 종속적이다. 적당한 시점에 이 셰이딩 모델도 다룰 것이다.)

물론 머티리얼의 실제 비용은 머티리얼을 표현하는 그래프의 복잡도에 의존적이다. 그러나 동일한 조건에서 기본 머티리얼의 비용은 위의 셰이딩 모델 순서와 같다. 추가적으로 렌더링하는 비용이 더 들거나 덜 들게 하는 속성이 있다. 예를 들어 머티리얼이 양면two-sided이거나 특별한 투명 형식을 사용하는 것과 같은 속성은 GPU에 비용을 증가시킬 수 있다.

또 효율성 측면에서 또 다른 고려 사항을 기억해야 한다. 에픽은 개발자의 애플리케이션이 잘 작동하도록 아티스트를 위한 성능 가이드라인을 제공한다. 다음 링크에서 해당 내용을 확인할 수 있다.

- https://docs.unrealengine.com/ko/Engine/Performance/Guidelines

이번 실습에서 언리얼이 여러 종류의 셰이더를 처리하는 방법을 살펴봤다. 불투명과 투명 머티리얼의 차이를 비교해서 알아봤다. 그래서 각 머티리얼마다 명령어의 수가 얼마나 달라지고 얼마나 효율적인지 확실한 개념을 얻을 수 있었다. 또 엔진에서 제공하는 최적화 툴이 무엇이 있는지 살펴봤다. 종합해보면 개발자의 애플리케이션이 잘 작동하도록 조절 가능한 다양한 옵션이 있었다. 그리고 순서대로 그 옵션을 사용하는 방법을 배웠다.

포스트 프로세싱 이펙트

2장은 포스트 프로세싱 이펙트에 관해 이야기할 예정이다. 2장에서는 다음 내용을 다룬다.

- 포스트 프로세스 볼륨 사용하기
- Color Grading을 통한 장면 분위기 바꾸기
- 피사계 심도를 이용한 영화적 카메라 연출
- 게임에 영화적 연출 효과 적용하기
- 볼륨과 렌즈 플레어를 이용한 실제 카메라 효과 표현하기
- 포스트 프로세스 머티리얼로 공포 영화 박동 효과 구현하기
- 안티-에일리어스 조절과 다른 렌더링 기능들

▌ 소개

개발자가 언리얼을 사용해 비디오 게임, 앱, 건축 설계 등등 원하는 것을 만들 때 여러 기능을 혼합 사용한다. 애니메이션에서 렌더링까지 정말 다양한 분야에 대한 공부거리가 있지만 이 내용을 모두 다루고 싶어도 너무 폭넓고 다양해서 한 권의 책으로 다루기엔 벅차다. 하지만 모든 주제를 살펴보지 않더라도 주의를 기울여야 할 한 가지 중요한 측면이 있다. 바로 재질과 렌더링 파이프라인에 직접적인 영향을 주는 포스트 프로세스 효과다. 2장에서 포스트 프로세스 효과를 살펴볼 것이다.

한 가지 중요한 사실은 포스트 프로세싱 효과가 모든 머티리얼이 생성된 이후와 전체 장면을 모두 화면으로 출력하기 이전에 진행되는 렌더링 단계라는 것이다. 마치 개발자가 만들고 싶어 하는 것과 사용자가 경험하게 되는 것 사이에 추가할 수 있는 레이어가 있는 것과 같다. 따라서 포스트 프로세싱은 렌더링된 결과를 화면에 출력하기 전에 렌더링된 결과를 변경할 수 있는 매우 강력한 도구다. 2장에서 언리얼에서 제공하는 포스트 프로세싱 기능의 대부분을 다룰 것이다.

포스트 프로세싱 단계에서 조절 가능한 속성들은 안티-에일리어싱^{Anti-aliasing}, 컬러 그레이딩^{Color grading}, 피사계 심도^{DOF, Depth of Field}, 블룸^{Bloom}, 렌즈 플레어^{Lens flare}, 비네팅^{Vignetting} 그리고 화면 공간 반사^{SSR, Screen Space Reflection}다. 포스트 프로세싱의 모든 속성을 말하진 않았지만 나열한 속성들이 가진 공통적인 요소는 이미 레벨에 배치된 물체들에 영향을 미친다는 것이다. 이 사실을 분명하게 기억하는 것이 정말 중요하다. 이를 통해 무엇을 할 수 있는지, 좀 더 잘 사용할 수 있는 방법은 무엇인지 아는 데 도움을 주기 때문이다.

▌ 포스트 프로세스 볼륨 사용하기

언리얼이 제공하는 여러 포스트 프로세스 효과를 사용하려면 특별한 액터를 레벨에 배치해야 한다. 바로 포스트 프로세스 볼륨이라는 액터이고 포스트 프로세스 효과가 영향을 미치는 영역을 보여주는 박스 모양의 컨테이너다.

다행히 2장에서 다룰 모든 속성을 1장에서 사용했던 액터를 이용해 확인해볼 수 있다. 포스트 프로세스 효과의 모든 속성이 한곳에 모여 있어 편리하게 확인 가능하다. 자, 이제 속성들을 살펴보자.

준비하기

책에서 제공하는 프로젝트 안에 필요한 레벨이 들어 있어서 바로 실습해볼 수 있다. 매우 단순한 레벨이지만 다음 몇 페이지 동안 사용할 여러 포스트 프로세스 효과를 확인하는 데 도움이 될 것이다. 제공하는 언리얼 프로젝트를 열어 **콘텐츠 브라우저**에서 Content/UE4ShadersAndEffects/Maps/Chapter02 폴더로 가 보면 맵 파일이 들어 있다. 파일 이름은 02_01_PostProcessEffects이다. 해당 파일을 열면 화면이 다음 그림처럼 보일 것이다.

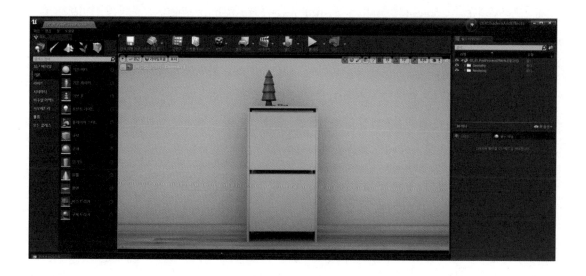

몇 개의 물체가 배치된 단순한 레벨이지만 포스트 프로세스 볼륨의 여러 속성을 변경해 보면서 확인하는 목적에는 충분하다. 제공하는 레벨에 특별하게 설정된 것이 존재하지 않기 때문에 원한다면 직접 만든 레벨을 변경 없이 사용해도 실습을 진행하는 데 문제가 없다.

 레벨에 좀 더 많은 모델들을 배치해도 괜찮다. TurboSquid나 CGTrader와 같은 사이트에 서 무료 에셋을 제공한다. 다음 링크를 확인해보라.
https://www.cgtrader.com/free-3d-models
https://www.turbosquid.com/Search/3D-Models/free

예제 구현

앞서 말한 02_01_PostProcessEffects 맵 파일을 여는 것으로 실습을 시작하자. 콘텐츠 브라우저에서 Content/UE4ShadersAndEffects/Maps/Chapter02라는 폴더를 살펴보 면 찾을 수 있다.

만약 직접 만든 레벨을 사용하길 원한다면, 레벨에 변화를 확인할 물체가 배치돼 있으면 충분하다. 결국 포스트 프로세스 이펙트를 사용했을 때 렌더링된 장면이 어떻게 변하는 지 확인 가능하면 된다. 맵 파일을 열었다면, 우선 포스트 프로세스 효과에 대한 속성을 가지고 있는 포스트 프로세스 볼륨을 배치하자.

1. **모드 › 배치 › 볼륨**(Mode › Place › Volumes) 안에 **포스트 프로세스 볼륨**을 찾자.

사용 가능한 모든 볼륨이 나오는 팔레트 안에서 포스트 프로세스 볼륨을 찾으려고 스크롤
하지 말자. 탭 위쪽에 있는 검색창에 Post Process Volume이라고 입력하자. 그러면 검색
결과에 단 하나의 볼륨만 나올 것이다.

2. 포스트 프로세스 볼륨을 끌어다가 레벨에 배치하자. 원하는 곳 어디에 놓아도
된다. 하지만 볼륨의 크기가 레벨에 포함된 물체 전부를 담고 있을 정도여야 한다.

3. 포스트 프로세스 볼륨을 배치하고 위치를 잡은 후에 속성들을 살펴보자. 만약 포스트 프로세스 볼륨 안에 있는 물체만이 아니라 레벨 전체에 영향을 주고 싶을 수도 있다. 그렇다면 Post Processing Volume Settings를 찾아서 Infinite Extent (Unbound) 속성을 체크하자.

Infinite Extent(Unbound) 속성을 체크하면 포스트 프로세스 볼륨의 적용 범위가 볼륨 크기로 한정되지 않고 전체 레벨에 영향을 준다.

다음 실습부터 각 속성을 조절해보면서 속성을 알아볼 것이다. 이 실습에서 Unbound

속성을 살펴본 것처럼 말이다. 나중에 자세히 살펴볼 것이지만 지금은 다음 그림의 목록을 보자.

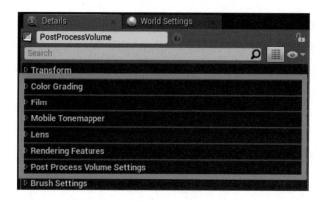

- 색상 교정, 레벨의 전체적인 분위기를 의도대로 변경하거나 레벨의 전체적인 대비를 바꾸는 것과 같은 작업이 여기서 수행된다.
- Film 카테고리에 언리얼 엔진 4의 톤매핑을 변경할 수 있는 속성들이 있다. 톤매핑은 저생동폭LDR, Low Dynamic Range 색상만 표현할 수 있는 모니터에서 고생동폭HDR, High Dynamic Range 색상을 표현하는 기법이다. 톤매핑은 원할 때마다 변경할 수 있는 그런 속성은 아니다. Film 카테고리에서 변환을 수행할 방법을 지정할 수 있지만 아티스트가 다룰 속성은 아니다.

> ⓘ 톤매핑은 정말 복잡한 주제다. 좀 더 많은 정보를 얻고 싶다면 다음 링크에서 공식 문서를 참조하라.
> https://docs.unrealengine.com/ko/Engine/Rendering/PostProcessEffects/ColorGrading

- Moblie Tonemapper 모바일 톤매퍼 카테고리는 Film 카테고리와 비슷하다. 다만 모바일용 프로젝트에 적합한 속성들만 들어 있다.

- Lens 카테고리에 노출^{Exposure}, 크로마키 수차$^{chromatic\ aberration}$, 블룸^{bloom} 또는 렌즈 플레어$^{lens\ flares}$와 같은 실제 카메라의 특정 효과를 표현하기 위한 속성이 있다.

- Rendering Features 카테고리에 3D 월드에 적용되는 특정 효과를 조절하는 속성이 있다. 예를 들면 포스트 프로세싱 머티리얼, 앰비언트 오클루전$^{ambient\ occlusion}$ 같은 것들이다. 이 효과들은 전체 레벨 또는 스크린 공간 반사$^{screen\ space\ reflection}$의 품질에 영향을 준다.

- 마지막으로 Post Process Volume Settings 카테고리에 볼륨이 월드에서 동작하는 방식을 지정하는 속성이 있다. 예를 들면 여러 포스트 프로세스 볼륨이 있을 때 어떤 볼륨이 월드에 영향을 주는지 결정하거나 두 다른 포스트 프로세스 볼륨 안에서 거리에 따라서 두 포스트 프로세스를 혼합하는 방법을 결정하는 것처럼 말이다.

살펴본 것처럼 많은 속성을 끄고 켜거나 조절할 수 있다. 이후 실습을 진행하면서 각 속성을 살펴볼 것이다. 포스트 프로세스 속성이 단 하나의 액터에 포함돼 있다. 하지만 최종적으로 화면에 출력되는 결과를 보면 얼마나 중요한지 알 수 있을 것이다.

예제 분석

이번 실습에서 포스트 프로세스 볼륨이 레벨 전체에 영향을 주도록 해봤다. 그래서 포스트 프로세스 볼륨 영역 밖까지 포스트 프로세스 설정이 영향을 준다. 선택된 볼륨 영역을 신경 쓰지 않고 싶을 때 이 방법을 사용한다. 특히 포스트 프로세스 볼륨을 단 하나만 사용한다면 유용하다.

책을 좀 더 쉽게 집필하려고 했다면, 단지 하나의 볼륨만 사용하는 상황만을 이야기했을 것이다. 하지만 특히 복잡한 환경이라면 레벨에 여러 개의 포스트 프로세스 볼륨을 배치해야 한다. 예를 들어 실내와 실외 지역이 모두 있는 레벨을 생각해보자. 두 분위기의 차이를 강조하려고 다른 설정을 가진 포스트 프로세스 효과를 배치해야 한다. 이럴 때를 대비해 Blend Radius 또는 Priority index와 같은 속성이 존재한다. Blend Radius와 Priority index 속성은 여러 볼륨을 혼합하거나 특정 볼륨을 선택할 수 있게 해준다.

여러 개의 포스트 프로세스 볼륨을 사용한다면 우선 Infinite Extent(Unbound) 속성을 해제해야 한다. 그렇게 하지 않으면 전체 레벨에 영향을 주는 하나의 포스트 프로세스 볼륨을 갖게 된다. 해제했다면 그다음으로 Scale 속성 값을 설정해야 한다. Scale 속성은 볼륨이 포함하고 있는 영역에 어느 정도 영향을 주고 싶은지 설정하고 싶을 때 사용한다. 플레이어 캐릭터가 들어 있는 포스트 프로세스 볼륨만이 시각적으로 영향을 준다는 점이 중요하다. 특정 영역에 배치된 포스트 프로세스 볼륨의 설정이 적용되길 원한다고 해도 플레이어 캐릭터가 영역으로 들어가지 않으면 안 된다.

다음 그림을 보면 상황을 이해하는 데 도움이 될 것이다. 그림을 보면 카메라가 포스트 프로세스 볼륨 안에 있지 않아 최종 출력 이미지에 포스트 프로세스 효과가 적용되지 않았다.

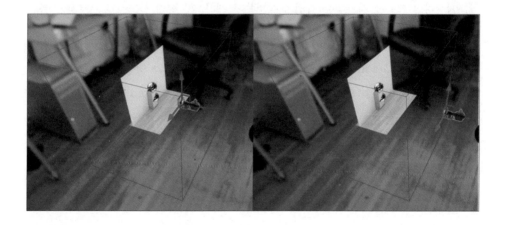

Infinite Extent(Unbound) 속성과 다르게 다른 속성들은 좀 더 직관적이다. Priority 속성은 텍스트 창에 숫자를 입력한다. 설정된 숫자는 포스트 프로세스 볼륨이 겹쳐져 있을 때 어떤 볼륨이 영향을 주는지 결정하는 우선순위다. 반면 Blend Radius 속성은 값을 센티미터(cm) 단위로 설정한다. 설정값이 겹쳐지는 서로 다른 포스트 프로세스 볼륨이 혼합되는 영역의 크기를 나타낸다.

읽을거리

언리얼 엔진 4에 포스트 프로세싱의 전체 세상이 저 밖에 펼쳐져 있다. 거기서 여러 효과를 구현할 수도 있고 다른 기법도 사용할 수 있다. 이후 실습에서 여러 예제를 다룰 것이다. 하지만 다음 링크로 가면 에픽 게임즈가 제공하는 공식 문서를 볼 수 있다.

- https://doc.unrealengine.com/ko/Engine/Rendering/PostProcessEffects

▌ Color Grading을 통한 장면 분위기 바꾸기

앞선 실습을 통해 포스트 프로세스 볼륨 액터를 알아봤다. 이제 포스트 프로세스 볼륨 안에 있는 여러 기능을 사용하는 방법을 살펴볼 차례다. 첫 번째로 포스트 프로세스 볼륨 액터의 **디테일** 탭에 있는 Color Grading을 알아보자.

언리얼에 Color Grading 카테고리가 존재하는 이유는 영화와 영상 분야에서도 Color Grading이 존재하는 이유와 비슷하다. 궁극적인 목적은 최종 이미지의 분위기를 변경하기 위한 일련의 도구를 아티스트에게 제공하기 위해서다. 유사한 기법이 영상 분야에서도 중요하다. 예를 들어 개성 있어 보이는 장면의 구성이나 색상의 연속성을 보장하는 것과 같은 특정한 요구를 충족시키려고 촬영된 장면을 조작하는 것이다. 이후 몇 페이지 동안 레벨 분위기를 변경하고자 포스트 프로세스 볼륨의 속성을 조절해볼 것이다.

준비하기

이번 실습에서 포스트 프로세스 효과가 전혀 활성화돼 있지 않은 기본 레벨을 가지고 시작할 것이다. 그래야만 포스트 프로세스 볼륨 액터에 Color Grading 속성을 조절해서 전체적인 분위기가 어떻게 변화하는지 보여줄 수 있다. 평소처럼 책에서 제공하는 언리얼 프로젝트에서 Content/UE4ShadersAndEffects/Maps/Chapter02/02_02_ColorGrading 맵 파일을 열어서 준비하면 된다.

레벨에 포스트 프로세스 볼륨 액터와 실습 결과를 확인할 수 있는 물체들이 배치돼 있다면 계속해서 직접 만든 레벨을 사용해도 괜찮다. 준비가 끝났다면 실습을 시작해보자.

예제 구현

실습을 시작하기 전에 책에서 제공한 레벨의 구성을 살펴보자. '준비하기' 절에서 언급했던 레벨을 실습을 위한 출발점으로 생각하자. 다시 한 번 말하지만 맵 파일은 Content/UE4ShadersAndEffects/Maps/Chapter02/ 폴더에서 찾을 수 있다.

맵 파일 이름은 02_02_ColorGrading이다. 레벨은 실습에 유용할 여러 요소가 포함돼 있다. 지금쯤 이 레벨에 이미 익숙할 것이다. 이전 실습에서 포스트 프로세스 볼륨을 배우면서 사용했던 레벨이기 때문이다. 포스트 프로세스 볼륨을 더 깊게 살펴볼 것이다. 추가적으로 레벨에 시네 카메라 액터^{Cine Camera Actor}를 추가한다. 시네 카메라라는 위치가 고정돼서 항상 동일한 시점을 제공해준다. 그렇기에 앞으로 실습해볼 효과로 인한 시각적 변화를 비교하는 데 편리할 것이다.

진부하게 들릴 수도 있지만 직접 만든 레벨을 사용하는 것에 부담 갖지 마라. 핵심 요소인 포스트 프로세스 볼륨과 추가적으로 시네 카메라 액터가 레벨에 포함돼 있다면 문제없다. 좀 더 실습을 복잡한 구성의 레벨로 진행해도 괜찮다. 그렇지만 전체 레벨에 Color Grading을 설정해보려면 시각적 변화를 확인할 수 있을 정도의 물체만 있으면 된다. 필요에 따라 사용하는 레벨을 변경할 수 있어야 한다.

이제 레벨에 포함돼 있는 카메라 액터를 이야기해보자. 우선 배치된 카메라의 시점으로 화면이 출력돼야 한다 카메라 액터의 시점으로 화면을 줄력하려면 메인 뷰포트의 좌측 상단을 살펴보라. 거기서 클릭하면 드롭다운 메뉴가 생기는 작은 버튼을 찾을 수 있다.[1] 이제 클릭하면 배치된 카메라 항목에 액터 이름이 보일 것이다. 그걸 선택하면 다음 그림과 같이 화면이 보일 것이다.

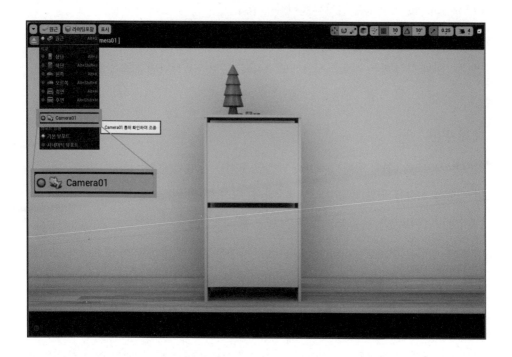

뷰포트를 카메라 투영 시점으로 설정하면 실습으로 인한 변화를 확인하는 것이 용이하다. 그리고 언급한 바와 같이 포스트 프로세스 볼륨 액터 안의 Color Grading 툴에서 모든 변경을 할 수 있다. **포스트 프로세스 볼륨** 액터가 선택돼 있다면 **디테일** 탭에 여러 속성을 확인할 수 있다. Color Grading 카테고리도 그 안에 있다. 화면이 다음 그림처럼 보여야 한다.

---

1 '원근'이라고 써 있는 버튼이다. - 옮긴이

Color Grading 카테고리에 있는 여러 속성을 이용해 레벨에 다른 분위기를 연출해보자. 그림을 보면 장면 분위기가 따뜻해 보이는 것을 알 수 있다. 이 분위기는 편안하고 매력적으로 느껴진다. 아마 누군가의 집이라는 생각이 들 수도 있다. 이렇게 느껴지는 이유는 장면의 전체적인 색조 때문이다. 나무 바닥과 (약간 흥미로운 소품들과 같이) 부드러운 느낌의 벽지가 따뜻한 분위기를 증가시킨다. Color Grading의 강력한 기능을 통해서 느낌에 변화를 줘 보자.

1. 포스트 프로세스 볼륨이 선택됐는지 확인하고 **디테일** 탭을 둘러보자. 변경할 첫 번째 속성은 화이트 밸런스White Balance다. **White Balance** 속성을 펼쳐서 Temp 체크박스를 체크한 후에 값을 더 낮은 값으로 변경하자. 장면의 분위기를 좀 더 차갑게 하려고 Temp 값을 4500으로 설정할 것이다.

2. **Tint** 체크박스는 기본값인 해체된 상태로 남겨두자. **Tint** 속성은 전체적인 색조를 맑은 청록색Cyan과 밝은 자주색Magenta 범위로 변경한다. 사용해보려면 색 범위를 조절하면서 어떻게 장면이 변하는지 확인해보라. 이번 실습에서는 Tint 기능을 사용하지 않는다.

위의 그림에서 알 수 있듯이 장면이 전체적으로 차가운 느낌을 준다. White Balance 속성을 변경하는 것이 장면에 어떤 영향을 주는지 완전히 이해하려면 '예제 분석' 절을 꼭 확인하자. 이어서 몇몇 속성을 더 조절해서 장면 분위기를 바꿔보자.

이제 **디테일** 탭 Color Grading 카테고리 안에 있는 다음 섹션들을 살펴보자. 여기에 Global, Shadows, Midtones, Highlights와 같은 속성이 있다. 이 모든 속성이 이미지의 분위기를 조절한다. 하지만 각각 서로 다른 색상 범위에 영향을 미친다. 색상의 채도Saturation 또는 각기 다른 색상 스펙트럼Spectrum에서 대비도와 같은 속성을 변경할 수 있다. 예를 들어 Highlights 안에 Saturation을 변경하면 레벨에서 밝은 영역에만 영향을 준다. Shadows 속성도 어두운 영역에만 영향을 준다는 점을 제외하면 비슷한 동작을 수행한다. 이 점을 기억하고 계속 레벨 분위기를 변경해보자.

3. 처음으로 그림자의 강도를 조정해보자. Shadows 섹션 안에 Gain 속성을 찾자. 값을 2로 수정하면 바로 그림자가 열어진다.

4. 색조를 약간 바래도록 해보자. 그러면 초기에 봤던 원본 이미지의 따뜻한 느낌
   과 달라진다. **Midtones** 섹션 안에서 **Saturation** 속성을 찾아보자. 기본값이 1인
   데 그보다 낮은 값을 적용해보자. 0.75로 설정했더니 장면이 전체적으로 창백해
   보인다.

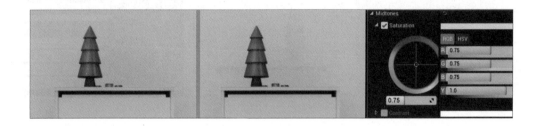

이제 위에서 실습했던 모든 변경이 적용된 장면과 초기 장면을 비교해볼 수가
있다. 그렇게 하려면 레벨에서 포스트 프로세스 볼륨을 선택하고 **디테일** 탭 안
에 Post Process Volume Settings 안에 Enabled 속성을 해제한다. Enabled 속성
을 켜고 끄면서 포스트 프로세스 볼륨이 장면에 어떤 영향을 주는지 확인 가능
하다. 다음 그림이 그 비교 결과다.

분위가 다르다는 것을 느낄 수 있지 않은가? 변화가 크지 않을 수도 있지만 확실히 다르다. 전체적으로 좀 더 밝아지고 차가운 느낌이면서 색이 바랜 것을 볼 수 있다. 첫 번째 그림이 따뜻하고 편안한 느낌을 준다면 두 번째 이미지는 약간 더 중립적이다. 여기서 실습이 끝난 것은 아니다. 이제 기본적인 것을 알았으니 조금 더 복잡한 것을 해보자. 약간 음산한 분위기로 장면을 변경하려면 어떻게 해야 할까?

5. 우선 Midtones 섹션 안에 Contrast 속성 값을 약간 올려서 값을 1.5로 설정하자. 그러면 장면이 좀 더 튀어나와 보일 것이다.

6. Highlights 섹션 아래 Saturation 값을 조절해보자. Saturation 값을 정말 높은 값으로 세팅하자. 값을 1000으로 설정했다. 그러면 화면의 밝은 부분이 약간 부자연스러워 보인다. 결국 화면이 약간 부자연스러워 보이고 날카롭게 느껴진다.

7. 마지막으로 레벨에 **색조**^{color tint}를 적용해보자. 공포 영화나 심리 스릴러 영화에서는 종종 뭔가 잘못되고 있거나 약간의 긴장감 있는 분위기를 표현하려고 하

이라이트 영역을 약간 녹색이 번진 듯한 연출을 사용한다. Color Grading 탭의 Misc 섹션을 살펴보면 Scene Color Tint라는 속성을 찾을 수 있다. 원하는 결과를 얻으려면 파스텔톤의 녹색으로 값을 변경하라.

보라! 마지막 설정으로 포스트 프로세스 카테고리 중에 Color Grading의 안에서 설정할 수 있는 속성들 중에 대부분을 다뤘다. 이제 Color Grading이 무엇이고 이 속성을 변경하면 장면에 어떤 변화가 생기는지에 대한 개념이 생겼을 것이다. 좀 더 Color Grading 설정을 변경해보면서 익숙해지고 확신을 갖는 것도 좋을 것 같다. 원하는 장면의 분위기를 만들려면 지속적인 변경과 수정을 해야 함으로 Color Grading을 조작하는 작업은 인내심이 필요하다. 그렇지만 실습을 통해 알아본 Color Grading 기능은 매우 강력하고 잘 작동한다. Color Grading을 사용하는 것에 흥미를 갖길 바란다.

예제 분석

언리얼에 Color Grading 툴은 포토샵^{PhotoShop}이나 김프^{Gimp}와 같은 소프트웨어에 존재하는 기능과 매우 유사하다. 포토샵이나 김프에도 실습에서 확인했던 대부분의 속성을 조절할 수 있는 매개변수가 존재한다. 그래서 익숙할 수도 있을 것이다. 하지만 몇몇 속성은 애매모호하다. 그러한 속성이 장면에 어떤 영향을 주는지 설명하기 위해 지면을 할애하고자 한다.

약간 헷갈릴 수 있는 설정 가운데 하나는 처음으로 확인하고 변경했던 White Balance 속성이다. White Balance 속성은 Temp 매개변수를 통해 조절된다. Temp가 아마도 Temperature^{온도}의 약자일 거라고 추측했을 것이다. 이 단어는 눈에 보이는 빛과 빛의 색상에 대한 특성을 표현하는 것이다. 색 온도가 6,500K라는 것은 빛의 색상이 전반적으로 푸른빛이 감돈다는 것을 의미한다.[2] 색 온도가 낮아질수록 전반적인 색상은 빨간빛에 가까워진다. 예를 들어 색 온도가 3,500K라면 그때 빛은 약간 노란빛이고 1,800K라면 촛불의 불꽃과 같은 전형적인 주황색 빛이다. 색 온도를 이해를 했다면 형광등이 일반적인 전구보다 더 높은 색 온도를 가지고 있고 전구는 초보다 더 높은 색 온도를 갖는다는 것을 알 수 있다.

빛의 색상을 지정하는 일 대신 색 온도를 이용하는 까닭은 색 온도를 이용하는 것이 더욱더 물리적으로 올바른 접근법이기 때문이다. 아직 정확히 이해가 잘 되지 않는다면 다음 링크의 글을 읽어 보길 추천한다. 관련 주제를 좀 더 자세하고 폭넓게 다룬다.

- https://en.wikipedia.org/wiki/Color_temperature

앞서 설명했지만 White Balance의 Temp 속성이 작동하는 방법이 약간 직관에 반하는 것처럼 느껴질 수도 있다. 언급한 바와 같이 5,000K를 초과하는 색 온도를 가진 빛의 색상은 푸른빛으로 말하자면 차가운 계열이다. 색 온도가 낮아질수록 색상은 붉은빛, 노란빛, 주황색 빛으로 변한다. 예를 들면 색 온도가 3,000K면 빛의 색상은 주황색 빛 영역 안에 있을 것이다. 설명에 따르면 색 온도가 높아질수록 좀 더 푸른빛에 가까워진다는 것을 안다. 그렇지만 왜 실습에서 장면의 분위기를 차갑게 보이게 하려고 White Balance

---

2   언리얼은 태양을 모델로 한 색온도 모델을 사용하고 6,500K는 흰색이다. 원서 내용의 실수로 보인다. – 옮긴이

의 Temp 속성의 값을 낮췄을까?

정답은 레벨에 배치된 조명에 대한 기준 값이기 때문이다. 언리얼에서는 기본적으로 색 온도 스펙트럼은 태양을 따른다. 그래서 조명은 6,500K의 상수 색 온도를 가지고 기준 값인 Temp 설정도 6,500K가 기본값이므로 두 값이 같고 태양은 색 온도가 6,500K일 때 하얀색이므로 조명도 하얀색이 된다. 만약 Temp 설정을 높여서 기준 값이 높아지면 상대적으로 조명은 낮은 색 온도를 가지므로 따뜻한 분위기가 되고, 반대로 Temp 설정을 낮춰서 기준 값이 낮아지면 상대적으로 조명은 높은 색 온도를 가지므로 차가운 분위기가 되는 것이다. 이것이 White Balance 안에 Temp 속성이 작동하는 방법이다.[3]

Global, Shadows, Midtones, Highlights 섹션에 있는 다른 옵션도 이야기하고 싶다. 이번 실습에서 각 하위 섹션에서 찾을 수 있었던 속성을 살펴봤을 때, 단지 전체적인 배수로만 조절했다. 다음 그림을 보면 기억이 날 것이다.

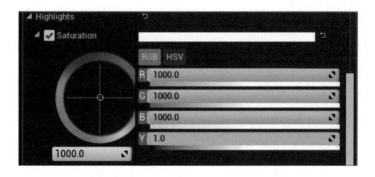

위의 그림에서 보이는 컬러 휠 아래 있는 값을 조절했다. 이렇게 하면 RGB 값이 모두 동일하게 변경되기 때문에 배수로 조절된 것이다. 원한다면 특정 채널에만 영향을 주도록 미세 조절이 가능하다. 추가적으로 색 공간을 RGB와 HSV 가운데 하나로 변경할 수도 있다. HSV에선 각 색상 채널 대신에 색상, 채도, 명도 값을 조절할 수 있다.

3 　이 절에 나오는 설명은 언리얼 엔진의 구현에 맞춰서 다시 썼다. – 옮긴이

추가 정보

언리얼 이외의 다른 소프트웨어를 사용해야 하기 때문에 소개하지 않았지만 유용한 기능이 있다. 먼저 다음 내용을 진행하기 이전에 Look-Up Tables[LUTs]의 개념을 소개하고자 한다. LUTs는 언리얼 에셋이다. 이 에셋은 포토샵이나 김프와 같은 소프트웨어에서 만든 포스트 프로세스 조절 기능을 언리얼에서 사용할 수 있게 해준다.

언리얼에서 조절하고자 하는 이미지가 있다고 생각해보자. 이전 실습처럼 포스트 프로세스 볼륨 안에 설정들을 조절하고 수정해 원하는 효과를 얻을 수 있다. 하지만 몇몇 개발자는 조절하려는 이미지를 이미지 에디터로 가져와서 거기서 조절하는 것이 좀 더 편할 것이다. 다행히 이런 방법으로 작업한 결과물을 LUTs 덕분에 그대로 가져다 언리얼에서 사용할 수 있다.

다음 단계를 따르면 된다.

1. 언리얼에서 레벨을 렌더링한 장면의 샘플 스크린샷을 떠서 익스포트한다.

2. 언리얼 기본 LUT 텍스처와 샘플 스크린샷 이미지를 개발자가 선호하는 이미지 에디터에서 연다. 언리얼 기본 LUT 에셋은 에픽의 공식 예제에 포함돼 있는데, 다음 웹사이트(https://docs.unrealengine.com/ko/Engine/Rendering/PostProcess Effects/UsingLUTs)에서 찾을 수 있다. 다음 단계에서 수행할 모든 변경 사항을 샘플 스크린샷과 언리얼 기본 LUT 텍스처 모두에 적용하는 것이 이 방법의 핵심이다.

3. 대비, 채도, 밝기를 원하는 대로 변경하고 LUT 텍스처에도 똑같이 적용하라.

4. 원하는 결과물을 얻었다면 LUT 파일을 익스포트하라. 언리얼이 LUT 이미지에 적용된 모든 변경을 그대로 복제하도록 해줄 것이다.

5. 언리얼로 수정된 LUT 파일을 임포트하라. 파일을 임포트한 다음 그 에셋을 더블클릭하자. 텍스처 **디테일** 탭에서 **Mip Gen Settings**를 NiMipmaps로 설정하고, **Texture Group**을 ColorLookupTable로 설정하자.

6. 그다음에 포스트 프로세스 볼륨을 선택하고 **디테일** 탭으로 가자. Color Grading
   〉 Misc 안에 **Color Grading LUT** 체크박스를 체크하고 조금 전에 임포트한 LUT
   텍스처를 선택하자. 이 과정이 이미지 편집 소프트웨어에서 수정했던 것과 같은
   분위기로 장면이 보이도록 해준다.

생각해보면 이 기법이 매우 유용함을 알 수 있다. 특히 언리얼 엔진이 아니라 다른 이미
지 편집 소프트웨어에서 이러한 작업들을 해본 경험이 많은 개발자라면 특히 더 말이다.
하지만 이 멋진 기능에도 개발자가 알아야 할 단점이 있다. 여기서 모든 것을 다 다룰 순
없지만 그 단점들 모두가 LUTs가 여러 모니터에 잘 대응되지 않을 수 있다는 사실과 관
련이 있다. 개발자가 특정 장면을 맘에 들도록 수정해도 저생동폭영역^{low dynamic range}상
에서 텍스처 조작의 특성으로 기인해 몇몇 변경을 모든 모니터에서 다 똑같이 표현할 수
없다. 특히 다른 색 공간을 사용할 때는 말이다. 이 점을 염두에 두고 작업을 진행한다.

읽을거리

예제 화면이나 각 설정이 무슨 역할을 하는지 설명을 보려면 에픽 게임즈의 공식 문서가
유용하다. 좀 더 깊이 있게 Color Grading을 알고 싶다면 문서를 꼭 읽어보라. LUT에
관해 궁금하다면 두 번째 링크를 참고하면 된다.

- https://docs.unrealengine.com/ko/Engine/Rendering/PostProcessEffects/
  ColorGrading
- https://docs.unrealengine.com/ko/Engine/Rendering/PostProcessEffects/
  UsingLUTs

▌ 피사계 심도를 이용한 영화적 카메라 연출

이번 짧은 실습에선 포스트 프로세스 볼륨 액터를 대신해서 시네마틱 카메라^{Cinematic} ^{Camera} 액터에 중점을 두려고 한다. 사실 시네마틱 카메라 액터를 다룬다는 것이 포스트 프로세스 효과와 완전 관련이 없진 않다. 이번 실습의 묘미는 이전에 사용했던 포스트 프로세스 볼륨이 카메라 액터와 연관성이 있다는 것을 배우는 부분에 있다. 포스트 프로세스 볼륨과 시네마틱 카메라 액터 둘 모두가 언리얼이 제공하는 몇몇 포스트 프로세싱 기능에 접근 가능하다. 각각을 언제 사용하면 좋은지 배우면 유용할 것이다.

또 카메라를 적절하게 설정하고 실제 카메라로 작업하면서 할 수 있는 멋진 연출을 카메라 액터로 해보는 것이 다루고자 하는 다른 부분이다. 이 내용은 이후에 포스트 프로세스 볼륨 액터와 관련해서 소개할 자주 사용되는 몇몇 시각적 효과만큼 유용하다. 그래서 책이 더 진행되기 전에 숙련되는 것이 좋다고 본다.

준비하기

지금 바로 실습하고 싶다면 책에서 제공하는 레벨을 사용하자. 레벨을 담고 있는 맵 파일을 다음 경로에서 찾을 수 있다.

Content/UE4ShadersAndEffects/Maps/Chapter02/02_03_CameraDepthOfField

이전 실습에서 사용했던 레벨과 차이가 크지는 않다. 다만 포스트 프로세스 볼륨에 작업을 했던 변경들이 제거됐고 시네마틱 카메라 액터의 위치가 변경됐다. 이번 실습에서 소개할 몇 가지 멋진 효과를 확인하기 쉽게 카메라를 새로운 위치로 변경했다. 항상 이야기하는 것처럼 원한다면 직접 만든 레벨을 사용해도 괜찮다. 그 레벨로 이전 실습을 수행하는 데 문제가 없었다면 이번 실습 진행도 문제가 없을 것이다. 적어도 여러 물체를 서로 다른 위치에 흩어져서 배치해야 한다. 그래야 이번 실습에서 다룰 피사계 심도 효과를 가장 잘 확인할 수 있기 때문이다. 이제 실습 준비는 끝났다.

예제 구현

02_03_CameraDepthOfField 레벨을 열어보면 2장에서 계속 사용했던 레벨과 같기 때문에 익숙할 것이다. 실제로 레벨에 새로운 것은 아무것도 없다. 하지만 만약 레벨에 배치된 카메라를 통해 장면을 보면 다른 점들이 눈에 들어올 것이다. 다음 그림을 확인해 보자.

렌더링된 이미지가 완전히 초점에서 벗어난 것을 볼 수 있다. 좀 더 흥미롭게 보이도록 하는 것이 이번 실습의 목표다. 자, 그럼 시작해보자.

1. 첫 번째로 월드 아웃라이너에서 Camera01이라는 이름을 가진 **시네 카메라 액터** Cine Camera Actor를 선택하고 **디테일** 탭을 살펴보자. **디테일** 탭에서 각 카테고리를 접어보면 다음 그림의 오른쪽처럼 보일 것이다.

위 그림에서 확인할 수 있는 바와 같이 시네 카메라 액터에서 사용 가능한 여러 속성들이 포스트 프로세스 볼륨에서 봤던 속성과 매우 유사함을 알 수 있다. 사실 두 가지 주요 카테고리를 제외하고 대부분의 속성을 공유한다. 카메라 액터에서는 카메라와 렌즈의 종류를 선택하거나 렌즈의 조리개^{Aperture}, 조리개막^{Diaphragm} 날개 개수 또는 FStop과 같은 카메라 특유의 속성을 조절할 수 있다. 포스트 프로세스 볼륨에서는 위의 속성들을 조절할 수 없다. 하지만 선택된 볼륨의 우선순위를 설정하는 속성을 설정할 수 있다. 그리고 인접한 포스트 프로세스 볼륨과 혼합하는 방법도 설정할 수 있다.

2. 처음으로 해결할 사항은 레벨을 흐리게 보이도록 하는 것이다. 카메라 액터를 선택하고 **디테일** 탭에서 Current Camera Settings 카테고리를 열자. 다음에 스크롤을 해서 Focus Setting을 찾자. Draw Debug Focus Plane 속성을 찾아 체크박스에 체크하자.

Draw Debug Focus Plane 설정을 켜면 위의 그림 속 뷰포트의 좌측에 보라색 평면이 보인다. 보라색 평면은 초점 평면의 위치를 보여주는 시각적 신호다. 초점 평면이 있는 곳은 선명하게 보이므로 초점 평면을 선명하게 보고 싶은 물체의 위치까지 이동해야 한다. 그러면 물체와 초점 평면이 카메라에서 같은 거리에 있게 된다.

3. Manual Focus Distance 엔트리 박스를 살펴보자. Manual Focus Distance 속성의 값을 초들과 겹쳐질 때까지 변경하자. 지금은 62.5면 적절한 것 같다. 초점 평면이 원하는 위치에 있다. 그러므로 더 이상 초점 평면을 출력하지 않아도 된다. 원한다면 해제를 하자. Manual Focus Distance 속성 값을 조절하는 것이 가장 중요하다. 이제 다른 속성들을 설정해보자.

4. 초에 포커스가 맞아 보이길 원하면 Current Focal Length 속성 값을 증가시키자. 그 속성으로 가서 기본값 55를 120처럼 큰 값으로 변경하자. 이렇게 하면 초가 화면에서 좀 더 큰 공간을 차지하게 될 것이다.

실습에선 특정 카메라 설정을 조절해봤을 뿐이다. 만약 카메라 속성을 좀 더 알고 싶다면 다음 링크로 들어가보라. 짧지만 명확하게 설명하는 글을 볼 수 있다.

https://www.paragon-press.com/lens/lenchart.htm

지금까지 상황으로 보면 초점 평면에 있는 물체는 명확하게 보이고 나머지 물체들은 흐리게 보인다는 것을 알 수 있다. 카메라의 조리개 속성을 조절해서 이 효과를 증가하거나 감소시킬 수 있다.

5. 이제 Current Aperture^{현재 조리개}로 넘어가자. 현재 상태에서 Current Aperture 속성 바로 옆 박스에 있는 값이 2.8이라는 걸 확인할 수 있다. 이 값은 조리개의 직경을 나타내는데, 조리개의 직경이 클수록 CCD(이미지 센서)의 한 셀에 여러 위치의 빛이 들어오게 됨으로써 흐릿한 이미지가 만들어지고 직경이 작아질수

118

록 CCD의 한 셀에 한 위치의 빛만 들어오게 됨으로써 선명한 이미지가 만들어
진다. 효과를 좀 더 세밀하게 조절해보자. 값을 10으로 설정했는데 원하는 값으
로 설정해도 된다.

수동으로 영화적 피사계 심도 촬영을 하려면 알아야 할 모든 설정을 다룬 것
같다. 조절했던 Focal Length초점 길이, Aperture, Focus Distance초점 거리가 핵심 속성
이다. 이 속성은 실제 카메라의 속성과 매우 유사하다. 언리얼에서 카메라 액터
가 ISO카메라 감도 속성을 갖고 있지 않기 때문에 ISO를 설명하진 않았다. 계속 진행
하기 전에 하고 싶은 말은 카메라 액터에도 포스트 프로세스 효과를 지정할 수
있는 기능이 있다는 것이다. 전에도 이미 관련 내용을 언급했었다. 하지만 몇몇
속성을 변경해 카메라 액터에서 포스트 프로세스 효과를 조절하는 방법을 알아
보자.

6. 아직 Camera01의 **디테일** 탭이라면, 스크롤을 내려서 Rendering Features라
는 이름의 섹션을 찾자.[4] Rendering Features 섹션을 다룬 적이 없다. 그렇지만
Rendering Features 섹션 안에 있는 속성 가운데 하나를 변경해서 장면이 좀 더
그럴듯하게 보이게 할 수 있다. 우선 Ambient Occlusion 섹션을 펼쳐서 다음 그
림처럼 속성을 설정하자.

---

4 Rendering Features는 Post Process 카테고리 안에 있다. – 옮긴이

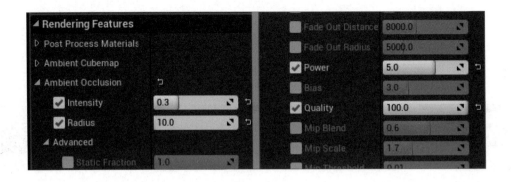

아직 위의 속성이 무슨 역할을 하는지 신경 쓰지 말자. 이후 실습에서 다시 다룰 것이다. 여기서 간단히 살펴본 이유는 포스트 프로세스 볼륨 액터 이외에 포스트 프로세스 효과들을 이용하는 방법을 알려주고 싶어서였다. 영화적 촬영에서 앰비언트 오클루전 설정은 특히 효과적이다. 특정 촬영에서 설정한 앰비언트 오클루전을 나머지 촬영에서 다른 설정값을 사용하면 특징을 부각시킬 수 때문이다. 마지막으로 다음 그림을 보면 앰비언트 오클루전 효과를 적용했을 때와 아닐 때의 차이를 확인해볼 수 있다

변화를 알아보기 쉽지는 않다. 그러나 초의 아랫부분을 자세히 들여다보면 초와 테이블의 접촉면이 이전보다 살짝 더 어두운 것을 알 수 있다. 이 효과를 적절히 사용하면 장면이 더욱 사실적으로 보인다. 나중에 좀 더 자세한 사항을 살펴보자.

예제 분석

이번 실습에서 장면을 특정한 분위기로 보이도록 시네 카메라 액터 안의 포스트 프로세싱 효과를 조작하는 데 많은 시간을 들였다. 포스트 프로세스 효과를 만들려고 사용할 수 있는 두 가지 액터, 즉 포스트 프로세스 볼륨과 시네 카메라가 있음을 살펴봤다. 그런데 각각을 언제 어떻게 사용해야 할지 어떤 기준으로 결정해야 할까?

정답은 개발자의 프로젝트에서 달성하고 싶은 목표가 무엇인가에 따라 다르다. 상황에 따라 한 액터가 다른 액터보다 좀 더 유용하거나 특정 요구 사항에 더 적절할 수 있다. 여러 예를 통해 그 이유를 살펴보자.

멀티플레이 슈팅 게임을 하고 있다고 가정해보자. 만약 데미지를 입었다면 화면에 특정 이펙트가 출력될 거라 기대할 수 있다. 붉은색이 전체 이미지를 물들이거나 데미지를 식별할 수 있는 다른 유사한 시각적 신호를 주는 것처럼 말이다. 이런 상황에서 궁금한 것은 그 효과가 데미지를 받은 특정 플레이어에게만 출력되면 되는 것인가다. 만약 그런 경우라면 데미지를 입은 플레이어를 바라보는 카메라의 포스트 프로세스 효과를 조절하는 것이 좋다.

포스트 프로세스 볼륨을 사용했을 때 효율적인 예를 들자면 오픈 월드 게임에서 월드 전체에 포스트 프로세스 효과를 추가하고 싶을 때일 것이다. 만약 기후 변화에 따라 심미적으로 전체적인 색조나 장면의 분위기를 변화시키고 싶다면 그때에는 포스트 프로세스 볼륨을 사용하는 것이 좋을 것이다.

추가 정보

이번 실습이 언리얼에서 피사계 심도 포스트 프로세스 효과의 사용을 이해하고 습득하는 것에 중점을 뒀다는 점을 꼭 이야기하고 싶다. 그래서 **디테일** 탭에 필요한 모든 속성을 확실히 살펴봤다. 하지만 특정 상황에선 유용하지만 다루지 않은 설정이 있다. 바로 Tracking Focus Method다.

이번 실습에서 여러 설정을 조절해봤다. 카메라의 Manual Focus Distance 속성을 통해 원하는 효과가 가능했다. 하지만 때로는 특정 액터에 초점을 맞추는 것이 유용한 때도 있다. 그리고 이럴 때 앞서 이야기한 Tracking 방법이 있어야 한다. Manual Focus Distance를 사용해 초점 평면이 놓여 있는 실제 거리를 설정할 수 있다. 그에 반해 Tracking Focus Method는 초점을 맞추고 싶은 액터를 지정할 수 있게 해준다. 그 외의 다른 세팅도 여전히 중요한 역할을 수행한다. 특히 조리개 또는 초점 길이는 아웃포커싱 영역을 결정할 때 핵심이다. 하지만 만약 어떤 액터에 포커스를 맞춰야 하는지 안다면 Tracking Focus Method로 설정을 변경하는 것이 계속 초점 평면의 거리를 입력하는 번거로움에서 벗어나게 해준다. Tracking Focus Method를 확인하고 싶다면 카메라 액터의 **디테일** 탭에서 **Current Camera Settings** 카테고리로 가, **Focus Settings ≫ Focus Method**를 살펴보라.

읽을거리

시네 카메라 액터에서 사용할 수 있는 모든 설정에 대한 자세한 설명을 보고싶다면, 다음 언리얼 공식 문서를 확인해보라.

- https://docs.unrealengine.com/ko/Engine/Rendering/PostProcessEffects /DepthOfField/CinematicDOFMethods

▌ 게임에 영화적 효과 적용하기

이전 실습에서 시간을 들여 카메라 액터를 알아봤다. 카메라 액터는 언리얼 엔진 4에서 포스트 프로세스 효과를 설정할 수 있는 또 다른 액터였다. 특히 특정 영화적 효과를 사용할 수 있도록 해주는 시네 카메라라는 특수한 액터에 초점을 맞췄다. 이어서 시네 카메라 액터를 사용해서 만들 수 있는 다른 영화적 기법을 살펴보고자 한다. 특히 그레인^Grain,

비네팅^{Vignetting}, 색수차$^{Chromatic\ Aberration}$와 그 외 기능을 살펴볼 것이다.

포스트 프로세스 볼륨이 아니라 계속해서 카메라 액터를 사용하는 이유는 사용하고자 하는 몇몇 효과들이 영화 촬영 분야에서 유래했기 때문이다. 이 효과들도 포스트 프로세스 볼륨을 사용해 표현할 수 있다. 하지만 지금 단계에선 실제 세계에서 카메라 촬영을 통해 표현되는 효과들을 따라 하려고 하기 때문에 카메라 액터를 계속 사용하는 것이 더 일리가 있다고 본다. 결국 언리얼도 실제 카메라의 현상이나 기능에 많은 부분을 따른다. 그래서 실습할 영화적 효과가 실제 카메라로부터 유래한 기법과 유사하다.

준비하기

평소처럼 실습을 시작하기 위한 레벨이 준비돼 있다. 맵의 이름은 02_04_Cinematic Effects이고 Content/UE4ShadersAndEffects/Maps/Chapter02 폴더에서 파일을 찾을 수 있다.

전에 사용한 레벨과 같아서 지금쯤 아마도 익숙하게 느껴질 것이다. 이번 실습에서 소개할 효과가 좀 더 잘 보이도록 카메라의 위치를 변경한 것이 유일한 차이점이다. 시작해보자!

예제 구현

카메라의 시점으로 레벨을 바라보도록 하는 것으로 실습을 시작하자. 이렇게 해서 여러 효과를 적용했을 때 같은 장면으로 효과를 볼 수 있다. 메인 뷰포트의 좌측 상단에 있는 **원근**^{Perspective} 드롭다운 버튼을 클릭해 Camera01 액터를 선택하자. 그러면 다음 그림과 같은 화면을 볼 수 있다.

우선 렌더링된 이미지의 주 포커스를 강조하고자 여러 효과를 사용한다. 즉, 렌더링 이미지의 중앙 부분에 하이라이트를 주고 싶다. 중앙 부분에 물체들이 위치하고 있어서 바로 이목을 집중시킨다. 비네팅을 이용해 효과를 표현할 수 있다.

1. 월드 아웃라이너에서 Camera01 액터를 선택하자. 그리고 **디테일** 탭을 살펴보자. Post Process 카테고리까지 아래로 스크롤하자. Post Process 카테고리 안에서 Lens 카테고리를 찾아서 확장을 하면 Image Effect라는 이름의 섹션을 찾을 수 있다.[5] 거기서 원하는 효과를 표현하려고 사용할 Vignetting 속성을 조절할 수 있다. 체크박스에 체크를 하고 기본값 0.4를 0.6처럼 약간 큰 값으로 바꾸자.

---

5   엔진 버전에 따라 카테고리 계층 구조가 변경되기도 한다. 그래서 디테일 탭 안에 검색창을 이용해 속성을 찾는 것이 나은 방법이라고 생각한다. – 옮긴이

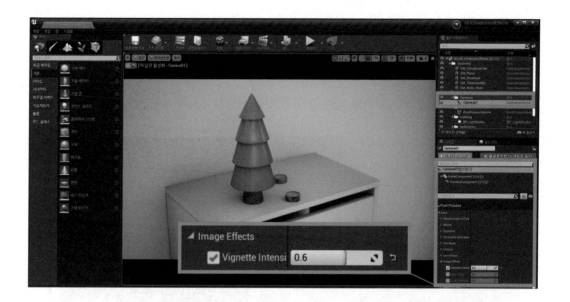

비네팅은 세밀한 효과이고 중심 부분보다 중심 주변 부분을 좀 더 어두워 보이게 한다. 의도하는 것이 화면의 중앙에 있는 물체들을 강조하는 것이라면 비네팅이 도움이 된다. 물론 원하지 않는다면 기능을 끌 수도 있다.

비네팅은 레벨에 기본적으로 적용이 된 상태다. 기본값인 0.4인 상태로 항상 효과가 적용되고 있다. 때때로 비네팅이 원하는 시각적 효과가 아닐 수도 있다. 그렇다면 비네팅 효과를 제거하는 것이 나을 수 있다. 원하지 않는다면 포스트 프로세스 볼륨을 레벨에 추가해 비네팅 박스를 체크하고 값을 0으로 설정하면 된다.

또 다른 흥미로운 속성은 Grain이다. 아마도 이미 다양한 상황에서 이 효과를 본 적이 있을 수 있다. 옛날 영화에서 촬영기사가 필름에 영화를 촬영하는 과정에서 발생하는 현상에 기원을 두고 있기 때문이다. 요즘은 게임 산업 분야에서 미적 효과로 더 자주 사용된다. Grain은 또한 렌더링된 이미지 안에 특정 결점을 숨기는 데 도움을 주기도 하고, 단조로운 표면에 세밀함을 더해줄 수도 있다.

2. Grain을 사용하려면 **Image Effects** 섹션 안에 **Grain Intensity** 속성을 찾아보자. **Grain Intensity** 속성의 체크박스를 체크하고 초깃값인 0.2보다 더 높은 값을 지정해 효과가 잘 표현돼 보이도록 해보자. 하지만 Grain은 세밀한 효과여서 눈에 잘 띄지 않는다. 그러니 값을 높게 설정해 눈에 잘 띄도록 하자.

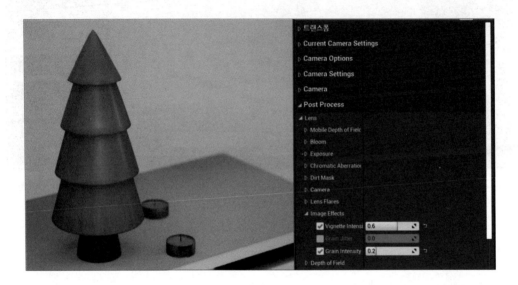

때때로 **Grain** 속성을 조절해서 노이즈 효과를 표현할 수 있다. 기본값은 0이지만 값을 크게 할수록 좀 더 노이즈가 생긴다.

 아마 Grain 속성값이 0일 때조차 노이즈가 보일 수 있다. 0은 기본값이고 속성값을 높이지 않으면 큰 차이를 볼 수 없을 것이다. 위에서 속성값을 0과 1 사이 값으로 설정했다. 하지만 차이가 눈에 보이도록 주저하지 말고 속성값을 정말 높게 설정하자.

지금까지 실제 카메라를 사용하면 나타나는 효과를 표현할 수 있게 해주는 거의 모든 설정들을 다룬 것 같다. 피사계 심도 기능, 조리개, 초점 길이, 그레인, 비네팅 효과와 같은 것들을 살펴봤다. 아직 다루지 않은 것은 수동으로 노출을 조절하는 것이다. 이제 시작해보자.

3. Camera01 액터의 **디테일** 탭에서 Lens 섹션을 보고 있다면 Camera와 Exposure 섹션을 펼쳐보라. Exposure 아래 Metering Mode의 체크박스를 체크하고, 옆에 드롭다운 메뉴의 값을 기본값인 Auto Exposure Histogram에서 Manual로 변경하라.

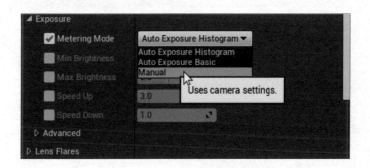

4. 이제 뷰포트가 완전히 검은색으로 보일 것이다. 언리얼이 더이상 노출을 자동으로 처리해주지 않기 때문이다. Camera 섹션에서 직접 속성들을 설정해야 한다. Camera 섹션에서 ISO, Aperture, Shutter Speed 속성들을 살펴보자. 다음 그림처럼 체크박스를 체크하자.

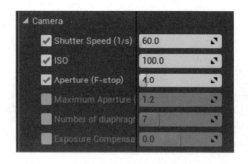

이 단계에서 실제 카메라를 손에 들고 있다고 상상해보자. 언리얼의 렌더링이 물리 기반 접근법을 사용하기 때문에 실제 카메라에서 조작하는 속성과 같다고 생각해도 괜찮다. 지금 뷰포트는 너무 어둡다. 이제 바꿔보자.

5. ISO 속성을 3200.0으로, Shutter Speed를 1로 바꾸자. 아직도 약간 어둡지만 그래도 이제 뷰포트에 장면이 보일 것이다. 좀 더 밝게 보이게 하고 싶다면 ISO를 높이거나 Shutter Speed를 낮춰보라. 다음 그림의 확대 영역처럼 설정하면 최종 결과물을 볼 수 있다.

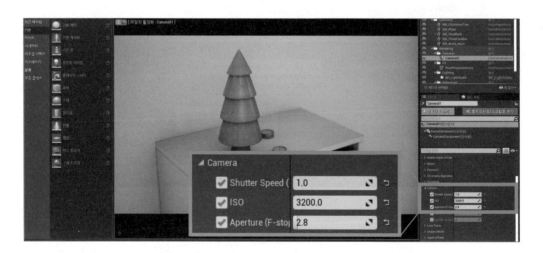

마지막으로 최근 폭넓게 사용되고 있는 색수차 효과를 살펴본다. 색수차는 정말 특수한 속성이지만, 여러 가지 사용법이 존재한다. 때때로 안티-에일리어스를 대체하는 용도로 사용할 수도 있다. 하지만 그보다 사이키델릭^{psychedelic}한 분위기를 만들거나 실제 카메라에서 발생하는 현상을 모방하고자 사용한다.

6. Lens 카테고리 안에 Chromatic Aberration라는 이름의 첫 번째 속성에 주목하자. Intensity 체크박스를 체크해서 기능을 활성화하고 기본값 0보다 더 큰 값을 설정하자. 시각적으로 변화가 명확하게 보일 때까지 마음껏 값을 높여보자. 하지만 약간의 변화만 주고자 1로 설정했다. 효과를 확실히 인지할 수 있도록 값을 5로 설정했을 때 화면이 다음 그림과 같을 것이다.

> ⓘ 실제 카메라에서는 카메라 렌즈의 굴절률의 변화로 인한 색의 산란 때문에 발생하는 현상이다. 특히 저급 렌즈에서 자주 발생한다. 그래서 색수차 효과를 저급 카메라를 사용했을 때 생기는 현상을 표현하려고 할 때 사용할 수 있다.

7. 마지막으로 Start Offset 체크박스를 체크하고 값을 0.4로 설정하자. 이렇게 하면 프레임버퍼^{framebuffer}의 중앙에서부터 색수차 효과가 사라지고 가장자리에만 남는다. 사이키델릭한 분위기를 표현하고 싶다면 이렇게 설정하는 것이 좋다.

예제 분석

지금까지 다뤄 본 속성들이 아티스트가 창조적인 작업을 수행할 때 최대한 원하는 대로 할 수 있도록 엔진에 포함돼 있다. 그리고 엔진 덕에 이런 기능을 사용할 수 있다. 하지만 실제 사진 촬영이나 영화 촬영 중에 발생하는 특정 효과로 인해 이런 툴이 꼭 있어야만 한다. 그래서 언제 어떻게 이러한 툴을 사용해야 할지 알아야만 한다.

그 외에 조절해본 속성 가운데 Manual Exposure를 좀 더 이야기하고 싶다. 이미 Manual Exposure 속성이 동작하는 방식을 살펴봤지만 엔진이 Manual Exposure 속성을 물리 기반 방법으로 동작하도록 구현한 방법을 상상해보는 것도 재미있을 것이다. 구현 방법을 생각해본다면, 자동에서 수동 노출 조절로 변경하는 것은 카메라에서 자동에서 수동 촬영으로 변경하는 것과 같다. 조명이 약간 어둡기 때문에(결국 사용하는 HDRI가 집 안의 인테리어를 찍은 것이다) 부족한 빛을 보충하려고 ISO를 증가시키고 셔터 스피드를 약간 낮추는 것은 일리가 있다. 이런 상황이 실제 카메라에 기반을 두고 있다는 것을 또 다시 상기시켜준다. 만약 실제 카메라의 작동 원리를 이미 알고 있다면 손쉽게 이해할 수 있다.

추가 정보

이번 실습의 마지막 단계에서 살펴본 것은 색수차 효과였다. 실습에서는 분위기를 미묘하게 강조하려고 색수차 효과를 사용했지만 때때로 성능적으로 값싼 안티-에일리어스의 대체제로 사용할 수 있다. 그럴 수 있는 이유는 Chromatic Aberration 속성을 낮은 값으로 설정하면 많은 노이즈와 이상한 부수 효과들이 제거되기 때문이다. 정확히는 레벨 안에 여러 다른 물체의 경계를 매우 흐릿하게 만드는데, 안티-에일리어스를 적용했을 때 기대하는 효과와 비슷하다.

어떤 때라도 이번 실습의 모든 효과를 조심스럽게 사용하고 상황에 맞게 사용해야 한다. 과용하면 항상 반대급부가 생긴다. 몇몇 사람들은 과한 효과를 좋아할 수도 있다. 하지만 결국 시간이 지나면 효과가 식상해 보이고 쓸모없어 보일 것이다. 반대로 가볍게 사용하는 것이 나을 수도 있다. 효과가 분명하게 눈에 띄지 않더라도 여전히 이미지에 세밀함을 더해주고 장면에 디테일을 추가해줄 수 있기 때문이다.

읽을거리

비네팅과 노출에 대한 에픽 게임즈의 공식 문서 링크는 다음과 같다.

- 비네팅: https://docs.unrealengine.com/ko/Engine/Rendering/PostProcessEffects/Vignette
- 카메라 노출 조절: https://docs.unrealengine.com/ko/Engine/Rendering/PostProcessEffects/AutomaticExposure

■ 블룸과 렌즈 플레어를 이용한 실제 카메라 효과 표현하기

이번 실습에서 빛을 다루는 포스트 프로세스 효과를 알아보려 한다. 일상 생활을 통해서 눈이 빛에 반응하는 방식을 이미 경험으로 알고 있다. 매우 밝게 빛나는 곳을 봤을 때 일어나는 현상이나 조명이 갑자기 변화했을 때 눈이 적응하는 방법 말이다. 만약 예전에 실제로 카메라를 다뤄 봤다면, 매우 밝은 광원에서 카메라로 사진을 찍을 때 사진에 나타내는 현상을 볼 기회가 있었을 것이다. 다음 몇 페이지 동안 다루려고 하는 것이 바로 블룸[Bloom]과 렌즈 플레어[Lens Flares]라고 부르는 현상이다. 언리얼에서 블룸과 렌즈 플레어 효과를 따라 하는 것은 쉽다. 심지어 잘 사용하면 레벨에 약간의 운치를 더할 수 있다. 이제 블룸과 렌즈 플레어를 살펴보자.

준비하기

이전 카메라 효과 실습에서 사용했던 레벨을 사용할 것이다. 다음 폴더에서 레벨의 맵 파일을 찾을 수 있다.

Content/UE4ShadersAndEffects/Maps/Chapter02/02_05_BloomAndLensFlares

이전 실습에서 사용했던 레벨과 비슷하지만 이번 실습을 진행하는 데 도움을 줄 두 가지 핵심 요소가 포함돼 있다. 첫 번째로 추가적으로 천장에서 아래로 빛을 비추는 조명 프랍을 배치해 장면을 설정하는 데 도움이 되도록 했다. 두 번째로 천장에서 빛을 내뿜는 조명을 추가했다. 이 두 가지를 통해 블룸과 렌즈 플레어 효과를 시연할 수 있다. 이쯤에서 준비를 마치고 바로 실습을 진행해보자.

예제 구현

우선 레벨에 배치된 이미 친숙한 카메라 액터인 Camera01을 통해 장면을 보도록 해야한다. 설정을 했다면 다음 그림처럼 화면이 보일 것이다.

이미 레벨에 익숙하겠지만 장면을 바라보는 카메라 방향이 다르다. 천장에 붙어 있는 조명이 이번 실습에서 다룰 효과를 표현하는 데 도움을 줄 것이다. 그래서 블룸과 렌즈 플레어 용도로 여러 속성을 조작한 후에 조명 액터에 주의를 기울여야 한다. 우선 레벨을 조작해보자.

1. **포스트 프로세스 볼륨**을 선택하고 **디테일** 탭을 살펴보자. Lens 카테고리에 살펴볼 두 가지 효과를 위한 속성이 있다. 속성들이 Bloom과 Lens Flares 두 가지 섹션으로 분리돼 있는 것을 확인할 수 있다. 우선 Bloom 섹션을 살펴보자.

2. **Method** 속성의 체크박스를 체크하자. Intensity와 Threshold 중에 첫 번째 속성인 Intensity 속성을 조절해보자. Method 속성을 Standard로 지정하고 Intensity 값을 2.5 정도까지 올려보자. 그러면 렌더링된 이미지에 변화가 있음을 눈치채게 될 것이다.

이제 Bloom 섹션 안에 **고급**Advance 섹션을 펼치자. 여기서 블룸의 두 가지 속성 인 틴트와 블룸의 크기를 조절할 수 있다.

3. 우선 크기를 변경해보자. 각 속성마다 별도로 값을 입력해 조절하는 대신 Size Scale 속성에 집중하자. Size Scale 속성은 모든 블룸의 크기를 조절하는 속성 이다. 그래서 Size Scale 속성을 조절하면 다른 모든 속성들에 배수 값으로 적용 된다. Size Scale을 16으로 설정하자.

4. 조명의 느낌이 좀 더 따뜻한 분위기이면 좋을 것 같다. 색상이 노란색에 가까워 지도록 조절해보자. 6개의 Tint 속성의 각각을 노란색 방향으로 움직여서 약간씩 변경해보자.

ℹ️ 여섯 개의 크기와 틴트 속성을 변경할 수 있도록 하는 이유는 블룸 효과가 여섯 개의 다른 가우스 블러 필터들로 이루어지기 때문이다. 각 속성이 하나의 가우스 블러 필터에만 영향을 준다. 이렇게 세밀하게 조질이 가능하도록 해줘서 좀 더 자유롭게 설정할 수 있다.

다음으로, 렌즈 플레어 효과를 조절하는 방법을 알아보자. 렌즈 플레어 효과가 방금 설정을 완료한 블룸 효과를 좀 더 괜찮게 보이도록 해준다. 그래서 나는 블룸과 렌즈 플레어를 동시에 다루는 것을 선호한다. 설정하는 방법을 살펴보자.

5. 우선 Lens Flares 섹션으로 가자. Bloom 섹션 약간 아래에 있다. Intensity 속성의 체크박스를 체크하고 값을 90으로 설정해 효과가 확실히 보이도록 하자.

6. BokehSize를 기본값 3에서 6으로 변경하자. 이러면 효과가 좀 더 잘 보일 것이다.

또 추가적으로 변경할 속성이 보케^{Bokeh} 효과의 형태를 설정하는 것이다. Bokeh Shape라는 속성을 설정함으로써 가능하다. 마지막으로 다룰 설정을 소개했으니 이제 사용해보자.

7. BokehShape 속성의 체크박스를 체크하고 드롭다운 메뉴를 클릭하자. View Options 아이콘을 클릭하고 Show Engine Content를 선택하자. 다행히 언리얼이 사용할 수 있는 한 쌍의 서로 다른 Bokeh 텍스처를 제공한다. 검색 결과를 좁히려면 bokeh라고 검색창에 입력하자. 결과에서 Bokeh라는 이름의 텍스처를 선택하자. 사용한 Bokeh 텍스처가 멋진 둥근 형태의 필터를 제공한다.

여기서 직접 만든 Bokeh 텍스처를 사용할 수도 있다. 우선 엔진에 포함돼 있는 텍스처를 익스포트해서 만들어진 방식을 확인하자. 그 후에 이미지 에디터에서 새로운 텍스처를 만들면 된다.

이 단계까지 마쳤다면, 다음 그림과 같은 최종 이미지를 화면에서 볼 수 있다.

위의 그림을 보면 사용한 효과로 인해 장면이 인상 깊게 바뀌었다. 특히 레벨에 여러 개의 광원이 있다면 더욱 그럴 것이다. 모든 설정이 편하게 느껴질 때까지 계속 연습해서 다음 실습을 좀 더 쉽게 할 수 있기를 바란다. 다음 절로 넘어가자.

예제 분석

블룸과 렌즈 플레어가 작동하는 방법이 서로 다르지만 꽤 직관적이다. 이전에 언급한 바와 같이 첫 번째 기법은 서로 다른 여섯 개의 가우시안 블러 단계를 통해 화면에 렌더링을 하는 것이다. 하지만 렌즈 플레어는 카메라의 렌즈를 통한 빛의 산란을 모방하려고 텍스처를 사용하는 이미지 기반의 기법이다. 결국 블룸과 렌즈 플레어 구현 모두가 실제 눈으로 또는 카메라를 통해 볼 때 발생하는 현상을 모방하는 것이다. 이미 확인해본 다양한 효과들처럼 적당히 사용할 때 가장 효과적이다. 이러한 새로운 기법을 지나치게 남용하는 것은 금물이다. 블룸과 렌즈 플레어 효과로 장면을 인상 깊게 보이도록 하는 방법을 신경 쓰는 것이 아티스트에게 중요한 작업이다. 그래서 블룸과 렌즈 플레어 효과를 자주 확인하고 여러 각도에서도 확실히 확인해보라. 행운이 함께하길 바란다.

추가 정보

이번 실습에서 살펴본 블룸의 특정 형태는 특히 비디오 게임이나 실시간 애플리케이션에 적합하다. 하지만 에픽 게임즈는 최근 좀 더 높은 품질을 제공하는 Bloom convolution 이라는 다른 형태의 블룸을 도입했다.

새 블룸 효과는 직접 만든 블룸 커널 형태를 포함할 수 있게 해준다. 블룸 커널은 카메라 또는 눈으로 볼 때 물리적으로 정확한 블룸 효과를 표현하는 텍스처다. 기능을 활성화하려면 포스트 프로세스 볼륨 또는 카메라의 Lens 섹션에 Method 속성의 체크박스를 체크하고 값을 Standard에서 Convolution으로 변경하면 된다. 값을 변경한 후에, 이 효과에 대한 텍스처를 Convolution kernel 속성에서 변경할 수 있다. 정확히 Convolution kernel 속성의 체크박스를 체크하고 원하는 텍스처를 선택하면 된다. 기본적으로 다음 그림처럼 화면이 보일 것이다.

위의 그림에서 Convolution boost Mult 속성을 효과가 확실히 눈에 띄도록 100으로 설정했다. Bloom 섹션의 고급 섹션에서 Convolution boost Mult 속성을 찾을 수 있으니 똑같이 해보라.

읽을거리

이번에 다룬 주제에 관한 공식 문서를 소개하려고 한다. 관련 주제를 좀 더 자세히 알고 싶다면 다음 링크의 문서가 도움이 될 것이다.

- https://docs.unrealengine.com/ko/Engine/Rendering/PostProcessEffects/ Bloom
- https://docs.unrealengine.com/ko/Engine/Rendering/PostProcessEffects/ LensFlare

▌ 포스트 프로세스 머티리얼을 이용한 공포 영화 박동 효과 구현하기

이번 실습에서 다룰 포스트 프로세스 효과는 엔진에서 이미 제공하는 것 대신에 직접 만든 효과를 사용하기 때문에 좀 더 재미있을 것이다. 여기선 포스트 프로세스 머티리얼^{Post} Process Material이라는 셰이더 중에 한 종류를 이용할 것이다. 솔직히 포스트 프로세스 머티리얼이라는 이름만 봐도 무엇인지 알 수 있다. 포스트 프로세스 머티리얼을 전체 장면을 조정하고 싶을 때 사용할 수 있다. 포스트 프로세스 머티리얼은 포스트 프로세스 볼륨에서 설정되고 특정 3D 모델에 적용되는 것이 아니다. 때문에 포스트 프로세스 머티리얼을 생성하는 것은 표준 머티리얼을 생성하는 방법과 약간 차이가 있다. 그래서 우선 포스트 프로세스 머티리얼을 만드는 방법을 살펴볼 것이다. 이번 실습은 나중에 좀 더 복잡한 효과를 만들 수 있게 해주는 기반이 될 것이다. 바로 시작해보자.

준비하기

계속 이야기하지만 2장에서 계속 사용해 익숙한 레벨을 담고 있는 맵 파일을 여는 것으로 시작하자. Content/UE4ShadersAndEffects/Maps/Chapter02/02_06_PostProcess Materials를 선택하자.

레벨은 지난 작업에서 이미 사용했던 것이다. Color Grading 실습에서 공포 영화 분위기를 표현하려고 설정한 것 이외에는 똑같다. 이번 실습의 목적은 포스트 프로세스 머티리얼을 통해 박동 효과를 도입해 공포스러운 분위기를 고조시킬 것이다. 그래서 장면이 좀 더 암울하고 좋지 않은 사건이 생길 것처럼 보이도록 할 것이다. 이전과 마찬가지로 직접 만든 레벨을 사용해도 괜찮다.

예제 구현

전에 언급한 바와 같이 Color Grading 실습에서 사용했던 레벨과 같은 레벨이다. 이걸 기본으로 해서 이미 만들어진 분위기를 확장하려고 한다. Camera01 액터를 선택해 이전 실습처럼 Camera01의 렌즈를 통해 레벨을 보도록 설정하라. 그러면 Color Grading 실습에서 작업했던 효과가 똑같이 보일 것이다. 이렇게 설정하고 실습을 시작하자.

1. **포스트 프로세스** 볼륨을 선택하고 Rendering Features 카테고리까지 아래로 스크롤하라. 첫 번째 섹션이 Post Process Materials ^{포스트 프로세스 머티리얼}이다. Post Process Materials 섹션을 펼쳐보면 나중에 만들 효과를 설정할 수 있는 속성을 확인할 수 있다. Array 섹션을 펼쳐보고 + 버튼을 클릭해보자. 다음 그림처럼 보일 것이고 이건 나중에 사용할 것이다.

2. 실제 포스트 포로세스 머티리얼을 만들어서 사용하려면 우선 **콘텐츠 브라우저**로 가서 새 머티리얼을 생성하자. 이전부터 계속 사용한 다음 구조를 따를 것이다. Content/UE4ShadersAndEffects/Assets/Chapter02 폴더에 M_Post ProcessSample이라는 이름의 머티리얼을 만들었다.

3. 머티리얼을 만들려면 우선 셰이더의 종류를 포스트 프로세스로 지정해야 한다. 메인 머티리얼 노드를 선택하고 **디테일** 탭으로 넘어간다. 그다음 Material 카테고리 안에 첫 번째 속성이 Material Domain이다. 그 속성을 Post Process로 지정한다.

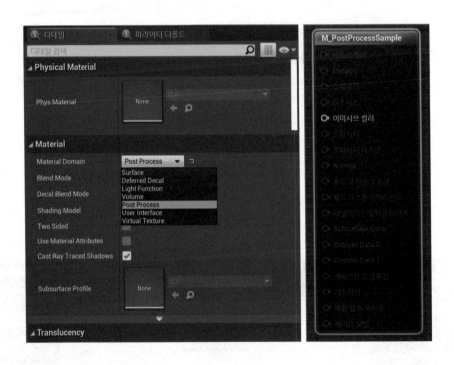

이제 실제 기능을 만드는 것을 시작할 수 있다. 처음으로 사용할 노드는 Scene Texture이다. SceneTexture 노드를 추가해보자.

4. 메인 머티리얼 그래프에 우클릭해서 SceneTexture 노드를 검색하자. 생성했다면 **디테일** 탭으로 가서 기본값 SceneColor를 PostProcessInput0으로 변경하자. 이렇게 하면 렌더링된 이미지의 색상에 접근할 수 있도록 해준다. 렌더링된 이미지의 색상을 수정하려고 하기 때문에 이 단계에서 꼭 필요한 기능이다.

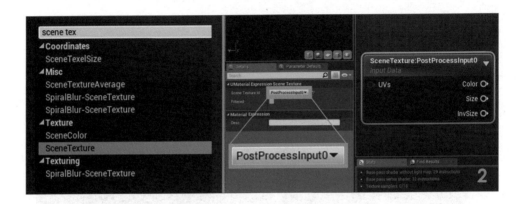

5. 다시 오른쪽 클릭을 해서 ComponentMask라고 입력한 다음 같은 이름의 노드를 생성한다. **디테일** 탭에서 R, G, B 색상들이 체크돼 있는지 확실히 확인하자. 그리고 SceneTexture 노드에서 출력으로 Mask의 입력 핀으로 연결하자.

장면 색상에서 채널을 선택하는 이유는 RGB 값들만 필요하기 때문이다. 렌더링
된 이미지를 완전하게 접근하려고 위의 두 노드를 배치했다. 다음으로 렌더링된
이미지에 추가적인 정보를 혼합해야 한다.

6. TextureSample 노드를 추가하자(메인 그래프에서 우클릭을 하고 TextureSample을 선택
   하라). 텍스처로 T_PanningDistortion을 할당하자. 텍스처에 붉은색의 그레이디언
   트가 그려져 있다. 렌더링된 장면 이미지와 이 텍스처를 혼합할 것이다.

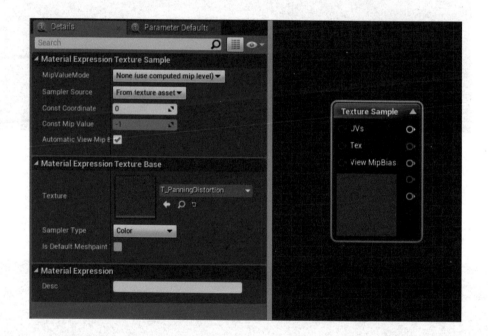

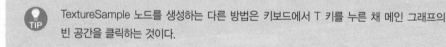

TextureSample 노드를 생성하는 다른 방법은 키보드에서 T 키를 누른 채 메인 그래프의
빈 공간을 클릭하는 것이다.

7. Lerp 노드를 추가해 T_PanningDistortion 텍스처와 렌더링된 장면의 이미지
   를 혼합하자. Lerp 노드를 추가하는 방법은 키보드에서 L 키를 누른 채 메인 그

래프의 빈 공간을 클릭하면 된다. 또는 메인 그래프에서 우클릭하고 Lerp라고 입력해서 선택한다. 마지막으로 팔레트 안에서 Lerp 노드를 찾아 메인 그래프로 드래그해놓는다. Mask 노드의 출력 핀을 Lerp 노드의 입력 A로 연결하고 TextureSample 출력 핀으로 핀 B에 연결하자. 마지막으로 TextureSample 노드의 알파 채널 값을 Lerp 노드의 Alpha 입력 핀으로 연결하자.

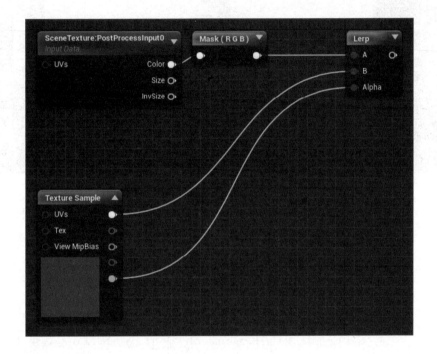

여기까지 했다면 Lerp 노드의 출력 핀을 메인 머티리얼 노드의 **에미시브**^{Emissive} ^{Color} 입력으로 연결하자. 머티리얼을 적용하고 저장하려면 툴바에서 **적용** 버튼과 **저장** 버튼을 누르자. 이제 막 만든 머티리얼을 장면에 적용해볼 것이다. 장면에 머티리얼을 적용하고자 메인 뷰포트로 돌아가자.

8. 포스트 프로세스 볼륨이 선택된 상태라면 이전에 살펴본 Post Process Materials 섹션으로 돌아가서 Array 속성에서 우선 선택 드롭다운 버튼을 누르고 에셋 레

퍼런스를 선택한다.[6] 다음으로 새로 만든 머티리얼 에셋을 선택하자. 다음 그림처럼 하면 된다.

작업했던 포스트 프로세스 머티리얼 효과가 화면을 가로질러 적용된 것을 볼 수 있다. 엄밀히 보자면 머티리얼을 새로 만들어서 그 머티리얼이 화면에 적용된 것을 보고 있는 것일 뿐이다. 하지만 이걸 좀 더 재미있게 만들 수 있다. 다시 머티리얼 에디터로 돌아가 몇몇 조작을 더해보자.

머티리얼에 추가하려고 하는 기능은 타임 함수다. 기본적으로 하고자 하는 것은 텍스처를 애니메이션시키는 것이다. 이렇게 만든 효과는 더 이상 정적이지 않게 된다. 이미 소름 돋는 장면에 약간 더 기이해 보이도록 시간에 따라서 박동을 하도록 만들자.

9. 메인 그래프의 빈 공간에서 우클릭해서 Time이라고 입력하자. Time 노드가 박동 효과를 표현하려고 사용할 새로운 노드다. 이 노드가 머티리얼에 시간이라는 개

---

6   4.24 버전에서 이 단계가 추가됐다. – 옮긴이

념을 사용할 수 있게 해준다. 얼마나 빠르게 박동할지 지정하려고 상수 Multiply 노드에 Time 노드와 상수 노드를 연결한다. 마지막으로 Multiply 노드의 출력 핀에서 드래그를 해서 Sine 노드를 생성하자. 그러면 그래프가 다음 그림처럼 보일 것이다.

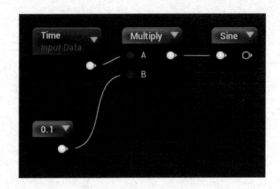

위 그림의 그래프가 나중에 머티리얼이 애니메이션되도록 해준다. 그리고 추가한 상수 노드를 통해 애니메이션의 빠르기를 조절할 수 있다. 마지막으로 조금 전에 만든 효과와 장면 색상을 시간 함수에 따라 혼합하는 것을 파이프라인에 추가할 것이다.

10. 전에 만든 SceneTexture와 Mask 노드들을 복사해서 붙여 넣자.

11. 두 번째 Lerp 노드를 만들고 10단계에서 붙여 넣은 Mask 노드의 출력 핀을 A에 연결하자.

12. 이 실습의 초반부에 만든 장면 색상과 붉은색의 그레이디언트 사이를 선형 보간한 Lerp 노드의 출력 핀을 B에 연결하자.

13. 마지막으로 9단계에서 만든 시간 함수의 Sine 노드의 출력을 Lerp 노드의 마지막 입력인 Alpha에 연결하자. 최종 그래프는 다음과 같을 것이다.

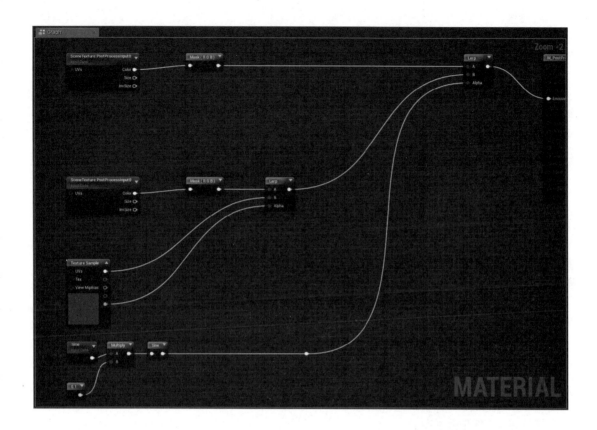

이 단계까지 진행했다면 전체적으로 녹색의 분위기로 보이는 기본 장면과 새롭게 적용된
붉은색의 그레이디언트가 합쳐져서 장면이 훨씬 더 왜곡돼 보일 것이다. 그래서 장면이
좀 더 오싹하게 느껴진다.

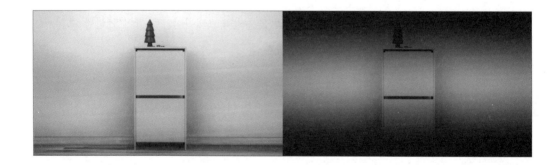

다양한 효과들이 가능하고 가능성으로 본다면 거의 무궁무진하다. 좀 더 고급 효과를 다루기 시작하는 이후 장들을 꼭 확인해보라. 우선 다음 절로 넘어가자.

예제 분석

포스트 프로세스 머티리얼은 3D 모델에 적용하는 머티리얼과 약간 차이가 있다. 3D 모델에 텍스처를 입히려면 메시의 텍스처 좌표(UVs) 정보가 필요하다. 마찬가지로 렌더링된 장면에 특정 정보가 접근할 수 있어야 랜더링된 이미지에 특정 효과를 적용할 수 있다.

텍스처 좌표 대신 장면에서 필요한 정보는 이전 다뤘던 Post Process Input 0라는 이름을 가진 텍스처처럼 다른 장면 텍스처 형태여야 한다. 장면 텍스처는 다양하고 필요에 따라 사용할 장면 텍스처가 달라진다. 원한다면 서브서피스 색상이나 앰비언트 오클루전 패스에서 정보를 가져오는 것도 가능하다. 여러 장면 버퍼들에 접근할 수 있으므로 요구 사항에 적합한 포스트 프로세스 머티리얼을 만들려면 알맞은 장면 버퍼를 사용하는 것이 핵심이다.

물론 장면 버퍼에서 정보를 가져오는 노드들을 반드시 사용해야 하는 것은 아니다. 일반적인 머티리얼을 만들 때 사용할 수 있는 노드만 사용해도 포스트 프로세스 머티리얼을 만들 수 있지만 제한적이다. Scene Texture 속성을 통해서 사용 가능한 리소스를 활용하라.

추가 정보

내용을 더 진행하기 전에 Post Process Material에 흥미로운 속성이 있다. 포스트 프로세스 파이프라인의 어느 단계에 포스트 프로세스 머티리얼을 적용할지를 결정하는 속성이다. 앞서 머티리얼의 **디테일** 탭을 다시 살펴보자. 만약 **Post Process Material** 카테고리까지 아래로 스크롤하면 여러 속성이 있는 걸 알 수 있다.

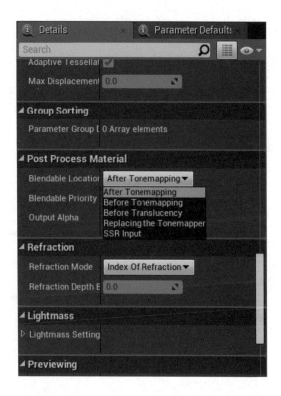

효과를 어떤 단계에 적용할지 지정하는 것은 특정 장면에 따라 중요할 수 있다. 일례로 Before ToneMapping 옵션은 만든 효과가 컬러 그레이딩과 톤 매핑 연산이 장면에 적용되기 전에 적용된다는 의미다. 이후에 소개하겠지만 만약 특수 보정으로 인해 발생한 이슈가 적용되기 이전의 장면 값들에 접근하고 싶다면 Before ToneMapping 옵션을 사용하는 것이 괜찮다. 이 점을 항상 고려하는 것이 좋다. 만든 포스트 프로세스 머티리얼에 어떤 문제가 발생한다면 이 설정을 변경해서 해결할 수도 있다.

읽을거리

포스트 프로세스 머티리얼의 다른 속성에 대한 옵션과 그걸 이용해서 만들 수 있는 다른 예제를 원한다면 에픽 게임즈의 공식 문서를 꼭 확인해보라.

- https://docs.unrealengine.com/ko/Engine/Rendering/PostProcessEffects
  /PostProcessMaterials

█ 안티–에일리어싱 적용하기와 다른 렌더링 기능

이제 2장의 마지막 실습이다. 이제까지 포스트 프로세스 볼륨과 시네 카메라 액터가 제공하는 속성들의 대부분을 다뤄봤다. 마지막으로 화면 전체에 영향을 주는 몇몇 기술적 조작을 살펴보고자 한다. 다음과 같은 여러 중요 속성에 초점을 맞출 것이다.

- 슈퍼샘플링 Supersampling
- 스크린 공간 반사 Screen Space Reflection
- 앰비언트 오클루전 Ambient Occlusion
- 모션 블러 Motion Blur
- 안티–에일리어싱 Anti-Aliasing

위의 주제 모두를 심미적인 관점보다 기술적인 관점에서 살펴본다. 이 효과들이 장면에 시각적 품질과 분위기를 크게 향상시켜준다. 그래서 심미적인 부분에 대한 기여를 폄하하고 싶진 않다. 하지만 대개 위 속성들을 조절하는 법을 다루면 꼭 성능적인 부분에 신경을 써야만 한다. 슈퍼샘플링 사용에 대한 취사선택 질문이 아니라 지금 슈퍼샘플링을 사용할 수 있는 성능적 여건이 되는지에 대한 질문이다. 이제 답을 살펴보자.

준비하기

평소처럼 다음 Content/UE4ShadersAndEffects/Maps/Chapter02 폴더에서 미리 준비된 맵 파일을 찾을 수 있다.

맵 파일 이름은 02_07_AntiAliasing이다. 계속 이야기하지만 원한다면 직접 만든 레벨을 계속 사용하는 것도 완전히 괜찮다. 하지만 스크린 공간 반사와 같은 효과를 살펴볼 때에는 효과가 어떤 변화 만드는지 확인할 수 있어야 한다. 그래서 필수적으로 레벨에 꼭 높은 반사율을 가진 물체들이 배치돼 있어야 한다.

예제 구현

카메라 시점으로 장면을 바라보게 하는 것을 실습해보자. 이 단계는 2장 실습에서 항상 해왔던 것이다. 특정 카메라 위치에서 장면을 바라보는 것이 사용할 특정 효과가 더욱 잘 보이도록 이 작업을 해왔다. 이번 실습도 마찬가지다. 스크린 공간 반사를 살펴볼 것이고 효과가 확실히 보이도록 해야 하기 때문이다. 카메라를 통해 장면을 보도록 했다면 다음 그림처럼 화면이 보일 것이다.

위의 그림을 참고하면 이제 소개하려고 하는 포스트 프로세싱 효과의 대부분을 확인할 수 있다. 첫 번째로 시작할 것은 기본 안티-에일리어싱 방법을 선택하는 것이다.

1. **편집 ﹥ 프로젝트 세팅**(Edit ﹥ Project Settings)으로 넘어가 **엔진**Engine 카테고리에서 **렌더링**Rendering 섹션을 찾아보자. **렌더링** 섹션으로 갔다면 스크롤을 아래로 내려서

Default Settings 카테고리에서 Anti-Aliasing Method^{안티-에일리어스 방법}를 찾아라. 기본값이 Temporal AA로 설정돼 있는지 확인하라. 이 실습 동안 기본값으로 두거나 차이를 확인하고 싶다면 변경해도 된다. '예제 분석' 절에서 안티-에일리어스를 좀 더 살펴볼 것이다. 하지만 실습을 진행하고자 간략히 살펴봤다.

> ℹ️ 언리얼 엔진 4 이전 버전에서는 포스트 프로세스 볼륨에 안티-에일리어스 속성이 있었는데, 지금은 앞서 말한 위치에 있다.

안티-에일리어스의 품질은 게임 그리고 에디터 모두에서 콘솔 커맨드를 통해 조절 가능하다.

2. 커맨드 콘솔 창을 열려면 키보드에서 ~ 키를 누르면 된다. r.PostProcessAA Quality 6라고 입력하자. 6는 언리얼이 temporal 안티-에일리어스에 허용하는 최대 품질이다. 커맨드의 인자 허용 범위인 0에서 6 사이 값 중에서 원하는 값으로 자유롭게 설정해보라.

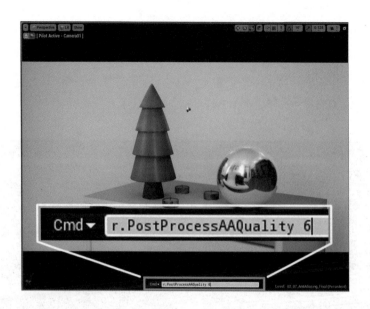

3. 안티-에일리어스 방법을 빠르게 변경할 수 있게 해주는 다른 커맨드가 **r.Default
Feature.AntiAliasing**이다. 인자는 0, 1, 또는 2값을 줄 수 있으며 각각 안티-에
일리어스 없음, FXAA, TemporalAA에 해당한다.

위의 그림에서 볼 수 있듯이 AA 방법의 퀄리티가 0에서 2, 2에서 4로 바뀌면
서 그 차이를 정말로 확인 가능하다. 6보다 높은 값을 설정하는 것이 위의 장면

에 아무런 영향을 미치지 않는 것처럼 보이지만 케이블처럼 얇은 물체에 높은 수준의 에일리어스가 유용할 수 있다. 다음으로, 스크린 공간 반사를 살펴볼 것이다. 포스트 프로세스 볼륨을 선택한 다음 **디테일** 탭으로 가서 스크롤을 내려 Rendering Features 설정을 찾자.

4. Screen Space Reflections 섹션을 펼쳐서 Quality 체크박스를 체크하자. 기본값은 50으로 돼 있는데 대신 100으로 값을 키우자.

5. 여기서 또 Max Roughness라는 속성도 체크하자. 기본값이 0.6인데 대체로 약간 낮은 값으로 볼 수 있으니 0.8로 키우자.

'추가 정보' 절에서 위의 두 속성이 미치는 영향을 좀 더 자세히 살펴볼 것이다. 하지만 위처럼 설정하는 것이 기본적으로 스크린 공간 반사 효과의 품질을 높여준다. 스크린 공간 반사의 품질을 높이는 것이 몇몇 장면에서는 꽤 중요할 수 있다. 특히 실시간으로 갱신되면서 반사를 하는 물체가 주변을 돌고 있다면 말이다. 스크린 공간 반사는 화면에 그려지는 것들만 반사할 수 있다는 한계가 있다. 그래서 카메라 뒤쪽에 있거나 화면의 경계 밖에 있는 물체들은 반사되지 않는다. 소개할 또 다른 렌더링 기능은 Ambient Occlusion이다. 포스트 프로세스 단계에서 동작하고 장면을 분석해 특정 영역이 차폐돼서 더 어둡게 표현돼야 하는지 판단한다.

6. Ambient Occlusion 섹션을 펼쳐서 Intensity와 Radius 체크박스를 체크하라. 첫 번째 속성에 0.3을 입력하고 두 번째 속성에 10을 입력하라.

7. Ambient Occlusion 안에 고급 섹션을 펼쳐라. 아래 체크박스 중에 Radius in World Space라고 써 있는 체크박스를 체크하라. 이렇게 하면 6번 단계에서 10으로 지정했던 Radius 속성이 월드 공간 단위로 10센티미터라는 의미다.

 TIP 만약 Radius in WorldSpace 설정을 체크했다면, 지정한 Radius 속성이 앰비언트 오클루전 효과를 생성할 때 거리로 사용된다. Radius in WorldSpace를 해제한 상태라면 AO를 생성하려고 기본 뷰 공간을 사용하고 반지름을 400 유닛으로 고정한다.

마지막으로 다뤄 볼 속성은 Screen Percentage이다. Rendering Features 카테고리의 Misc 섹션에서 이 속성을 찾을 수 있다. 이 속성으로 조절할 수 있는 것이 슈퍼샘플링이라고 알려진 것이다. 사용해보자.

8. **Screen Percentage** 체크박스를 체크하고 100인 기본값을 200과 같이 높은 값으로 키우자. **Screen Percentage** 속성은 성능에 큰 영향을 미치므로 주의하자. 그러므로 값을 지정할 때 신중해야 한다. '예제 분석' 절에서 좀 더 자세히 이야기할 것이다.

9. 8단계에서 설정한 것을 테스트하려면 게임 플레이를 해야 한다. Screen Percentage 속성은 실시간 효과이기 때문에 언리얼 에디터의 메인 뷰포트에서는 영향을 확인할 수 없다. 대신 위쪽 메인 툴바에서 **플레이**^{Play} 버튼을 클릭하자.

계속 진행하기 전에 여러 **Screen Percentage** 설정에서 장면의 스크린샷을 찍은 그림이 이어서 나온다. 각 그림은 슈퍼샘플링을 적용했을 때 설정값에 따른 이미지의 품질 변화를 보여준다. 또 화면의 백분율이 100보다 작을 때 업스케일링이라고 한다.

예제 분석

이제까지 실습으로 각 속성이 장면에 어떤 영향을 줬는지 살펴봤다. 이제 앞서 소개한 설정의 배경 이론을 살펴볼 시간이다. 가장 마지막으로 조작했던 Screen Percentage 속성을 우선 설명하려고 한다.

이 기법의 작동 원리는 매우 간단하다. 일반적으로 화면에 대응하는 고정 해상도로 화면을 렌더링하는 대신 다른 해상도로 렌더링한다. Screen Percentage로 설정된 해상도로 렌더링한 이후 다시 처음 화면 해상도로 변환한다. 결국 두 가지 시나리오가 존재한다. 첫 번째, 초기 해상도가 실제로 렌더링하는 해상도보다 클 때다. 이때 업스케일링이라고 한다. 두 번째, 반대로 초기 해상도보다 렌더링하는 해상도가 더 클 때로, 이를 슈퍼샘플링이라고 한다.

업스케일링은 엔진이 더 적은 개수의 픽셀을 처리하게 되므로 비용적으로 값싼 렌더링 방법이다. 이 기법을 사용해보지 않았다면 생각한 것보다 결과 이미지의 퀄리티가 더 낮다. 반대로 슈퍼샘플링은 성능 측면으로 보면 값비싼 방법으로 추가적인 픽셀을 사용하지만 더 높은 품질의 이미지를 렌더링할 수 있다. 슈퍼샘플링을 통해서 이미지를 효율적으로 재구성하기 때문에 안티-에일리어싱 기법으로 사용할 수도 있다.

계속 안티-에일리어싱을 이야기하자면 언리얼이 구현한 여러 기법에 다시 초점을 맞춰봐야 한다. 네 가지 방법이 있다. 이미 살펴본 슈퍼샘플링이 있고 Temporal AA, FXAA, MSAA이다. 마지막 방법은 포워드 렌더러를 사용하거나 모바일 플랫폼에서 개발할 때만 사용할 수 있다. MSAA가 기본 설정이 아니다. 각 방법은 장단점을 갖고 있다. 이제 이야기해보려 한다.

FXAA는 가장 값싼 AA 방법이다. 엔비디아에서 개발했다. 레벨의 기하학 수준이 아니라 엔진이 출력한 렌더링된 이미지에서 작동한다. 그렇기 때문에 때때로 텍스처를 흐릿하게 보이게 하거나 경계선이 부드럽게 보이게 하고 싶어서 적용했을 때 의도하지 않은 결과가 발생하기도 한다. SSAA 또는 슈퍼샘플링 안티-에일리어스는 이미 설명했던 기법이다. 우선 장면을 더 높은 해상도로 렌더링하고 다음에 평균 필터를 사용해 렌더링된 이미지를 다운샘플링해서 픽셀 사이가 좀 더 자연스럽게 이어져 보이게 하고 각진 부분을 현저히 줄여준다.

MSAA는 SSAA와 비슷한 방법으로 동작하는 데 더욱 최적화된 방법이다. 전체 장면을 높은 해상도로 렌더링해서 샘플링하는 대신 레벨에서 중첩되는 영역에만 집중적으로 작동한다. 이렇게 해서 높은 수준의 안티-에일리어싱 결과를 도출하면서도 성능도 좋다.

마지막으로 Temporal AA이다. 안티-에일리어스 세계에 가장 최신 기법이다. 언리얼에서 기본으로 사용하기도 한다. 임시적 필터 솔루션, 하드웨어 안티-에일리어싱 그리고 장면에서 작동하는 커스텀 알고리즘을 혼합한 것이다. FXAA만큼 비용이 싸진 않지만 품질 측면에선 전체적으로 훨씬 낫다. 어떤 AA를 사용할지는 전적으로 개발자의 프로젝트에서 원하는 것이 무엇인지에 달렸다.

추가 정보

계속 진행하기 전에 이번 실습에서 조작했던 몇몇 설정을 설명하고 싶다. 살펴본 포스트 프로세스 효과를 표현할 때 필요한 대부분 속성을 다뤘다. 하지만 각 설정이 전체 효과에 기여하는 방식을 설명할 시간이 없었다. 이제 설명하려고 한다.

- Screen Space Reflections를 세 가지 속성으로 조절한다. 세 속성은 각각 세기, 품질, 최대 러프니스다. 처음 두 가지는 속성 이름에서 의미를 유추할 수 있지만

세 번째는 약간 미묘하다. 간단히 말하면 엔진이 스크린 공간 반사가 점차 옅어지도록 하는 기준이 되는 러프니스 값을 지정하려고 최대 러프니스를 사용한다. 이 값이 크면 클수록 높은 러프니스 값을 가진 머티리얼이 적용된 표면에서도 좀 더 반사가 잘 보인다. 핵심은 높은 값일수록 장면의 전체를 통해 반사 효과가 더욱 잘 보인다는 것이다.

- Ambient Occlusion은 이번 실습에서 다루지 않은 여분의 설정이다. 그렇지만 다른 레벨에 적용해볼 때를 고심할 만큼 가치가 있다. Fade Out Distance 속성을 이야기하려고 한다. 이 속성은 앰비언트 오클루전 스크린 공간 효과가 센티미터 단위로 어디까지 보일 것인지를 결정하는 값이다. 앰비언트 오클루전 효과가 장면에 필요하다면 Fade Out Distance 속성을 변경하는 것을 잊지 마라.

- Motion Blur와 같은 다른 설정은 꽤 직관적이다. 기본적으로 활성화돼 있다. 만약 사용하고 싶지 않다면 Amount 속성의 체크박스를 체크하고 값을 0으로 설정하라. Max 속성은 모션 블러 효과가 적용되는 최대 왜곡 범위다. Max 속성은 화면의 크기의 백분율로 지정해야 한다.

이 모든 속성을 기억하고 있으면 장면을 원하는 대로 설정하는 것이 쉬울 것이다. 그러므로 계속 다뤄 보라.

읽을거리

계속해서 전에 살펴본 모든 설정에 관한 예제와 설명을 포함하고 있는 공식 문서를 소개한다. 배운 것을 좀 더 알고 싶다면 꼭 살펴보라.

- Anti-Aliasing: https://docs.unrealengine.com/ko/Engine/Rendering/Post ProcessEffects/AntiAliasing
- Screen space reflections: https://docs.unrealengine.com/ko/Engine/Rendering/PostProcessEffects/ScreenSpaceReflection

- Ambient Occlusion: https://docs.unrealengine.com/ko/Engine/Rendering/LightingAndShadows/AmbientOcclusion/index.html
- Screen percentage: https://docs.unrealengine.com/ko/Engine/Rendering/PostProcessEffects/ScreenPercentage

03

불투명 머티리얼과 텍스처 매핑

이미 머티리얼을 만들어본 경험이 3장을 진행하는 데 자신감을 심어 줄 것이다. 3장에서 는 좀 더 고급 머티리얼과 효과를 살펴보고자 이전에 배웠던 것들을 확장해 나갈 것이기 때문이다. 3장에서는 다음 내용을 다룬다.

- 마스크를 이용한 머티리얼
- 머티리얼 인스턴싱
- 작은 프랍에 텍스처링하기
- 프레넬과 디테일 텍스처를 이용해 플라스틱 질감의 천 표현하기
- 반자동 절차적 머티리얼 만들기
- 머티리얼을 텍스처로 굽기
- 거리 기반 텍스처 혼합하기

▌ 소개

1장에서 이미 언리얼 4에서 머티리얼을 만드는 방법을 다뤘지만 그때는 거짓말이 아니라 처음으로 경험을 해보기 위한 아주 기초적인 내용을 다뤘다. 물리 기반 렌더링 머티리얼의 내부 작동 방법을 알아본 것은 머티리얼 에디터와 여러 노드들에 익숙해지려고 한 것이다. 이제 머티리얼을 제대로 사용하고 완전 정복할 때다. 이것이 3장에서 하려고 계획한 내용이다.

평소처럼 쉬운 것부터 시작하려고 한다. 우선 간단한 레벨에 배치된 단순한 프랍에 적합한 머티리얼 그래프를 구성하는 방법을 배우는 것으로 시작한다. 다음으로 커다란 크기의 모델에 적용될 머티리얼을 만드는 방법을 살펴볼 것이다. 그리고 퀄리티와 성능의 균형을 잡을 수 있는 멋진 기법도 살펴볼 것이다. 더 나아가 카메라 위치에 따라 변하는 머티리얼 효과, 커다란 모델에 적용한 머티리얼의 최적화, 반자동 절차적 생성 기법과 같은 다양한 흥미로운 방법을 살펴볼 것이다.

자, 그럼 시작해보자.

▌ 마스크를 이용한 머티리얼

3장의 첫 번째 실습이다. 머티리얼 제작을 배우는 과정에서 매우 중요한 순간이다. 초보자용 에셋에서 벗어나 실무 수준의 에셋을 만드는 데 더욱 집중하려고 한다. 이제부터 진짜 실무 수준의 머티리얼만 계속 만들어볼 것이다. 여기서 실무 수준이란 배운 내용의 가능성이나 응용 방법에 관한 이야기를 더 이상 하지 않는다는 의미다. 대신 실제 프로젝트에서 사용할 수 있는 것들을 만든다. 언리얼 엔진 4로 작업하는 3D 아티스트가 업무를 수행하는 과정에서 사용하는 특정 기법을 배우고 적용할 것이므로 스스로가 프로라고 생각느껴질 것이다.

첫 번째 목표는 복잡한 머티리얼 그래프를 따라 만들어보는 것이다. 이 과정이 큰 도움을 줄 것이다. 실제로 머티리얼을 설정하는 방식을 결정하는 게 가장 중요한 단계 가운데 하나이기 때문이다. 작은 나무 장난감 탱크에 적용할 머티리얼을 설정하는 방법을 실습해볼 것이다. 나중에 텍스처가 입혀진 여러 물체를 다루는 것과 직접적인 관련이 있기 때문이다. 물론 3장에서 다른 예제도 살펴볼 것이다. 하지만 개발자도 바로 알게 되겠지만 이번 실습이 가장 좋은 출발점일 것이다.

준비하기

이번 실습을 할 때 사용할 수 있는 간단한 레벨이 이 책에서 제공하는 프로젝트에 포함돼 있다. 맵 파일명은 03_01_ComplexShader_Start이고 실습을 따라 하는 데 필요한 기본 에셋을 모두 포함하고 있다. 직접 확인해보면 레벨 가운데 두 개의 UV 채널을 가진 작은 장난감 탱크가 있음을 알 수 있다. 첫 번째 UV 채널은 언리얼이 탱크에 적용될 머티리얼에게 텍스처가 탱크에 입혀지는 방식을 이해하려고 기본적으로 사용한다. 반면 두 번째 채널은 라이트맵을 생성할 때 사용한다.

평소처럼 원하면 직접 만든 3D 모델과 레벨을 사용해도 된다. 주의 사항은 머티리얼의 표현을 조절하려고 모델의 특정 영역을 마스킹해야 하기 때문에 잘 정리된 UV 맵을 갖

고 있어야 한다는 점이다. 직접 만든 에셋이 앞서 말한 규칙을 따른다는 것을 보장하면
실습에서 사용해도 문제없다.

 우선 카메라 클립 평면을 변경하는 것이 좋다. 언리얼의 기본 카메라 설정은 작은 물체를 다
룰 때 적합하지 않기 때문이다. 프로젝트 세팅 > 엔진 > 일반 > Settings(Project Settings
> Engine > General Settings > Settings)로 가서 Near Clip Plane 속성값을 1로 설정하
고 에디터를 다시 시작하자.

예제 구현

언리얼 엔진 4에서 처음으로 복잡한 머티리얼을 만들어볼 것이다. 에셋을 만드는 것 자
체의 난이도와 관련이 없기 때문에 복잡하다는 단어를 심각하게 받아들일 필요는 없다.
복잡하다는 것은 이제부터 만들어볼 에셋이 게임 개발실에서 실제 에셋으로 사용할 수
있는 정도라는 의미에 더 가깝다.

첫 번째로 머티리얼의 기반을 잡아야 한다. 노드들을 어떻게 구조화하고 어떻게 결합
해서 기능을 하도록 할지 생각해보면서 머티리얼 그래프상에서 작업을 수행할 것이다.
03_01_ComplexShader_Start 맵 파일을 열거나 직접 만든 레벨을 우선 열자. 이제 다음

과정을 잘 살펴보며 따라 해보자.

1. 새로운 머티리얼을 생성하는 것으로 시작하자. 새 머티리얼을 이용해 메인 모델이 좀 더 그럴싸하게 보이도록 변경하자. 새 에셋을 만들어서 **M_ToyTank**라고 이름을 입력했다. 해당 에셋을 Content/UE4ShadersAndEffects/Asset/Chapter03 폴더에서 찾을 수 있다. 이걸 사용하거나 직접 만든 것을 사용해도 된다.

2. 탱크는 여러 작은 부분으로 이뤄져 있다(무한궤도, 포신, 차체 등등). 각 영역마다 다른 재질로 표현해볼 기회가 왔다. 이렇게 하려면 셰이딩하기 원하는 부분을 결정하는 마스크를 만들어야 한다. 하지만 그러기 전에 UV 맵이 어떤 구조로 돼 있는지 살펴볼 필요가 있다. **콘텐츠 브라우저**에서 **SM_ToyTank**를 선택하고 에셋 에디터를 열자. **UV › UV 채널 0**(UV button › UV Channel 0)를 클릭하면 다음과 같은 그림을 확인할 수 있을 것이다.

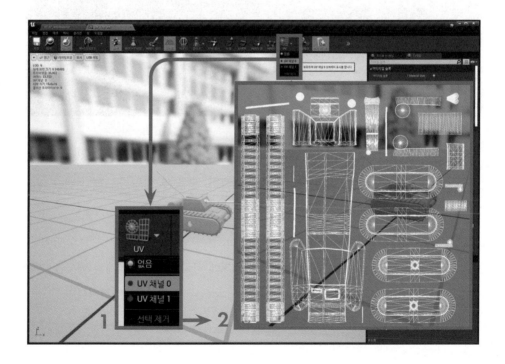

3. 탱크 모델과 같은 폴더에서 T_TankMasks라는 이름의 작은 마스크 텍스처를 찾아 실습에서 사용하자. 아래 왼쪽 그림을 보면 알 수 있듯이, 실질적으로 RGB 이미지다. T_TankMasks 리소스를 드래그해서 새로 만드는 머티리얼 그래프에 놓자. 이건 곧 사용할 것이다.

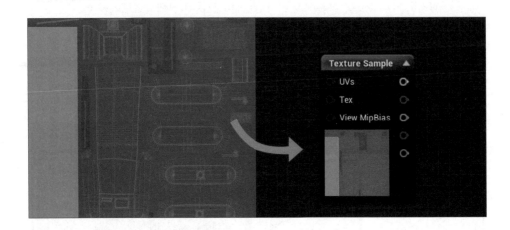

4. 머티리얼 그래프에서 Constant3Vector 노드를 두 개 만들고 색상 선택 툴에서 어떤 색이든 괜찮으니 원하는 색을 선택하라. 물론 두 개의 노드에 선택된 색은 서로 달라야 한다.

5. Lerp 노드를 생성하자. 이 이상한 단어 Lerp는 선형 보간^{Linear Interpolation}의 약어다. 그리고 Alpha 핀에 연결할 마스크 텍스처에 따라서 다른 두 개의 에셋을 혼합한다. T_TankMasks 노드의 R 채널을 새 노드의 Alpha 핀에 연결하라.

6. Constant3Vector 노드들을 각각 Lerp 노드의 A, B 핀에 연결하자.

7. 새 Lerp 노드와 Constant3Vector 노드를 추가하자. T_TankMasks 노드의 B 채널을 새 Lerp 노드의 Alpha에 연결하고 새 Constant3Vector 노드를 B 핀에 연결하자. 마지막으로 이전 Lerp 노드의 출력을 새 Lerp 노드의 A 핀에 연결하라. 추가로 머티리얼을 레벨에 있는 탱크 모델에 적용하자. 최종적인 머티리얼 그래프는 다음 그림처럼 보여야 한다.

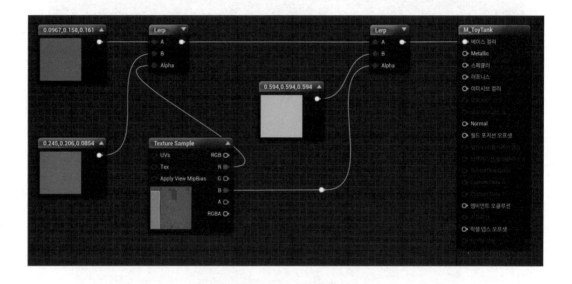

앞선 단계에서 마스크 덕분에 머티리얼에서 모델의 특정 부분마다 다르게 다룰 수 있었다. 이제 이 개념을 머티리얼의 Metallic과 **러프니스** 입력까지 확장할 것이다. 그래서 Metallic과 **러프니스** 입력도 각각 독립적으로 조절할 수 있다.

8. 전에 만든 노드 전부를 복사해서 두 번 붙여 넣는다. 복사본 하나는 **러프니스**에 연결할 것이고, 또 다른 하나는 Metallic 입력을 조절하려고 사용한다.

9. Constant3Vector 노드를 Constant 노드로 모두 변경하라. Metallic과 **러프니스** 입력으로 RGB 색상을 사용할 필요는 없다. 이야기한 대로 정리하면 다음 그림처럼 그래프가 보일 것이다.

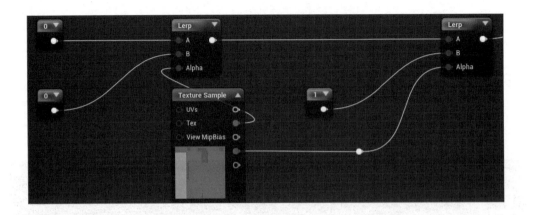

10. Metallic과 **러프니스** 입력을 사용하려고 새로 만든 Constant 노드에 특정 값을 할 당하자. 이미 1장에서 러프니스 값이 0이면 머티리얼이 명확히 반사를 한다는 것이고, 반면 1이면 정확히 그 반대의 의미를 가진다는 것을 살펴봤다. 비슷하게 Metallic 값이 1이면 머티리얼이 금속 재질이고, 0이면 그렇지 않다는 의미다. 최종 결과물은 다음 그림처럼 보일 것이다.

마지막으로 머티리얼 그래프의 각 영역을 그룹으로 묶어서 정리하는 것을 생각 해보자. 그룹으로 만들고 싶은 모든 노드들을 선택하고 키보드에서 C 키를 누르 면 그룹을 만들 수 있다. 이렇게 구조화를 해놓는 것이 중요함을 기억하자. 특히 다른 사람과 협업하고 있거나 직접 작업한 내용을 다시 살펴봐야 할 때가 있으 니 말이다.

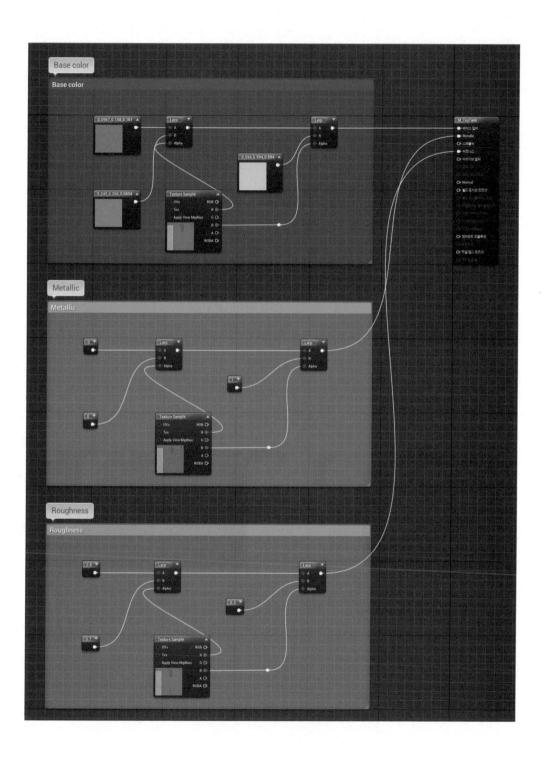

예제 분석

이번 실습에서 마스크를 광범위하게 사용했지만 지금까지 마스크 텍스처가 무엇이며 마스크 텍스처를 어떻게 만드는지 살펴볼 기회가 없었다.

기본적으로 마스크로 사용했던 텍스처는 이미지의 RGB 채널의 각각에 저장된 그레이스케일 정보를 담고 있는 이미지다. 만약 개발자 본인이 사용하는 사진 편집 소프트웨어에서 어떤 이미지라도 열어 봤다면 그림이 특히 R, G, B 세 개의 개별 이미지 채널들이 합쳐져서 이루어졌다는 것을 살펴볼 기회가 있어서 이미 알고 있을 수도 있다. 알파로 알려진 추가적인 채널이 있을 수도 있는데, 그건 사용하는 파일 형식에 따라 결정된다.

이렇게 각 채널을 합성한 파일 형식은 이번 실습해서 해본 것처럼 개별 채널을 마스크로 사용하고자 할 때 특히 유용하다. 살펴본 바와 같이 Lerp 노드는 입력된 알파값에 따라서 두 개의 입력을 혼합한다. 알파값은 0에서 1 사이 값이나 검은색에서 흰색 사이에 어떤 값이든 될 수 있다. 그래서 이미지의 RGB(그리고 알파도 가능하다) 채널 각각은 완벽히 Lerp 노드의 알파값으로 사용할 수 있음을 뜻한다. 이미지를 분리해보면 각 채널은 그레이스케일 이미지이기 때문이다.

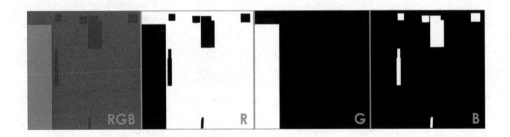

항상 머티리얼의 표현을 마스크를 통해 분리하는 것이 메시마다 여러 머티리얼을 사용하는 것보다 더 낫다. 이유는 렌더링 파이프라인의 작동 방법과 관련이 있다. 너무 기술적으로 접근하지 않더라도 새로운 머티리얼마다 전체 그래픽 동작 비용을 더 커지도록 만든다고 말할 수 있다. 장면에 정말 많은 서로 다른 셰이더가 적용되기 전까지 비용적인 부분들을 인지할 수 없겠지만 말이다. 그래도 이런 일이 이번 실습처럼 작은 예제가 아니라 좀 더 큰 규모의 프로젝트라면 결국 대부분 발생하긴 한다.

추가 정보

이번 실습에서 마스크를 사용해 머티리얼의 재질을 제어하는 법을 살펴봤다. 하지만 마스크를 사용하는 기법에는 한계가 있다. 텍스처당 최대 셋 또는 네 개의 채널이 있기 때문에 이미지당 사용할 수 있는 최대 마스크의 개수가 한정적이다. 때에 따라 충분할 수도 있지만 더 많은 마스크가 필요한 상황이 항상 있을 것이다. 그럴 때 텍스처를 하나 추가로 사용해 셋 또는 네 개의 마스크 여분을 사용하거나 컬러 마스크라는 다른 기법을 사용할 수 있다.

컬러 마스크는 살펴보지 않았다. 언리얼에서 직접 지원하지 않기 때문이다. 하지만 컬러 마스크는 확실히 유용하다. 개별 색상이 작업을 하고자 하는 영역을 마스킹한 색상 텍스처이기만 하면 된다. 다음 그림처럼 말이다.

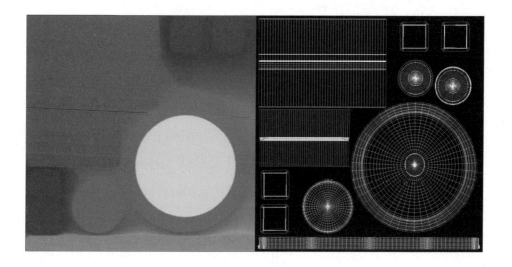

컬러 마스크의 개념은 특정 효과를 적용하고 싶은 영역을 정해진 색상으로 칠해 놓은 텍스처를 사용하는 것이다. 컬러 마스크에 관심이 있다면 다음 링크로 가 보라. 더 많은 정

보를 찾을 수 있을 것이다.

- https://answers.unrealengine.com/questions/191185/how-to-mask-a-single-color.html

읽을거리

마스크를 사용한 다른 에셋 예제를 확인하고 싶다면 프로젝트에 시작용 콘텐츠를 포함하기만 하면 된다. 시작용 콘텐츠에서 이번 실습에서 살펴봤던 기법을 사용한 두 개의 다른 머티리얼을 찾을 수 있다.

Starter Content ❯ Props ❯ Materials 폴더에 M_Door 또는 M_Lamp와 같은 머티리얼이 이번 실습에서 설명했던 방법을 따라 만든 머티리얼이다. 확인해보기 바란다.

▍머티리얼 인스턴싱

앞선 실습에서 마스크 텍스처를 사용해 하나의 머티리얼에 여러 재질을 표현하는 법을 살펴봤다. 단지 똑같은 머티리얼 그래프를 가졌지만 단순한 상숫값이 다른 머티리얼을 새로 만들 때에도 같은 작업을 또 반복해야 한다. 이럴 때 이전에 만든 에셋으로부터 인스턴스를 만든 것이 가능하다. 인스턴스는 기본적으로 기존에 만든 머티리얼의 복사본과 같은 것이고 빠르게 편집할 수 있고 변경할 때마다 컴파일할 필요도 없다.

이 기법은 컴파일 타임이 필요하지 않기 때문에 특히 유용하다. 지금까지 살펴본 바와 같이, 머티리얼을 변경할 때마다 항상 컴파일을 하고 저장해야만 했다. 머티리얼이 복잡해짐에 따라 이 과정이 더욱 더 시간을 잡아먹을 것이다. 특히 단지 특정 색상이나 특정 값을 변경하고 싶다면 더더욱 그렇다. 게다가 컴파일을 하지 않는다는 것은 이 특성을 가진 에셋이 실행될 때 동적으로 변경 가능하다는 것이고, 이건 꽤 강력한 기능이다.

준비하기

이전 실습에서 사용했던 레벨에서 계속 작업하려고 한다. 평소처럼 제공하는 에셋이든 직접 만든 에셋이든 사용하고 싶은 것을 사용하면 된다. 어느 쪽이든 머티리얼이 적용된 단순한 모델을 가져다 실습의 마지막 단계에서 적용할 새 셰이더가 원본 머티리얼의 인스턴스가 되도록 그 모델을 조작할 것이다. 작업을 수행할 맵 파일은 03_02_MaterialInstance_Start이고 다음 Content/UE4ShadersAndEffects/Maps/Chapter03 폴더에서 찾을 수 있다. 설명은 이쯤 하고 바로 시작해보자.

예제 구현

이전 실습에서 만든 머티리얼을 다시 살펴보는 것으로 시작하자. 머티리얼의 베이스 컬러, 러프니스, Metallic 입력을 변경하는 그래프 노드를 포함하고 있는 매우 표준적인 형태의 머티리얼이다. 다음 그림은 머티리얼에서 Metallic 입력을 변경하는 그래프 노드의 부분을 보여준다.

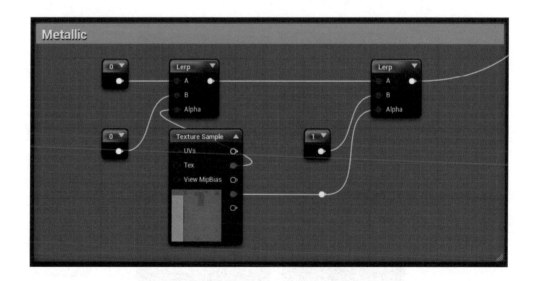

그림에서 알 수 있는 바와 같이 기본적으로 두 가지 작업을 수행한다. 셰이더의 Metallic 입력을 조절하려고 상수를 사용한다. 그리고 마스크 텍스처를 사용해 모델의 어느 부분에 값을 적용할지 결정한다. 위의 그림과 거의 같은 그래프 형태를 가지고 러프니스와 베이스 컬러를 조절하는 두 그래프의 부분에도 동일한 로직을 적용하고 있다.

이런 그래프 구조가 매우 표준적인 형태이지만, 최종적으로 머티리얼이 원하는 질감으로 보일 때까지 상수를 조절하는 것은 매우 시간을 낭비하는 방법이다. 특히 변경할 때마다 컴파일을 해야 한다면 더더욱 그렇다. 이 과정을 빠르게 하려면 매개변수를 사용해 머티리얼 인스턴스를 만들어야 한다. 다음 실습을 통해 그 방법을 알아보자.

1. 레벨의 가운데 놓인 장난감 탱크에 적용된 머티리얼을 열자. 머티리얼의 이름은 M_ToyTank_Parameterized_Start일 것이다. 또는 이전 실습에서 직접 만든 머티리얼을 사용했다면 그것과 똑같은 복사본을 사용해도 괜찮다.

2. 메탈릭 머티리얼 표현식 주석에 있는 상수 노드를 선택하자. 그리고 다음 그림에서 보이는 것처럼 우클릭을 해서 **파라미터로 변환**^{Convert to Parameter} 메뉴를 선택하면 Scalar Parameter 노드로 변경될 것이다.

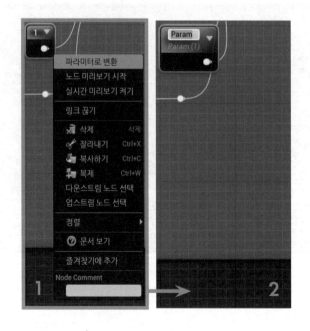

3. 여기까지 했다면 매개변수에 이름을 지을 차례다. 마스크가 모델의 부분을 나
   누는 방법에 근거해서 이름을 다음과 같이 지었다. 각각 Tire Metalness, Body
   Metalness, Cannon Metalness다. 원하는 이름을 사용해도 무방하다.

4. **러프니스**와 **Base Color** 표현식 주석에서 각 상수들마다 같은 작업을 수행하고 3
   단계처럼 적절한 이름으로 변경하라. 작업을 수행한 이후에 **Base Color** 노드은
   다음 그림처럼 보일 것이다.

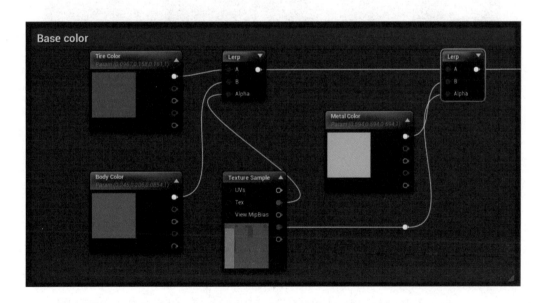

여기까지 완료했다면 이전 실습에서 작업했던 것과 거의 같은 머티리얼 그래프 형태를 갖고 있을 것이다. 하지만 상수 대신 매개변수를 사용하고 있다는 점만 다르다. 매개변수를 사용한다는 것이 바로 살펴볼 다음 단계에서 핵심 역할을 수행한다.

5. **콘텐츠 브라우저**에서 작업했던 머티리얼을 찾아서 그 위에서 우클릭을 하자. **콘텍스트** 메뉴에서 **머티리얼 인스턴스 생성** 메뉴를 선택하고 이름을 입력하자. 이름을 MI_ToyTank로 입력했다. 여기서 MI는 머티리얼 인스턴스 종류의 에셋에 공통적으로 사용하는 접두어다.

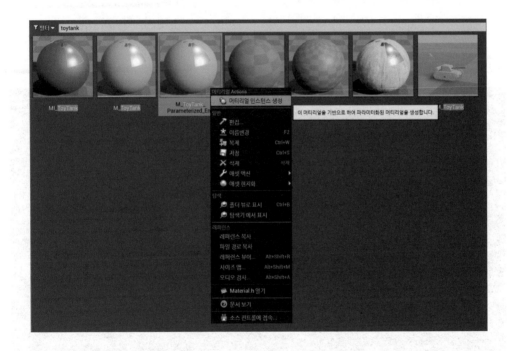

새로 생성된 에셋 위에서 더블클릭을 하면 해당 에디터가 열린다. 일반 머티리얼을 열었을 때와 다르게 만들었던 매개변수들을 보여주고 조절할 수 있는 에디터가 열린다. 실행 이전이건 실행 중이건 어떤 셰이더도 다시 컴파일하지 않고 매개변수를 조절할 수 있다.

6. 만든 머티리얼 인스턴스를 모델에 적용돼 있는 M_ToyTank_Parameterized_ Start 머티리얼 대신 적용하자.

7. 새 방법을 통해 노출돼 있는 값들을 조절하자. 처음으로, 변경하고자 하는 매개 변수의 체크박스를 꼭 체크하자. 그다음에 값들을 변경하면서 변경에 따라서 모델이 어떻게 보이는지 확인하자. 다음 그림처럼 약간 사이키델릭한 분위기로 변경했다. 안 될 이유가 뭐가 있나!

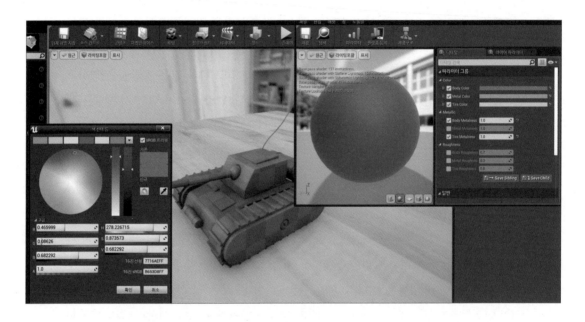

이렇게 모든 실습 단계를 완료했다. 공식적으로 머티리얼 인스턴스를 만들어봤다. 이런 방법으로 모듈화하는 것을 통해 어떤 이득을 얻을 수 있는지도 알아봤다. 다음 '예제 분석' 절에서 성능과 실시간 변경 가능성 측면에서 머티리얼 인스턴스의 이점도 살펴보고자 한다.

예제 분석

이번 실습에서 머티리얼 인스턴스를 만드는 데 모든 노력을 쏟고 머티리얼 인스턴스를 만드는 방법을 살펴봤다. 하지만 머티리얼 인스턴스가 작업 과정에서 제공하는 이점이 무엇인지 다루지 않았다. 이제 머티리얼 인스턴스의 이점을 살펴보려고 한다.

첫 번째 머티리얼 파이프라인에서 머티리얼 인스턴스 에셋이 작동하는 방식을 이해하는 것이 가장 중요하다. 기본 머티리얼이 가장 아래층을 이루고 있는 피라미드를 생각해보자. 기본 머티리얼은 이제 이야기하려고 하는 나머지 블럭을 지탱하는 가장 토대가 되는 빌딩 블럭이다. 머티리얼 인스턴스는 기본 블럭을 확장한다. 기본 머티리얼을 설정했다면, 기본 머티리얼 그래프가 같을 때 색상, 러프니스, 텍스처와 같은 것들을 변경하고 싶다면 여러 인스턴스들을 만들 수 있다. 예를 들어 두 장난감 탱크가 있고 서로 다른 색상을 적용하고 싶다면 마스터 머티리얼을 만들고 다음으로 두 개의 인스턴스를 만들어서 색상을 다르게 해 각 모델에 적용하면 된다. 이렇게 하는 것이 각 장난감 탱크에 두 개의 마스터 머티리얼을 적용하는 것보다 성능 면에서 훨씬 낫다.

게다가 머티리얼 인스턴스는 실행 중에도 수정할 수 있다. 하지만 마스터 머티리얼에서는 불가능하다. 이번 실습에서 살펴봤던 스칼라나 벡터와 같은 다른 종류의 매개변수를 사용해 부모 머티리얼에서 속성을 노출하고 조절할 수 있다. 게임 플레이 동안 변경될 수 있는 이러한 머티리얼들은 머티리얼 인스턴스 다이내믹^{Material Instance Dynamic}이라는 머티리얼 인스턴스와 구분되는 이름으로 부른다. 물론 머티리얼 인스턴스 다이내믹도 마스터 머티리얼의 인스턴스이지만 생성되는 방법이 다르기 때문에 다른 이름으로 부른다. 머티리얼 인스턴스 다이내믹을 만들려고 사용할 한 가지 방법을 살펴볼 것이다. 다음 과정을 따라 해보자.

1. **액터 블루프린트**를 생성하고 블루프린트에 **스태틱 메시**를 추가한다.

2. **생성 스크립트**^{Construction Script}에서 Create Dynamic Material Instance 노드를 추가하고 1단계에서 추가했던 스태틱 메시 컴포넌트를 드래그해서 그래프에 놓고

Target 핀에 연결하자. Source Material 드롭다운 메뉴에서 부모 머티리얼을 선택하고 다음 그림처럼 머티리얼을 변수에 저장하자.

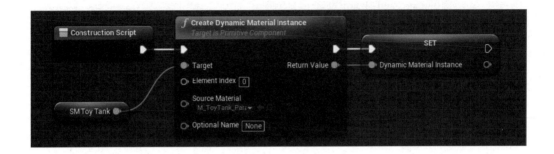

3. 원하는 시점에 이벤트가 발생해서 머티리얼 매개변수를 변경하는 것을 이끄는 커스텀 이벤트 노드와 Set Vector Parameter Value 노드를 함께 사용하자. 변경하고자 하는 매개변수의 이름을 정확하게 입력하고 값을 설정해야 함을 잊지 말자.

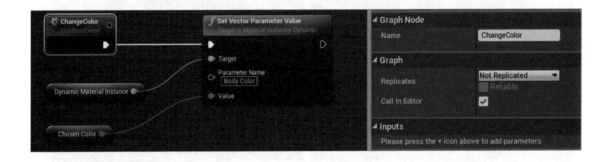

위의 과정을 개발자에게 도전 과제로 남겨두려고 한다. 블루프린트 생성과 같은 아직 다루지 않은 특정 주제들을 포함하고 있기 때문이다. 블루프린트를 다루려면 조금 익숙해져야 할 것이다.

추가 정보

이번 실습에서 그룹으로 묶어두면 좋을 매개변수를 그룹으로 묶지 않았다. 머티리얼 인스턴스 안에 여러 속성을 편집해야 했을 때를 떠올려 보자. 매개변수들은 Vector Parameter Values와 Scalar Parameter Values 이렇게 두 개의 다른 카테고리로 묶여 있었다. 그룹이 단지 해당 매개변수의 종류를 알려줄 뿐이지 매개변수가 어떤 영향을 주는지 설명해주지 않는다. 다행히 부모 머티리얼에서 해당 그룹을 만드는 방법이 있다. 부모 머티리얼로 돌아가서 만든 매개변수 노드를 각각 선택하면, **디테일** 탭에서 **Group**이라는 이름의 속성이 있다는 것을 확인할 수 있다. 기본값인 None이 아니라 다른 이름을 설정하면 머티리얼 인스턴스에서 전처럼 Vector 또는 Scalar Parameter Values라는 이름 대신에 설정한 이름이 나온다. 간략하게 정리하려고 여러 노드들을 같은 그룹에 넣어 둘 수 있다. 한번 이렇게 해보자.

읽을거리

다음 실습으로 가기 전에 평소처럼 에픽 게임즈에서 작성한 머티리얼 인스턴스에 관한 공식 문서 링크를 남겨둔다.

- https://docs.unrealengine.com/ko/Engine/Rendering/Materials/Material Instances

▌ 작은 물체에 텍스처링하기

이번 실습에서는 머티리얼에서 텍스처를 적절히 다루는 방법을 살펴볼 것이다. 여기서는 '적절히'라는 단어가 핵심 요소다. 이미 이미지를 다뤄 봤지만, 에디터에서 이미지를 조절해본 적도 머티리얼을 좀 더 멋지게 보이도록 이미지를 사용하는 기법도 살펴본 적도 없었다. 이제 때가 됐다. 이번 실습에서 살펴볼 것이다.

준비하기

지금까지 '준비하기' 절을 읽어봤다면 이제 무슨 이야기를 하려고 하는지 이미 알고 있을 거라 확신한다. 그래서 똑같은 이야기를 하기 전에 "신사 숙녀 여러분, 여기서 다시 뵙게 돼 반가워요"라고 말하려 한다. 농담은 이쯤 하고 제공하는 언리얼 엔진 4 프로젝트에서 해당 맵 파일을 열려면 다음 폴더에서 찾아보라. Content/UE4ShadersAndEffects/Maps/Chapter03/03_03_TexturedMaterial_Start

책에서 제공하거나 시작용 콘텐츠에 들어가 있는 에셋을 사용할 것이다. 그러니 아직 시작용 콘텐츠를 포함시키지 않았다면 꼭 포함시키자. 만약 직접 만든 프로젝트에서 따라 해보고 싶다면, 작은 3D 모델과 몇 가지 텍스처가 필요하다. 이번 실습에서 나무 이미지를 사용하려고 하는데 살펴보고자 하는 원리는 텍스처의 종류와 관계없이 잘 작동한다. 그래서 취향에 맞는 어떤 텍스처를 사용해도 된다. 다음 절로 넘어가자.

예제 구현

지금까지 장난감 탱크 머티리얼에서 간단한 색상만 사용해왔다. 원하는 표면의 질감에 따라 괜찮게 보이긴 했지만 이번엔 사실적인 텍스처를 사용해보려 한다. 평소처럼 시작용 콘텐츠에 들어 있거나 책에서 제공하는 에셋을 사용할 것이다. 시작해보자.

1. 3장의 첫 번째 실습에서 만들었던 M_ToyTank 머티리얼을 복제하자. 굳이 바퀴를 다시 발명할 필요가 없는 것처럼 이렇게 하는 것이 이미 작동하는 시스템을 확장하는 일이라 유용할 것이다. 모든 것이 마스크에 따라 분리가 돼 있고 잘 정리돼 있어서 빠르게 작업할 수 있다. 복제한 새 에셋의 이름을 입력하자. M_ToyTank_Textured로 입력했다.

2. 새로 만든 에셋을 더블클릭해서 머티리얼 에디터를 열자. Base Color 주석에서 찾을 수 있는 Constant3Vector 노드를 삭제하자.

3. 새로운 Texture Sample 노드를 생성해 T_Wood_Pine_D라는 텍스처를 할당하자. 1단계에서 지웠던 Constant3Vector 노드의 출력이 연결돼 있었던 Lerp 노드의 B 핀에 Texture Sample 노드의 출력을 연결하자. Constant3Vector 노드는 탱크 차체의 질감을 표현하려고 사용했다.

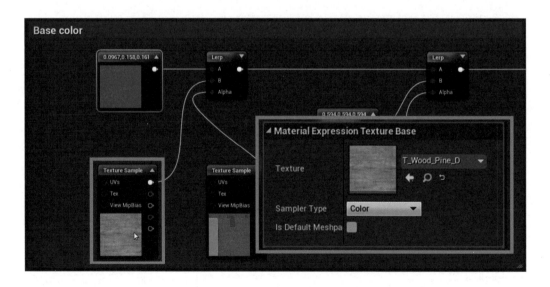

추가적으로 텍스처에 두 가지 작업을 할 수 있다. 첫 번째, 나무 프레임을 서로 좀 더 가깝게 하려고 타일링을 조절할 수 있다. 두 번째, 이미지의 현재 방향을 바꾸려고 이미지를 회전할 수도 있다. 이런 작업이 심미적인 선택이지만 꽤 자주 사용하기 때문에 방법을 알아두면 유용하다.

4. **텍스처 좌표 노드**Texture Coordinate Node를 추가하고 이를테면 UV 타일링 설정을 3으로 지정하거나 원하는 결과를 얻을 때까지 조절하자. 또한 텍스처 좌표 노드를 생성하기 위한 단축키가 U 키다. U 키를 누르고 빈 공간에 좌클릭을 하면 해당 노드가 생성된다.[1]

5. 다음으로 CustomRotator 노드를 생성하고 4번에서 만든 텍스처 좌표 노드 앞쪽에 둔다. **텍스처 좌표** 노드의 출력을 CustomRotator 노드의 UVs(V2) 핀에 연결하고 Result Values 출력 핀을 Texture Sample 노드의 UVs 핀에 연결하자. Texture Sample 노드에는 나무 텍스처가 할당돼 있다.

6. Constant 노드를 하나 생성한다. CustomRotator 노드의 Rotation Angle(0-1)(S) 핀에 Constant 노드의 출력을 연결하자. 텍스처를 90도 회전하려면 Constant 노드의 값을 0.25로 지정하자.

---

1   실제로 텍스처가 타일링이 되는 것을 보려면 텍스처 좌표 노드의 출력을 Texture Sample 노드의 UVs핀에 연결해야 한다.
    – 옮긴이

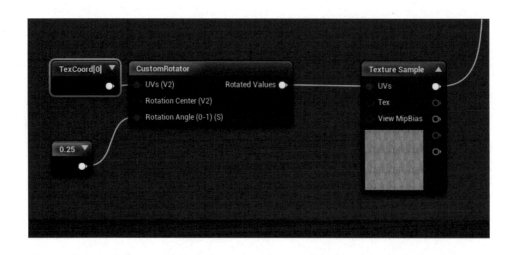

다음으로 머티리얼의 다른 부분을 약간 수정하려고 한다. 타이어와 철로 된 부분 이렇게 두 가지 마스크 요소에 초점을 맞출 것이다. 한마디로 시각적으로 좀 더 흥미롭게 보이게 만들어보고자 한다.

7. 고무 재질을 좀 더 그럴싸하게 표현하고자 Constant3Vector 노드 색상을 변경하자. 지금 푸른 계열의 색상인데 고무 재질에 근접하도록 검은색에 가깝게 바꾸자. 흰색 또한 꽤 잘 어울릴 것이다. 맘에 드는 걸로 결정하라.

8. Multiply 노드를 Constant3Vector 노드 바로 앞에 생성하자. Constant3Vector 노드의 출력을 Multiply 노드의 A 핀에 연결하자. 새로운 상수 노드를 생성하지 말고 Multiply의 **디테일** 탭에서 B 핀을 0.5로 지정하자.

9. Lerp 노드를 만들고 A 핀에 8단계의 Constant3Vector 노드의 출력을 연결하고 B 핀에 8단계의 Multiply 노드의 출력을 연결하자. AlphA 핀에 연결할 값은 다음

단계에서 지정할 것이다.

10. **Texture Sample** 노드를 생성하자. 텍스처 슬롯에 T_Smoked_Tiled_D 텍스처를 지정하자.

11. 방금 만든 **Texture Sample** 노드에 텍스처 좌표 노드를 만들어서 연결하자. UV 타일링 속성을 기본값 1보다 크게 설정하자. 3으로 했다. 결과는 눈으로 확인이 가능할 것이다. 나중에 UV 타일링을 자세히 알아볼 것이다.

12. 10단계에서 만든 **Texture Sample** 노드의 출력에서 드래그해서 **Cheap Contrast** 노드를 생성하자.

13. **Constant** 노드를 하나 만들어서 **Cheap Contrast** 노드에 연결하자. 이 노드는 텍스처의 흑백 영역 사이에 대비를 증가시킨다. 그래서 최종 효과가 좀 더 명확하게 보이도록 해준다.

14. **Cheap Contrast** 노드의 결과를 9단계에서 만들었던 새로운 **Lerp** 노드의 AlphA 핀에 연결하자. 이 **Lerp** 노드의 출력을 마스크 텍스처로 조절하는 본래 그래프에 있던 **Lerp** 노드의 A 핀에 연결하자. 그러면 그래프가 다음 그림처럼 보일 것이다.

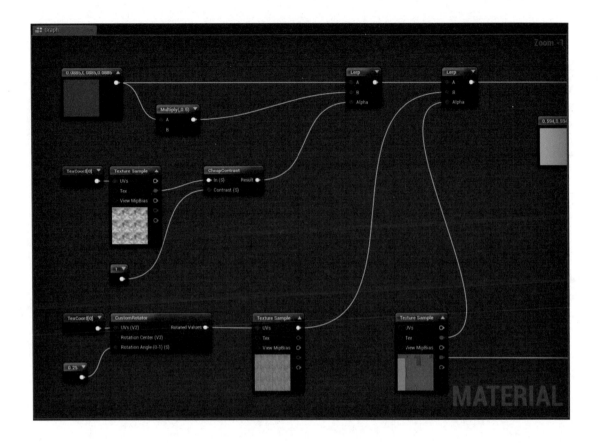

스모크 텍스처를 마스크로 사용하는 덕분에 원본 색상을 약간 변경할 수 있었다. 이 방법을 다시 사용하는 실습이 나중에 나온다. 또 이 방법은 단조롭게 반복돼 보이지 않는 머티리얼을 만들 때 꽤 유용하다.

 TIP 머티리얼 에디터의 뷰포트에 주전자 모양 아이콘을 클릭한 다음 콘텐츠 브라우저에서 메시를 선택하면 뷰포트에서 미리보기 메시로 사용할 수 있다. 이 기능은 머티리얼 에디터와 메인 뷰포트 사이에 전환하는 것을 줄여준다. 따라서 변경 사항을 미리보기할 때 매우 유용하다.

마지막으로 고무 재질에 했던 작업과 비슷한 방법으로 탱크의 강철 부분에도 추가적인 변경을 해보자. 그러려면 머티리얼 그래프의 러프니스 주석 부분으로 가보자.

15. Texture Sample 노드를 생성하고 T_MacroVariation 텍스처를 할당하자. 노드의 출력을 이제 새로 만들 Lerp 노드의 Alpha 입력에 연결할 것이다.

16. 두 개의 Constant 노드를 추가하고 서로 다른 값을 설정하자. 값을 선택할 때 새 Lerp 강철 부분의 **러프니스**에 영향을 주려고 한다는 것을 염두하자.

17. Lerp 노드를 추가하고 16단계에서 만든 두 Constant 노드를 A, B 입력 핀에 연결하자. 15번에서 만든 Texture Sample 노드의 R 채널을 잊지 말고 Alpha에 연결하자.

> ℹ️ Lerp 노드의 Alpha 핀에 왜 R 채널을 연결했을까? Texture Sample 노드의 RGB 출력이 색상 텍스처를 제공해주는 것과 반대로 개별 채널은 그레이스케일 이미지를 제공한다.

18. 끝으로, 위의 3단계 동안 만든 노드 그래프로 이전에 강철 부분을 표현하려고 **러프니스**를 조절했던 초기 Constant 노드를 대체하라. 그러면 그래프가 다음 그림처럼 보일 것이다.

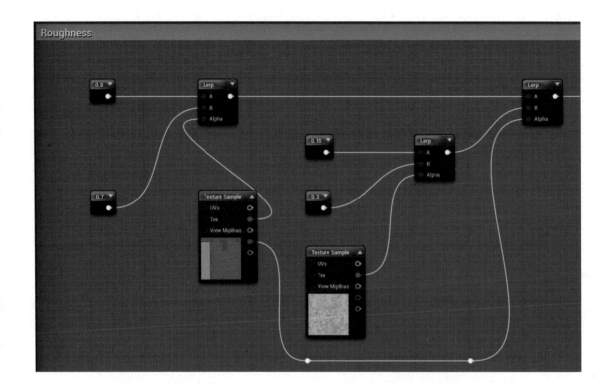

여기까지 따라 했다면 자, 이제… 가 아니라 이렇게 실습이 끝났다. 이번 실습을 통해 변경한 모든 사항으로 인해 새롭게 만든 머티리얼이 이전에 만든 머티리얼보다 훨씬 근사하고 사실적으로 보인다. 게다가 모든 작업이 언리얼 엔진 4에서 실무용 머티리얼의 기본적인 설정의 기초가 된다. 산술 연산으로 텍스처를 혼합하는 것, 여러 마스크에 따라서 노드를 섞는 것 그리고 특정 효과를 만들고자 여러 에셋을 이용하는 것이 많은 아티스트가 언리얼 엔진으로 작업할 때 직면하는 일상적인 업무다. 그리고 이 책을 읽고 있는 개발자도 이제 작업 방법을 안다. 계속 진행하기 전에 결과물을 확인하자.

예제 분석

지금이 UV 맵을 정확하게 펼쳐 놓는 것이 얼마나 중요한지 이야기할 시점인 것 같다. 한 머티리얼에서 영역마다 다른 재질을 표현할 때 마스크맵을 사용한다. 마스크맵을 할당한 Texture Sample 노드부터 나머지 모든 Texture Sample 노드가 UV 맵을 필요로 한다. UV 맵이 모델의 표면에 따라 적용되는 질감을 대응시켜준다. UV 맵이 3D 모델링 과정의 한 부분이지만, 그렇게 충분한 주목을 못 받고 있다고 생각한다.

3D 모델을 만들 수 있는 많은 컴퓨터 프로그램이 있다는 것도 어느 정도 이유가 되는 것 같다. Max, Maya, C4D, Blender와 같은 몇몇 프로그램은 UV 편집 기능을 제공한다. 그리고 이 프로그램들은 가장 3D 지향적이다. 하지만 몇몇 유용한 3D 모델링 프로그램은 UV 편집 기능을 제공하지 않는다. 편집되지 않은 UV 맵을 사용하는 것은 언리얼에서 할 수 있는 것을 제한적으로 만든다. 만약 이렇다면 모델을 UV 맵을 생성하고 편집할 수 있는 프로그램으로 옮기고 싶을 것이다. 그럴 때 Blender가 고려해볼 만한 프로그램일 것이다. Blender는 UV 맵 생성, 편집 외에도 다른 많은 작업이 가능하다. 요점은 UV 맵이 언리얼에서 꽤 중요하다는 것이다. 이 점을 확실히 기억하자. 다음 절로 넘어가자.

추가 정보

이번 실습에서 만들어본 머티리얼은 특별히 복잡한 것은 아니었다. Lerp 노드 때문에 단순한 산술 연산과 두 개의 Texture Sample 노드만 추가해서 최종 셰이더로 표현하고자 하는 바를 조절했다. 모바일 플랫폼에서 작업할 때 생기는 특정 제한들을 지금 당장 소개하진 않는다. 하지만 기회를 넘기고 싶지는 않다. 아직 어떤 문제도 직면하지 않았지만 실제 문제를 겪었을 때보다 지금 관련 내용을 이야기하는 것이 낫다고 본다.

첫 번째, 모바일 플랫폼의 텍스처를 이야기하자면 해당 에셋의 최대 크기가 2K, 2048×2048로 제한된다. 또 다른 사소한 제한은 이미지의 변의 길이가 2의 승수이거나 크기가 정방형이어야 한다. 이를테면 64×64처럼 말이다. 그렇지만 적어도 첫 번째 조건이 변의 길이가 2의 승수인 요구 사항은 만족을 해야 한다. 그래서 512×64와 같은 형태도 가능하다.[2]

그와 별개로, 시작부터 확실히 해 두고 싶은 사항이 있다. Compression 속성을 Default나 Normal Map 옵션으로 설정하는 것을 추천한다는 것이다. 이렇게 하면 메모리 사용량을 줄일 수 있다. 메모리 사용량을 줄이려면 개발자의 프로젝트에서 요구하는 메모리 사용량을 낮게 유지해야 한다. 가능한 적은 수의 텍스처를 사용하는 것이 도움이 된다. 그리고 특정 시점에서 필요한 텍스처의 수도 적을수록 좋다.

 이제 이 주제를 좀 더 알게 됐으니 뒤로 돌아가 전에 만든 머티리얼의 여러 부분을 변경해 스스로 테스트해보라. 사용했던 텍스처를 변경하는 것, 회전 값을 변경해보는 것 또는 러프니스와 Metallic 입력을 변경해보면서 기술적 부분에서 좀 더 확신을 갖도록 하자. 꼭 직접 해보길 바란다.

---

2   안드로이드에서는 변의 길이가 2의 승수를 만족하면 되지만, iOS에서는 무조건 크기가 정방형이어야 한다. – 옮긴이

읽을거리

언리얼 엔진에서 텍스처 사용에 관한 에픽 게임즈의 공식 문서 링크는 다음과 같다.

- https://docs.unrealengine.com/ko/Engine/Content/Types/Textures

이 문서에서 엔진의 여러 에셋을 살펴볼 기회를 제공한다. 추가적으로 여러 이미지들을 임포팅하는 방법의 가이드라인, 최적의 용례, 노멀 맵과 같은 좀 더 복잡한 텍스처를 만드는 방법을 제시한다. 주저하지 말고 확인해보자.

▌ 프레넬과 디테일 텍스처를 이용한 플라스틱 질감의 천 표현하기

이전 실습에서 텍스처 사용 범위를 넓혀 갔다. 그리고 Cheap Contrast나 Custom Rotator 노드와 같은 유용한 특정 노드들을 이야기할 기회도 가졌다. Cheap Contrast 나 CustomRotator와 유사한 다양한 노드들이 언리얼에 존재한다. 여러 이유 때문에 그러한 노드가 필요하다. 어떤 때는 모델의 외견을 향상시키기 위해서나 효율적인 방법으로 특정 효과들을 생성하려면 필요하다. 어떤 때라도 그 노드들을 배워 두면 질감 표현을 확실히 향상시킬 수 있을 것이다.

이번 실습에서 여러 유용한 노드 가운데 몇몇을 살펴보고자 한다. 이 노드가 없다면 벨벳 질감을 표현하는 것이 매우 힘들 것이다. 이제 알아보자.

준비하기

사용할 레벨은 2장, '포스트 프로세스 이펙트'의 실습에서 사용했던 레벨과 유사하다. 하지만 이번 실습에서 추가된 새로운 요소에 집중해야 한다. 맵 파일의 이름은 03_04_ AdvancedTechniques_Start다. 이 파일을 Content/UE4ShadersAndeEffects/Maps/ Chapter03/ 폴더에서 찾을 수 있다.

벨벳처럼 보이는 재질을 만들 것이다. 만약 원한다면 직접 만든 3D 모델을 사용해도 된다. 필요한 것은 사용할 에셋이 적절한 UV 맵만 갖고 있으면 된다. 이번 실습에서 사용할 모든 에셋들이 시작용 콘텐츠에 포함돼 있다. 책에서 제공하는 언리얼 프로젝트에 포함돼 있는 텍스처 하나를 제외하면 말이다.

예제 구현

다음 그림은 이번 실습에서 작업할 하이라이트를 보여준다.

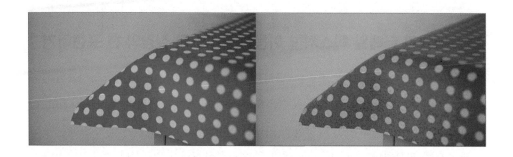

단순한 머티리얼에서 시작해서 최종적으로 그럴듯해 보이는 머티리얼로 발전해 나갈 것이다. 이런 것들이 개발자가 특별히 노력하지 않아도 언리얼이 제공하는 몇몇 머티리얼 노드 덕분에 가능하다. 우선, 03_04_AdvancedTechniques_Start 맵 파일을 연다. 다음 M_TableCloth_Start라는 이름을 가진 테이블보에 적용돼 있는 머티리얼을 연다. 이 머티리얼에서 작업할 것이다. 열어보면 알겠지만 Texture Sample 노드가 하나 있고 타일링을 조절하려고 하나의 Texture Coordinate 노드가 UVs 핀에 연결돼 있다.

1. Constant3Vector 상수를 생성하고 Texture Sample 노드에 적용된 텍스처에서 보이는 부드러운 빨간색을 지정하자. R, G, B에 각각 0.90, 0.44, 0.44를 설정했다. 나중에 효과를 조절할 때 이 노드를 사용할 것이다.

2. 기존에 있던 Texture Sample 노드와 Constant3Vector 노드 앞쪽에 새 Lerp 노

드를 추가한다. 다음 Texture Sample 노드와 Constant3Vector 노드를 각각 A, B 핀에 연결한다.

3. 새로운 노드를 도입할 차례다. 머티리얼 그래프의 빈 공간에서 우클릭을 해서 Fresnel이라고 입력하고 그 노드를 생성하자.

4. Fresnel 노드의 출력을 2단계에서 만든 Lerp 노드의 Alpha 핀에 연결하자. 여기 까지 따라 했다면 다음 그림처럼 보일 것이다.

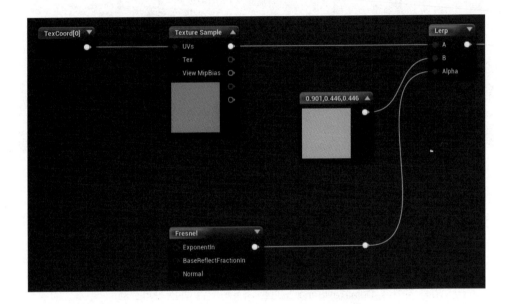

Fresnel 노드는 카메라에서 주어진 픽셀을 바라보는 각도에 따라 픽셀 값을 변 경한다. 바라보고 있는 표면의 노멀이 바로 카메라를 향하고 있을 때, 값은 0이 된다. 반면, 카메라가 바라보는 방향과 표면의 노멀이 수직일 때 값은 1이 된다. 이런 특성은 노드가 포함된 머티리얼이 적용된 표면과 카메라 위치에 따라 변하 는 흑백의 그레이디언트를 생성한다. 여러 상황에서 이 결과를 유용하게 사용할 수 있다. 이번 실습에서 옷감 재질을 표현하고자 한다. 그리고 벨벳 표면에서 빛 이 산란되는 것을 모방하기 위해 Fresnel 노드를 사용할 것이다. 카메라를 정면으로 바라보고 있는 픽셀과 다른 방향을 바라보는 픽셀이 약간 다르게 보일 것이기 때문이다.

5. Fresnel 노드를 선택하고 **디테일** 탭으로 가자. Exponent 설정을 기본값보다 낮게 설정하자. 그렇게 하면 효과가 좀 더 잘 보일 것이다. 2.5로 설정했다. 다음 그림이 설정에 따른 변화를 보여준다.

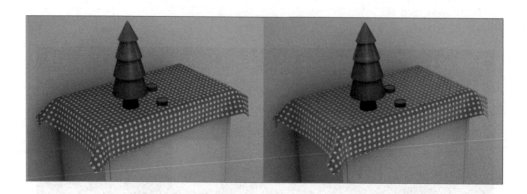

다음으로 또 다른 새로운 노드를 사용해볼 것이다. Detail Texturing이라는 노드다. 머티리얼의 질감을 향상시킬 수 있도록 두 가지 다른 텍스처를 사용할 수 있게 해주는 노드다. 큰 사이즈의 텍스처를 사용하지 않고도 매우 정밀한 모델을 생성할 수 있게 해줘 매우 유용하다. 물론 언급한 이유 외에도 유용한 때가 있을 것이다. DetailTexturing 노드를 사용하는 방법을 살펴보자.

6. 머티리얼 그래프의 빈 곳에서 우클릭을 하고 DetailTexturing을 입력한 다음 엔터 키를 누르자. 새 노드가 보이며, 이 노드를 사용할 것이다.

7. DetailTexturing 노드를 사용하려면 세 개의 Constant 노드와 두 개의 **Texture Sample** 노드를 만들어야 한다.

8. 생성한 세 개의 Constant 노드를 각각 scale, diffuse intensity, normal intensity 입력 핀에 연결하자. 값은 나중에 설정할 것이다.

9. 생성한 두 개의 Texture Sample에 각각 T_ground_Moss_D와 T_ground_ Moss_N 텍스처를 할당하자. 두 텍스처는 시작용 콘텐츠에 포함돼 있어 바로 사용할 수 있다.

DetailTexturing 노드를 사용할 때 약간 이상한 점이 있다. 그래서 이전 단계에서 만들었던 두 개의 Texture Sample 노드를 Texture Object라고 알려진 노드로 변환해야 한다.

10. 만든 Texture Sample 노드 위에서 우클릭을 하자. 메뉴에서 **텍스처 오브젝트로 전환**Convert To Texture Object을 선택하자.

11. Scale 핀에 연결된 첫 번째 Constant 노드의 값을 20으로 설정하고 나머지 둘은 1로 설정하자.

12. DetailTexturing 노드의 Diffuse 출력 핀을 메인 머티리얼 노드의 **베이스**에, Normal 출력 핀은 메인 머티리얼 노드의 Normal에 연결하자.

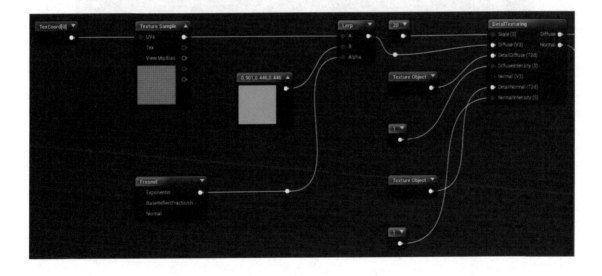

여기까지 했다면 완성까지 머지않았다. 마지막으로 러프니스만 조절하면 끝이다. 하지만 이번에는 **러프니스**를 조절하려고 Fresnel 노드를 사용한다. 카메라

와 마주 보는 부분이 카메라와 수직이 부분보다 덜 선명하게 반사하도록 하려고
한다. 방법을 알아보자.

13. 두 개의 Constant 노드를 만들고 서로 다른 값을 지정하자. 각각 0.65와 0.35를
    지정했다. 바로 바라보는 표면은 좀 더 거칠고 그렇지 않은 영역은 덜 거칠도록
    말이다.

14. Lerp 노드를 추가하고 13단계에서 만든 두 Constant 노드를 각각 A와 B 핀에 연
    결하자. 좀 더 큰 값을 가진 노드(0.65)가 A로 연결되게 하자.

15. 기존 Fresnel 노드의 출력 핀에서 또 다른 핀을 드래그해서 새로 만든 Lerp 노드
    의 Alpha에 연결하자. 13단계부터 여기까지 만들어진 그래프는 다음 그림처럼
    보일 것이다.

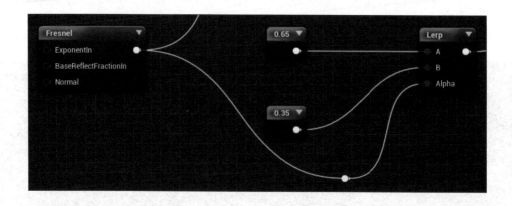

마지막으로 **적용**과 **저장** 버튼을 누르고 메인 뷰포트에서 모델에 이 머티리얼을 할당하면
끝이다. 다음 그림은 작업을 끝냈을 때 메인 뷰포트에서 볼 수 있는 화면이다. 처음 상태
와도 비교해보라.

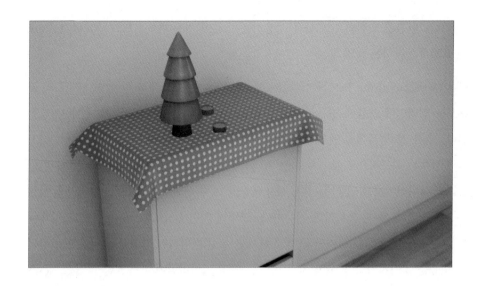

다음 절로 넘어가자.

예제 분석

시간을 약간 내서 Fresnel 노드가 작동하는 방식을 다시 살펴보자. 처음 설명은 약간 두리뭉실했다. 이미 언급한 바와 같이 프레넬Fresnel 효과는 바라보고 있는 위치의 노멀에 따라서 각 픽셀에 다른 값을 제공하는 것으로 구성된다. 하지만 아직 살펴보지 않은 특정 속성이 존재한다. 3개의 속성이 Fresnel 노드에 존재한다. 바로 ExponentIn, BaseReflectFrictionIn, Normal이다. 첫 번째 속성은 효과의 감쇄 정도를 조절한다. 이 값이 높으면 카메라의 수직인 표면에서만 효과가 보인다. 두 번째 속성은 면밀히 보자면 표면을 정면으로 바라볼 때 반사광Specular이 얼마나 반사되게 할지를 지정한다. Normal 속성은 각 픽셀의 노멀을 변경할 수 있게 해준다.

DetailTexturing 노드는 이번 실습에서 살펴본 것처럼 익숙해지면 편리하다. 하지만 사용하기 매우 쉽더라도 동시에 두 개의 텍스처 또는 에셋을 혼합해서 사용할 이유가 없을 수도 있다. 언리얼의 거의 모든 기능과 마찬가지로, 이제 곧 살펴보겠지만 이 기능은 논리적으로 연결된 일련의 노드들을 사용하는 덕분에 가능하다. 그래서 DetailTexturing 은 어떻게 동작하는 것인가?

답은 DetailTexturing 노드를 더블클릭해보면 나온다. 그렇게 하면 엔진 콘텐츠의 한 부분으로 언리얼에 포함돼 있는 DetailTexturing이라고 부르는 머티리얼 함수가 열릴 것이다. '추가 정보' 절에서 엔진 콘텐츠에 대한 좀 더 자세한 이야기를 할 것이다. 이 머티리얼 함수는 최종적으로 보고자 하는 효과를 만드는 데 기여하는 많은 노드를 포함한다. 그리고 에디터에서 확인 가능하다. 사용된 노드가 다 일반적인 노드이기 때문에, 직접 만든 머티리얼에 복사, 붙이기가 가능하다. 그렇게 하면 DetailTexturing 노드 자체를 사용할 필요가 없어진다. 하지만 그렇게 해보면 우선 머티리얼 함수들을 사용하는 것이 좋은 이유를 부각시켜준다. 머티리얼 함수는 여러 머티리얼에서 동일한 로직을 재사용할 수 있게 해준다. 또한 그래프를 좀 더 관리하기 편하게 해준다.

추가 정보

DetailTexturing 노드뿐만 아니라 매우 많은 함수와 에셋이 엔진 콘텐츠에 포함돼 제공되고 있다. 엔진 콘텐츠에 접근하는 것은 복잡하며 정확한 작동 방법을 모르면 사용하지 않는 것이 더 낫다. 하지만 이번 실습처럼 엔진 콘텐츠에서 배울 수 있는 많은 예제를 찾을 수 있다. 추가적으로 특정 텍스처나 모델과 같은 어떤 에셋은 엔진 콘텐츠이지만 숨겨져 있다. 그래서 접근하는 방법을 아는 것은 유용하다. 만약 접근하고 싶다면, 콘텐츠 브라우저의 오른쪽 아래 코너에 배치된 **뷰 옵션**^{View Options} 아이콘을 찾아서 클릭하자. 그러면 다음 그림처럼 문맥 메뉴가 나오는데, 거기서 **엔진 콘텐츠 표시**^{Show Engine Content}의 체크박스에 체크하자.

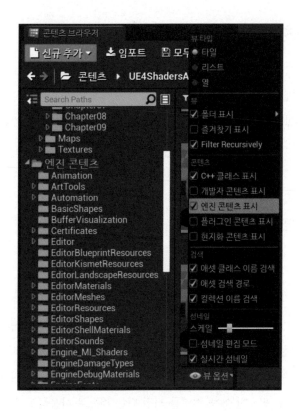

그러면 끝이다.

읽을거리

에픽의 공식 문서에서 Fresnel과 DetailTexturing 노드에 관한 좀 더 많은 문서를 찾을 수 있다.

- https://docs.unrealengine.com/ko/Engine/Rendering/Materials/HowTo/Fresnel
- https://docs.unrealengine.com/ko/Engine/Rendering/Materials/HowTo/DetailTexturing

▌ 반자동 절차적 머티리얼 생성하기

지금까지 상대적으로 작은 3D 모델에 적용한 머티리얼 예제를 다뤘다. 그래서 하나의 텍스처나 단일 색상만으로도 충분히 모델이 괜찮게 보이게 만들 수 있었다. 하지만 실제 프로젝트에서 조우할 여러 사례 가운데 한 가지일 뿐이다. 때때로 무척 커다란 메시를 다뤄야 하는 일과 같은 다른 상황에 직면할 수 있다. 그럴 때 텍스처를 다루는 것이 지금까지 살펴봤던 것처럼 단순하지만은 않다. 그러한 상황에서, 창의적으로 생각하고 에셋을 사실적으로 셰이딩하기 위한 방법을 찾아야 한다. 감사하게도 언리얼이 매우 강력한 머티리얼 에디터와 이런 문제를 해결하기 위한 여러 방법을 제공한다. 이제 알아보자.

준비하기

이제 3D 모델에 반자동 절차적 텍스처를 적용하려고 여러 다른 에셋을 사용할 것이다. 하지만 필요한 모든 리소스가 언리얼 엔진 4에 기본적으로 포함돼 있다. 그러니 내가 사용한 동일한 텍스처와 모델을 사용해 실습해보고자 한다면 확실히 시작용 콘텐츠가 포함돼 있는지 확인하라. 필요한 에셋 전부를 직접 만든 것으로 사용하고 싶다면 걱정하지 않아도 된다. 이제 인터넷에서 구할 수 있는 매우 단순한 에셋으로도 실습이 가능하니 말이다.

평소처럼 책에서 제공하는 언리얼 프로젝트에서 03_04_SemiProceduralMaterial_Start 라는 맵 파일을 열자. 이 맵 파일은 Content/UE4ShadersAndEffects/Maps/Chapter03 폴더에서 찾을 수 있다.

다음 절로 넘어가자.

예제 구현

03_04_SemiProceduralMaterial_Start 맵 파일을 여는 것으로 이번 실습을 시작하자.

매우 큰 규모의 표면에서 작업할 때 해결해야 할 문제들을 살펴보자. 보는 바와 같이 레벨에 카메라 두 대를 배치했다. 그 덕분에 해결해야 할 문제가 무엇인지 좀 더 잘 이해할 수 있을 것이다. 기하학 자체는 매우 단순하다. 단지 하나의 평면이 있을 뿐이다. 하지만 문제를 확인하는 데 이로써 충분하다. 각 카메라를 통해 레벨을 살펴보자.

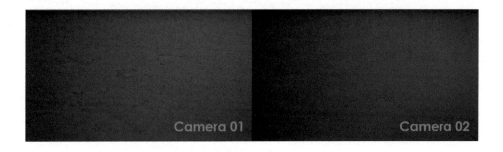

위의 그림을 보면 확인할 수 있듯이 첫 번째 이미지는 실제로 콘크리트 바닥이 콘크리트 바닥처럼 보이므로 꽤 괜찮다. 하지만 카메라가 바닥에서 점차 멀어질수록 상황은 엉망이 되기 시작한다. 인지하기 힘들 정도일 때조차 표면을 가로질러 텍스처가 반복되는 것이 보이기 시작한다. 그래서 전체적인 분위기가 전혀 흥미롭지 않다. 바로 이번 실습에서 문제를 해결해보고자 한다. 카메라 거리와 상관없이 괜찮게 보이는 머티리얼을 만들 것이다. 반자동 절차적 머티리얼 생성 기법을 사용해 이런 머티리얼을 만들 수 있다. 바로 살펴보자.

1. 평면에 적용된 머티리얼을 열자. 이름은 M_SemiProceduralConcrete_Start 이다. 그러면 타일링을 조절하는 **Texture Coordinate**와 연결된 Texture Sample 노드(T_Concrete_Poured_D 텍스처가 할당됨)만 단출하게 있는 단순한 그래프를 볼 수 있다. 그래프에서 시작한다.

2. Texture Sample 노드를 하나 추가하자. 그리고 **시작용 콘텐츠**에 들어 있는 T_Rock_Marble_Polished_D 텍스처를 할당하자. 두 텍스처 T_Concrete_Poured _D와 T_Rock_Marble_Polishcd_D를 마스크로 사용할 세 번째 텍스처를 이용

해서 혼합하려고 한다.

3. Texture Coordinate 노드를 하나 생성하고 **디테일** 탭에서 UTiling과 VTiling 속성을 모두 20으로 설정하라. 그리고 출력 핀을 위의 두 Texture Sample 노드의 UVs 입력 핀에 연결하라.

다음으로 Lerp 노드를 생성할 것이다. 이 노드는 처음 두 이미지를 혼합해서 패턴이 보이지 않게 하는 데 사용할 예정이다. 하지만 두 에셋을 혼합하려고 한다면 마스크로 사용할 그레이스케일 이미지가 필요하다. 내가 이미 사용할 이미지 하나를 정했지만 현재 상태로는 완전히 동작하지 않는다. 다음 그림을 확인해보자.

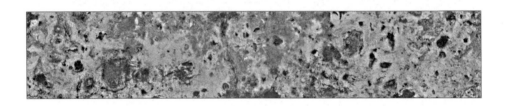

위 그림을 보면 알겠지만 이미지가 흑백이 아니라 회색과 흰색에 가깝다. 물론 이 이미지도 두 텍스처들을 혼합하는 데 문제가 없지만(결국 Lerp 노드의 Alpha는 0에서 1 사이 값이면 가능하다), 때때로 이미지 안에 완전 흰색 또는 검은색 영역이 있기를 원할 수 있다. 그렇다면 마스크는 검은색 부분은 Lerp 노드의 A 핀으로 입력된 값을 보여주고 흰색 부분은 B 핀으로 입력된 값을 보여준다. 그리고 회색 영역은 두 입력을 혼합해서 보여준다. 이것이 이상적인 시나리오다. 두 개의 텍스처를 갖고 있고 특정 영역에서 그 둘이 자연스럽게 섞이길 원하는 상황이기 때문이다. 원하는 결과를 얻으려면 마스크로 사용할 이미지의 대비를 증가시킬 필요가 있다.

4. 새로운 Texture Sample 노드를 생성하고 T_MacroVariation 텍스처를 할당하자.

5. 4단계에서 만든 Texture Sample 노드 앞에 Cheap Contrast 노드를 생성하고 T_MacroVariation 텍스처가 할당돼 있는 Texture Sample 노드의 출력을 입력에 연결하자.

6. Constant 노드를 추가하고 Cheap Contrast 노드의 상수 입력 핀에 연결하자. Constant 노드에 값을 0.5로 지정하자. 그러면 위에서 이야기했던 결과를 얻을 수 있다.

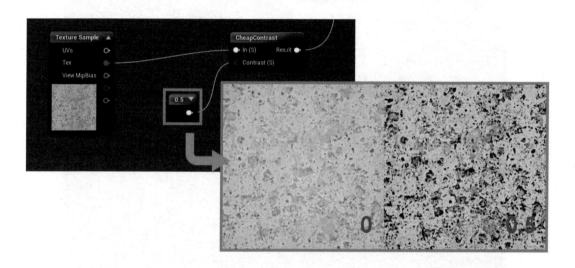

> ℹ️ 만약 특정 노드가 머티리얼 그래프에 어떤 영향을 주는지 미리 확인하고 싶다면 확인하고 싶은 노드에서 우클릭해서 노드 미리보기 시작(Start Previewing Node) 메뉴를 선택하면 확인할 수 있다.

7. Lerp 노드를 생성하자. 전 단계에서 만든 마스크에 따라서 두 Texture Sample
    노드들을 혼합하는 데 Lerp 노드를 사용할 것이다.

8. T_Rock_Marble_Polished_D와 T_Conrete_Poured_D 텍스처를 담고 있는
    Texture Sample 노드의 출력을 각각 Lerp 노드의 A, B 핀에 연결하자. 그리고
    Cheap Contrast 노드의 출력을 Alpha 핀에 연결하라. 여기까지 했다면 그래프
    가 다음 그림처럼 보일 것이다.

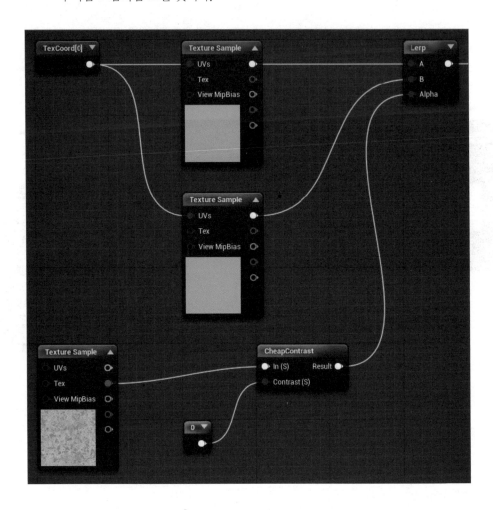

앞선 단계까지 구성한 그래프를 통해 머티리얼에 다양성과 무작위성을 추가했다. 하지만 아직도 향상시킬 여지가 남아 있다. 한 발짝 더 깊숙이 들어가 머티리얼을 향상시켜보자. 이제 세 번째 텍스처를 추가하려고 한다. 세 번째 텍스처가 셰이더에 반복 패턴이 좀 더 보이지 않게 도와줄 것이다. 또한 언리얼에서 이미지를 조정하는 방법을 알게 될 것이다.

9. Texture Coordinate와 Texture Sample 노드의 조합 한 쌍을 만든다. Texture Sample 노드에 T_Rock_Sandstone_D 에셋을 할당하고 Texture Coordinate 노드의 UTiling, VTiling 속성에 모두 값 15를 지정하자.

10. 이전 Texture Sample 노드 앞에 Desaturation 노드와 Constant 노드를 추가하자. Constant 노드에 0.95 값을 설정하고 Desaturation 노드의 Fraction 입력 핀에 연결하자.

11. 9단계에서 만든 Texture Sample 노드의 출력을 Desaturation 노드의 메인 입력 핀에 연결하자.

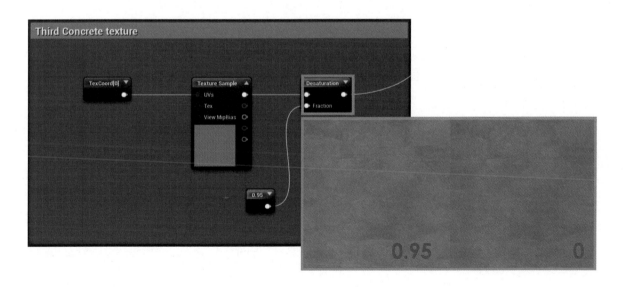

여기까지 진행했으면 전에 콘크리트 재질로 사용하려고 만든 것과 꽤 비슷한 텍스처를 얻게 된다. 너무 동떨어져 보이지 않게 이 텍스처를 나머지 부분과 혼합할 수 있다.

12. 새 Texture Sample 노드를 만들어 T_MacroVariation 에셋을 할당하자.

13. UTiling, VTiling을 2로 설정한 Texture Coordinate 노드를 추가하자.

14. CustomRotator 노드를 추가하자. 13단계에서 만든 Texture Coordinate 노드를 여기에 연결하자.

15. Constant 노드를 만들고 CustomRotator의 Rotation Angle 입력 핀에 연결하자. Constant 노드에 값 0.167을 지정하자. 이 값은 60도 회전을 의미한다.

> **ⓘ** 왜 0.167값이 60도 회전을 뜻하는지 궁금한가? 앞선 실습에서 CustomRotator 노드가 0에서 360도를 0에서 1로 대응시킨다는 것을 살펴봤다. 그래서 0.167이 대략 60도, 정확히 60.12도가 된다.

16. CustomRotator 출력을 Texture Sample의 입력에 연결하자.

17. 새 Lerp 노드를 만들고 위에서 만든 Texture Sample 노드를 Alpha 입력 핀에 연결하자.

18. A 핀에는 원본 Lerp 노드의 출력을 연결하고, B 핀에는 세 번째 콘크리트 텍스처를 연결하자. 이제 이 머티리얼에 무작위적인 다양성을 추가하는 작업이 끝났다.

만약 마지막 그래프가 어떤 형태인지 궁금하다면 M_SemiProceduralConcrete_End 머티리얼을 꼭 확인하라. 최종 결과는 다음 그림처럼 보일 것이다.

위의 그림을 보면 알겠지만 최종 셰이더가 카메라로부터 거리와 상관없이 괜찮아 보인다. 이것은 이번 실습에서 사용했던 기법으로 인해 가능하다. 사용한 기법은 3D 모델을 가로질러 나타나는 반복 패턴을 현저히 줄여주는 데 도움을 준다. 꽤 쓸모 있는 기법이니 확실히 알아두자.

예제 분석

이 기법의 숨은 원리는 매우 단순하다. 충분한 무작위성을 도입했을 뿐이다. 그래서 텍스처가 전혀 반복되고 있지 않다고 생각하도록 눈속임을 할 수 있었다. 원리 자체는 매우 단순하지만 눈을 속이는 것은 그렇게 단순한 작업은 아니다. 작업할 표면의 크기가 커질수록 아티스트에게 새로운 도전 과제가 될 것이다.

이 작업을 제대로 하려면 올바른 텍스처를 선택하는 것이 핵심이다. 그래야 서로 다른 레이어 사이를 자연스럽게 혼합할 수 있다. 이에 더해 개발자 자신의 프로젝트에서 같은 마스크를 너무 자주 사용하지 마라. 그렇게 하면 눈이 패턴을 인식하는 결과를 낳는다. 일반적으로 이 기법은 지속적으로 테스트해야만 하는 방법이다. 잊지 말자.

추가 정보

이번 실습에서 여러 흑백 그레이디언트 노이즈 텍스처를 사용해 반자동 절차적 머티리얼이라고 부를 수 있는 것을 만들었다. 하지만 베이스 컬러로 사용하는 이미지 자체가 너무 반복적 패턴을 갖고 있을 땐 한계가 있다. 다행히 언리얼에 Noise 노드를 사용하면 이러한 한계를 뛰어넘을 수 있다.

  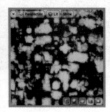 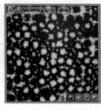 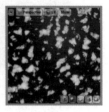

완전 자동 절차적 머티리얼을 만들고 싶다면 사용할 수 있는 노드가 바로 **Noise** 노드다. 나중에 살펴보겠지만 **Noise** 노드는 **디테일** 탭에 설정을 통해서 세밀히 조절 가능한 무작위 패턴을 만든다. 그리고 결과로 생성된 맵은 이번 실습에서 사용했던 것과 유사하다.

Noise 노드를 사용하지 않은 이유는 Noise 노드를 사용하는 것이 앱의 성능에 부담이 되기 때문이다. 그래서 종종 멋진 머티리얼을 만들려고 Noise로 생성된 결과를 텍스처로 만들어 사용하곤 한다. 다음 실습에서 이 방법을 살펴볼 것이다. 그러니 다음 실습을 꼭 확인하자.

읽을거리

다음 실습으로 넘어가기 전에 **Noise** 노드에 대한 더욱 폭넓은 이야기를 확인하고 싶다면 다음 링크를 보면 된다.

- https://www.unrealengine.com/ko/tech-blog/getting-the-most-out-of-noise-in-ue4

절차적 콘텐츠 생성을 더 배우고 싶다면 도움이 될 것이다. 꼭 살펴보길 바란다.

▌ 머티리얼을 텍스처로 굽기

때때로 머티리얼은 어떤 품질 저하도 없이 단순화할 수 있는 종류의 에셋이다. 예를 들어 이전 실습에서 만들었던 셰이더를 생각해보자. 물체와 카메라 사이에 거리와 상관없이 적용된 머티리얼을 확실히 괜찮게 보이게 하려고 많은 노드를 사용했다. 그런 방법으로 머티리얼을 만드는 것이 때때로 GPU에 큰 부하를 준다. 특히 렌더링되는 물체가 화면에서 매우 멀리 있거나 점으로 수렴해 더 이상 재질의 특성이 보이지 않을 때라면 말이다.

이런 때를 대비해 언리얼은 머티리얼을 텍스처로 구워서 이전 실습의 처음 에셋처럼 좀 더 간단한 버전으로 대체할 수 있는 기능을 제공한다. 이전 실습에서 만들었던 매우 복잡한 원본 머티리얼 그래프의 결과를 단순한 텍스처에 구워서 원본 머티리얼 그래프의 복잡도를 제거해보는 것을 해보고자 한다. 자, 그럼 시작해보자.

준비하기

이번 실습에서 사용할 레벨은 03_06_BakingMaterial_Start라는 맵 파일에 들어 있다. 다음 폴더에서 파일을 찾을 수 있다.

Content/UE4ShadersAndEffects/Maps/Chapter03

Fresnel과 DetailTexturing 노드를 사용해 벨벳 재질을 표현해봤던 실습과 동일한 레벨을 사용할 것이다. 그 레벨에 여러 에셋이 포함돼 있어서 합치거나 최적화를 해볼 여지가 많기 때문이다. 직접 만든 레벨과 에셋으로 실습하고 싶다면 다음 요소를 고려해야 한다.

- 3D 모델이 제대로 펼쳐진 UV 맵을 가지고 있어야 한다.
- 0번과 1번 UV 채널 둘 다 있어야 한다.
- 사용하는 머티리얼에 버텍스 애니메이션이나 텍스처 이동과 같은 동적인 효과가 없어야 한다.
- 단지 스태틱 메시만 가능하고 스켈레탈 메시는 지원하지 않는다.

위의 요소를 확실히 확인하자. 그럼 시작해보자.

예제 구현

이번 실습에서 머티리얼이나 텍스처를 살펴보지 않는다. 대신 블루프린트를 살펴볼 것이다. 만약 개발자가 언리얼을 사용해봤다면 블루프린트를 본 적이 있을 것이다. 블루프린트는 언리얼에서 사용하는 비주얼 스크립팅 언어다. 아티스트가 프로그래밍을 배우지 않고도 기능을 만들 수 있는 매우 편리한 방법이다. 머티리얼을 텍스처로 굽는 데 필요한 아주 간단한 블루프린트를 만들어볼 것이다. 다음을 따라 해보라.

1. **콘텐츠 브라우저** 안에서 블루프린트를 생성하자. 3장에서 사용한 모든 에셋이 들어가 있는 Content/UE4ShadersAndEffects/Assets/Chapter03/Material Baking 폴더에 BP_MaterialBaker라는 이름으로 블루프린트를 생성했다.

2. 블루프린트 말고 **렌더 타깃**^{Render Target}도 필요하다. 같은 폴더에서 우클릭을 해서 **머티리얼 & 텍스처 〉 렌더 타깃**(Material & Textures 〉 Render Target)을 선택해 렌더 타 깃 하나를 만든다. 렌더 타깃의 이름을 RT_TextureTarget으로 입력했다.

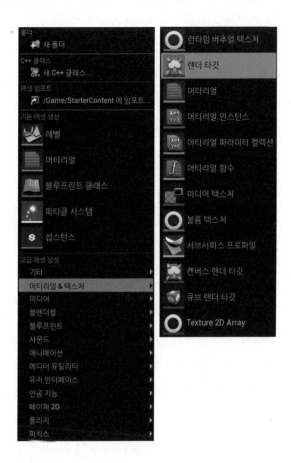

> ℹ️ 이제 처음으로 렌더 타깃을 사용해보는 것이라도 렌더 타깃은 꽤 직관적이다. 렌더 타깃을 빈 캔버스라고 생각해보자. 거기에 렌더링하고 싶은 이미지 정보를 저장할 수 있다. 텍스처 이지만 정보를 읽어오는 것이 아니라 거기에 원하는 정보를 저장한다는 점이 다르다.

3. 만든 **블루프린트**를 연다. 이벤트 그래프 안에 있는 모든 노드를 선택해서 지워라! 블루프린트 에디터를 사용해본 적이 없어서 모르겠다면 이번 실습의 '예제 분석' 절을 확인하라. 블루프린트 에디터는 매우 직관적이다.

4. **커스텀 이벤트**Custom Event를 생성하고 이름을 짓는다. OnBake로 했다. 커스텀 이벤트를 생성하려면 이벤트 그래프의 빈 공간에서 우클릭을 하고 Custom Event라고 입력하자. 그러면 그래프에 노드가 나올 것이다.

5. 커스텀 이벤트 노드의 실행 핀에서 선을 드래그해서 Draw Material To Render Target 노드를 만들자.

 TIP 핀에서 선을 드래그한 다음 마우스 왼쪽 버튼을 놓을 때마다 마치 빈 공간에서 우클릭을 한 것처럼 새로운 노드를 생성하기 위한 문맥 메뉴가 즉시 나타난다. 이렇게 하면 문맥 의존적인 노드를 만들 수 있다는 장점이 있다. 문맥 의존적이라는 의미는 선을 끌고 나온 노드와 연결 가능한 관련된 노드만 보여준다는 의미다.

6. 다시 조금 전에 만든 Draw Material to Render Target 노드의 Texture Render Target과 Material 핀에서 선을 드래그해서 Render Target과 Material 노드를 만든다. 두 노드 모두 변수로 승격Promote to Variable 메뉴를 선택해서 변수로 만들자. 그 뒤 각각 적절한 이름을 입력하자. RenderTargetTexture와 MaterialTo Render로 입력했다.

7. 변수들을 공개Public로 변경하자. **MyBlueprint** 탭의 **변수** 카테고리에 각 변수 이름 옆에 눈 모양 아이콘을 클릭하면 된다. 여기까지 했다면 그래프가 다음 페이지 오른쪽 그림처럼 보일 것이다.

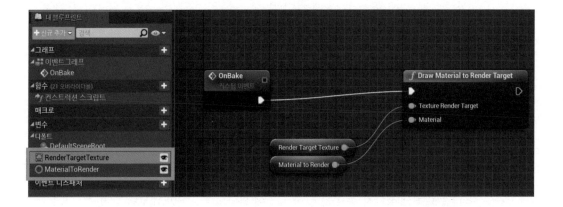

이제 **생성 스크립트**Construction Script로 넘어가자. 여기서 방금 전에 만든 커스텀 이벤트를 호출할 것이다.

8. Construction Script 노드의 핀에서 드래그를 해서 마우스 왼쪽 버튼을 놓고 OnBake 라고 입력하자. 이렇게 해서 전에 만든 기능을 호출하는 노드를 만들 수 있다.

9. **저장**과 **컴파일**을 클릭하자.

여기까지 했다면, 머티리얼을 굽기 전에 필요한 거의 모든 작업을 한 것이다. 하지만 그 전에 텍스처로 구우려고 하는 기본 머티리얼을 살짝 변경해야 한다. 그래서 다음 과정이 필요하다.

10. 텍스처로 구우려고 하는 머티리얼의 복사본을 만들자. M_TableCloth 머티리얼을 복제해서 이름을 M_TableCloth_Baking으로 입력했다.

11. M_TableCloth_Baking 머티리얼을 열어서 **Shading Model**을 Unlit으로 변경
하자.

 M_TableCloth_Baking 머티리얼을 열어보면 Fresnel 노드와 연결된 특정 부분이 제거됐음을 알 수 있다. 스크린 공간 이펙트나 동적 노드들은 텍스처로 구울 수 없기 때문이다. 이점을 유의하자.

다음 단계는 상당히 중요하다. 한 시점에 하나의 텍스처만 내보낼 수 있다. 그래서 그래프의 각 영역을 메인 머티리얼 노드의 **에미시브**Emissive Color 입력에 연결해야 한다. 다른 말로 하자면 베이스와 러프니스 속성에 연결돼 있는 각 연결선이 이제 에미시브 입력에 연결돼야 한다. 그런데 메인 머티리얼의 각 입력은 하나의 선만 연결 가능하므로 필요한 만큼 여러 번 작업을 반복해야 한다.

12. **DetailTexturing** 노드의 **Diffuse** 출력 핀을 메인 그래프 노드의 에미시브 입력으로 연결하자.

13. **BP_MaterialBaker** 블루프린트를 **콘텐츠 브라우저**에서 드래그해서 레벨에 놓자. 위치는 상관이 없다.

14. **BP_MaterialBaker** 블루프린트를 선택하고 **디테일** 탭에서 적절한 렌더 타깃과 머티리얼을 할당하자. 그 후에 블루프린트를 움직이자(렌더 타깃 텍스처가 갱신되게 하려면 이렇게 해야 한다).[3]

---

3 블루프린트 안의 Construction Script는 레벨에 처음 배치될 때나 이동, 회전, 스케일 변경이 일어날 때에만 호출이 된다. 블루프린트에 Render Target과 Material 설정이 돼 있지 않다. 그래서 처음 배치할 때 Construction Script가 실행돼도 원하는 결과를 얻을 수 없다. 배치 이후에 Render Target과 Material을 설정하고 다시 Construction Script를 실행하려고 이동시킨 것이다. – 옮긴이

이 과정까지 마쳤다면 지정했던 머티리얼에 대한 디퓨즈 색상의 정보를 담고 있
는 새로운 텍스처를 생성했을 것이다. 그 정보는 렌더 타깃에 담겨 있기 때문에
정보를 잃고 싶지 않다면 렌더 타깃에서 텍스처를 생성해야 한다.

15. 콘텐츠 브라우저에서 RT_TextureBaker라는 렌더 타깃을 선택하고 우클릭하
자. 그리고 **스태틱 텍스처 생성** Create Static Texture 메뉴를 선택하자.

16. T_TableCloth_Baked_D와 같은 뭔가 중복되지 않는 이름으로 새로 생성된 에
셋의 이름을 변경하자. 원본 머티리얼에서 메인 머티리얼 노드의 연결된 입력
마다 12에서 16단계를 반복해야 하는 것을 기억하자. 이제 새로운 텍스처를 가
지고 있으므로 새로운 머티리얼을 만들어 원본 머티리얼과 결과를 비교해보자.

17. 새로운 머티리얼을 만들고 새로 만든 텍스처를 그래프로 드래그해서 놓자.
Texture Sample의 출력 핀을 **베이스**에 연결하자.

18. SM_ShoeRackRug 모델에 적용된 머티리얼을 새로 만든 머티리얼로 대체하자.

앞의 그림을 보면 알 수 있듯이 원본 머티리얼과 새로 구워서 만든 머티리얼과 똑같아 보일 것이다. 하지만 원본 머티리얼을 사용하는 것보다 성능상 큰 이득을 얻는다.

예제 분석

블루프린트 에디터를 간략히 이야기할 필요가 있다. 이번 실습에서 간략히 사용해봤지만 언리얼을 최대한 활용하려면 블루프린트 에디터를 살펴보는 게 좋다. 바로 살펴보기 전에 블루프린트를 생성하는 방법을 기억해보라. **콘텐츠 브라우저**의 빈 곳에 마우스 우클릭을 한 다음 블루프린트 클래스 메뉴를 선택했다. 이렇게 해서 생성했다면 블루프린트를 더블클릭, 블루프린트 에디터를 열어 살펴보자.

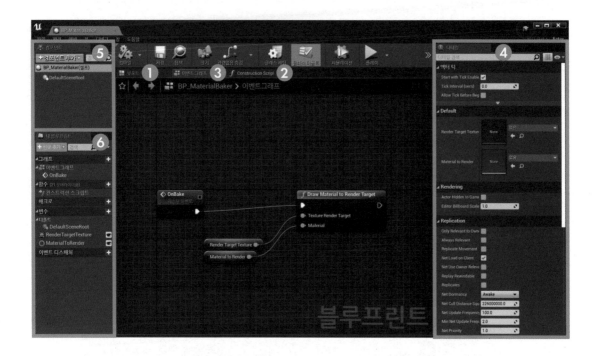

1. **뷰포트**: 블루프린트에 포함돼 있는 에셋을 볼 수 있는 곳이다. 스태틱 메시와 같은 것이 뷰포트에서 출력된다.

2. **Construction Script**: 실행 때가 아니라 에디터상에서 수행돼야 할 기능을 코딩하는 곳이다.

3. **이벤트 그래프**: 비주얼 스크립팅을 해서 여러 기능을 코딩하는 곳이다.

4. **디테일**: 다른 곳에서 봤던 그 **디테일** 탭과 비슷하게 문맥 관련 정보를 제공하는 곳이다.

5. **컴포넌트**: 블루프린트에 포함된 컴포넌트의 계층 구조를 보여준다.

6. **내 블루프린트**: 그래프, 함수, 변수, 컴포넌트처럼 이용 가능한 모든 메타 에셋을 표시해주는 영역이다.

7. **컴파일 결과와 찾기 결과**: 만든 비주얼 스크립팅이 잘 동작하는지, 또는 뭔가 문제가 있는지 알려주는 편리한 곳이다.

이러한 영역들로 구성됐다. 이번 실습에서 특히 이벤트 그래프와 Construction Script를 사용했다. 나중에 다시 블루프린트를 사용할 것이다.

추가 정보

계속 진행하기 전에, 언급하지 않았던 두 가지 이야기를 하고 싶다. 첫 번째, 렌더 타깃의 해상도다. 필요하면 해상도를 변경할 수 있고 하는 방법도 간단하다. 에셋을 더블클릭해서 텍스처 에디터를 열고 **디테일** 탭을 보자. 해상도를 지정할 수 있는 속성 Size X와 Size Y가 있다. 해당 속성에 필요한 값을 설정하자.

두 번째, 액터 병합Merge Actors 툴이다. **창 › 개발자 툴**(Window › Developer Tools)에서 찾을 수 있다. 이 툴에서 이번 실습에서 했던 것과 비슷한 작업을 할 수 있다. 여러 액터를 합치는 것도 가능하다. 그러나 이 툴을 하나의 모델에 사용해 모델에 적용된 머티리얼을 단순한 버전으로 만드는 것도 가능하다. 툴의 머티리얼 굽기 기능을 활성화하려면 LOD Selection Type 설정 아래 Use Specific LOD Level을 체크하자. 원하는 머티리얼을 생성하려면 Material 설정 아래 메뉴를 사용하자. 매우 직관적인 과정이므로 꼭 확인해보자.

이러한 기법 모두가 여러 게임 개발 시나리오에서 정말 유용하다. 개발 막바지 단계에서 특히 그렇다. 여러 서로 다른 에셋으로 꽉 들어찬 레벨이 있다고 생각해보자. 이럴 때 화면상에 동시에 여러 머티리얼을 지원하지 못하는 낮은 사양의 기기에서 특히 성능 문제가 생긴다. 여기서 소개한 기법들은 셰이더 자체의 복잡도뿐만 아니라 드로우 콜의 개수도 감소시키는 데 도움이 된다. 원하는 수준으로 성능을 유지하려고 고군분투하고 있다면 이 기법들을 사용하면 도움이 될 것이다. 성능은 중요하므로 특히 그렇다.

읽을거리

이번 실습에서 사용한 기능은 에픽에서 제공한 튜토리얼 링크로 가면 확인할 수 있다.

- https://www.youtube.com/watch?v=WaM_owaUpbE

다음 웹사이트에서 Merge와 관련된 좀 더 자세한 내용을 찾을 수 있다.

- https://docs.unrealengine.com/ko/Engine/Actors/Merging

▋ 거리 기반 텍스처 혼합

한 쌍의 서로 다른 텍스처를 거리에 따라서 혼합하는 방법을 알아보자. 카메라가 3D 모델에 가깝거나 멀거나 두 상황 모두에서 동작하는 복잡한 머티리얼을 사용하는 것이 좋을 거라고 생각할 수도 있지만 화면에서 매우 적은 비율을 점유하는 모델에 복잡한 머티리얼 연산을 적용하는 것이 약간 과할 수도 있다. 이런 상황을 매우 낮은 해상도 텍스처를 가지고 똑같은 효과를 구현할 수 있다면 특히 그렇다.

목표를 기억하자. 그리고 머티리얼 그래프에서 사용할 수 있는 또 다른 유용한 노드도 살펴볼 것이다. 해당 노드가 상황을 매우 쉽게 만들어 줄 것이다. 시작해보자.

준비하기

이번 실습에서 이미 다뤘던 실습 하나를 다시 살펴볼 것이다. 반자동 절차적 콘크리트 머티리얼을 기억하는가? 해당 머티리얼이 전체적으로 복잡하지는 않지만 여러 노드와 텍스처를 사용했다. 이런 상황이 다음 몇 페이지 동안 보여주려는 내용을 증명하는 데 도움이 된다. 즉 단순한 텍스처만 사용해 복잡한 원본 머티리얼과 비슷한 효과를 구현한 머티리얼을 만들어 봄으로써 말이다. 이미 확인했던 레벨과 유사한 레벨에서 실습을 시작할 것이다. 다음 경로에 맵 파일이 있다.

- Content/UE4ShadersAndEffects/Maps/Chapter03/03_07_DistanceBased Blending_Start

레벨을 확인해보고 거기서 머티리얼을 향상시키는 작업을 시작해보자.

예제 구현

이번 실습을 시작하기 전에, 실습 중에 사용할 T_DistantConcrete_D라는 이름의 텍스처를 생성한다는 것을 미리 이야기하고 싶다. 아마 이 에셋이 궁금할 것이다. 반자동 절차적 머티리얼 실습에서 사용했던 방법으로 좀 더 복잡한 원본 머티리얼을 텍스처로 구웠다. 실제로 이전 실습에서 배웠던 반자동 절차적 머티리얼을 생성하는 방법과 머티리얼을 텍스처로 굽는 방법을 사용해 이번 실습에서 사용할 텍스처 에셋을 만든 것이다. 이 두 방법이 가장 중요하다.

위의 이야기를 떠올리며 두 텍스처를 거리에 따라 혼합하려는 목표를 달성하기 위한 방법을 살펴보자.

1. 새로운 머티리얼을 만들자. M_DistanceBasedConcrete로 이름을 입력했다. 레벨 가운데 있는 평면에 적용하자. 이렇게 해서 실습의 미약한 첫 걸음을 내디뎠다.

2. 두 개의 Texture Sample 노드를 추가하자. 각 노드에 T_Concrete_Poured_D와 T_DistanceConcrete_D 텍스처를 할당하자.

3. Texture Coordinate 노드를 추가하고 첫 번째 Texture Sample 노드에 연결하자. **디테일** 탭에서 UTiling과 VTiling 속성을 20으로 지정하자.

4. 마지막으로 Lerp 노드를 그래프에 추가해 이전 단계에서 만든 두 Texture Sample 노드를 A와 B 핀에 연결하자.

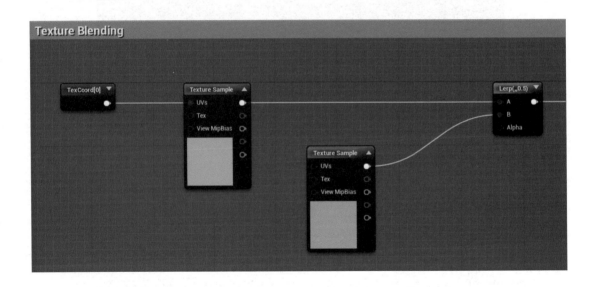

지금까지 한 작업은 단순히 두 개의 텍스처를 혼합하는 것이다. 두 텍스처 가운데 하나는 다른 실습에서 베이스 이미지로 이미 사용했던 것이다. 이 기법의 개념은 이전에 했던 작업과 매우 유사하지만 더 효율적인 것이다. 이제 다룰 부분은 거리 기반^{Distance Based} 계산이다. 그럼 확인해보자.

5. 메인 그래프의 빈 공간에 마우스 우클릭을 하고 World Position이라고 입력해서 **절대 월드 포지션**^{Absolute World Position} 노드를 추가하자. Absolute라고 입력하지 않도록 주의하자. Absolute라고 입력하면 검색창에서 해당 노드를 찾을 수 없다.

6. **절대 월드 포지션** 노드를 추가한 것과 같은 방법으로 Camera Position 노드를 추가하자. 노드를 찾을 때 Camera Position이라고 입력할지라도 실제 노드의 이름은 Camera Position WS이다. WS는 월드 공간^{World Space}의 약자다.

7. Distance 노드를 World Position과 Camera Position 노드 앞에 배치하고 연결하자. Absolute World Position을 A 입력 핀에 연결하고 Camera Position을 B 입력 핀에 연결하자.

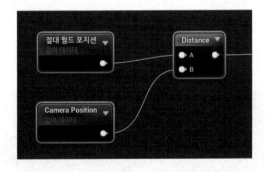

8. 다음으로 Divide와 Constant 노드를 하나씩 추가하자. Divide 노드는 비슷한 입력을 가진 노드가 없어서 검색창에 Divide라고 입력하면 나올 것이다. Constant 노드에 값을 256으로 설정하자.

9. Divide 노드의 B 입력 핀에 Constant 노드를 연결하고 A에는 7단계에서 만든 Distance 노드의 출력을 연결하자.

방금 전에 만든 Constant 노드는 텍스처 교체가 일어나는 거리를 지정한다. 높은 값일수록
카메라가 멀어져야 교체가 일어난다는 의미다. 여러 가지 값을 설정해서 확인해보라.

10. Divide 노드 앞에 Power 노드를 추가하고 Base 입력 핀에 Divide 출력을 연결
    하자.

11. 다른 Constant 노드를 추가하고 Power 노드의 Exp 핀에 연결하자. 값이 클수록
    두 텍스처 사이에 전환이 부드러워진다. 1에서 10 사이에 값에서 효과를 감지할
    수 있다. 그래서 4나 5와 같은 값으로 설정하자.

12. 마지막으로 Clamp 노드를 가장 앞 즉, Power 노드 앞에 추가하고 Power 노드
    와 연결하자. Clamp 노드의 Min, Max값은 기본값인 0, 1을 그대로 사용한다.

마지막에 생성한 Clamp 노드는 이름에서 기능을 유추하는 것이 가능하다. 입력의 범위
와 상관없이 0과 1 범위로 맞춰 주기 때문이다. 그리고 이것이 원하는 동작이다. Lerp 노
드의 Alpha 입력으로 사용할 수 있는 값이다. 지금까지 작업한 그래프는 다음 그림처럼
보일 것이다.

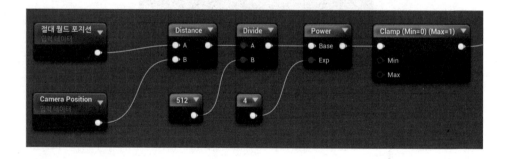

여기까지 진행했으니 두 원본 텍스처를 혼합하는 Lerp 노드의 Alpha 입력 핀에 Clamp의
출력 핀을 연결해야 하는 것을 기억하자.

작업을 완료했으므로 카메라와 모델까지 거리에 따라서 두 가지 다른 에셋을 효과적으로 혼합하는 머티리얼을 갖게 됐다. 물론 이 접근 방법을 단지 두 텍스처를 혼합하는 것이 아니라 원한다면 더 많은 텍스처를 혼합하도록 확장할 수도 있을 것이다. 문제는 거리에 따라 혼합하는 방법을 결정하는 것이다.

이 기법을 사용해 가장 유용한 것은 이전 실습에서 사용했던 반자동 절차적 콘크리트 머티리얼처럼 값비싼 머티리얼의 비용을 절감할 수 있다는 것이다. 새로운 머티리얼을 레벨의 메인 평면에 적용했다. 그리고 카메라가 매우 가까이 있을 때와 멀리 있을 때 두 이미지를 저장해서 반자동 절차적 머티리얼과 비교해볼 수 있도록 했다.

다음 그림이 카메라를 클로즈업했을 때를 비교한 것이다.

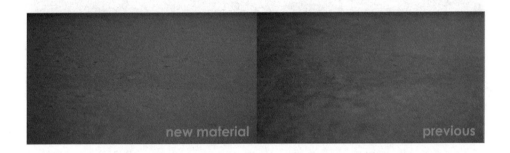

그리고 아래는 카메라가 멀리 있을 때를 비교한 것이다.

예제 분석

실습에서 만들었던 Distance 노드에서 Lerp 노드로 따라가면서 무슨 일이 일어나는 것인지 관심을 가져보자. 그래프를 만드는 데 약간 시간이 들었지만 원하는 기능을 구현하고자 왜 그런 방법을 사용했는지 이유를 아는 것은 항상 좋다고 본다. 게다가 자세히 살펴보겠다고 약속한 것을 기억하는가? 약속을 지키고 싶었다. 우선 아래 그림을 보고 카메라 거리에 따라 두 개의 텍스처를 혼합하는 정도를 결정하는 그래프 부분을 다시 확인해보자.

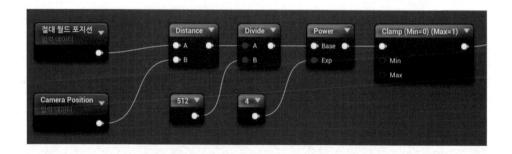

첫 번째 노드인 **절대 월드 포지션**은 바라보고 있는 정점^{Vertex}의 월드 공간에서 위치를 제공한다. 두 번째 노드인 Camera Position은 월드 공간에서 카메라의 위치를 알려준다. 이 두 값을 가지고 세 번째 노드인 Distance를 사용해 거리를 구할 수 있다. 처음 두 개의 노드의 출력을 입력으로 연결해서 말이다.

거리를 구한 이후에 두 텍스처 사이에 전환이 발생하는 거리를 조절하려고 네 번째 노드인 Divide를 포함했다. 제어용으로 하나의 Constant 노드를 추가해서 B 입력 핀에 연결했다. 높은 값은 카메라와 멀어질수록 페이드가 일어나고 작은 값이면 반대로 된다.

마지막 전 단계는 표면을 가로질러 효과를 분산시키는 목적으로 Power 노드를 사용하는 것이다. 이것은 Fresnel 노드를 사용하면서 확인했던 효과와 매우 유사하다. 값이 클수록 바라보고 있는 모델의 중앙이 아닌 부분에 효과가 좀 더 잘 보인다.

마지막으로, 값의 범위로 0과 1 사이로 만들려고 Clamp 노드를 추가했다. 특히 Lerp 노드의 Alpha 핀은 이 범위의 값이 입력으로 들어오는 것을 요구한다.

추가 정보

때때로 하나의 기능을 구성하는 데 필요한 노드들을 함수로 만드는 것이 유용하다. 이렇게 하는 것이 좋은 이유는 정말 많다. 내 머릿속에 떠오른 두 가지 이유는 다른 머티리얼에서 빠르게 재사용할 수 있고 그래프를 간략히 정리할 수 있다는 것이다. 그러면 방법을 알아보자.

우선 머티리얼 함수를 생성한다. MF_DistanceBlending이라는 이름을 지었다. **콘텐츠 브라우저**에서 우클릭을 하고 **머티리얼 & 텍스처 ❯ 머티리얼 함수**(Material & Textures ❯ Material Function)를 선택하면 만들 수 있다.

그다음 거리 기반 혼합을 작동시켜주는 노드들(원본 머티리얼에서 Lerp 노드 전의 노드들이다)을 복사해서 함수 안에 붙여 넣는다. 그리고 **적용**과 **저장** 버튼을 누르자.[4]

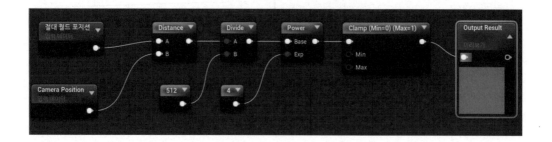

여기까지 했다면 머티리얼 안에 이전에 만든 노드를 교체하려면 해당 노드를 지우고 이 함수를 드래그해서 그래프에 놓아 대체할 수 있다. 멋지지 않은가!

읽을거리

절대 월드 포지션과 같은 사용했던 노드들 몇몇에 대한 추가적인 정보를 찾고 싶다면 다음 에픽 게임즈 공식 문서를 살펴보라.

- https://docs.unrealengine.com/ko/Engine/Rendering/Materials/Expression Reference/Coordinates

게다가 다른 멋진 효과를 만드는 데 유용한 추가적인 노드에 관한 레퍼런스도 제공한다. 향후 실습에서 그 가운데 몇몇을 살펴볼 것이다. 그렇지만 개발자의 이목을 끌 만한지 꼭 살펴보길 바란다.

---

4   다음 그림처럼 Clamp 노드의 출력을 Output 노드의 입력에 연결을 해야 한다. 잊지 말자. - 옮긴이

04

투명 머티리얼과 더 많은 이야기

3장에서 여러 가지 머티리얼을 다뤘다. 각 머티리얼이 표현하는 것은 다 다르지만 공유하는 공통 속성도 있다. 그 머티리얼들이 모두 Blend Mode가 Opaque를 사용하고 Shading Model이 Default Lit을 사용한다는 것이다. 4장에서 Blend Mode나 Shading Model 둘 가운데 적어도 하나는 다른 머티리얼 예제를 살펴볼 것이다. 그래서 투명translucency, 굴절refraction, 부분 표면subsurface 셰이더와 평면 반사Planar Reflections를 이야기하려고 한다. 4장에서 말이다.

4장에서는 다음 내용을 다룬다.

- SSS를 사용한 초 머티리얼 만들기
- 완전히 투명한 유리 설정하기
- 다른 종류의 투명 – 홀로그램holograms

- 실사 같은 반사 표현하기
- 풀장의 물을 표현해보면서 굴절 정복하기
- 물 화선caustics 표현
- 애니메이션되는 바다 셰이더 만들기

바로 시작해보자.

▌ 소개

언리얼 엔진 4에서 머티리얼을 설정하고 조절하는 법을 알게 됐으니, 익숙한 영역을 떠나 다른 영역을 알아볼 시간이다. 이제 기본적인 툴킷toolkit을 사용할 수 있다. 3장, '불투명 머티리얼과 텍스처 매핑'에서 배운 모든 것이 바로 기본 툴킷이다. 3장에서 마스크를 이용한 머티리얼, 텍스처 좌표Texture Coordinate 노드와 머티리얼 그래프에서 적용할 수 있는 다른 유용한 함수를 알아봤다. 지금까지 배운 지식을 기반으로 생소한 영역으로 탐험을 시작해 투명 재질을 표현하는 머티리얼을 만드는 것을 배워볼 때다. 최종 목표는 상상 가능한 모든 머티리얼을 정복하는 것이다.

▌ SSS를 사용한 초 머티리얼 만들기

지금까지 만들어본 모든 머티리얼은 Blend Mode가 불투명이었다. 이제 불투명이 아닌 첫 번째 머티리얼인 왁스wax 재질을 살펴볼 것이다. 왁스라고! 4장을 시작하면서 첫 번째 실습으로 좋은 출발점이라고 생각한다. 이 실습이 3장, '불투명 머티리얼과 텍스처 매핑' 과 4장에서 이후에 살펴볼 몇몇 실습 사이에 훌륭한 가교가 될 것이기 때문이다. 이유를 묻는다면 이번 머티리얼을 만들고자 SSS 셰이딩 모델을 사용할 계획이기 때문이다. 그리고 3장에서 다룬 불투명 모델과 크게 차이가 나지 않고 4장에서 살펴볼 다른 실습과 너무 비슷하지도 않아서 그렇다고 답할 것이다.

준비하기

Content/UE4ShadersAndEffects/Maps/Chapter04 폴더에 있는 04_01_Subsurface_Start 맵 파일을 열자. 평소처럼 이번 실습에서 사용할 모든 에셋은 시작용 콘텐츠나 책에서 제공하는 프로젝트 안에서 찾을 수 있다. 직접 만든 에셋을 사용하고 싶은가?

그러려면 두 가지 요구 사항을 만족해야 한다. 첫 번째, 만들어볼 머티리얼을 확인할 수 있도록 조명이 배치돼 있는 기본적인 레벨이 있어야 한다. 두 번째, 서브서피스 효과를 확인할 수 있는 물체가 있어야 한다. 예를 들어 초, 귀, 사람 머리, 또는 눈덩이나 얼음 같은 것 말이다. 어떤 메시에도 작업한 SSS 머티리얼을 적용할 수 있지만 현실에서 이 효과를 확인할 수 있는 물체에 적용하는 것이 효과를 확인하는데 더 좋다. 다음 그림은 예제로 사용할 모델이 이미지다.

예상한 바와 같이 초의 더 얇은 영역에서 이런 효과가 잘 나타난다. 직접 만든 모델을 사용할 때 이 점을 고려하길 바란다.

예제 구현

책을 집필하고 있을 때에 언리얼은 SSS 렌더링과 관련해 사용할 수 있는 여러 기능을 제공했다. 핵심적인 두 가지 중 하나는 Subsurface Profile과 Subsurface 옵션이고 다른 하나는 미리 통합된pre-integrated 피부와 같이 좀 더 특수한 상황에 맞는 옵션이다. 이번 실습에서 첫 번째 옵션인 Subsurface Profile을 살펴볼 것이다. 하지만 '예제 분석' 절에서 다른 기능도 이야기해볼 것이다. 이번 실습에서 사용할 머티리얼을 만드는 것을 시작해보자.

1. 새로운 머티리얼을 만들자. '준비하기' 절에서 언급했던 레벨이 이미 열려 있다는 가정하에 레벨에 있는 SM_Candle이라는 스태틱 메시에 만든 머티리얼을 적용한다. 머티리얼 이름을 M_CandleWas_SSS로 입력했다. 해당 머티리얼을 더블클릭해서 머티리얼 에디터를 연다.

   만약 직접 만든 에셋을 사용하려면 서브서피스 효과를 확인하고자 하는 모델에 해당 머티리얼을 적용한다.

2. 방금 만든 머티리얼에 책에서 제공하는 텍스처 몇 개를 드래그해놓자. 세 개의 텍스처는 각각 T_CandleColorAndOp, T_Candle_AORM, T_Candle_Normal이다. 이 작업을 수행하면 머티리얼 그래프에 세 개의 **Texture Sample** 노드가 있는 것을 확인할 수 있다. 다음 그림처럼 적절한 메인 머티리얼 입력에 연결한다.[1]

---

1 T_CandleColorAndOp를 베이스에 연결하고 T_Candle_Normal을 Normal에 연결하자. 그리고 T_Candle_AORM의 R 채널을 앰비언트에 연결하고 G 채널을 러프니스에 연결하면 된다. - 옮긴이

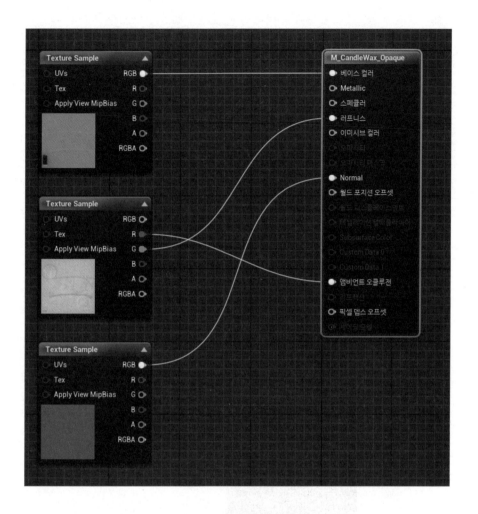

위에서 언급한 텍스처를 사용하는 대신 미디리얼의 기본저인 속성의 표현을 조절할 수 있다면 직접 만든 텍스처나 단순한 상수를 사용해도 무방하다. 가장 중요한 것은 다음에 해볼 셰이더의 서브서피스 속성을 설정하는 것이다.

계속 진행하기 전에, 다음 몇 단계에서 사용할 에셋을 우선 생성하자. 생성할 에셋은 **서브서피스 프로파일**Subsurface Profile이다. 당장 이 에셋이 필요하므로 바로 생성해보자.

3. **콘텐츠 브라우저**로 돌아가자. 빈 공간에서 마우스 우클릭을 해 **고급 에셋 생성**
   Create Advanced Asset 카테고리에서 **머티리얼 & 텍스처 〉 서브서피스 프로파일**(Materials
   & Textures 〉 Subsurface Profile)을 찾아 클릭하면 **서브서피스 프로파일** 객체가 생성
   된다. 이름을 SSP_Wax로 입력했다.

이제 서브서피스 프로파일을 갖고 있으므로 적절히 설정을 할 수 있다. 하지만
그러기 전에 초 모델에 적용할 머티리얼에 이 서브서피스 프로파일을 할당하자.

 머티리얼에 지정할 서브서피스 프로파일이 없다는 것은 언리얼이 코카서스(Caucasian) 인
종의 피부를 표현하려고 설정해놓은 기본 서브서피스 프로파일을 사용한다는 의미다.

4. **머티리얼** 에디터로 돌아가 머티리얼 그래프에서 아무것도 선택하지 않은 상태로 **디테일** 탭을 살펴보자. Shading Model 속성에 집중한다. 기본값이 Default Lit이 겠지만 Subsurface Profile로 변경한다.

5. SSP_Wax (또는 다른 이름으로 서브서피스 프로파일을 만들었다면 그걸로) 머티리얼의 **Subsurface Profile** 속성에 할당한다. **디테일** 탭에서 Shading Model 아래쪽에서 이 속성을 찾을 수 있다. 다음 그림을 보면 좀 더 정확한 위치를 확인할 수 있다.

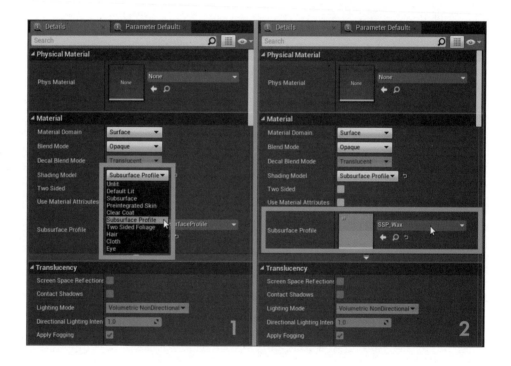

여기까지 완료했으면 작업하고 있는 머티리얼이 왁스나 인간 피부처럼 보이도록 하고 싶다고 언리얼에게 최종적으로 알려준 것이다. 다음 단계들은 머티리얼이 원하는 질감으로 보일 때까지 조절을 해보는 것이다. 만든 서브서피스 프로파일 객체로 돌아가서 객체의 속성들을 조작해서 원하는 질감으로 보이도록 해보자.

6. **콘텐츠 브라우저**에서 전에 만든 **서브서피스 프로파일** 객체에서 더블클릭을 해서 열자. 이렇게 객체를 열면 실시간으로 초 머티리얼이 변하는 것을 메인 뷰포트에서 동시에 확인할 수 있다.

7. 변경할 첫 번째 속성은 **Scatter Radius**다. 이 속성이 엔진이 산란 효과를 수행하려고 사용할 거리를 센티미터 단위로 조절한다. Scatter Radius 속성을 조절하는 것이 머티리얼의 외견에 눈에 띄는 영향을 준다. 효과를 쉽게 인지할 수 있도록 값을 30으로 설정했다.

8. 조절해볼 다음 속성은 **Subsurface Color**다. 이 속성이 전체 효과를 조절하는 역할을 한다. 효과의 강도를 나타낸다고 생각해도 된다. 검은색은 효과를 약하게 하고 흰색은 반대로 동작한다고 말이다. 디퓨즈 색상과 비슷하게 그레이스케일이 아닌 값을 선택하면 좀 더 흥미로운 결과를 확인할 수 있다. 그래서 이 속성을 조작하는 것이다.

9. 세 번째 속성은 Falloff Color이다. 속성값을 변경하면 산란이 일어나는 대부분 영역의 색상에 영향을 주는 방식을 바로 확인할 수 있을 것이다. 그리고 조명이 드리워진 머티리얼의 영역에만 영향을 준다. 확실하게 원하는 결과를 얻을 때까지 속성을 조절해보자.

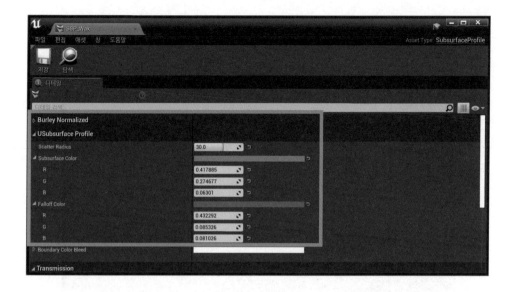

설명하지 않은 추가 속성이 있는데 그럴 만한 이유가 있다. 서브서피스 프로파일은 다양한 재질의 서브서피스마다 동작 방법을 정의하려고 사용하는 에셋이다. 그래서 다른 용도로 만들어져 실습에서 다루지 않은 속성들이 있다. 나중에 그 가운데 몇몇을 다시 살펴볼 기회가 있을 것이다. 하지만 더 자세한 사항을 확인하고 싶다면 에픽 게임즈에서 제공하는 공식 문서를 살펴보라. 링크는 다음과 같다.

- https://docs.unrealengine.com/ko/Resources/Showcases/DigitalHumans

모든 속성을 적절히 설정했더라도 내용을 계속 진행하기에 앞서 살펴볼 만한 좀 더 흥미로운 요소가 하나 있다. 하지민 살펴볼 요소가 원하는 결과를 얻으려고 **서브서피스 프로파일** 에셋에서 여러 속성들을 설정하는 것과는 관련이 없다. 머티리얼 그래프에서 **오패시티** 입력을 사용해 다른 설정을 할 수 있다. 이를 통해 서브서피스 효과가 전체 모델을 통해서 동작하는 방식을 변경할 수 있다. 실습으로 다시 돌아와서, 산란 효과가 초의 심지를 제외하고 초의 몸통에만 일어나도록 하고 싶다고 하자. 다음 그림처럼 마스크 텍스처를 메인 머티리얼 노드의 **오패시티** 입력에 연결해서 설정할 수 있다.

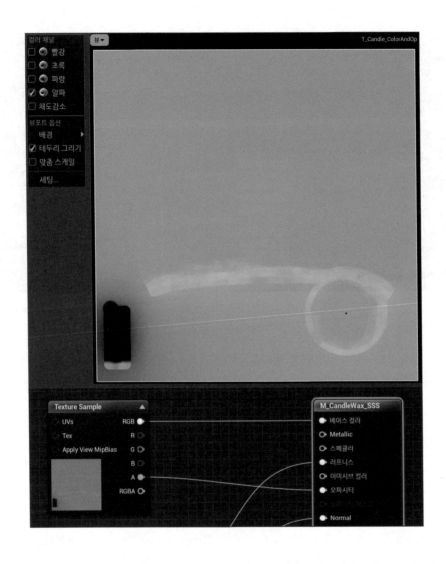

> 위의 그림에서 컬러 텍스처의 Alpha 채널을 메인 머티리얼의 오패시티에 연결한 것을 확인할 수 있다. 이 채널은 그레이스케일 이미지라는 것을 그림 상단부를 보면 알 수 있다.

여기까지 구현했다면 머티리얼 작업이 끝났다. 그렇다면 왁스 재질로 만들어진 초를 만드는 목표를 달성했다고 이야기할 수 있다. 다음으로 넘어가기 전에 결과를 확인하자. 아마 서브서피스 셰이딩을 다룰 수 있다는 확신이 들 것이다.

(상단 왼쪽부터 오른쪽 순서로) SSS 적용 안 함, 반지름 1인 SSS, 반지름 30인 SSS. 하단은 최종 결과 이미지

예제 분석

이번 실습에서 언리얼 엔진 4에서의 Subsurface Profile 셰이딩 모델 구현을 살펴봤다. 이 셰이딩 모델은 왁스나 피부와 같은 속성을 가진 재질을 표현할 때 큰 차이를 만들어내는 강력한 렌더링 기법이다. 그런데 엔진 안쪽에서 어떤 동작이 일어날까? 우선 Subsurface Profile이 머티리얼에서 서브서피스 효과를 가능하게 하는 유일한 방법이 아니라는 것을 기억해야 한다. 사용할 수 있는 총 네 개의 셰이딩 모델이 있다.

- 표준 서브서피스Standard Subsurface 모델
- 미리 통합된 피부Preintegrated Skin 모델
- 서브서피스 프로필Subsurface Profile 모델

- 양면 식생Two-sided Foliage 모델

각각은 특정 목적을 달성하기 위한 요구 사항을 만족하도록 구현돼 있다. 이후 실습에서 몇 가지를 살펴볼 것이다. 지금은 하이엔드high-end 프로젝트에서 사용하도록 고안된 한 가지 모델에 집중해보고자 한다.

서브서피스 프로필 셰이딩 모델은 1장, '물리 기반 렌더링'에서 살펴봤던 앰비언트 오클루전이나 스크린 스페이스 리플렉션처럼 스크린 공간 기법으로 동작한다. 스크린 공간 기법이라는 것이 다른 세 개의 모델과 구현 방법과 구별되는 점이다. 이 차이점으로 인해 서브서피스 프로필을 언제 사용하는 것이 좋은지 알아야 한다. 표준 서브서피스 셰이딩 모델이 비용 측면에서 더 값싼 방법이고 전체적으로 더 빠르게 동작하는 반면, 서브서피스 프로필 셰이딩 모델을 사용하는 것은 품질 측면에서 여러 이점을 제공한다. 이번 실습에서 이미 살펴봤던 Scatter Radius나 Subsurface Color 속성처럼 수정 가능한 여러 속성을 통해서 머티리얼에 적용된 서브서피스 효과가 더 사실적으로 보이도록 해준다. 서브서피스 프로파일 에셋에 Transmission 카테고리에서 찾을 수 있는 또 다른 속성이 물체의 뒷면에서 빛이 산란하는 방법을 정의하는 데 도움을 준다.

또 서브서피스 프로파일 머티리얼을 만들 때 몇몇 노드들이 기능적인 측면에서 차이가 있다는 것을 지적하고 싶다. Default Lit 모델을 사용했을 때와 다르게 머티리얼 그래프에서 메인 머티리얼 노드를 살펴보면 **오패시티** 입력이 활성화된 것을 알 수 있다.

위의 그림을 보면 알 수 있듯이, **오패시티** 입력을 이제 사용할 수 있다. 하지만 오패시티라는 이름에서 기대할 수 있는 것과 다르게 작동을 한다. 오패시티 입력이 3D 메시가 얼마나 불투명한가를 나타낼 거라 기대할 것이다. 하지만 이번 실습에서 확인했듯이 오패시티는 모델에서 서브서피스 효과의 강도에 영향을 준다.

Metallic 입력과 관련된 제한 사항도 기억해두자. Metallic 입력에 어떤 노드라도 연결을 한다면 서브서피스 효과는 사라진다. 서브서피스 프로파일 셰이딩 모델에서 Metallic 입력은 서브서피스 프로필 데이터를 제공하기 위한 용도로 사용되기 때문이다. 이 점을 꼭 기억하자.

추가 정보

초 머티리얼을 만들려고 머티리얼 그래프에 배치한 여러 텍스처들이 해당 머티리얼의 동작을 결정하는 것을 기억할 것이다. 세 개의 핵심 텍스처를 사용했다. 각각 T_Candle_ColorAndOp, T_Candle_AORM, T_Candle_Normals였다. 두 번째 텍스처를 좀 더 이야기해보고자 한다. 실습 때는 살펴보지 않았지만 텍스처가 정말 기발한 동작을 했기 때문이다.

이미 아는 바와 같이 몇몇 머티리얼 입력을 그레이스케일 값들로 조절할 수 있다. 이런 때라면 특정 머티리얼 입력을 조절하려고 텍스처의 RGB 채널을 (또한 알파 채널도) 사용했던 상황을 떠올릴 수 있다. T_Candle_AORM 텍스처의 용도가 바로 그렇다. 즉 이미지의 각 채널에 앰비언트 오클루전, 러프니스, 메탈릭 정보를 저장하고 있다(Ambient Occlusion, Roughness와 Metallic의 약자인 AORM을 접미어로 사용한 것을 보면 분명해진다). 다음 그림에서 각 채널의 이미지를 확인할 수 있다.

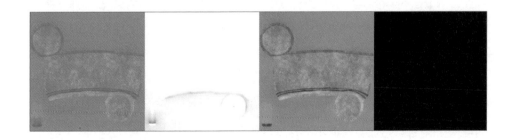

읽을거리

이 주제에 대한 공식 문서를 에픽 게임즈가 지속적으로 갱신하고 있다. 그러니 꼭 확인해 보길 바란다.

- https://docs.unrealengine.com/ko/Engine/Rendering/Materials/Lighting Models/SubSurfaceProfile

▌ 완전한 투명 유리 재질 만들기

앞선 실습에서 처음으로 Default Lit 셰이딩 모델을 사용하지 않은 머티리얼을 만들어 봤다. 이제 앞으로 더 나아가보자. 확인한 바와 같이, 서브서피스 프로파일 셰이딩 모델을 사용한 머티리얼은 앞서 만들었던 머티리얼과 빛을 처리하는 방법이 다르다. 다음 만들 셰이더도 마찬가지로 빛을 다르게 처리한다. 이번 실습에서 실사처럼 보이는 유리 재질을 만드는 것을 시작으로 이런 종류의 재질을 만드는 방법을 알아보려 한다. 그럼 확인해보자.

준비하기

머뭇거리지 말고 실습 준비를 시작하자. 사용할 맵 파일 이름은 04_02_Glass_Start이고 Content/UE4ShadersAndEffects/Maps/Chapter04 폴더에서 찾을 수 있다.

제공한 에셋을 사용하려고 직접 이 레벨을 확인해봤다면 알겠지만 이전 실습 레벨과 매우 비슷한 레벨을 사용할 것이다. 하지만 이전 실습과 다르게 레벨에 배치된 3D 모델에 관해서라면 특별히 고려해야 할 사항은 없다. SSS 효과를 확인하려면 실제 인간의 귀나 코를 보면 확인할 수 있는 두께의 변화에 따른 특성을 표현할 수 있는 3D 모델을 사용하는 것이 최선이다. 만약 그러한 모델이 없다면 SSS 효과를 확인하는 것은 힘들었을 것이다. 반대로 유리는 매우 직관적이다. 그래서 3D 모델을 고민할 것이 없다.

242

예제 구현

이전 실습에서 확인한 바와 같이 새로운 머티리얼을 설정할 때면 적어도 두 곳에 집중해야 한다. 첫 번째, 메인 머티리얼 그래프라고 부르는 로직을 구현하는 곳이다. 머티리얼이 어떤 재질을 표현할지 지정하는 많은 입력이 여기에 위치한다. 두 번째, 머티리얼 자체에 대한 **디테일** 탭이다. 여기서 머티리얼이 좀 더 근본적인 수준에서 동작 방식을 지정하는 속성을 찾을 수 있다. 이번 실습을 이 두 곳에서 시작한다.

1. 새 머티리얼을 생성해 메인 뷰포트 중앙에 위치한 유리잔에 머티리얼을 적용한다. 다음 몇 페이지 동안 이 머티리얼을 가지고 작업할 것이다. 이름을 M_Glass로 입력했다. 이 머티리얼을 적용한 스태틱 메시가 들어 있는 폴더에서 M_Glass 머티리얼을 찾을 수 있다.

2. 새로 생성한 머티리얼을 머티리얼 에디터에서 열자. 메인 **머티리얼** 노드를 선택하고 **디테일** 탭을 살펴보자. 다음 그림처럼 **디테일** 탭에서 여러 가지 수정을 해야한다.

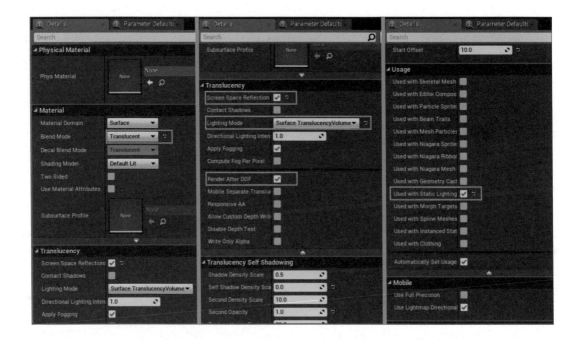

위 그림은 변경할 여러 설정들의 위치를 확인할 수 있도록 도움을 준다. 조작해야 할 속성이 많지는 않지만 탭의 여기저기에 흩어져 있다.

3. 첫 번째로 변경할 속성은 Blend Mode이다. **디테일** 탭의 Material 카테고리에서 위에서 두 번째 속성이다. 기본값 Opaque를 Translucent로 변경한다.

4. Translucency 카테고리까지 아래로 스크롤한다. 여기에 변경할 세 개의 속성이 있다. Screen Space Reflection 옆에 체크박스를 체크하고 Light Mode를 Surface Translucency Volume으로 변경하고 Render After DOF 체크박스를 체크한다.

5. 아래로 스크롤해서 Usage 카테고리의 Used with Static Lighting 옆의 체크박스를 찾자. 사용할 조명의 종류가 스태틱이기 때문에 이 체크박스를 꼭 체크한다. 메인 머티리얼 노드에서 수행한 모든 속성 변경에 따른 구현을 통해서 머티리얼을 적용한 표면과 빛이 부딪쳤을 때 반응하는 방식, 투명, 반사 또는 피사계 심도 계산과 같은 다른 작업을 처리하는 방법을 효과적으로 변경했다. 이 주제를

좀 더 알고 싶다면 '예제 분석' 절을 꼭 확인해보라. 투명 머티리얼의 변경에 따른 동작 방법을 이해하는 것이 매우 중요하지만 어렵기 때문이다.

다음은 머티리얼 로직을 실제로 구현할 차례다. 이미 알고 있는 입력을 조작하는 것 같은 익숙한 것부터 시작할 것이다. 카메라 의존적 오패시티나 굴절과 같은 이번 실습에서 해볼 새로운 개념은 나중에 소개할 것이다.

6. 벡터 매개변수 노드를 생성한다. 그리고 생성한 벡터 매개변수 노드를 머티리얼 메인 노드의 베이스 입력에 연결해서 유리 재질의 주 색상으로 사용할 것이다. 푸른빛이 감도는 느낌이 나도록 색상을 결정한다. 거기에 잊지 말고 벡터 매개변수 노드에 적절한 이름을 입력한다.

> ⓘ 벡터 매개변수 노드를 기억하는가? 머티리얼 인스턴스를 생성할 때 사용했다. 이번 실습에서도 벡터 매개변수 노드를 사용할 것이다. 벡터 매개변수 노드를 사용해 컴파일 없이도 머티리얼을 빠르게 변경할 수 있다.

7. 스칼라 매개변수 노드를 추가하고 값을 0.9로 지정하자. 그리고 메인 머티리얼 노드의 **Metallic** 입력에 연결하자. 유리 재질에 메탈릭 값을 지정하는 것이 의심이 가는 작업이더라도 이 설정이 최종 이미지가 좀 더 근사하고 실제와 비슷하게 보이게 해줄 것이다.

지금까지 잘 해오고 있다! 이제 흥미로운 것을 해보고자 한다. 유리 재질을 만들려고 하기 때문에 빛의 반사, 빛의 굴절, 재질 자체의 오패시티도 처리해야 한다. 이러한 것들 모두가 시점 의존적^{viewing-dependent}이다. 카메라가 유리의 표면과 평행할 때 반사가 가장 잘 보인다. 이럴 때 이미 알고 있는 Fresnel 노드를 사용해 이 작업을 처리할 수 있다.

8. 머티리얼 그래프의 빈 공간에서 우클릭을 해서 Fresnel이라고 입력한다. 예전

실습에서는 기본 Fresnel 노드를 사용했다. 하지만 지금은 Fresnel_Function 노드를 선택하자. 특히 직접 만든 특화된 메시를 사용한다면 더더욱 그렇다. 기본 버전보다 좀 더 복잡한 설정을 갖고 있다. 그래서 추가적인 다양한 매개변수를 통해서 좀 더 세밀한 조정이 가능하다.

9. Fresnel_Function 노드 뒤에 스칼라 매개변수 노드를 추가하고 Power라고 이름을 짓자. Fresnel_Function의 동일한 이름의 입력 핀에 연결을 하려고 하기 때문이다. Power 노드의 값을 3으로 지정한다.

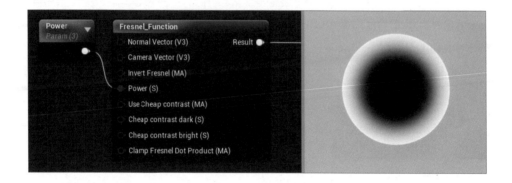

위의 두 노드를 통해 언급했던 반사, 굴절, 오패시티 이 세 개의 매개변수에 대응하는 머티리얼의 외견을 조절할 수 있다. 해당 카테고리에서 두 값을 선형 보간하려고 위의 프레넬 함수를 이용할 것이다. 그래서 각 카테고리마다 선형 보간을 하려면 총 6개의 스칼라 매개변수를 생성해야 한다.

10. 반사를 조절하려면 두 개의 스칼라 매개변수 노드를 추가한다. 그리고 Reflection front와 Reflection side와 같이 적절한 이름을 짓자. 그다음에 Lerp 노드를 생성하고 각 매개변수를 A와 B 입력 핀에 연결한다(A에 Reflection front를, B에 Reflection side를 연결한다).

11. 위의 작업을 반복한다. 두 개의 스칼라 매개변수 노드와 Lerp 노드를 추가한다. 스칼라 매개변수 노드에 Opacity front와 Opacity side처럼 이름을 짓는다.

12. 같은 작업을 세 번째 반복한다. 새로운 매개변수 노드에 Reflection front와 Reflection side라고 이름을 짓자.

전체적으로 다음 그림을 보면 확인할 수 있는 바와 같이 한 쌍의 스칼라 매개변수 노드마다 대응하는 하나의 Lerp 노드가 있으므로 스칼라 매개변수 노드가 총 3쌍이 있다. Front reflection이 아니라 Reflection front라고 이름을 지은 이유는 이 머티리얼에서 머티리얼 인스턴스를 생성한다면 후자가 좀 더 읽기 수월하기 때문이다. 후자가 눈으로 읽어보면 더 빠르다. 하지만 어떤 방법으로 이름을 정하든 무방하다.

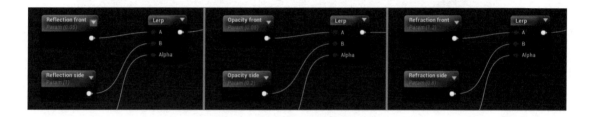

노드들을 생성했으니 잊지 말고 값을 지정해야 한다. 머티리얼 인스턴스를 만들어서 상호작용이 가능한 상태에서 값들을 변경할 수 있기 전에 미루고 싶었다. 하지만 만약 그럴싸하게 보이는 값을 원한다면 다음을 따라 하자.

- Reflection front에 0.5
- Reflection side에 1
- Opacity front에 0.05
- Opacity side에 0.2
- Refraction front에 1.2
- Refraction side에 0.8

13. Fresnel_Function의 Result 출력을 만들었던 세 개의 Lerp 노드의 Alpha 핀에 연결한다.

14. Lerp 노드의 출력을 각각 메인 머티리얼 노드의 **러프니스, 오패시티, 리프렉션** 입력에 연결한다.

해당 머티리얼을 레벨에 있는 유리잔에 적용하면 다음 그림처럼 보일 것이다.

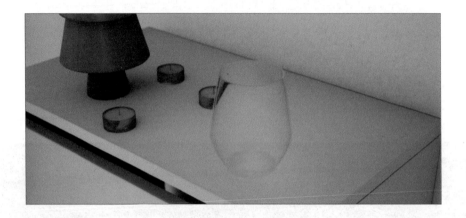

그럴듯하게 보이지 않는가? 하지만 아직 끝난 것이 아니다! 유리잔의 위쪽 경계 부분에 오패시티를 조절하고 싶다. 언리얼의 기본 구현으로 원하는 바를 달성하려면 쉽지 않다. 유리로 만들어진 물체를 자세히 살펴보면 음료를 마시려고 입술이 닿는 부분이 다른 부분보다 약간 더 불투명하거나 어둡게 보이는 것을 알 수 있다. 이는 광학^optic 효과로 인해 발생하는데, 엔진에서 따라 하는 것이 쉽지 않다. 하지만 약간의 속임수를 이용해 이 효과를 이제 구현해보려 한다.

15. 오패시티를 조절하려고 만들었던 스칼라 매개변수 노드 근처에 텍스처 샘플 노드를 생성한다. **디테일** 탭에서 T_Glass_OpacityMask라는 이름의 텍스처를 할당한다.

T_Glass_OpacityMask는 이번 실습에서 사용할 모델에 알맞게 만들어진 텍스처다. 유리잔의 위쪽 둘레 부분을 마스킹하는 역할을 한다. 만약 직접 만든 모델을 사용한다면 무엇을 해야 하는지 답해보라. 직접 마스크 텍스처를 만들어야 한다. 포토샵이나 김프^Gimp와 같은 프로그램에서 손쉽게 작업할 수 있다. 김프

는 무료 소프트웨어다. '추가 정보' 절에서 해당 링크를 남겨놓겠다. 흑백 이미지
만 만들면 된다는 것을 기억하자. 불투명해 보이길 원하는 곳을 흰색으로 칠하
면 된다. 실습에서 사용할 텍스처에선 흰색 부분이 물체의 위쪽 둘레와 일치하
면 된다.

16. Constant 노드를 하나 추가하고 값을 1로 지정한다.

17. 방금 만든 두 새로운 노드 앞에 Lerp 노드를 추가한다. 그리고 16번에서 만든
Constant 노드를 B 입력 핀에 연결한다. 15번에서 만든 Texture Sample 노드의
R 채널을 Alpha 입력 핀에 연결하고 마지막으로 전에 만든 **오패시티** Lerp 노드의
출력을 A 입력 핀에 연결한다. 이 과정을 수행하는 그래프가 다음 그림처럼 보일
것이다.

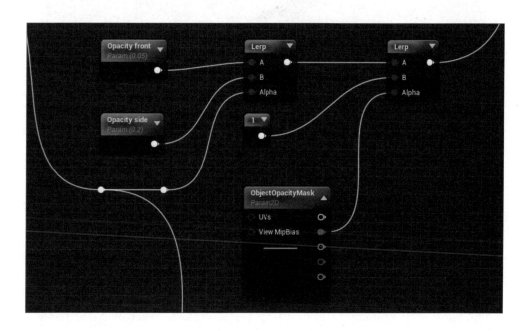

위 단계를 다 구현했다면 결국 위쪽 둘레 부분이 좀 더 불투명하게 보일 것이다. 이렇게
보이는 것이 이전보다 훨씬 낫다. 이러한 종류의 조절은 유리 재질과 같은 머티리얼을 만

들 때 종종 있는 일이다. 이번엔 투명도 처리를 엔진 구현에 전적으로 맡길 수가 없었고 약간 조작을 해야 했다.

예제 분석

유리! 실시간 렌더러에서 확실하고 정확하게 표현하기 정말 어려운 재질이다. 최근 수년 간 엄청난 기술적 발전을 했지만 유리 재질은 여전히 큰 장벽이다. 그래서 방금 만든 머티리얼을 정확하게 이해하려면 이러한 문제점을 이야기해야 한다.

투명도를 가진 머티리얼을 가지고 작업할 때 경험하는 대부분의 문제는 엔진이 실제적으로 이 효과를 다루는 방법에 관한 정보 부족에서 야기한다. 이번 실습에서 다뤘던 유리 재질과 같은 종류의 머티리얼을 사용하는 물체가 있다고 해보자. 언리얼은 그 물체 뒤쪽에 있는 물체에 어떤 영향을 줄지 알아야 한다. 그뿐 아니라 이미지가 왜곡돼야 하는지, 얼마나 많은 빛을 표면이 통과시킬지, 또는 그 물체가 드리우는 그림자의 종류가 무엇인지와 같은 것들도 알아야 한다. 복잡한 계산이 필요했던 문제를 해결한 똑똑한 렌더링 방법을 도입해 몇몇 문제를 해결했다. 하지만 이러한 해결책도 성능을 고려해야 하기 때문에 발생하는 오류가 존재한다.

정확한 표현과 성능 사이에 트레이드 오프를 고려해 엔진이 구현한 한 가지가 굴절이다. 언리얼은 굴절에 관한 두 가지 다른 해결책을 제시한다. 첫 번째는 물리 기반으로 효과를 계산하려고 굴절 지수index of refraction를 사용한다. 두 번째는 Pixel Normal Offset이라는 좀 더 아티스트 성향에 맞는 방법이다. 첫 번째 방법이 실제 물리적인 계산에 기반하더라도 두 번째 방법이 종종 원하는 효과를 표현하는 데 더 나을 때가 있다. 굴절을 표현하려고 장면의 색상을 가져다 사용하기 때문이다. 이런 방법이 특히 엄청 큰 투명 물체에 굴절을 표현할 때 원하지 않는 결점을 일으키기도 한다.[2]

추가 정보

이미 간략하게 다뤘지만 실습에서 중요했던 두 가지 사항을 다시 이야기해보려 한다. 첫 번째는 이미 익숙한 머티리얼 인스턴스 에셋에 관한 이야기다. 머티리얼 인스턴스를 사용해 투명 재질을 작업할 때 시간을 상당히 절약할 수 있다.

아마 매번 설정을 변경할 때마다 머티리얼을 갱신하는 데 시간이 소모되는 것을 알고 있을 것이다. 이미 만든 머티리얼에서 인스턴스를 생성해 이러한 시간 소모를 줄일 수 있다. 그래서 노출시킨 모든 매개변수를 실시간으로 조작할 수 있다. 셰이더가 다시 컴파일되는 시간을 기다릴 필요 없이 말이다.

두 번째는 굴절 매개변수를 이야기하려고 한다. 이번 실습에서 Refraction front와 Refraction side에 각각 1.2와 0.8으로 값을 지정했다. 그리고 유리의 실제 굴절 지수IOR, index of refraction는 1.52에 가깝지만 저렇게 값을 지정한 이유는 화면으로 봤을 때 더 괜찮아 보이기 때문이다. 다음 방법이 잘 작동하면서도 시도해볼 만하다. 두 개의 상수 중에 하나의 값을 1로 설정하고 다른 하나의 실제 굴절 지수를 지정하고 프레넬 노드로 조절

---

2   다음 링크를 확인하면 결점이 무엇인지 알 수 있다. https://docs.unrealengine.com/ko/Engine/Rendering/Materials/Pixel NormalOffset/index.html - 옮긴이

되는 Lerp 노드에 연결하는 것이다. 이렇게 하면 단순히 실제 굴절 지수를 사용하는 것보다 결과가 좀 더 실사처럼 보이게 된다.

읽을거리

이 주제를 다루는 유용하고 흥미로운 공식 문서가 많다. 그러니 꼭 확인해보기 바란다.

- 투명도: https://docs.unrealengine.com/ko/Engine/Rendering/Materials/HowTo/Transparency
- 굴절 지수: https://docs.unrealengine.com/ko/Engine/Rendering/Materials/HowTo/Refraction
- 김프 다운로드: https://www.gimp.org/

▎ 다른 종류의 투명 – 홀로그램

이제 투명 머티리얼에 좀 더 익숙해졌으니 약간의 양념을 더해보자. 같은 블렌드 모드를 사용해 다른 멋진 효과를 만들어보지 못할 이유가 있을까? 머릿속에 떠오르는 흥미로운 효과가 홀로그램Hologram이다. 홀로그램은 미래를 배경으로 한 공상과학 영화를 보면 나오는 멋진 이펙트다. 홀로그램을 구현하는 방법은 꽤 흥미롭다. 투명뿐만 아니라 텍스처 애니메이션과 빛을 내뿜는 특성도 다뤄야 하기 때문이다.

홀로그램을 표현하려면 이미 알고 있는 특정 주제를 다시 확인해보고 또한 머티리얼 에디터의 새로운 기능도 살펴봐야 한다. 새로운 기능은 단지 이번 실습에서만 유용한 것이 아니라, 나중에 애니메이션이 되는 머티리얼을 만들 때도 유용할 것이다. 실습을 진행하려면 무엇이 필요한지 알아보자.

준비하기

지금까지 실습을 진행하면서 내가 실습에서 사용했던 것과 똑같은 에셋을 제공하고 있다는 것이 기억날 것이다. 물론 좀 더 실습을 쉽게 따라 할 수 있도록 에셋을 제공하는 것이다. 이번 실습도 마찬가지다. 하지만 때때로 특정 주제를 다루는데 어떤 종류의 모델이나 텍스처가 꼭 필요한 것은 아니라는 것을 아마도 인지하기 시작했을 것이다. 엔진을 사용해서 머티리얼을 제작할 때 좀 더 이점을 얻고 싶다면 절차적이고 수학적인 접근 방법을 사용해야 한다. 절차적이고 수학적인 방법을 통해서 매우 강력한 머티리얼 생성 기법을 몇몇 사용할 수 있다. 또한 해상도 종속적인 텍스처 사용으로부터 해방될 수도 있다.

앞선 이야기에 근거해 다음 몇 페이지 동안 많은 수학 노드와 명확한 기법을 사용할 것이라고 예상했을 것이다. 평소처럼 책에서 제공하는 프로젝트 안에 맵 파일, 모델, 텍스처가 들어 있다. 다음 폴더에서 해당 에셋을 찾을 수 있다.

- Assets: Content/UE4ShadersAndEffects/Assets/Chapter04
- Maps: Content/UE4ShadersAndEffects/Assets/Chpter04

작업을 진행할 맵 파일의 이름은 04_03_Hologram_Start다. 같은 리소스를 사용하려고 한다면 꼭 맵 파일을 열어 사용하자. 직접 만든 레벨을 사용하고 싶다면 직접 만든 3D 모델이나 시작용 콘텐츠에 들어 있는 3D 모델이 필요하다. 이 점을 기억하고 시작해보자.

예제 구현

우선은 작업을 할 레벨을 살펴보는 것으로 시작해보자.

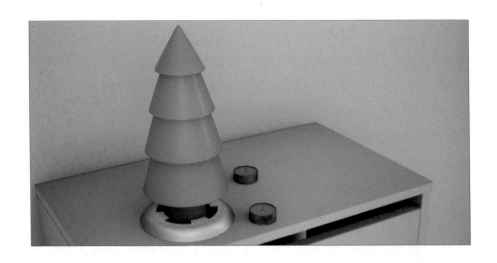

위의 그림을 보면 알 수 있듯이 화면 중앙에 있는 나무가 머티리얼을 적용할 3D 모델이다. 이전 실습에서 봤던 나무와 비슷하다. 공상과학 영화에서 볼 수 있는 듯한 모습으로 보이도록 적용할 머티리얼 구현을 시작하자. 나무 3D 모델을 선택해보면 두 개의 머티리얼이 적용된 것을 확인할 수 있다. 하나는 M_ChristmasTree_Base라는 머티리얼이고 다른 하나는 M_ChristmasTree_Hologram이라는 머티리얼이다. 두 번째 머티리얼이 작업을 할 머티리얼이니 머티리얼 에디터로 열어서 시작하자.

1. 두 번째 머티리얼인 M_ChristmasTree_Hologram을 열어서 메인 머티리얼 노드를 제외한 모든 노드를 삭제한다.

2. 메인 머티리얼 노드를 선택하고 **디테일** 탭으로 넘어간 다음 Blend Mode와 Shading Model을 찾는다.

3. Blend Mode를 기본값 Opaque에서 Translucent로 변경하고 Shading Model을 Default Lit에서 Unlit으로 변경한다. 그러면 다음 그림처럼 화면이 보일 것이다.

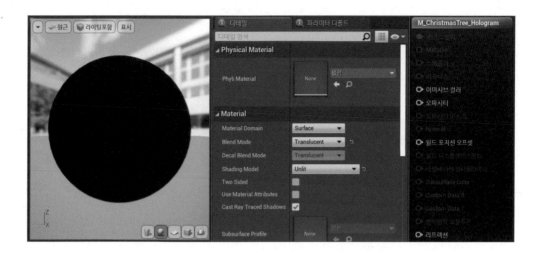

TIP 두 개의 머티리얼이 적용된 이유는 각 머티리얼이 Shading Model과 Blend Mode에 대한 다른 설정을 사용하기 때문이다. 철 재질과 철 재질이 아닌 부분을 구분하려면 마스크 텍스처를 사용하면 된다. 하지만 각 재질마다 다른 셰이딩 모델을 사용해야만 할 때 독립적인 머티리얼을 사용해야 한다.

앞 단계에서 머티리얼이 레벨 안의 어떤 조명에도 영향을 받지 않도록 했다. 홀로그램처럼 빛을 방출하는 머티리얼이라면 조명의 영향을 받지 않는 것이 매우 일반적이다. Blend Mode를 Translucent로 변경한 것도 대부분 공상과학 영화의 홀로그램을 보면 투명하게 표현되는 것을 모방하려고 변경했다. 이제 머티리얼의 재질을 설정할 차례다.

4. Texture Sample, Constant와 Cheap Contrast 노드를 각각 하나씩 추가한다. 앞의 두 노드를 생성하는 것은 이미 익숙할 것이다. 세 번째 노드는 머티리얼 그래프의 빈 공간에서 우클릭을 해서 이름을 입력해서 손쉽게 생성할 수 있다.

5. Texture Sample 노드의 **디테일** 탭에서 T_ChristmasTree_D 텍스처를 할당한다. 이 텍스처를 프랍의 홀로그램이 아닌 부분이 다른 셰이더로 표현될 수 있도록

이 에셋을 사용할 것이다.

6. Texture Sample의 R 채널을 Cheap Contrast 노드의 In(S) 입력 핀에 연결한다. 이는 색상을 사용하는 것이 아니라 이미지의 그레이스케일을 사용한다는 의미다.

7. Constant 노드에 값을 0.2로 지정하고 Cheap Contrast 노드의 Contrast(S) 입력으로 연결한다. 이렇게 하면 밝은 영역이 좀 더 밝게, 어두운 영역이 좀 더 어둡게 된다.

8. Multiply 노드와 Constant 노드를 하나씩 추가한다. Cheap Contrast의 출력 핀을 Multiply 노드의 A 입력 핀에 연결하고 B 입력 핀에 새로 만든 Constant 노드를 연결한다.

9. 8번에서 만든 Constant 노드에 값을 2로 지정하자. Multiply 노드에서 우클릭을 해서 **노드 미리보기 시작**Start Preview Node 메뉴를 선택한다. 그러면 이 단계까지 작업 결과를 확인할 수 있다.

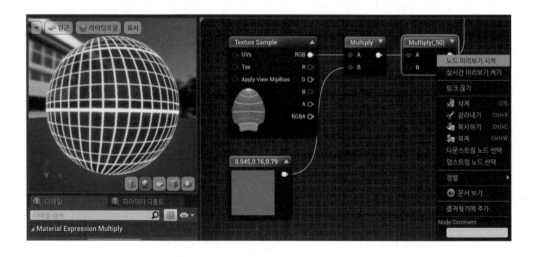

아마 이미 알고 있을 수도 있지만 대개 홀로그램은 약간 푸르스름한 색상으로 표현된다. 다음을 따라 하면 이 작업을 손쉽게 할 수 있다.

10. 이전 단계까지 작업했던 시퀀스 앞쪽에 Multiply 노드를 새로 추가한다.

11. Constant3Vector 노드를 새로 추가하고 푸른색으로 지정한다. RGB 값을 각각 0.52, 0.55, 0.74로 설정했다.

12. Constant3Vector 노드의 출력 핀을 10단계에서 만든 Multiply 노드의 B 입력 핀에 연결하고 8번에서 만든 Multiply 노드의 출력 핀을 A 입력 핀에 연결한다.

13. 전체적인 밝기를 조절하고 싶다면 세 번째 Multiply 노드를 추가한다. A 입력 핀에 10단계의 Multiply 노드의 출력 핀을 연결하고 B 입력 핀 값을 0.5로 지정한다.

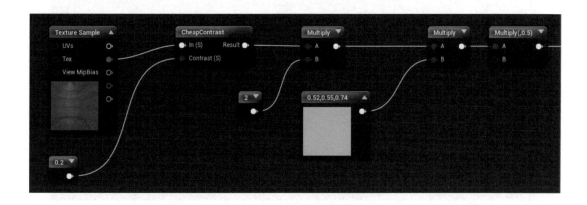

(13단계까지의 작업을 A라 하고, 18단계에서 다시 살펴볼 것이다.)

여기까지 작업했다면 빛 바랜 푸르스름한 나무 유령처럼 보이는 머티리얼을 만든 것이다. 머티리얼은 나중에 사용할 예정이다. 만약 이 책이 요리책이었다면 방금 만든 것을 한쪽으로 치우고 다른 작업에 집중할 것이다. 구조화를 위한 목적으로 방금 만든 부분을 A라고 하자. 살펴볼 다음 부분은 와이어프레임 오버레이wireframe overlay를 만드는 과정이다. 와이어프레임 오버레이가 머티리얼을 공상과학 영화에서 본 영상처럼 보이도록 해줄 것이다. 이 부분을 B라고 부르고, 두 부분을 나중에 합친다.

14. Texture Sample 노드를 만들고 T_ChristmasTree_UVs 텍스처를 할당하자.

15. Constant3Vector 노드를 추가하고 단계 11에서 좀 더 밝은 푸른색으로 지정한다. RGB를 각각 0.045, 0.16, 0.79로 지정하면 괜찮다.

16. 두 노드를 곱한다.

17. 새 Multiply 노드를 앞에 추가하고 16단계의 Multiply 출력을 A 입력 핀에 연결한다. B 값은 와이어프레임의 밝기를 결정할 것이므로 높은 값이면 괜찮다. 나는 50으로 지정했다.

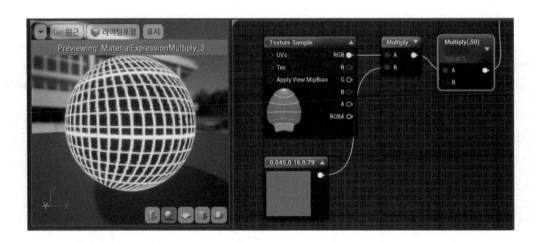

이제 파트 A와 B가 완성됐으므로 둘을 혼합할 수 있다.

18. Lerp 노드를 생성하고 파트 A, B의 앞에 배치한다.

19. 파트 A의 결과(나무 유령 효과의 마지막 Multiply 노드의 출력)를 새 Lerp 노드의 A 핀에 연결한다. B 핀에 파트 B(와이어프레임 파트)의 마지막 Multiply 노드의 결과를 연결한다.

20. 새 Texture Sample 노드를 추가하고 T_ChristmasTree_UVs 텍스처를 할당한다. 18단계에서 만든 Lerp 노드의 Alpha 핀에 Texture Sample의 Alpha 채널을 연결한다.

앞서 만든 노드 그래프의 출력을 메인 머티리얼 노드의 에미시브 입력에 연결하면 끝난다. 하지만 이렇게 마무리하지 말고 약간의 추가 구현을 하자. 몇몇 홀로그램 구현은 Fresnel을 이용해서 품질을 높일 수 있다. 모델의 중앙 부분보다 모서리 부분에서 좀 더 밝게 보이도록 해서 말이다. 이걸 구현해보자.

21. Multiply 노드를 생성하고 B 핀에 10과 같은 높은 값을 지정한다. 마지막으로 만든 파트 A와 파트 B를 보간하려고 생성했던 Lerp 노드의 바로 앞에 배치하고 Lerp 노드의 출력을 A 입력 핀에 연결한다.

22. 21단계의 Multiply 노드의 앞쪽에 Lerp 노드를 추가하자. 이전 Lerp 노드의 출력을 A 핀에, 이전 Multiply의 출력을 B 핀에 연결한다.

23. Fresnel 노드를 추가해서 마지막 Lerp 노드의 Alpha로 사용한다. Fresnel 노드를 선택해서 **디테일** 탭을 살펴보면 기본값을 변경할 수 있다. 나는 Exponent에 8을, Base Reflection Fraction에 0.01을 지정했다.

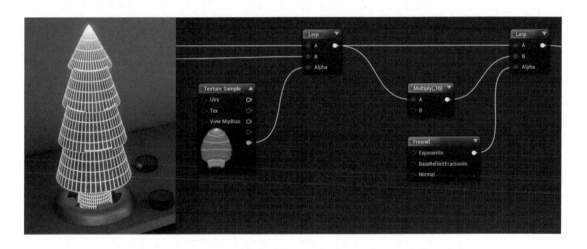

마지막 추가 작업으로 머티리얼이 조금 더 홀로그램처럼 보인다. 하지만 불투명도의 단계를 변화시키는 단계를 도입해서 현재 세팅을 더욱 향상시킬 수 있다. 영화에서 본 대부분 홀로그램이 투명 물체이기 때문에 뒤에 있는 물체들이 투과돼 보인다. 게다가 몇몇 홀로그램은 시간에 따라 깜빡이거나 왜곡을 일으키기도 한다. 이미 존재하는 기술을 모방해서 상상 속의 기술인 홀로그램에 추가할 수 있다. 구형 TV에서 매 프레임마다 주사선이 화면을 가로질러 이동하는 현상을 추가한다고 생각해보자.

> ⓘ 이제 사용할 몇몇 노드는 텍스처가 모델에 입혀지는 방법을 변경한다. 바로 살펴보겠지만 이 방법은 물체의 UV 맵과 독립적으로 작동하는 효과를 구현하려고 할 때 유용하다.

24. 머티리얼 그래프의 빈 공간으로 가서 **Texture Sample**을 추가한다. T_Christmas Tree_Scanlines 텍스처를 기본값으로 선택한다. 이 텍스처를 머티리얼의 투명도를 조절하는 데 사용할 것이다.

T_ChristmasTree_Scanlines 텍스처를 물체에 있는 그대로 적용할 수 없다. 모델의 UV와 일치하지 않기 때문이다. 이 텍스처를 커스텀 투영하려면 **Bounding BoxBased_0-1_UVW** 노드를 생성한다. 마우스 우클릭을 해서 이름을 입력하면 나올 것이다. 이 노드를 24단계에서 만든 **Texture Sample** 노드의 약간 뒤쪽에 배치한다. **BoundingBoxBased_0-1_UVW** 노드를 사용해 UV값을 조절할 것이기 때문이다.

25. 전에 만든 **BoundingBoxBased_0-1_UVW** 노드 앞에 **MakeFloat2** 노드를 생성한다. BoundingBoxBased_0-1_UVW의 채널 R과 B를 각각 **MakeFloat2** 노드의 X와 Y 입력 핀에 연결한다.

26. **MakeFloat** 노드 앞쪽에 **One Minus** 노드를 추가한다. 이 노드는 입력으로 들어온 값을 반전시킨다. **MakeFloat**의 Result 출력 핀을 입력으로 연결한다.

27. 24~27단계까지 일련의 노드가 영향을 줄 텍스처에 대한 스케일을 조절하는 역할을 하는 **Multiply** 노드를 추가한다. A 핀에 **One Minus**의 출력 핀을 연결하고 B 핀에 값을 설정한다. 3으로 지정했다.

28. Panner 노드를 생성해서 이전 Multiply 노드의 출력을 Coordinate 입력 핀에 연결하자.

29. Panner를 선택해서 **디테일** 탭을 살펴본다. 주사선이 위쪽 방향으로 움직이길 원하기 때문에 SpeedX는 0으로 두고 SpeedY의 값을 증가시킨다. 0.025로 설정했다. 느리게 움직이는 것이 멋져 보여서 이렇게 설정했다.

30. Panner 노드의 출력을 주사선 Texture Sample 노드의 UVs 입력 핀에 연결한다. 이 부분을 작업한 그래프는 다음 그림처럼 보일 것이다. 이를 파트 C라고 하자.

이제 다양한 주사선 효과를 약간 추가하고 최종적으로 메인 머티리얼 노드의 오패시티에 연결하자.

31. 조금 전에 만든 그래프를 복사해서 바로 아래쪽에 붙여 넣는다. 두 개의 동일한 비주얼 스크립팅 코드가 있고 하나가 다른 하나의 위쪽에 있다. 각각을 파트 C와 D라고 하자.

32. 파트 D의 Multiply 노드로 가서 전에 3으로 설정했던 것을 6과 같은 값으로 변경한다. 이렇게 변경하면 이전보다 주사선 효과가 좀 더 작게 보인다.

33. 두 효과를 혼합하려고 Add 노드를 추가하자. 파트 C와 D의 Texture Sample의 출력을 각각 A와 B 핀에 연결한다.

34. 마지막 Add 노드의 앞에 두 개의 Constant3Vector 노드를 추가한다. 두 개 중에 첫 번째 노드에 R, G, B 채널 모두의 값을 0.2로 지정하고 두 번째 노드에는 각 채널을 1로 지정한다.

> ℹ️ 머티리얼의 오패시티를 조절하려고 앞의 Constant3Vector 노드를 사용할 것이다. 단순한 Constant가 아니라 Constant3Vector를 사용해야 한다. 혼합 마스크로 사용할 주사선 텍스처의 출력 형식과 일치시켜야 한다.

35. Lerp 노드를 만들고 첫 번째 Constant3Vector 노드를 A 핀에 연결하고 두 번째 Constant3Vector 노드를 B 핀에 연결한다.

36. 스캔 라인을 합치려고 사용했던 Add 노드의 출력을 Lerp의 Alpha 입력으로 연결한다.

37. Lerp 노드 앞에 Multiply 노드를 만들고 A 입력 핀에 Lerp 노드의 출력 핀을 연결하고 B 입력 핀에는 값 0.8을 지정한다.

최종 그래프와 그 효과는 다음 그림과 비슷할 것이다.

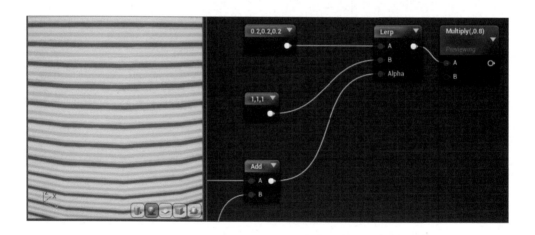

38단계에서 만든 Multiply 노드의 출력을 메인 **머티리얼** 노드의 **오패시티**에 연결하면 만들고자 했던 머티리얼이 완성된다. 작은 목재 나무 프랍에 멋진 홀로그램 머티리얼이 입혀져 있는 모습을 볼 수 있다.

이렇게 최종적으로 효과가 원하는 대로 보이도록 완성했다. 그러는 동안 새로운 유용한 몇몇 노드도 배웠다. 다른 대부분의 실습처럼 다른 곳에서도 사용할 수 있는 그래프의 조각을 배운 것이 가장 중요하다. 새로운 내용을 배웠을 거라 희망한다.

예제 분석

다뤘던 홀로그램 머티리얼은 Translucent 블렌드 모드를 사용했다. 전 실습에서 유리 재질 머티리얼을 만들고자 다뤘던 블렌드 모드다. 추가적으로 새로운 셰이딩 모델인 Unlit도 살펴봤다. 이 시점에 Unlit은 완전히 새로운 다뤄 보지 않았던 모델이다.

이제 새로운 셰이더의 종류를 살펴볼 것이다. 예전에 사용했던 다른 셰이딩 모델의 종류에 비해 동작 방법을 이해하는 것이 매우 쉽다. 셰이딩 모델은 언리얼에서 빛이 물체의 표면에 영향을 주는 방식을 지정한다. 지금까지 특히 두 가지 셰이딩 모델인 Default Lit

과 Subsurface Profile을 살펴봤다. Default Lit은 나무, 철, 콘크리트처럼 불투명 물체들과 비슷한 방법으로 빛을 반사하는 물체에 사용하면 된다는 의미다. Subsurface Profile은 초를 만들어보는 실습에서 살펴봤었고, 특정 물체에 닿은 빛의 부분이 그 물체에 의해 흡수되거나 표면 아래에서 산란할 때 매우 유용하다. 지금 다룰 Unlit이라는 새로운 셰이딩 모델도 마찬가지로 빛이 물체와 상호작용 방식을 결정한다. 하지만 이때 큰 차이점은 빛과 머티리얼이 상호작용하지 않는다는 점에 있다. 말하자면 레벨에 배치된 조명이 모델에 전혀 영향을 주지 않는다. 조명에 영향을 받지 않는다는 점이 메인 머티리얼 노드의 베이스 대신 이미시브 입력을 사용하는 이유 가운데 하나다. 이미시브가 레벨에 배치된 어떤 조명에도 영향을 받지 않는 속성이기 때문이다.

추가 정보

머티리얼의 이미시브 입력은 가짜 조명을 원하거나 만들고 싶을 때 강력한 리소스다. 이미시브가 새로운 조명을 추가하는 표준 절차는 아니더라도 이미시브 입력을 사용하는 머티리얼을 설정하는 것이 특정 조건하에서 조명을 대신할 수 있다. 이러한 종류의 에셋을 사용할 때 선택 사항은 무엇이 있을까?

우선 기본적으로 두 가지 선택이 있다. 하나는 머티리얼이 빛을 방출하는 것처럼 보이도록 이미시브 입력을 사용하는 것이다. 또는 광자^{photons}를 방출해 실제로 월드에 영향을 주도록 설정하는 것이다. 블룸^{bloom} 효과에 기여하고 밝을 빛을 직접 바라볼 때 현상을 표현하려고 엔진도 바로 머티리얼의 이미시브 입력을 사용한다. 만약 이런 기법이 착시일 뿐이기 때문에 사용하고 싶지 않고, 대신에 실제로 조명에 영향을 주고 싶다면 그런 선택지도 있다. 사용법은 매우 간단하다. 우선 이미시브 머티리얼이 적용된 모델을 선택해 **디테일** 탭을 살펴보자. **디테일** 탭에서 Lighting 카테고리 아래에 Use Emissive for Static Lighting이라는 이름의 속성을 찾을 수 있다. 이 속성을 켜고 라이트 맵을 계산하고자 **빌드**^{Build} 버튼을 누르면 끝이다.

이쯤에서 머티리얼이 방출할 수 있는 빛의 종류를 꼭 알아두자. 빛의 종류가 항상 스태틱이기 때문이다. 아직은 동적 이미시브 조명을 엔진이 지원하지 않기 때문에 실시간 효과를 만들 수 없다는 점을 꼭 기억하자.

읽을거리

Unlit 셰이딩 모델과 이미시브 입력에 대한 좀 더 자세한 사항을 에픽 게임즈의 다음 공식 문서에서 찾을 수 있다.

- https://docs.unrealengine.com/ko/Engine/Rendering/Materials/HowTo/EmissiveGlow

▌ 실사 같은 반사 표현하기

반사는 매우 흥미롭고 강력한 효과다. 반사를 이용해서 장면을 구축하고 분해할 수 있다. 반사는 그 가능성을 최대한 사용할 때 놀랄 만한 효과를 보여준다. 반사만 포함되도 실제라고 믿을 수밖에 없는 현실성을 한층 더해주기 때문이다. 이제까지 앞선 실습에서 두 가지 반사 방법을 사용했다. 한 가지는 엔진에서 기본으로 활성화돼 있는 표준 스크린 스페이스 리플렉션^{Screen Space Reflections}이고, 다른 하나는 레벨에 항상 배치돼 있는 리플렉션 캡처^{Reflection Captures}다. 1장, '물리 기반 렌더링'에서 둘을 단순히 설정해보기만 했다. 그렇지만 두 방법 모두가 제공한 레벨들에 구현돼 있었다. 두 가지 방법은 이미 다뤘으니 평면 반사와 같은 반사가 좀 더 그럴듯하게 보이게 해주는 추가적인 반사 기법을 다뤄 볼 차례다. 지금까지 사용했던 방법도 사용해왔던 에셋에서도 잘 작동한다. 하지만 이제 살펴보고자 하는 몇몇 머티리얼이 좀 더 정확한 반사 기법으로 인해 이점을 얻을 수 있다. 또한 이후 실습에서도 중요한 역할을 할 것이다. 그러니 특별한 점이 무엇인지 살펴보자.

준비하기

동일한 에셋으로 실습을 따라 하고 싶다면 Content/UE4ShadersAndEffects/Maps/ Chapter04 폴더에 있는 04_04_AccurateReflections_Start라는 이름의 맵 파일을 열면 된다.

열어보면 레벨은 단순하고 지난 실습에서 봤던 몇몇 에셋을 사용한다. 하지만 중앙에 있는 거울의 표면에서 멋지게 반사되는 것을 확인할 수 있도록 에셋이 재배치돼 있다. 이 레벨을 직접 만든 에셋과 레벨로 흉내내는 것은 매우 쉽다. 특별한 요구 사항도 없고 특수한 형태의 모델이 필요하지도 않다. 원한다면 언리얼 엔진에 기본으로 포함돼 있는 표준 에셋을 사용할 수도 있다. 단지 거울 역할을 할 평면만 확실히 추가하면 된다. 그리고 낮은 러프니스 값을 가진 높은 반사율의 머티리얼도 필요하다. 시작해보자.

예제 구현

예전 몇몇 실습처럼 정해진 속성을 활성화해서 엔진에 특정 기능이 동작하도록 해야 한다. 비슷한 예를 투명 머티리얼을 다뤘을 때 해봤었고 기본적으로 스크린 스페이스 리플렉션이 꺼져 있기 때문에 스크린 스페이스 리플렉션을 활성화해야만 했다. 이제 비슷한 작업을 하려고 한다. 평면 반사Planar Reflections를 사용하려는데 첫 번째로 해야 할 것은 프로젝트 세팅에서 지정된 속성을 켜는 것이다.

1. **편집 › 프로젝트**(Edit › Project Settings)를 선택해 프로젝트 세팅을 연다. All Settings 를 클릭하고 검색창에 clip이라고 입력한다.

2. 엔진 ❯ 렌더링 ❯ Lighting(Engine ❯ Rendering ❯ Lighting) 아래 Support global clip plane for Planar Reflections라는 특정 속성을 찾을 수 있을 것이다. 옆의 체크박스를 체크하고 프로젝트 재시작 팝업 메뉴가 나오면 재시작한다.

이제 플레이너 리플렉션[3] 액터를 사용할 수 있게 된다. **모드**Modes 탭의 **배치**Place에서 검색창에 플레이너 리플렉션이라고 입력하면 찾을 수 있다. 만약 키 입력을 하고 싶지 않다면 **모드** 탭의 **비주얼 이펙트**Visual Effects에서도 찾을 수 있다.

3. 플레이너 리플렉션 액터를 레벨에 드래그해서 놓는다.

4. 해당 액터가 선택된 상태라면 바닥과 수직이 될 때까지 회전한다. 레벨에서 거울과 플레이너 리플렉션 액터가 평행하게 배치해야 한다. 꼭 이렇게 되도록 한다.

> ⓘ 플레이너 리플렉션 액터를 가지고 작업을 할 때 약간 놀랄 수도 있다. 반사가 일어나는 거대한 평면이 에디터 뷰에서 항상 보이기 때문에 배치한 거울을 통해서 반사되는 것을 볼 수가 없다. 그래서 플레이너 리플렉션 액터가 보이지 않도록 하려면 Game View 모드로 신입해야 한다. 메인 뷰포트에 포커스가 있을 때 G 키를 눌러서 Game View 모드로 들어가고 나올 수 있음을 기억하자(예를 들어 월드 아웃라이너에 포커스가 있을 때 G 키를 눌러도 아무런 일도 생기지 않는다).

---

3 액터 이름을 말할 때는 '플레이너 리플렉션'으로, 메뉴에서 영문으로 표기되는 곳은 'Planar Reflection'으로, 통상 문맥상으로 평면 반사를 의미할 때는 우리말로 표기했다. - 옮긴이

다음 그림이 **모드** 탭에서 **플레이너 리플렉션** 액터를 레벨에 추가하는 방법을 보여
준다.

배치했다면 **플레이너 리플렉션** 액터의 여러 설정을 조작할 수 있다. 하지만 그 전
에 거울에 사용할 머티리얼을 살펴봐야 한다. 머티리얼에서 반사가 작동하도록
해야 하기 때문이다.

5. SM_WoodenBedroomMirror를 선택하고 **디테일** 탭에서 적용된 머티리얼을 만든
방법을 확인하려면 더블클릭해서 머티리얼 에디터를 연다.

6. 머티리얼 에디터가 열렸다면, 이 머티리얼의 러프니스를 계산하는 방식을 둘러
본다. 러프니스 값은 Lerp 노드를 선택해서 **디테일** 탭에 Const A의 값을 변경해
서 조절할 수 있다.

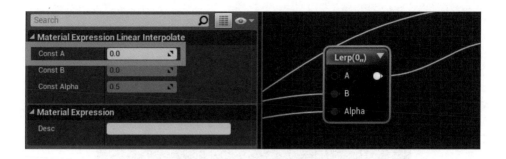

머티리얼 그래프를 보면 알 수 있는 바와 같이 해당 머티리얼은 매우 단순하다. 두 개의 텍스처를 사용하는데 하나는 베이스에 연결되고, 다른 하나는 그레이스 케일 마스크로 앰비언트, 오클루전, 러프니스, 메탈릭에 대한 값을 각 채널에 저장하고 있다. 대부분 입력을 직접적으로 연결했지만 러프니스만 약간 다르게 처리했다. 거울 표면에서 일어나는 반사가 선명하도록 메탈릭 값을 마스크로 사용하는 영역을 고립시키고 매끄러운 표면이어야 하는 부분에 러프니스 값을 확실히 0으로 지정했다.

이렇게 해서 원하는 최종 결과를 얻으려고 플레이너 리플렉션 액터의 속성 설정 작업을 시작할 수 있다.

7. **플레이너 리플렉션** 액터를 선택하고 **디테일** 탭을 살펴보자. Normal Distortion Strength를 기본값 500에서 100으로 낮춰서 설정한다. 이렇게 하면 비스듬하게 놓여 있는 거울에서 좀 더 사실적인 반사가 되게 해준다. 하지만 직접 만든 모델을 사용한다면 알맞은 값으로 설정한다.

8. Distance from Plane Fadeout Start와 Distance from Plane Fadeout End를 각각 600과 700으로 설정한다. 이렇게 하면 반사될 물체가 실제로 거울 속에 확실히 나타나게 해준다.

9. Show Preview Plane 속성을 해제한다. 이렇게 하면 더 이상 Game View에서 확인하지 않아도 된다.

10. 같은 액터의 **Planar Reflection** 카테고리를 확장해 아직 조작해야 할 몇몇 속성을 찾아본다. 그리고 나서 **Screen Percentage** 속성을 100으로 변경한다. 이렇게 하면 반사 품질이 올라간다.

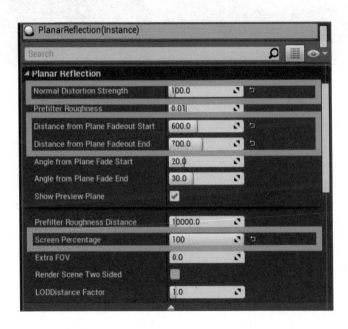

이 단계까지 진행했다면 거울에 멋진 평면 반사가 일어나는 현상이 보일 것이다. 다음 그림은 기존 방법과 플레이너 리플렉션 액터를 사용했을 때를 비교한 것이다.

사실적인 반사 효과를 구현하기 위한 신뢰할 만한 방법을 알게 됐다. 하지만 이 방법은 너무 큰 비용이 든다. 기본적으로 장면을 두 번 렌더링하기 때문이다. 그렇기 때문에 좀 비용이 덜 들면서 멋지고 정밀한 반사를 생성하게 해주는 또 다른 방법을 살펴볼 것이다. 이것은 씬 캡처Scene Capture 기법이다.

두 번째 살펴볼 방법은 장점도 있지만 몇몇 잠재적인 단점도 갖고 있다. 이에 장단점도 알아야 한다. 이번에는 원하는 결과를 얻으려고 항상 장면을 두 번 렌더링하지 않는다. 캡처링 리플렉션Capturing Reflections이라는 새 기법은 장면을 텍스처로 구운 다음 반사하는 물체에 제공하는 것으로 이뤄진다. 그래서 레벨에서 반사가 정확하게 일어나는 것처럼 보이도록 환경을 구울 위치를 수동으로 배치하는 것과 같은 문제가 있다.

11. 플레이너 리플렉션 액터를 지워서 더 이상 동작하지 않게 한다.

12. **모드** 탭의 **배치** 탭으로 가서 **씬 캡처 큐브**Scene Capture Cube 액터를 검색해 레벨에 드래그해놓자.

13. 배치한 **씬 캡처 큐브** 액터를 레벨 안 거울 가까이에 배치한다. 다음 그림을 참고 용으로 확인하라.

씬 캡처 큐브는 렌더 타깃과 함께 동작한다. **렌더 타깃**은 씬 캡처 큐브에서 바라보는 장면을 저장하는 텍스처다. 레벨에 카메라를 배치하면 끝이다.[4] 이렇게 해서 반사되는 값으로 사용할 레벨의 사진을 생성할 수 있다.

14. **콘텐츠 브라우저**의 빈 공간에서 우클릭을 해 **머티리얼 & 텍스처**^{Materials & Textures}에서 **큐브 렌더 타깃**^{Cube Render Target}을 찾아 생성한다.

15. 기억하기 쉬운 이름을 입력하고 더블클릭을 한 다음 **디테일** 탭을 살펴보자. Texture Render Target Cube 카테고리 아래 Size X라는 속성을 찾을 수 있다. 이 값을 2048(2K)로 지정한다.

---

4 실제로 카메라 액터를 별도로 배치할 필요는 없다. 씬 캡처 큐브 자체가 카메라이기 때문이다. 결국 씬 캡처 큐브가 카메라이고 렌더 타깃이 필름이라고 생각하면 된다. - 옮긴이

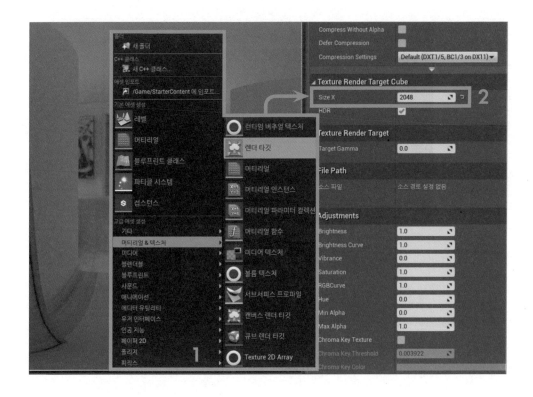

16. 메인 뷰포트로 돌아와 13단계에서 배치했던 씬 캡처 큐브를 선택한다. **디테일** 탭을 살펴보면 Texture Target 속성에 조금 전에 생성했던 **큐브 렌더 타깃**^{Cube Render Target}을 설정한다.

17. 약간 아래로 내려가면 또 다른 설정인 Capture Every Frame이라는 속성이 있다. 성능을 고려해 끈다.

18. 카메라를 살짝 움직이자. 이렇게 하면 렌더 타깃의 내용물이 갱신된다. **렌더 타깃** 에셋을 더블클릭하면 갱신된 내용을 확인할 수 있다.

이제 텍스처를 갖게 됐으니, 거울 머티리얼에서 그 텍스처를 사용할 수 있다. 이 목표를 기억하고 작동하는 새 머티리얼을 생성해보자.

19. 새 머티리얼을 생성하고 레벨에서 거울에 새 머티리얼을 적용해 기존 것을 대체한다. 새 머티리얼 에셋 이름을 M_WoodenMirror_CaptureReflection이라고 입력했다. 머티리얼 에디터에서 새 에셋을 열자.

20. **Texture Sample** 노드를 추가하고 위에서 생성한 렌더 타깃을 텍스처로 설정한다. 새 머티리얼에 반사를 표현할 텍스처를 가지고 있더라도 카메라 위치에 기반해서 바라보는 방향에 따라 영향을 받도록 해야 한다. 이렇게 해야 거울을 바라볼 때 반사가 갱신되는 것과 같은 인상을 줄 수 있다. 감사하게도 언리얼이 제공하는 노드로 이런 작업을 편하게 할 수 있다.

21. 머티리얼 그래프 안에 빈 공간에 우클릭을 하고 Reflection Vector WS라고 입력한다. 이 노드가 렌더 타깃이 의도대로 동작하도록 필요한 기능을 제공한다. 20단계에서 만든 **Texture Sample** 노드의 UVs 입력 핀에 이 노드의 출력을 연결한다

22. Texture Sample의 출력을 Multiply 노드에 연결한다.[5] B 입력 핀의 값을 5와 같은 값으로 지정한다. 머티리얼을 저장하고 적용해보면 반사돼 보이는 것이 좀 더 밝게 보이는 것을 알 수 있다. 괜찮아 보일 때까지 맘껏 조절해보라.

    여기까지의 단계로 거울 3D 모델의 위치와 관계없이 확인할 수 있는 반사 텍스처를 만들었다. 이제 나무 프레임처럼 거울을 이루고 있는 다른 부분과 조립할 필요가 있다.

23. 세 개의 Texture Sample 노드를 추가하고 T_WoodenBedroomMirror_AORM, T_WoodenBedroomMirror_UVMask, T_WoodenBedroomMirror_BaseColor 텍스처를 각 노드에 지정한다. 이후 단계에서 모든 Texture Sample 노드를 사용한다.

24. Lerp 노드를 생성하자. 반사가 일어나는 부분과 나무 프레임 부분을 표현하는 텍스처를 혼합하려고 이 Lerp 노드를 사용한다.

25. 22단계의 Multiply 노드의 출력을 24단계의 Lerp 노드의 A 핀에 연결한다.

26. T_WoodenBedroomMirror_BaseColor 텍스처를 B 입력 핀에 연결한다.

27. T_WoodenBedroomMirror_UVMask 텍스처의 G 채널을 Alpha에 연결하고 Lerp 의 출력을 머티리얼 메인 노드 베이스에 연결한다.

    위의 단계까지 수행하면 이제 색상이 보일 것이다. 이제 러프니스를 처리해보자.

28. T_WoodenBedroomMirror_AORM의 R 채널을 메인 머티리얼 노드의 앰비언트에 직접 연결한다.

29. 새 Lerp 노드를 생성하자. 색상을 조절하려고 24단계에서 만들었던 Lerp 노드와 유사하게 사용할 것이다. 색상이 아니라 러프니스를 조절한다는 점만 다르다.

---

5   Texture Sample의 출력 핀에서 선을 드래그해서 빈 공간에서 놓으면 머티리얼 그래프의 빈 공간에서 우클릭을 한 것처럼 노드 생성 문맥 메뉴가 나온다. 여기서 Multiply를 입력해서 선택하면 바로 Multiply 노드가 생기면서 Texture Sample의 출력인 A 입력 핀에 연결되는 것을 알 수 있다. – 옮긴이

30. T_WoodenBedroomMirror_UVMask 텍스처의 G 채널을 Alpha 핀에 연결하고 A 핀의 값을 1로 지정하자. T_WoodenBedroomMirror_AORM 에셋의 G 채널을 B 핀에 연결한다.

31. 29단계의 Lerp 노드의 결과를 메인 머티리얼 노드의 러프니스에 연결한다.

여기까지 작업한 머티리얼 그래프가 다음 그림처럼 보일 것이다.

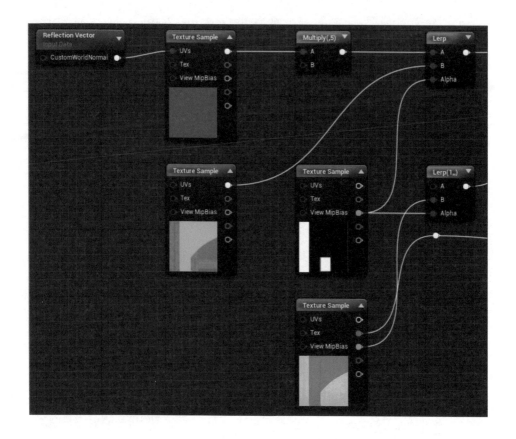

마지막 변경 사항을 머티리얼에 추가했다면 효율적으로 작업을 마무리했다고 보면 된다. 또한 메인 뷰포트로 돌아가 결과를 최종적으로 확인할 수 있다. 이때 반사 효과가 완벽하지 않음을 인지할 수 있을 것이다. 하지만 특정 각도에서도 의도한 대로 동작한다. 결과를 확인하려고 다른 표면에도 효과를 적용해서 테스트를 해보고 싶을 수도 있다. 이 방법은 레벨의 거울보다 더 큰 물체에서 좀 더 잘 동작한다. 하지만 레벨에 생동감을 더해줄 수 있기 때문에 여전히 강력한 기법이다. 그리고 다른 기법보다 성능에 미치는 영향이 제한적이다. 여러 종류의 표면과 머티리얼에서 확실히 테스트해보라.

예제 분석

플레이너 리플렉션 액터는 레벨의 모든 액터에 영향을 준다. 낮은 러프니스 값을 가진 머티리얼에서만 분명하게 효과가 있지만 말이다. 이번 실습에서 확인한 것처럼 레벨의 거울이 딱 그렇다. 벽 또는 레벨에 나머지 프랍과 같은 다른 표면은 전혀 영향을 받지 않는다. 해당 물체들의 러프니스 설정이 반사를 허용하지 않기 때문이다.

플레이너 리플렉션이 레벨에 영향을 미치는 방법은 **디테일** 탭에서 지정했던 설정과 직접적인 관계가 있다. 첫 번째 Normal Distortion Strength는 영향을 받는 표면의 노멀이 얼마만큼 최종 반사에 왜곡을 일으킬지 결정한다. 이 속성은 동시에 영향을 받길 원하는 여러 액터가 정확히 같은 방향으로 반사 표면을 바라보지 않는다면 특히 유용하다. 말하자면 각각 회전돼 있는 물체와 평행이 되도록 놓여 있는 여러 플레이너 리플렉션 액터를 생성하는 대신에 회전 각도를 변화시킬 수 있도록 해주는 Normal Distortion Strength를 조절할 수 있다.

기억할 다른 유용한 속성은 평면에서 페이드 아웃이 시작되는 거리와 페이드 아웃이 끝나는 거리를 지정하는 것이다. 이 설정으로 효과가 발생하는 범위를 조절할 수 있다. 하지만 가장 중요한 설정은 Screen Percentage라는 속성일 것이다. 이걸 통해서 전체적인 효과의 품질과 렌더링 비용을 조절한다.

추가 정보

Scene Capture Cube 액터는 매우 멋진 에셋이다. 이번 실습에서 살펴본 다양한 상황에서 사용될 수 있는 비슷한 효과들을 만들 수 있게 해준다. 계속해서 반사를 이야기하자면 실시간으로 반사를 렌더링하려면 비용이 많이 든다. 조금 전에 공부했던 기법이 실시간으로 반사를 다룰 때 비용이 한계 이상으로 많이 들 때 효율적일 수 있다. 유리 또는 물 머티리얼이 그러한 예다. 이럴 때 그러한 셰이더에서 스크린 스페이스 리플렉션을 활성화하는 것은 명령어 개수를 증가시켜서 결국 머티리얼의 복잡도도 증가시킨다. 대신 머티리얼의 **디테일** 탭에서 SSR 효과를 끄고 이번 실습에서 살펴봤던 동일한 기법을 사용해 속임수로 반사를 표현하자.

물론 텍스처를 적용하는 방식은 정확하게 같을 수 없다. 이번 실습에서 했던 것처럼 색상을 완전히 대체하는 대신 약간 오버레이되거나 기저에 깔려 있는 이미지가 보이도록 적절하게 섞이는 것을 원할 수도 있을 것이다. 이 기법을 적용할 수 있는 다양한 상황이 있다. 그러므로 이 기법을 확실히 익히길 바란다.

읽을거리

플레이너 리플렉션과 렌더 타깃에 관한 공식 문서 링크는 다음과 같다.

- https://docs.unrealengine.com/en-US/Engine/Rendering/LightingAndShadows/PlanarReflections/index.html
- https://docs.unrealengine.com/ko/Resources/ContentExamples/Reflections/1_6
- https://docs.unrealengine.com/ko/Engine/Rendering/RenderTargets

▌풀장의 물을 표현해보면서 굴절 정복하기

물을 표현하는 작업은 멋지지만 풀장 속의 물을 표현하는 것은 더욱 멋지다. 하지만 여기서 그 이유를 설명하지 않을 것이다. 언리얼 엔진 4에서 물의 여러 형태를 다루는 법을 알아보면 재미있을 것이다. 투과돼 보이는 구현과 거친 바다를 표현하는 셰이더 이렇게 두 가지 종류를 살펴볼 예정이다. 이번 실습은 투과돼 보이는 구현을 해봄으로써 거대한 표면에서 잘 작동하는 엔진에 탑재된 여러 굴절 구현을 살펴본다. 4장의 마지막 실습에서 바다를 표현하는 셰이더를 살펴볼 것이다.

물을 표현하는 작업과 직접적인 관련은 없지만 Depth Fade와 같은 흥미로운 노드도 다뤄 볼 것이다. 나중에 Depth Fade 노드를 더 자세히 이야기해보고자 한다. 이 점을 유념하자. 이제 무엇이 필요한지 살펴보자.

준비하기

표현하고자 하는 효과를 제대로 보여줄 수 있는 그런 레벨을 구성하는 것이 좋다. 우선 만들려고 하는 물 머티리얼을 적용할 평면이 있어야 한다. 또한 물을 담고 있는 용기 역할을 할 도구가 필요하다. 이제 욕조 3D 모델을 사용하려고 한다. 욕조가 아니더라도 물을 담는 역할을 할 수 있는 비슷한 것이 있으면 된다. 물을 표현한 평면 주위를 감싸고 있는 불투명 물체가 있는 것이 매우 중요하다. 여러 기하학의 교차를 판별하는 노드를 사용할 것이기 때문이다. 앞의 두 가지 요소가 가장 기본적으로 필요하다. 하지만 물의 굴절을 확인할 수 있는 작은 프랍 같은 요소를 추가하는 것이 나을 수도 있다. 고무 오리가 괜찮은 예일 것이다.

평소처럼 동일한 에셋을 사용하고 싶다면 책에서 제공하는 프로젝트에 필요한 모든 것이 포함돼 있다. Content/UE4ShadersAndEffects/Maps/Chapter04에 있는 04_05_StillWater_Start 맵 파일을 열자. 그리고 실습을 진행하면 된다.

예제 구현

새로운 종류의 투명 머티리얼을 만들려고 하기 때문에, 시작하기 전에 무엇을 표현하고 싶은지 고민해보는 것이 좋다. 이전과 다른 종류의 투명 표면을 다루려고 하는데, 이번에는 전만큼 직관적이지 않다. 물 머티리얼이 가진 특성 때문이다. 유리와 다르게 물은 완전히 정적인 적일 때가 거의 없는 머티리얼이다. 물과 같은 유체의 상태는 항상 움직이고 있다는 의미다. 그리고 그런 움직임으로 인해 신경 써서 살펴봐야 할 특정 조건이 발생한다. 머티리얼의 노멀이 애니메이션되는 방식, 노멀의 방향이 머티리얼 색상에 영향을 미치는 방식, 오패시티가 물의 표면을 따라 변경되는 방식과 같은 것이다. 이와 같은 모든 조건을 다룰 것이다.

1. 머티리얼을 생성하고 원하는 이름을 입력한다. M_BathtubWater로 입력했다.
    만들려고 하는 머티리얼의 용도를 정확히 설명해주기 때문이다.

2. Blend Mode를 Translucent로 변경하고 **디테일** 탭을 아래로 약간 스크롤해서
    Translucency 카테고리에 있는 Screen Space Reflections 체크박스를 체크한다.

3. Lighting Mode를 Surface Translucency Volume으로 변경하고 Render after DOF
    체크박스를 체크한다. Usage 카테고리까지 아래로 스크롤해서 Used with Static
    Lighting 옆에 체크박스를 찾아서 체크한다.

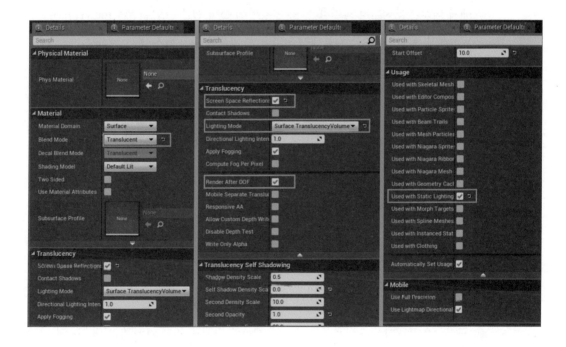

위의 그림을 보면 떠오르겠지만 유리 머티리얼을 만들 때와 동일한 절차를 지금
까지 수행했다. 소개할 첫 번째 차이점은 머티리얼에 오패시티와 색상 값을 할
당하는 방법과 관련이 있다. 물이 욕조 안에 있기 때문에 깊이가 깊어질수록 투

과율이 떨어진다는 점을 기억하자. 현실 세계에서도 실제로 그렇다. Depth Fade 라고 부르는 편리한 노드를 사용해 관련된 계산을 수행해서 원하는 현상을 모방할 것이다.

4. 머티리얼 그래프에 Depth Fade 노드를 추가하자. Palette 메뉴를 누르거나 우클릭을 하고 해당 이름을 입력하면 찾을 수 있다.

5. **디테일** 탭에서 찾을 수 있는 두 가지 속성을 변경할 것이다. Opacity Default 속성은 기본값 1로 그대로 두고 Fade Distance Default는 10으로 설정한다.

6. Depth Fade 노드를 메인 머티리얼의 **베이스**에 연결한 다음 그리고 메인 뷰포트에서 어떻게 보이는지 확인한다. 레벨 중앙에 놓여 있는 모델인 SM_BathTub_ Water에 새 머티리얼을 적용해야 확인할 수 있음을 잊지 말자.

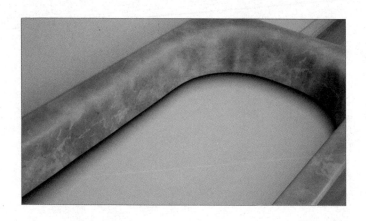

위의 그림을 보면 욕조의 벽과 SM_BathTub_Water 모델이 더 가까워질수록 검은색으로 표시되고 멀어질수록 점점 흰색으로 바뀌는 것을 확인할 수 있다. 이걸 마스크로 사용해 머티리얼의 색상과 오패시티를 조절한다.

7. Depth Fade 노드의 출력 핀에서 드래그를 해서 Clamp 노드를 생성한다. 최솟값, 최댓값을 기본값인 0과 1로 그대로 둔다. Clamp 노드가 Depth Fade 노드의

출력값을 0과 1 범위로 제한되도록 보증한다.

8. Lerp 노드를 하나 생성하고 이전 Clamp 노드의 출력을 Alpha 입력 핀에 연결하자.

9. 두 개의 Scalar Parameter 노드를 추가한다. 이 두 노드가 머티리얼의 오패시티를 조절하는 역할을 할 것이다. 적절히 이름을 지어주고 전 단계에서 만든 Lerp 노드의 A, B 입력 핀에 각각 연결한다. Lerp 노드의 출력을 메인 머티리얼 노드의 오패시티 입력에 연결한다.

위의 두 매개변수 노드 이름을 Edge opacity와 Default opacity라고 입력했다. 첫 번째 노드가 욕조의 가장자리에서 값을 조절하고 두 번째가 그 나머지 부분을 조절하기 때문이다. 각각 값을 0.3과 0.65로 지정했지만 원하는 값으로 지정해도 괜찮다. 또 나중에 머티리얼 인스턴스를 만든 후에 상호작용으로 하면서 어떻게 보이는지 확인할 수도 있다.

 Lerp 노드의 Alpha 핀에 그레이스케일 값이나 상수 같은 값을 연결해야 한다.[6] 어떤 종류이건 각 값은 0에서 1 사이의 값이어야 한다. 그리고 A와 B는 Alpha에 연결된 값에 따라서 혼합될 것이다. 간단히 보자면 A 입력, B 입력과 검은색, 흰색 사이에 관계를 만들 수 있는데, Alpha가 검은색 영역이면 A가 보이고 흰색 영역이면 B가 보인다.

다음 그림은 지금까지 작업한 노드의 그래프를 보여준다.

---

6   그레이스케일 값이라는 것은 R, G, B값이 모두 같은 3벡터를 말하고 상수는 스칼라 값을 말한다. – 옮긴이

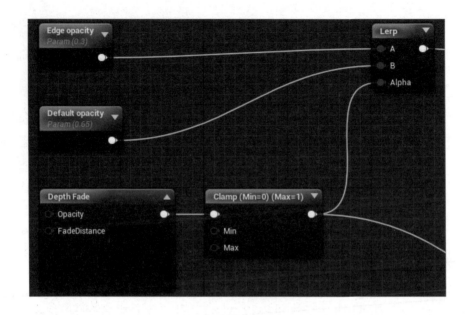

다음 단계는 이전 단계들을 복사해 거의 비슷한 작업을 할 것이다. 이전에 만든 Depth Fade 노드를 사용해 머티리얼의 색상을 조절할 것이기 때문이다.

10. 두 개의 Vector Parameter를 만든다. 적절히 이름을 짓고 값도 지정하자. Edge Color와 Main Color로 이름을 입력했고 첫 번째는 에지 부분을 표현하려고 흰색에 가까운 값을, 두 번째는 나머지 부분을 표현하려고 좀 더 푸른색에 가까운 값을 지정했다.

11. 10단계에서 만든 두 Vector Parameter 노드 앞쪽에 Lerp 노드를 추가하고 각각을 A와 B 핀에 연결하자.

12. Depth Fade 노드 앞에 있는 Clamp 노드에서 다른 선을 드래그해서 11단계에서 만든 Lerp 노드의 Alpha에 연결한다. 오패시티를 작업했을 때처럼 하면 된다. Lerp 노드의 출력을 메인 머티리얼 노드의 베이스 입력에 연결한다.

이제 머티리얼의 러프니스와 노멀, 굴절refraction만 처리하면 된다. 이 세 가지는 애니메이션되는 물 텍스처를 필요로 한다. 이 작업을 하기 전에 우선 머티리얼의

Metallic 입력을 간단히 변경하자. 이렇게 하면 물 머티리얼이 좀 더 괜찮아 보일 것이다.

13. Constant 노드를 하나 만들고 값을 0.9로 지정한다. 그런 다음 메인 머티리얼 노드의 Metallic 입력에 연결한다.

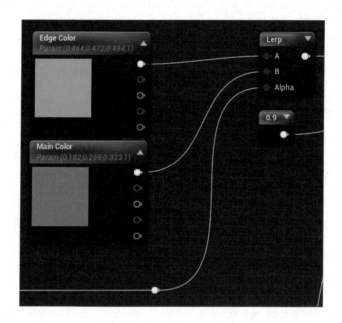

위의 그림이 10에서 13단계까지 작업한 노드들의 그래프다. Lerp 노드의 Alpha 가 이전에 만든 Depth Fade 노드의 Clamp 노드에 의해서 조절된다는 점을 명심하자.

이제 두 가지 다른 작업을 하려고 노멀 텍스처를 움직이게 할 차례다. 노멀 텍스처의 애니메이션으로 물의 중앙 부분의 러프니스를 조절하고 노멀과 움직이는 표면의 시각적 착각을 일으키는 굴절에 영향을 주려고 한다.

14. 물의 노멀을 애니메이션시키려고 사용할 Panner 노드를 하나 만든다. 이 노드가 작동하게 하려면 몇 가지 값이 필요하다. 애니메이션시킬 좌표와 시간, 에니메

이션 속도를 알아야 한다. 이 값들을 정해주자.

15. Texture Coordinate 노드 하나와 Scalar Parameter 노드 하나를 만든다. Scalar Parameter 노드로 적용할 패턴의 크기를 조절하려고 한다. 적절한 이름을 지어 주자. Wave 스케일이라고 이름을 지었고, 값을 3으로 설정했다.

16. 15단계의 두 노드를 Multiply 노드에 연결하고, Multiply의 출력을 14단계에서 만 든 Panner의 Coordinate 입력에 연결하자.

여기가 Panner 노드의 Coordinate 입력 핀에 값을 전달하는 부분이다. 이제 시 간과 속도를 처리한다.

17. 그래프에서 우클릭을 해서 Time이라는 이름을 찾아 Time 노드를 생성하자. 이 노드를 통해 머티리얼에 시간 개념이 도입된다.

18. Multiply 노드를 생성하고 위의 Time 노드를 A 핀에 연결하고 B의 값을 **디테일** 탭 에 설정을 조작하거나 Constant 노드를 생성, 연결해서 값을 0.03으로 설정한다.

19. 18단계의 Multiply 노드의 출력을 Panner 노드의 Time 입력 핀에 연결한다. 이제 속도를 처리한다.

20. Scalar Parameter 노드를 하나 생성하고 Panner 노드의 Speed 입력 핀에 연결 한다. Scalar Parameter를 생성한 이유는 머티리얼 인스턴스를 생성할 때 이 노 드를 변경하고 싶기 때문이다. Scalar Parameter 노드에 값을 0.5로 지정해도 잘 작동할 것이다.

노드 그래프에 이 부분을 만든 이유는 텍스처 UV를 애니메이션하려고 하기 때 문이다. 그렇다면 Texture Sample이 분명히 하나 필요하다. 그럼 이제 노드를 생성하고 물의 노멀의 역할을 수행하는 텍스처를 지정하자.

21. Texture Sample 노드를 생성하고 T_Water_N이라는 이름의 텍스처를 할당한다. T_Water_N은 시작용 콘텐츠에 들어가 있다. 그러니 확실히 시작용 콘텐츠를

프로젝트에 포함시키자.

마지막으로 Texture Sample 노드를 추가함으로써, 이제 완전히 작동하는 Panner 시스템을 구현했다. 단순함을 위해서 그리고 여러 번 이 노드 그래프로 돌아올 것이기 때문에 이 노드 그래프를 A 파트라고 부르자. 다음 그림을 보고 지금까지 한 작업을 살펴보자.

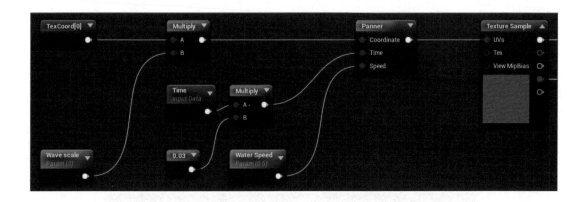

이제부터 이 부분에서 여러 번 가지를 펼치려고 한다. 그래서 이쪽으로 돌아올 때 빠르게 이 부분을 부를 수 있는 방법이 필요했던 것이다. 특히 이 그래프에 Texture Sample 노드가 필요하다. 이 부분이 굴절, 노멀, 러프니스라는 가지로 펼쳐지는 기본 줄기가 된다. 삼인방 가운데 첫 번째로 다룰 것이 굴절이다.

22. 21단계에서 만든 Texture Sample에서 선을 드래그해서 Component Mask를 생성한다. R과 G 채널을 선택한다.

23. Component Mask 노드에서 선을 드래그해서 Multiply 노드를 생성하고 B 핀을 2로 설정한다.

위의 단계는 꽤 강력한 기법이다. 노멀 텍스처의 R과 G 채널만 가져다가 – 이런 종류의 텍스처(노멀 텍스처)를 정의하는 실제 값들은 R, G 채널에 저장된다 – 세기를 증가시켜서 효과가 좀 더 잘 인지되도록 만든다.

24. Append 노드를 생성하고 23의 결과를 A 핀에 연결한다.

25. 다시 A 파트로 돌아가 원본 물 노멀을 담고 있는 Texture Sample의 B 채널에서 선을 드래그해 Append의 B 핀에 연결한다.

이 작업을 통해 물 머티리얼에서 사용할 노멀 맵을 좀 더 강조한 버전을 만들어 머티리얼의 굴절을 조절하려고 바로 사용할 수 있다.

26. 메인 머티리얼 노드를 클릭하고 **디테일** 탭으로 간다. **Refraction** 카테고리가 나올 때까지 계속 아래로 스크롤한다(거의 마지막 부근에 있다). 그리고 **Refraction Mode** 드롭다운 박스를 **Pixel Normal Offset**으로 설정한다. '추가 정보' 절에서 이 설정의 동작 방법을 살펴볼 것이다.

27. 24단계에서 만든 **Append** 노드로 가서 출력을 메인 머티리얼 노드의 Refraction에 연결한다.

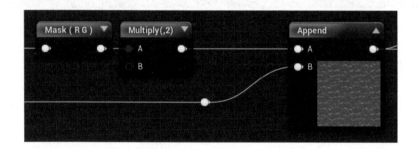

위의 그림은 나중에 복사해야 하는 머티리얼의 부분을 보여준다. 그래서 여기를 파트 B라고 부르자. 굴절을 조절하려고 파트 B를 사용했는데 이제 파트 B를 이용해 물 머티리얼의 러프니스도 조작할 수 있다.

28. Fresnel 노드를 추가하고 이전 Append 노드의 출력을 Fresnel 노드의 Normal 입력 핀에 연결한다. Exponent를 1.5로, **디테일** 탭에서 Base Reflection Function을 0.1로 설정한다.

29. 여러 러프니스 값을 조절하고자 두 개의 Scalar Parameter 노드를 추가한다. 노드 이름을 하나는 Parallel roughness로, 다른 하나는 Perpendicular roughness로 입력했다. 어떤 노드가 어떤 방향을 볼 때 사용할 값인지 알기 쉽게 말이다.

30. Lerp 노드를 추가하고 Parallel roughness 노드를 A 입력 핀에, Perpendicular roughness를 B 입력 핀에, 나머지 28단계의 Fresnel 노드의 출력을 Alpha 입력 핀에 연결하자. 그러고 나서 Lerp 노드의 출력을 메인 머티리얼 노드의 러프니스에 연결하자.

> ⓘ 물에 기름이나 기타 다른 액체가 섞여 있지만 않다면 물의 러프니스는 실제로 동일한 값을 가져야 한다. 그럼에도 욕조 안에 물 이외에 항상 비누와 같은 다른 물질이 있기 때문에 러프니스를 약간 조절했다.

마지막으로 다룰 부분은 아직 연결되지 않은 메인 머티리얼 노드의 Normal 입력이다. 전에 만든 노멀을 사용하지 않고 무작위 텍스처에 따라 여러 강도를 가진 동일한 노멀 맵을 혼합하려고 한다. 이 방법이 머티리얼에서 충분한 다양성을 제공해 반복 패턴이 보이지 않게 해준다.

31. B 파트를 두 번 복사한다.

32. 복사본마다 Multiply의 B 값을 조절한다. 첫 번째는 0.1로 두 번째는 0.2로 지정한다.

33. 복사된 두 개의 새로운 Append 노드의 B 핀에 A 파트에 Texture Sample의 B 채널을 연결한다. B 파트를 만들 때 했던 것처럼 Texture Sample의 색상 출력을 Component Mask 노드에 연결해야만 한다.

34. 새로운 Texture Sample 노드를 생성하고 T_Smoke_Tiled_D 텍스처를 할당한다.

35. Cheap Contrast 노드를 추가하고 위의 Texture Sample 노드를 연결한다. 값이

1인 Constant 노드를 Contrast 입력 핀에 연결한다.

36. Lerp 노드를 추가하고 복사돼 만들어진 이전 두 개의 Append 노드의 출력을 A와
B 핀에 각각 연결한다. Cheap Contrast 노드의 출력을 반드시 Alpha 입력 핀에
연결한다. Lerp 노드의 출력을 메인 머티리얼 노드의 Normal 입력에 연결한다.

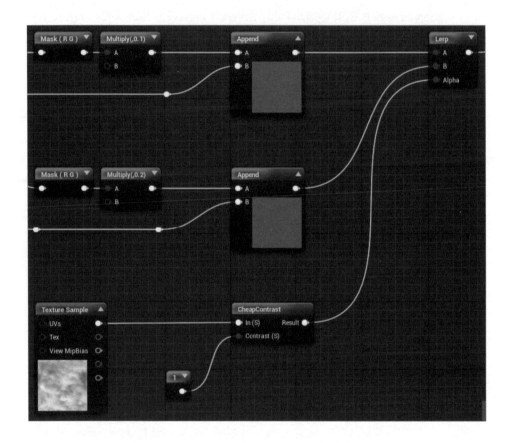

여기까지 작업했다면 욕조 안 물에 적용할 최종 머티리얼이 완성됐다. 어떻게 보이는지
확실히 확인해보라. 그리고 설정했던 여러 매개변수를 자유롭게 조절해보라. 이때 머티
리얼 인스턴스를 만드는 것이 특히 도움이 된다. 컴파일 과정을 기다릴 필요 없이 빠르게
머티리얼을 수정할 수 있기 때문이다.

예제 분석

이번 실습에서 새로운 두 가지 개념을 도입했다. 그 가운데 Pixel Normal Offset 굴절 모드를 좀 더 자세히 살펴보고자 한다. 4장의 두 번째 실습에서 살펴봤던 널리 사용되는 굴절 지수를 대신해 이 기법을 사용했다. 크고 평평한 표면에선 이 방법이 더 잘 작동한다. 굴절 지수 방법이 좀 더 현실세계의 굴절 작동 원리와 유사하지만 언리얼이 굴절 시스템에서 선택한 굴절 지수 구현이 사실적인 표현을 하고자 항상 선택 가능한 최적의 방법은 아니다. 과히 기술적으로 접근하지 않더라도 언리얼의 굴절 지수 구현은 앞서 언급했던 종류의 모델에서 사실과 같지 않은 현상이 일어난다는 것을 가정하고 있다. 이 문제를 해결하려고 에픽은 대체 수단으로 Pixel Normal Offset 굴절 방법도 도입했다.

새로운 굴절 모델은 보고 있는 굴절의 오프셋을 계산하려고 정점^{vertex} 노멀을 사용해 작동한다. 화면상으로 확인 가능한 결과를 제공하면서 정점 노멀의 굴절과 픽셀당 노멀 사이의 차이를 계산함으로써 동작한다. 이런 계산 방법이 굴절 지수보다 좀 더 현실 세계의 굴절과 비슷하다.

추가 정보

Depth Fade라는 또 다른 유용한 노드도 사용해봤다. Depth Fade 노드를 통해 물에서 욕조까지 깊이에 따라서 영역을 마스킹할 수 있었다. Depth Fade 노드의 자체적인 유용성 이외에도 Depth Fade 노드가 머티리얼의 기능을 매우 강력하고 풍부하게 해줄 여러 다른 노드들을 사용하는 데도 도움을 준다. 개발자 스스로 어떤 노드가 있을지 상상해보라. 이런 생각을 해보는 것이 나중에 독자적인 머티리얼 아이디어를 생각해내는 데 도움을 줄 것이기 때문이다.

한 가지 예를 들면 Pixel Depth 함수가 있다. 이 표현식은 렌더링되는 픽셀부터 카메라까지 거리를 제공한다. 이 노드를 여러 방법으로 이용해서 다양한 효과를 구현할 수 있다. 한 가지 예를 들면 카메라에서 멀어질수록 흐리게 하거나 가까울수록 흐리게 해서 직접 피사계 심도 효과를 만들 수 있다.

또 다른 예로 Scene Depth 노드가 있다. 이 노드는 Pixel Depth 노드와 매우 유사하다. 단지 현재 그려지고 있는 픽셀에서 깊이 값이 아니라 장면의 어떤 위치에서 샘플링되는 깊이 값을 제공한다는 차이가 있다. Pixel Depth 노드와 함께 사용하면 정말 유용하다. Pixel Depth와 Scene Depth의 차이를 이용해 흥미로운 효과를 만들 수 있기 때문이다.

읽을거리

평소와 마찬가지로 관련 주제를 좀 더 알고 싶다면 다음 에픽 게임즈의 공식 문서를 꼭 읽어보길 바란다.

- https://docs.unrealengine.com/ko/Engine/Rendering/Materials/Pixel NormalOffset

▌ 물 화선 표현

물 표면을 똑바로 쳐다보고 살펴봄으로써 투명 머티리얼과 같이 다루기 힘든 머티리얼을 사용할 때 장면을 더욱 사실적으로 보이게 할 수 있다. 이전 실습에서 멋진 반사 효과를 추가하고 굴절이 적절한 방법으로 동작하게 하고 애니메이션을 통해 그럴싸해 보이도록 만들었다. 여기에 물속을 바라보면 종종 볼 수 있는 화선이라는 효과를 추가할 수 있다.

이 기법은 물의 표면에서 굴절된 다발의 광선들이 다른 물체(여기선 욕조)로 투영되는 방식을 따라 한다. 그래서 실시간 렌더러에서 계산하기 쉽지 않다. 이럴 때 항상 물리적인 현상을 묘사하기보다는 효과를 그럴듯하게 보이도록 하는 방법을 사용한다. 다음 몇 페이지 동안 한 가지 가능한 방법을 살펴볼 것이다.

준비하기

이번 실습은 이전 실습에 이어서 진행되는 것이기 때문에 새롭게 필요한 것은 없다. 이전 실습에서 설명했던 모든 동일한 고려 사항이 여전히 유효하다. 즉 물을 표현할 평면과 물을 담고 있는 모델이 필요하다. 여기서 새롭게 사용할 모든 에셋이 시작용 콘텐츠에 이미 포함돼 있으니 시작용 콘텐츠를 프로젝트에 꼭 포함시키자. 실습에서 사용하는 동일한 에셋을 사용하고 싶다면 Content/UE4ShadersAndEffects/Maps/Chapter04 폴더 안에서 04_06_WaterCaustics_Start 맵 파일을 찾을 수 있다.

그럼 다음 절로 넘어가자.

예제 구현

이전에 이야기한 바와 같이 화선 효과를 정확히 연산해서 높은 프레임 레이트를 유지할 수 있는 방법이 존재하지 않기 때문에 실제 물리적인 계산을 통해 표현하는 대신 물리적으로 부정확하지만 그럴듯하게 보이는 방법으로 표현한다. 그래서 라이트 함수^{light function}를 사용해 표현해보고자 한다. 라이트 함수는 언리얼 엔진 4에서 빛을 표현하는 종류의 에셋이다. 이 점을 염두에 두고 이 기법을 지원하는 조명을 배치하는 것으로 시작하자.

1. 레벨에 **스포트 라이트**^{Spot Light}를 추가한다. 스포트 라이트 조명이 화선을 다룰 때 매우 효과적이다. 스포트 라이트에 있는 두 개의 속성(Outer Cone Angle과 Inner Cone Angle)이 빛이 완전히 드리우거나 완전히 드리우지 않는 사이에 멋진 중립 영역을 만들어내기 때문이다.

2. **스포트 라이트**를 물의 평면보다 살짝 위에 배치하고 다음 그림처럼 바라보는 방향을 약간 회전한다.

참고로 말하자면 나는 스포트 라이트 X, Y, Z축을 각각 90, −60, −60도 회전시켰다.

3. 조명의 종류를 무버블로 지정한다.

4. 스포트 라이트의 속성을 약간 변경해보자. 우선 빛의 세기^{Intensity}를 약하게 하고 Inner와 Outer Cone Angle을 조절한다. Intensity의 값을 2.3으로 설정했고 Inner Cone Angle을 22도로, Outer Cone Angle을 42도로 설정했다.

5. 아래로 스크롤해서 스포트 라이트 액터의 Light 카테고리 아래 설정 가능한 속성을 펼치자. 그리고 Lighting Channel 섹션을 찾아본다. 기본값을 체크가 돼 있는 Channel 0의 체크를 해제하고 Channel 1을 체크한다.

6. SM_BathTub 액터를 선택하고 **디테일** 탭에서 Lighting 카테고리로 가 본다. 5단계처럼 Lighting Channel로 가서 이번에는 Channel 1을 체크해 Channel 0, 1 모두 체크되게 한다.

스포트 라이트와 욕조 모델에 관한 Lighting Channel 설정

메시에 특정 라이팅 채널(Lighting Channel)을 할당하는 것은 해당 모델이 동일한 라이팅 채널을 사용하는 조명에만 영향을 받는다는 것을 의미한다. 특정 표면에만 영향을 주는 특수한 효과를 만들길 원한다면 이렇게 설정하는 것을 잊지 말자.

여기까지 진행했다면, 마침내 라이트 함수를 만들어서 화선 효과를 표현하는 데 혼신의 힘을 기울일 때다. 우선 **콘텐츠 브라우저**로 넘어가 새 머티리얼을 만드는 것으로 시작하자.

7. 새 머티리얼을 생성하고 이름을 짓고 세이브를 하는 것과 같은 일반적인 단계를 수행하자. 머티리얼 이름을 M_WaterCaustics로 입력했다.

8. 새로운 에셋을 머티리얼 에디터로 열고 **디테일** 탭으로 넘어가자. Material Domain 을 Light Function으로 변경한다.

9. 만든 머티리얼을 스포트 라이트에 할당한다. 그러려면 메인 에디터로 돌아가 서 스포트 라이트를 선택한다. **디테일** 탭을 살펴보면 Light Function 카테고리가 있다. 아래로 스크롤해서 Light Function 카테고리를 찾자.

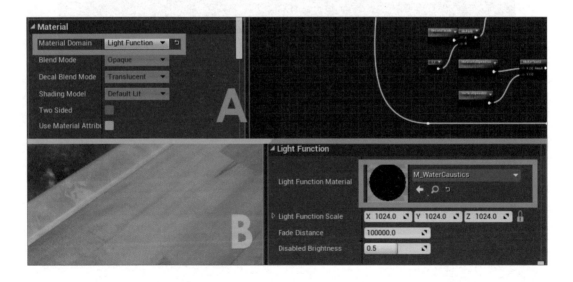

그림 A는 Material Domain을 Light Function으로 설정하는 것을, 그림 B는 스포트 라이트에 머티리얼을 할당하는 것을 보여준다. 조명에 머티리얼을 할당하면 변화가 생기는 것을 확인할 수 있다. 저장하고 이제 머티리얼을 수정해보자.

10. Texture Coordinate 노드를 추가한다. 텍스처의 크기나 위치를 변경하고 싶기 때문에 무조건 Texture Coordinate 노드가 필요하다.

11. 10단계에서 만든 Texture Coordinate 노드 바로 앞에 Multiply 노드를 추가하고 Texture Coordinate의 출력을 Multiply의 A 입력 핀에 연결한다.

12. Texture Coordinate 노드의 아래쪽에 Scalar Parameter 노드를 하나 생성한다. 나중에 생성할 Texture Sample 노드의 타일링을 Texture Coordinate 노드 대신에 변경하려고 Scalar Parameter 노드를 사용할 것이다. Scalar Parameter는 Texture Coordinate 노드와 다르게 머티리얼 인스턴스에서 손쉽게 변경할 수 있기 때문이다. Scalar Parameter 값을 1로 설정한다.

13. Scalar Parameter를 11단계에서 만든 Multiply 노드의 B 입력 핀에 연결한다.

    머티리얼을 구조적으로 정리하기 위해 지금까지 수행한 단계를 A 파트라고 하자. 이렇게 해야 나중에 무엇을 어디에 연결해야 하는지 기억하는 데 도움된다.

14. 두 개의 Scalar Parameter 노드를 만들자. 하나는 Horizontal Speed 01로, 다른 하나는 Vertical Speed 01로 이름을 입력한다. 이름은 원하는 대로 정해도 된다. 하지만 나중에 텍스처를 움직이는 속도를 지정하기 위한 용도임을 기억할 수 있게 해줘야 한다. 각각 0.01과 0.025로 값을 설정한다.

15. MakeFloat2 노드를 생성한다. 새로운 노드이지만 머티리얼 그래프의 빈 공간에서 우클릭을 하고 해당 이름을 입력하면 만들 수 있음을 알 것이다.

16. 수평 이동 속도를 조절하는 Scalar Parameter 노드를 MakeFloat2 노드의 X(S) 입력 핀에 연결한다. 그리고 수직 속도를 조절하는 Scalar Parameter 노드를 Y(S)

입력 핀에 연결한다.[7]

17. MakeFloat2 노드의 Result 핀에서 선을 드래그해서 Multiply 노드를 하나 만든다. 이렇게 하면 Multiply 노드의 A 입력 핀에 MakeFloat2의 Result 핀이 연결된다. 지금은 B 입력 핀을 기본값 1로 두는 것이 나중에 편리하므로 그렇게 하자.

    여기까지 작업을 B 파트라고 부르자. 벨트 아래에 다리 두 개가 생겼으니 이제 다음 조각을 만들어서 앞서 만든 A, B 파트를 합쳐준다.

18. Panner 노드를 추가한다.

19. A 파트를 Panner 노드의 Coordinate 핀에 연결한다. 그다음 B 파트를 Panner 노드의 Speed 핀에 연결한다.

    여기까지 작업했으면 그래프가 다음 그림처럼 보일 것이다.

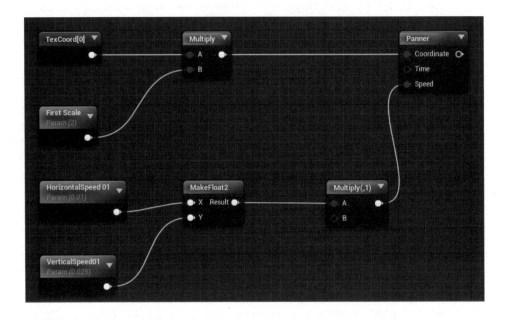

---

7   노드의 입력 핀의 (S)는 스칼라(Scalar)의 약자다. 스칼라 값만 입력으로 받는다는 이야기다. 다른 타입을 연결하면 컴파일 오류가 발생한다. - 옮긴이

2D 벡터를 Speed 핀에 연결했다! 이것이 MakeFloat2 노드를 사용한 이유다. X, Y 속도를 각각 조절하려고 말이다. 지금까지 단순 Constant 노드를 사용했는데, 두 속도 모두를 한 값으로 조절하려고 해서 그렇다. 결과적으로 X, Y값이 같다면 대각선으로 움직인다.

20. Panner 노드의 출력 핀에서 선을 드래그해서 Texture Sample 노드를 만든다. Texture Sample 노드에 영향을 주려고 지금까지 모든 작업을 했다.

21. Texture Sample 노드에 **T_Water_M** 텍스처를 할당한다. 이 에셋은 시작용 콘텐츠에 들어가 있다.

지금까지 수행한 모든 단계는 머티리얼의 외견을 조절할 수 있는 노드 그래프를 구성한 것이다. 물의 화선과 비슷한 패턴을 가진 T_Water_M 텍스처 덕분에 라이트 함수는 잘 작동할 것이다. 실제로 **적용**과 **저장** 버튼을 눌러보면 레벨에서 어떻게 보이는지 확인할 수 있다. 하지만 화선이 눈에 띄는 패턴으로 반복되는 것을 줄이고 화선이 발생하는 표면 위를 좀 더 부드럽게 움직이게 하고 싶다. 이제 이 작업을 해볼 것이다. 작업할 두 번째 단계가 작업을 했던 한 첫 번째 단계와 매우 비슷하다. 그래서 처음 작업했던 그래프를 A 섹션이라고 부르자. 그럼 시작해보자.

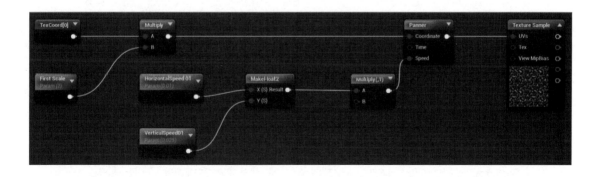

22. A 섹션을 복사하고 A 섹션의 아래쪽에 붙여 넣는다. 이를 B 섹션이라고 부르고

여기서 다음 작업을 수행할 것이다.

23. B 섹션에 있는 Scalar Parameter 노드의 이름을 변경한다. 용도를 설명해줄 수 있도록 이름을 각각 Second Scale, Horizontal Speed 02, Vertical Speed 02로 변경했다.

24. 이름 변경은 이쯤 하고, 각 매개변숫값 또한 적절히 변경해보자. A 섹션과 비슷하지만 다른 값으로 설정하는 것이 나을 것이다. 약간 다른 패턴을 생성하는 것이 목표이기 때문이다. 다음과 같이 변경했다. Scale을 1.5로, Horizontal Speed를 −0.008로, Vertical Speed를 −0.0125로 지정했다.

 작업하고 있는 표면의 형태와 UV 맵이 펼쳐진 모양에 따라서 매개변숫값의 변경으로 인해 극적인 변화가 생길 수도 있다. 만약 직접 만든 에셋을 사용해 실습하고 있다면 값을 변경하면서 실험해보라.

원본 노드 그래프의 복제본을 가지고 작업하는 것이 원본과 복제본을 편리한 방법으로 멋지게 혼합할 수 있게 해준다. 이를 목표로 해 달성할 수 있도록 노드 그래프를 만들어보자.

25. A, B 섹션 둘 앞에 Lerp 노드를 추가하자. A 섹션의 출력을 A 핀에 연결하고 B 섹션의 출력을 B 핀에 연결하자. Alpha는 기본값 그대로 두자. 기본값이 0.5인데, 이건 두 입력을 절반씩 섞는다는 의미다.

26. 위의 Lerp 노드 바로 앞에 Multiply 노드를 하나 추가한다.

27. Scalar Parameter 노드를 하나 만들고 이름을 Overall Intensity라고 입력한다. 이 값을 라이트 함수의 강도를 조절하고자 사용할 것이다.

28. Lerp 노드의 출력을 Multiply 노드의 A 핀에 연결하고 27단계에서 만든 Scalar Parameter를 B 핀에 연결한다.

29. Multiply 노드의 출력을 메인 머티리얼 노드의 **이미시브** 입력에 연결한다. 거의 완성돼 간다. 효과의 전체 속도를 조절하기 위한 Scalar Parameter 노드를 하나 더 추가하면 된다. 섹션 A에서 MakeFloat2 앞에 있는 Multiply 노드에 연결되지 않은 입력 핀이 있다는 것을 기억하는가? 이제 그걸 처리하자.

30. 그래프 초반 부분에서 전체 속도를 조절하려고 Scalar Parameter를 추가하고 값을 1로 한다. 나는 이름을 Overall Speed로 지었다.

31. 30단계에서 만든 노드를 A와 B 섹션 모두에 B 입력 핀이 연결돼 있지 않은 Multiply 노드의 B 입력 핀에 연결한다(그 Multiply 노드가 MakeFloat2 노드의 바로 앞에 위치하고 있다).

32. 머티리얼을 컴파일하고 저장한다.

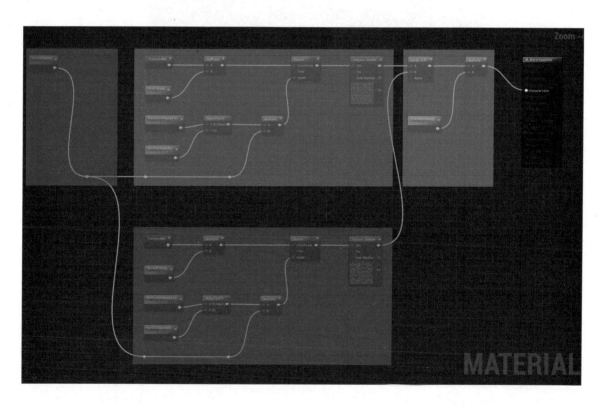

앞의 그림을 보면 작업한 머티리얼의 노드 그래프의 형태를 확인할 수 있다. 붉은색 부분에 전체 속도를 조절하는 노드가 있다. 전체 속도를 조절하려고 마지막 단계에서 작업을 했었다. 주황색과 파랑색 영역은 각각 A와 B 섹션이다. 마지막으로 초록 영역에서 두 섹션을 혼합하고 세기를 조절한다. 이 모든 기능이 합쳐져서 다음 그림과 같은 효과를 화면으로 볼 수 있다.

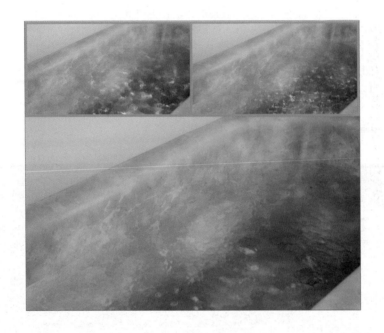

예제 분석

라이트 함수는 멋진 기능이다. 이미 알고 있을 거라 생각하지만 이번 실습에서 라이트 함수를 사용한 방법은 언리얼의 풍부한 기능을 더욱 돋보이게 해준다. 라이트 함수를 생각해보자. 조명을 사용했지만 그림자를 드리우진 않았다. 기능을 해제했기 때문이다. 방출되는 빛이 영향을 주고 싶은 곳을 제외하곤 어떤 다른 표면에도 영향을 미치지 않는다. 언리얼이 제공하는 라이팅 채널을 사용해 이걸 처리했다. 빛이 존재하지만 영향은 미치지 않는 것은 참 이상한 작동 방법이다.

이런 종류의 풍부한 기능은 언리얼 사용자라면 훨씬 자주 이용해야 할 기능이다. 장기적인 관점에서 장점만을 제공하기 때문이다. 무엇이 가능한지와 한계가 무엇인지를 알게됨으로써 엔진에 점점 더 익숙해져 가고 있다.

추가 정보

이번 실습을 마무리하기 전에 현실 세계에서 물의 화선 효과를 이야기해보자. 만약 이런저런 이유로 좀 더 사실적인 물의 화선 효과를 구현하길 원한다면 가짜로 흉내내는 것 대신에 살펴볼 만한 선택지가 있다. 물론 100% 정확하게 표현하는 것은 불가능하지만 말이다.

톱다운top-down 원근 카메라에서 사용할 물 평면 애니메이션을 저장한다. 그리고 저장한 이미지 시퀀스를 비디오로 렌더링하는 것이 해볼 수 있는 방법이다. 물론 색상을 렌더링하는 것이 아니라, 높이 맵height map을 렌더링해야 한다. 이 작업은 언리얼이 아니라 다른 3D 편집 소프트웨어를 이용하거나 장면 깊이 버퍼Scene Depth Buffer를 시각화하고 값을 조절해서 높이 맵으로 생성할 수도 있다.

종합해서 보자면 핵심은 현실 세계에 애니메이션되는 물의 표면의 움직임과 일치하는 애니메이션을 가진 높이 맵을 녹화하는 것이다. 좀 더 사실적으로 보이게 하려면 이렇게 만들어진 것을 사용해야 한다. 이 애니메이션을 라이트 함수로 입력해서 만약 정확하게 조절하고 플레이한다면, 훨씬 더 사실적인 물의 화선 효과를 표현할 수 있다.

읽을거리

라이트 함수와 라이팅 채널에 관한 좀 더 자세한 정보를 다음 링크에서 찾을 수 있다(항상 그렇듯 에픽의 공식 문서다).

- https://docs.unrealengine.com/ko/Engine/Rendering/LightingAnd Shadows/LightFunctions

- https://docs.unrealengine.com/ko/Engine/Rendering/LightingAnd
Shadows/LightingChannels

▌ 애니메이션되는 바다 셰이더 만들기

앞선 실습에서 이미 물 머티리얼을 다뤘지만, 언리얼 엔진 4에서 큰 규모의 바다 셰이더
를 만들어볼 기회를 지나치고 싶지 않다. 컴퓨터 렌더링에서 내가 가장 좋아하는 주제 중
하나가 큰 규모의 바다 셰이더다. 이제 살펴볼 방법 덕분에 완벽하게 훌륭한 결과를 얻을
수 있다. 하지만 이전 주제를 단순히 확장하는 그런 수준에 머물진 않는다. 대신 다음 몇
페이지 동안 계속 새로운 기법을 배우고 신규 개념을 적용해볼 것이다. 그러니 벨트를 꽉
매라. 우리의 여정에 휴식이란 없으니 말이다.

준비하기

이번 실습에선 큰 변화가 있다. 하지만 평소처럼 필요한 모든 것은 책의 프로젝트에
서 제공하거나, 시작용 콘텐츠나 엔진에 포함돼 있다. 큰 규모의 바다 머티리얼을 작업
하려고 하기 때문에 익숙한 실내 배경에서 거대한 야외 환경으로 작업 공간을 이동하
는 것은 일리가 있다. 작업할 맵 파일은 04_07_SeaShader_Start다. 그리고 Content/
UE4ShadersAndEffects/Maps/Chapter04 폴더에서 파일을 찾을 수 있다.

직접 만든 프로젝트에서 실습을 진행하고 싶다면 이번 실습에선 세분화된 평면과 (시작용
콘텐츠에 포함돼 있는) BP_LightStudio 블루프린트가 꼭 필요하다. 기본적으로 평면은 파
도의 움직임을 모방하려면 충분히 세분화돼 있어야 하고 레벨을 볼 수 있도록 조명이 있
어야 한다. 이 두 가지면 충분하다.

예제 구현

바다를 표현하는 일은 항상 큰 규모의 표면을 다룬다는 것과 같은 뜻이다. 현실 세계의 바다와 다르게 게임에서 표현하는 바다 표면이 실제로 매우 작을 수도 있다. 하지만 이번 실습의 목적에 부합하도록 큰 규모를 다룬다고 생각해보자. 이렇게 가정해서 큰 규모의 표면을 다루는 방법을 배울 수 있다. 규모가 커지면 나타나는 특정 문제가 있기 때문이다. 직면하게 될 주된 문제는 타일링^{tiling}이다. 모델에 걸쳐서 텍스처의 반복 패턴이 눈에 보일 때 이 용어를 사용한다. 3장, '불투명 머티리얼과 텍스처 매핑'에서 콘크리트 머티리얼을 작업할 때 다뤄 본 문제이지만 그때는 적용할 수 없었던 기법을 도입해 문제 해결 방법을 확장해보자. 한 가지 더 이야기하자면 만든 파도의 높이에 따라 바다 거품을 추가할 것이다. 이러면 머티리얼이 동적으로 변화하기 때문에 유용하다.

1. 레벨이 이미 준비됐다고 하고 — 제공하는 것이나 직접 만든 맵 파일을 열었다면 — **콘텐츠 브라우저**에 새로운 머티리얼을 추가한다. 나는 머티리얼 용도를 이름으로 유추할 수 있도록 이름을 M_OceanWater로 입력했다.

   주된 관심사 중 하나는 머티리얼에서 분명히 발생할 반복을 보이지 않게 하는 방법이기 때문에 두 개의 무작위로 생성된 파도를 정의하는 일부터 시작할 것이다. 규모 면에서 하나는 작고 하나는 크다. 첫 번째 부분을 A 파트라고 하자. A 파트가 작은 파도를 만드는 일을 수행한다.

2. Material Function Call을 생성한다. F 키를 누르고 머티리얼 그래프의 빈 공간에 좌클릭을 하자. 또는 우클릭을 하고 이름을 입력하면 된다.

3. 새로 만든 노드를 선택한 상태에서, **디테일** 탭을 살펴보고 material function에 대한 드롭다운 메뉴를 열어서 Motion_4WayChaos_Normal이라는 함수를 찾아서 선택한다.

   이 편리한 함수는 입력으로 사용한 노멀 텍스처를 기반으로 무작위 애니메이션 동작을 생성한다. 매개변수들을 설정해보자.

4. **절대 월드 포지션**^{Absolute World Position} 노드를 추가한다. Absolute로 검색하면 아무 결과도 나오지 않으니 꼭 World Position으로 입력하는 것을 잊지 말자.

5. 두 개의 Scalar Parameter 노드를 생성한다. 나는 첫 번째 이름을 Water Scale(1)로 입력했고 바다 크기를 조절하고자 사용할 예정이다. 두 번째 이름을 Small Wave Scale(256)로 입력했다. 작은 파도의 특정 비율을 조절할 것이다.[8]

6. Multiply 노드를 추가하고 5단계에서 생성한 Scalar Parameter 노드를 각각 A와 B 입력에 연결한다.

7. Divide 노드를 생성하고 **절대 월드 포지션** 노드의 바로 앞에 배치한다. World Position 의 출력을 Divide 노드의 A 입력에 연결한다.

8. 6단계의 Multiply 노드의 출력을 7단계의 Divide 노드의 B 입력에 연결한다.

9. Divide 노드 앞에 Component Mask 노드를 추가하고 **디테일** 탭에서 R과 G 채널을 선택한다.

10. Component Mask의 출력을 Material Function의 UVs 입력 핀에 연결한다.

---

8 Water Scale(1)처럼 Scalar Parameter 노드의 이름 옆 괄호 안 숫자는 지정된 값을 의미한다. 'Water Scale에는 기본값 1이 지정돼 있다'는 의미다. – 옮긴이

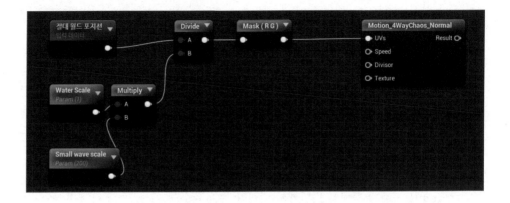

4Way 함수의 UVs 입력 핀에 연결된 그래프가 머티리얼이 적용된 표면에 UV를 계산하는 방법이다. 절대 월드 포지션 노드가 모델의 UV 좌표에 의존적이지 않는 투영 방법을 제공한다. 생성한 두 개의 Scalar Parameter를 통해 이 투영의 비율을 결정한다. 아울러 마지막으로 최종 입력 핀에 연결할 2차원 벡터가 필요하기 때문에 R과 G 채널만 마스크를 한 것이다. UVs 좌표를 조절할 수 있는 상태에서 이제 Speed와 Texture 입력에 노드를 연결해보자.

11. 두 개의 Scalar Parameter 노드를 추가한다. Small Wave Speed(0.2)와 Water Speed(1.5)다. 속도를 조절한다는 점을 제외하면 작은 파도의 비율을 조절하는 Scalar Parameter를 만들 때 사용했던 동일한 규칙을 이용해서 이름을 지었다.

12. 두 값을 곱하려고 Multiply 노드를 만들고 두 Scalar Parameter 노드를 연결한다.

13. Multiply 노드의 출력을 4WayChaos 함수의 Speed 입력에 연결한다.

14. Texture Object Parameter 노드를 추가하고 T_Water_N 텍스처를 할당한다. 그리고 4WayChaos 함수의 Texture 입력에 연결한다.

머티리얼을 완성하고 머티리얼 인스턴스를 생성해 실시간으로 속성을 편집하고 싶기 때문에 많은 Scalar Parameter와 Texture Object Parameter를 생성했다. 하나씩 고쳐 가면서 그때마다 변경 사항을 컴파일하면 시간 소모가 너무 크다.

여기까지 작업했다면 A 파트의 그래프는 거의 끝이 난 것이다. 물론 마무리를
하려면 두 개 이상의 노드를 추가해야 한다. 그럼 계속 해보자.

15. 두 개의 Constant3Vector 노드를 추가한다. 첫 번째에 값을 0, 0, 0으로 지정하
고 두 번째에 값을 1, 1, 0.2로 지정하자.

16. Scalar Parameter 노드를 하나 생성하고 이름을 Small wave amplifier로 입력
한다. 값은 0.5로 지정한다.

17. Lerp 노드를 추가해서 16단계의 매개변수를 사용해 15단계의 두 매개변수를 선
형 보간한다.

18. 4WayChaos 함수 앞에 Multiply 노드를 추가한다. 그런 다음 A 입력에 4WayChaos
함수의 Result 출력을 연결하고 B 입력에 17단계에서 만든 Lerp 노드의 출력을
연결한다.

위의 단계까지 했다면 A 파트의 구현이 끝이다. 여기서 작은 규모 파도의 비율,
속도, 높이를 조절한다.

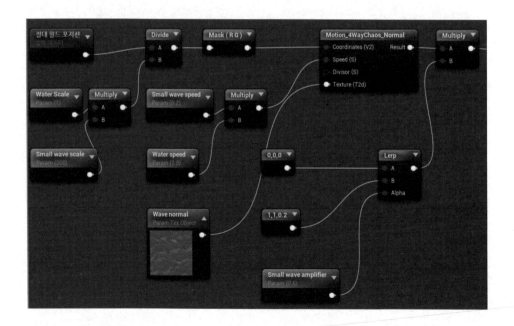

308

A 파트를 복제해서 빠르게 두 번째 파도를 생성하는 데 이용할 수 있다. 두 번째 파도가 더 크기 때문에 이름을 보고 유추할 수 있도록 Large Scale Waves라고 부르자. 머티리얼 그래프에서 이 부분을 B 파트라고 하고 이제 시작하자.

19. A 파트를 전부 복사해 머티리얼 그래프에서 좀 더 아래쪽에 붙여 넣는다. 이 부분이 B 파트가 될 것이다. 여기서 큰 규모의 파도의 비율, 속도와 높이를 조절할 것이다.

20. Scalar Parameter의 이름을 B 파트에 적절하도록 변경한다. Small Wave Scale, Small Wave Speed, Small Wave Amplifier에서 Small을 Large로 모두 변경한다.

21. 다른 Scalar Parameter는 원본 이름과 일치되도록 이름을 변경할 필요가 있다. 전체 머티리얼을 통해서 동일한 매개변수를 사용하도록 말이다. 특히 Water Scale과 Water Speed에 신경 쓰자. 복사/붙이기 과정 후에 이름이 살짝 변경되기 때문이다.

22. Large Wave, Scale, Large Wave Speed, Large Wave Amplifier의 값을 변경한다. 새로운 값은 각각 1024, 0.05, 0.3이다. Large Wave Amplifier로 조절하는 Lerp 노드에 연결된 Constant3Vector의 값도 변경한다. A 핀에 연결된 값은 1, 1, 3으로, B 핀에 연결된 값은 1, 1, 0.1로 변경한다.

23. 약간 변화를 주려고 B 파트의 Component Mask 노드와 4WayChaos 함수 사이에 Rotator 노드를 추가한다. Rotator 노드를 추가한 것은 이런 약간의 변경이 없다면 A 파트의 텍스처의 단순히 크기가 커진 버전에 불과하기 때문이다.

24. Rotator 노드의 Time 입력 핀에 Constant 노드를 하나 연결하고 값을 1.342로 지정한다.

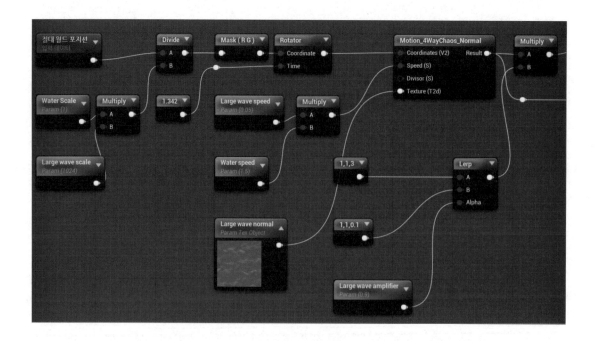

위의 그림이 B 파트 그래프를 보여준다. 약간 달라진 매개변수 이름과 적용된 값들을 제외하면 A 파트와 똑같다. 이제 다른 크기, 애니메이션되는 속도가 다른, 다른 세기의 노멀을 가지고 두 패턴의 파도를 생성하는 두 개의 함수를 갖고 있다는 의미다. 한 번에 하나씩 각 파트를 메인 머티리얼의 베이스 입력에 연결해서 결과를 확인해보자.

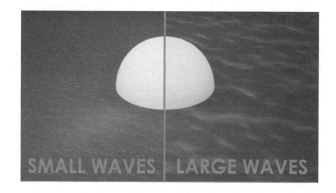

그림을 보면 알 수 있듯이 멋진 파도 패턴을 만들어낸다. 하지만 두 개의 다른 버전을 만든 이유는 반복 패턴이 보이지 않게 두 결과를 혼합하려고 하기 때문이다. 이렇게 해야 머티리얼의 다른 속성을 조절하는 데 유용하다. 하지만 지금은 메인 머티리얼 노드의 Normal 입력에 두 파트의 혼합된 결과를 연결해야 한다.

25. A와 B 두 파트의 앞쪽에 **Add** 노드를 하나 추가하자. 그리고 각각 입력 핀에 연결하자.

26. 25단계의 **Add** 노드의 출력을 메인 머티리얼 노드의 **Normal** 입력에 연결하자. 이렇게 해서 머티리얼의 Normal 입력을 처리했다. 하지만 여전히 **베이스**, **디스플레이스먼트**^{Displacement}와 셰이더의 재질을 정의할 다른 많은 입력을 처리해야 한다. 우선 머티리얼을 적용한 평면의 디스플레이스먼트 처리하는 것으로 이 과정을 시작하려고 한다.

27. 머티리얼의 B 파트를 복사하고 B 파트의 아래쪽에 붙여 넣자. 이 부분을 C 파트라고 부르자. 여기가 이제 작업할 파트다.

28. 4WayChaos 함수 앞에 있는 **Multiply** 노드를 지운다. B 핀에 연결된 Lerp 노드와 Constant3Vector 노드 두 개, Scalar Parameter 노드 하나도 함께 지우자.

29. Motion_4WayChaos_Normal 함수를 선택해서 Material Function을 Motion_4WayChaos라고 부르는 것으로 변경하자. 함수 이름을 잘 살펴본다. 비슷한 이름을 가지고 있지만 다른 용도로 사용되기 때문이다.

30. Texture Object Parameter 노드에 설정된 텍스처를 T_Water_M이라는 이름의 텍스처로 변경하자. 이 텍스처가 이전 텍스처의 높이 맵 버전이고 시작용 콘텐츠에 포함돼 있다. 그리고 Texture Object Parameter의 이름도 Large Wave Height로 변경하자.

31. 나머지 다른 Scalar Parameter 노드들도 B 파트의 이름과 일치하도록 이름을 변경하자.

32. 4WayChaos 함수 앞에 Power 노드를 추가하자. 함수의 Result 핀을 Power 노드의 Base 입력 핀에 연결하자.

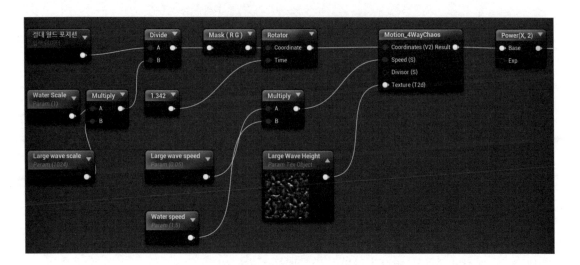

여기까지 진행했으면 머티리얼 그래프의 C 파트가 완성됐고 위의 그림처럼 보일 것이다. 이제쯤 아마도 더 복잡한 셰이더가 될 것이라는 것을 알 수 있을 것이다. C 파트는 기본적으로 B 파트와 동일하다. 즉 B 파트처럼 큰 파도의 비율과 속도를 정의한다. 하지만 C 파트에선 노멀 대신에 높이를 계산하는 데 모델의 디스플레이스먼트를 조절하는 것뿐만 아니라 셰이더에서 거품의 위치를 조절하는 데도 유용하다.

이 단계에서 C 파트에서 가지를 쳐서 바다 물거품과 머티리얼의 디스플레이스먼트를 조절하려고 한다. 디스플레이스먼트는 단어 의미 그대로 사용된다. 이제 디스플레이스먼트에 집중해보자.

33. Scalar Parameter 노드를 추가하고 이름을 Luminance bias라고 입력하자. 값을

0으로 지정하자. 이 노드가 레벨에서 높이 맵의 높낮이를 조절할 것이다. Add 노드를 생성하고 Luminance bias 노드와 32단계의 Power 노드의 출력을 입력으로 연결하라.

34. Component Mask 노드를 추가하고 R 채널만 선택하자. 이 노드를 통해 그레이 스케일 텍스처를 얻을 수 있고 텍스처를 다음에 다른 채널에 저장할 수 있다. 여기서는 특히 B 채널, 때때로 Z 채널로 알려진 곳에 저장하려고 한다.

35. Append 노드와 Constant2Vector 노드를 생성하자. Constant2Vector 노드의 값을 0, 0으로 지정하고 Append 노드의 A 입력에 연결하자. 34단계의 Component Mask의 결과를 Append 노드의 B 입력에 연결하자. 이렇게 해서 효과적으로 원소가 3개인 벡터를 생성해서 Z값에 높이 맵의 값을 저장할 수 있다.

36. 강도를 증가시켜보자. Multiply 노드를 하나 추가하자. A 입력에 35단계의 Append 노드의 출력을 연결하자. B 입력은 값을 5로 지정하자.

37. Multiply 노드와 Scalar Parameter 노드를 하나씩 추가하자. 마지막 Scalar Parameter가 디스플레이스먼트를 조절할 것이다. 그래서 이름을 Displacement 라고 입력하고 초깃값을 10으로 설정하자. 새 Scalar Parameter와 34단계의 Multiply 노드의 출력을 이 단계에서 만든 Multiply 노드의 입력에 연결하자.

38. 머티리얼 그래프의 빈 공간에 우클릭을 하고 Vertex Normal이라고 입력해서 Vertex Normal 노드를 생성하자. Normal 노드가 머티리얼이 적용된 월드 공간 정점 노멀 값을 제공한다. 노멀 값을 통해 차례로 모델의 정점을 이동시킬 것이다. 37단계의 Multiply와 Vertex Normal 노드를 더하려고 새로운 Add 노드를 추가하자.

39. Add 노드의 출력을 메인 머티리얼 노드의 **월드 디스플레이스먼트**^{World Displacement} 입력에 연결하자.

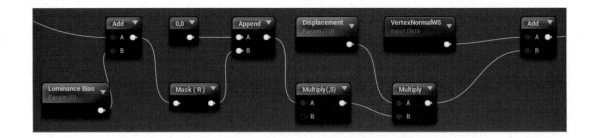

이제 물의 색상을 처리하자. 이 과정에서 첫 번째 단계는 Sea Foam 텍스처를 생성하는 것이다. 그럼 해보자.

40. C 파트를 복사해 B와 C 파트 사이에 붙여 넣는다. 둘 사이에 공간이 부족하다면 공간을 만들자.

41. 몇몇 Scalar Parameter의 이름을 변경한다. Large Wave Scale 대신 Seaform Scale을, Large Wave Speed 대신 Seaform speed라고 하자.

42. Texture Object Paramter의 default value에 Water_d 텍스처를 설정한다.

계속 진행하기 전에 수정해야 할 부분이 있다. 만약 Component Mask 노드의 결과를 Motion_4WayChaos 함수의 Coordinate 입력에 연결한다면 바다 물거품이 전체 평면에 걸쳐서 생겨날 것이다. 하지만 B 파트에 해당하는 큰 파도에만 연결돼서 물거품이 생겨나길 원한다. 다음 단계를 따라 하면 가능하다.

43. Component Mask 노드와 Motion_4WayChaos 함수 사이에 Add 노드를 추가한다. Component Mask의 출력을 꼭 Add 노드의 입력에 연결을 하고 Add 노드의 출력을 다시 Motion_4WayChaos 함수의 Coordinate(V2) 입력으로 연결한다.

44. 43단계에서 만든 Add 노드의 입력 하나가 비어 있다. 몇 단계 이후 다시 살펴볼 테니 잊지 말자.

45. 큰 파도를 만드는 기능을 했던 B 파트로 넘어가서 머티리얼 함수(Motion_4Way

314

Chaos_Normal)에서 추가로 선을 드래그해서 Component Mask 노드를 생성하고 R과 G 채널을 선택한다.

46. Component Mask 노드에서 출력에서 선을 드래그해서 One Minus 노드를 생성한다.

47. Multiply 노드를 하나 추가한다.

48. Scalar Parameter 노드를 하나 추가하고 이름을 Foam distortion으로 입력한다. 47단계의 Multiply 노드의 B 입력에 연결한다.

49. Multiply 노드의 A 입력에 One Minus 노드의 출력을 연결한다.

50. Multiply 노드의 출력을 43단계에서 만든 Add 노드의 빈 입력에 연결한다.

단계 40에서 50까지를 D 파트라고 부르자. D 파트에서 큰 파도를 생성하는 부분에 의해 제어되는 작은 바다 물거품 텍스처를 생성한다. 생성된 텍스처를 머티리얼의 외견을 조절하는 데 사용할 것이다. 이제 셰이더의 베이스 색상을 처리해야 한다. 이 과정도 여러 단계가 필요하다. 바다를 바라보면 파도의 위치와 움직임에 따라서 색상이 변화하는 것을 알 수 있다. 우선 이 현상을 표현해보자. 여기서 표면이 바라보는 사람을 향하고 있으면 좀 더 어둡게 보이고 평행이면 좀 더 밝게 보인다.

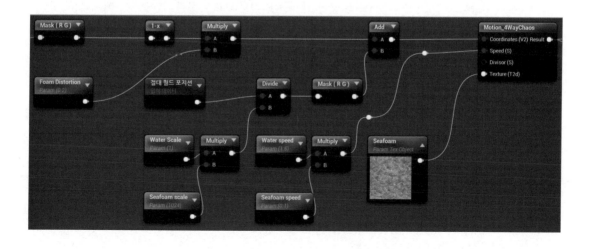

51. 25단계에서 만든 Add 노드(이 노드가 A와 B 파트를 합치는 역할을 했다)에서 선을 드래그한다.

52. 드래그한 선에서 Normalize 노드를 생성하자. 이 표현식은 벡터를 입력으로 받아서 단위 벡터$^{\text{unit vector}}$(길이가 1인 벡터)를 반환한다.

53. Normalize 노드의 앞쪽에 Transform Vector 노드를 추가한다. Transform Vector 노드는 입력으로 들어온 탄젠트 공간 벡터를 월드 공간 벡터로 변환해서 반환한다.

54. Fresnel 노드를 생성하고 이전 Transform Vector 노드의 출력을 Fresnel 노드의 Normal 입력으로 연결한다. Fresnel 노드를 선택하고 Exponent의 값을 5로 Base Reflection Fraction의 값을 0으로 지정한다.

55. Fresnel 노드 앞에 Clamp 노드를 추가하고, Min과 Max 값을 기본값인 0과 1로 그대로 둔다.

나중에 참조하기 편하도록 앞선 단계를 E 파트라고 부르자. E 파트가 카메라를 바로 바라보고 있는 영역과 그렇지 않은 영역을 나타내는 마스크를 제공한다. 또한 파도를 고려해서 생성된 마스크이기 때문에 더욱 유용하다. 마지막으로 물의 또 다른 부분의 외견을 표현하는 데 도움될 수 있는 것을 만들어보고자 한다. 이 부분을 F 파트라고 부르고 여기서 물의 색상을 결정할 것이다.

56. 두 개의 Vector Parameter를 생성하자. 첫 번째 이름을 Water color로 입력하고 두 번째 이름을 Water side color로 입력한다. 물의 색상을 잘 표현할 거라고 생각하는 값을 할당한다. 이런 머티리얼을 작업할 때 좀 더 분명히 효과가 동작

하는 것을 보고 싶다면 두 개의 색상이 차이가 나도록 하면 된다.

57. 두 Vector Parameter 노드를 Lerp 노드로 혼합하려고 하는데 E 파트의 출력을
Alpha 입력으로 사용하려고 한다.

이제부터 이전에 만들었던 바다 물거품과 위의 색상을 합치기만 하면 된다. 그
러려면 아직 구현해야 할 것이 남아 있다.

58. C 파트(큰 파도의 높이를 계산했던 부분)에 있는 32단계에서 만들었던 Power 노드로
돌아가서 출력에서 선을 드래그해서 앞쪽에 새로운 Power 노드를 만들자.

59. Scalar Parameter 노드를 생성하자. 이 노드로 물거품을 얼마나 많이 생성할 것
인지 조절할 것이다. 나는 이름을 Seafoam Height Power라고 입력했고 값을
2로 지정했다. 58단계의 Power 노드의 Exp 핀에 연결하자.

60. Multiply 노드를 생성하고 58단계에서 만든 Power 노드의 출력을 A 입력 핀에 연
결하자.

61. Scalar Parameter를 생성한다. 이 Scalar Parameter가 물거품이 일어날 곳에서
변화를 조절한다. 나는 이름을 Seafoam Height Multiply라고 입력했고 값을
2048로 지정했다. 60단계에서 만든 Multiply 노드의 B 입력에 연결하자.

62. Multiply 노드의 앞에 Component Mask 노드를 생성하고 R 채널만 선택하자.

63. Component Mask 노드 앞에 Clamp 노드를 만들고, 기본값인 0, 1을 사용하자.

앞의 단계들을 G 파트라고 부르자. 이 부분이 물거품이 일어날 높이를 조절한다. 다음에 바로 이용할 것이다.

64. F 파트에 있는 물의 색상을 혼합했던 Lerp 노드의 출력에서 선을 드래그하자.

65. 선의 끝에서 새 Lerp 노드를 생성하자. 이렇게 하면 이전 Lerp 노드의 출력이 자동으로 입력에 연결된다.

66. 물거품을 생성하는 D 파트에 있는 Motion_4WayChaos 머티리얼 함수의 출력을 65단계에서 만든 Lerp의 **B** 입력에 연결하자.

67. D 파트의 Motion_4WayChaos 머티리얼 함수 앞에 Component Mask 노드를 생성하고 G 채널을 선택하자. 65단계의 Lerp 노드의 **Alpha** 입력에 연결하자.

앞의 단계를 통해 일반 바다 색상과 큰 파도의 움직임에 의해 생성된 물거품 텍스처 사이를 혼합한다. 최종적으로 큰 파도의 가장 높은 곳에서만 물거품이 생기도록 하는 요구 사항을 처리하려고 한다. 큰 파도의 높이는 G 파트에서 계산했었다.

68. F 파트에 Lerp 노드에서 선을 드래그해서 새로운 Lerp 노드를 만들자.

69. 65단계의 Lerp 노드의 출력을 새 Lerp 노드의 **B** 입력에 연결하자.

70. G 파트의 Clamp 노드의 출력을 Alpha 입력에 연결하자.

71. 최종 Lerp 노드의 출력을 메인 머티리얼 노드의 베이스 입력에 연결하자.

이제 메인 머티리얼 노드의 **Metallic**, **스펙큘라**^{Specular}, **러프니스** 입력에 연결할 Constant 노드들만 만들면 끝이다. 세 개의 **Scalar Parameter** 노드를 만들고 **Metallic**에 연결할 노드의 값을 0.1로 반사가 정말 많이 일어나도록 스펙큘라에 연결할 노드의 값을 1로 그리고 러프니스 입력에 연결할 노드의 값을 0.01로 지정하자. 러프니스를 0.01로 설정한 것은 물의 표면에서 일어나는 반사가 자세히 보이길 원하기 때문이다. 여기까지 확실하게 작업했다면 머티리얼 인스턴스를 만들자. 그리고 만족할 만한 결과를 얻을 때까지 값들을 조절해보자. 색상을 자연스럽게 조절했다면 최종 결과는 다음 그림처럼 보일 것이다.

예제 분석

이번 실습에서 정말 많은 것을 해봤다. 그리고 수행한 작업이 편안하게 느껴지고 명확하게 이해되려면 시간이 필요할 것이라고 확신한다. 그렇지만 몇 문단으로 실습 과정을 설명해보겠다.

결국, 각 개별 단계 대신에 복잡한 머티리얼이 수행하는 작업이 무엇인지 생각해보는 것이 항상 유용하다. 만약 머티리얼을 실습에서 파트로 나눈 것처럼 작은 조각으로 분해하면 좀 더 명확해질 것이다. 이제 실습을 다시 살펴보자.

A와 B 파트는 꽤 직관적이다. 그 부분에서 애니메이션되는 파도의 패턴을 생성했는데 크기에 따라서 작은 파도와 큰 파도, 이렇게 두 개를 만들었다. 패턴을 생성하는데 엔진에서 제공하는 머티리얼 함수를 사용했다. 또 Rotator 노드를 사용해 큰 파도 패턴에 약간의 변화를 줬다.

그다음 바다 물거품 텍스처를 만들려고 파트 D를 만들었다. 완전히 독립적인 A와 B 파트와 다르게 C 파트는 물거품이 큰 파도에 의해 일어나길 원했기 때문에 B 파트에 의존적이다.

C 파트는 큰 파도에 대한 높이 맵을 계산했고 이 높이 맵을 사용해 파도의 디스플레이스먼트를 조절했다. G 파트는 바다 물거품이 생겨나는 영역을 정의하려고 C 파트에서 생성한 높이 맵을 이용한다. 최종적으로 이러한 계산에 따라 생성된 물거품과 물의 색상을 합쳐서 완성이 됐다.

요약한 내용도 이해하기에 적은 분량이 아니다. 그래서 이런 복잡도를 다루는 가장 좋은 방법은 그래프의 각 부분을 살펴보면서 동작을 이해하는 것이다.

추가 정보

이번 실습을 마무리하기 전에 꼭 그래프를 살펴보는 데 도움이 되는 유용한 기법을 이야기하고 싶다. 이번 머티리얼처럼 복잡한 머티리얼일 때 특히 유용하다. 복잡한 머티리얼일 때 어떤 작업을 수행하고 있는지 추적하는 일이 쉽지 않기 때문이다. 이제 이야기하려는 도구는 머티리얼 그래프 안에 있는 **노드 미리보기 시작**Start Preview Node 기능이다. 확인하고 싶은 그래프의 노드에서 우클릭을 하고 해당 메뉴를 선택하면 활성화된다. 해당 메뉴가 문맥 메뉴의 첫 번째 항목으로 분명히 있을 것이다. 메뉴를 누르고 머티리얼 뷰포트를 보면 그 결과를 보여주고 있을 것이다. 이 기능을 종료하려면 우클릭을 해서 **노드 미리보기 끝내기**^Node Stop Previewing를 선택하자.

몇몇 효과는 노드 미리보기 시작을 통해서도 확인하기 힘들 수 있음을 알아두자. 스크린 공간 계산에 의존하는 기법일 때 특히 더 확인이 힘들다. 뷰포트를 통해만 효과를 확인할 수 있기 때문이다. **Depth Fade** 노드가 한 가지 예다. 이전 실습에서 욕조 안에 담겨 있는 물이 주변 환경에 영향을 받도록 사용했던 노드다.

읽을거리

이번 실습에서 가장 많이 사용한 노드가 4WayChaos 머티리얼 함수다. 이전에도 여러 유용한 여러 노드를 사용했지만 아직 함수는 익숙하지 않다. 머티리얼 함수를 더 자세히 알고 싶다면 다음 언리얼 엔진의 공식 문서를 살펴보자.

* https://docs.unrealengine.com/ko/Engine/Rendering/Materials/Functions/Overview

추가로 말하자면 마지막 실습이 상당히 긴 편이지만 다뤘던 각 부분이 사실 매우 중요하고 꽤 고급 기법이다. 자습으로 다시 비슷한 머티리얼을 만들려고 개발자만의 기법도 사용하면서 각 부분을 직접 다시 만들어보라. 이렇게 해서 많은 지식과 실습 경험을 얻을 수 있을 것이다.

05

머티리얼의 활용 범위 확장하기

지금까지 살펴본 모든 머티리얼과 기법은 한 가지 공통점을 갖고 있었다. 바로 레벨에 배치된 물체의 재질을 표현하려고 만들어졌다는 것이다. 많은 셰이더들이 이 분류에 속한다. 그리고 현실 세계에서 머티리얼의 정의가 무엇인지를 생각해보면 당연한 결과처럼 보인다. 하지만 실시간 애플리케이션을 제작할 때 위에서 설명한 방법 이외의 다른 방법으로도 미디리얼을 사용할 수 있다. 5장에서는 다음 실습을 해본다.

- 레벨에 조명으로 에미시브 머티리얼 사용하기
- 화면에 인터넷에서 받은 비디오 재생하기
- CCTV 카메라 만들기
- 게임에서 상호작용 가능한 물체 하이라이팅하기
- 게임 속 나침반 만들기
- 미니맵 만들기

목록을 보면 알 수 있듯이 같이 게임이나 앱 개발에 도움이 되도록 머티리얼을 활용하는 다른 흥미로운 방법이 존재한다. 5장에서 이에 관해 살펴보자.

▌ 소개

예전에 플레이했던 게임이나 사용했던 앱을 잠시 생각해보자. 아마 어린 시절 좋아했던 비디오 게임이거나 머릿속을 떠나지 않는 최근에 해본 게임이 생각날 것이다. 가장 먼저 당시 인상 깊었던 게임을 플레이하는 동안 경험했던 특정 상황을 기억할 거라고 확신한다. 게임 속에서 세상을 구축하는 방법이나 발생하는 일련의 특정 사건에 관한 기억일 것이다. 어떤 경우든 앱과 게임이 단지 3D 모델이나 머티리얼과 같은 정적인 요소로만 만들어지진 않는다. 추가적으로 상호작용과 모든 요소가 다 함께 작동할 때 발생하는 놀라운 마법도 필요하다는 점에 아마 동의할 것이다.

5장에서는 실시간 경험에 상호작용과 기능을 더해주는 머티리얼 왕국에 존재하는 몇몇 방법을 살펴볼 것이다. 앞서 이야기한 바와 같이 셰이더도 상호작용이 가능하다. 상호작용 가능성과 작성해볼 로직 덕분에 레벨을 좀 더 흥미롭게 해줄 강력한 에셋을 만들 수 있다. 자, 그럼 관련 에셋을 살펴보자.

▌ 레벨 조명으로 에미시브 머티리얼 사용하기

첫 번째 예로 머티리얼을 살펴볼 것이다. 정확히 말하면 램프 머티리얼이다. 하지만 일반적인 머티리얼 사용법과 거리가 멀다. 이 빛을 방출하는 물체는 엔진에서 사용 가능한 다양한 조명 종류에서 파생된 조명 에셋을 사용하지 않는다. 대신 일반적인 머티리얼을 사용해 조명을 만들 것이다. 물론 거기서 끝이 아니다. 머티리얼을 만드는 것은 실제로 손쉬운 부분이다. 이 기법의 핵심은 조명을 빌드하는 과정 동안에 정확한 결과를 얻는 것이다. 그래서 어떤 조명 빌드 속성을 조절해야 하는지 살펴볼 것이다. 종합해보면 다양한 상황에서 유용할 수 있는 가짜 조명을 만들고 조명 계산에 포함되는 강력한 방법을 알아볼 것이다.

이제 그 가운데 한 가지 방법을 살펴본다. 다음 그림을 잘 보자.

준비하기

이번 실습에서 몇몇 특화된 3D 모델과 텍스처를 사용할 예정이다. 사실 단지 심미적인 이유 때문이다. 만약 직접 만든 에셋을 사용해 실습을 따라 하고 싶다면 필요한 요구 사항이 그렇게 많지 않음을 알아두자. 만들어볼 에미시브 머티리얼을 적용할 간단한 메시와 다루려고 하는 조명을 빌드한 결과를 확인할 수 있는 작은 레벨만 있으면 된다. 엔진에서 제공하는 에셋을 사용해도 무방하다.

하지만 제공한 레벨을 사용하고 싶다면 Content/UE4ShadersAndEffects/Maps/Chapter05 폴더에 있는 05_01_EmissiveAsStaticLighting_Start라는 맵 파일을 열면 된다.

예제 구현

실습 시작 전에 우선 레벨 설정을 해야만 한다. 어떤 레벨을 사용하건 상관없다. 이제 만들어볼 효과를 정확히 볼 수 있도록 레벨을 더 어둡게 만들고 싶을 뿐이다. 만약 제공하는 레벨을 열었다면 확실히 다음 과정을 수행하자.

1. 월드 아웃라이너에서 BP_LightStudio 블루프린트 에셋을 선택하고 **디테일** 탭을 살펴보자. HDRI라는 이름의 세 번째 카테고리에 Use HDRI라는 설정이 있을 것이다. 이 체크박스를 해제한다. 그러면 다음 단계에서 수행할 결과를 더욱 잘 인지할 수 있을 것이다.

 이 시점에 조명이 존재하지 않는다. 그렇지만 빌드 버튼을 눌러 엔진이 조명을 다시 빌드하게 하자. 빌드가 끝나면 이제 레벨이 완전히 검은색으로 보일 것이다.[1]

만약 이 시점에 특정 물체에서 아직 조명이 약간 보인다고 해도 걱정하지 마라. 초나 나무 바닥의 특정 부분이 매우 높은 반사율을 가진 표면이어서 반사된 빛이 보이는 것이니 말이다. 하지만 그렇게 인지할 수 있는 빛이 나는 부분이 있다는 사실은 흥미롭다. 엔진이 최종 렌더링 결과물을 합성하는 방법의 개념을 제공해주기 때문이다. 다음 그림을 참조하자.

---

1   정적 조명은 설정이 변경된다고 자동으로 변경 사항이 반영되지 않기 때문에 빌드를 해줘야 한다. – 옮긴이

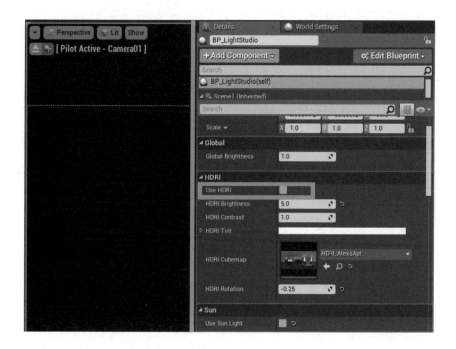

2. **콘텐츠 브라우저**에서 새 머티리얼을 생성한다. 이걸 빛을 발생하는 용도로 사용할 예정이다. 원하는 이름을 입력한다. 나는 이름을 M_LightBulb으로 입력했다.

3. 메인 머티리얼 노드를 선택하고 Shading Model을 Default Lit에서 Unlit으로 변경한다. 선택된 노드의 **디테일** 탭에서 이런 작업을 할 수 있다. 앞선 실습에서 이미 해봐서 알 것이다.

이전 단계를 차례차례 수행했다면 이제 머티리얼의 로직을 만들 준비가 된 것이다. 에미시브 조명을 만드는 건 간단하다. 그래서 이 과정에 뭔가를 약간 추가하려고 한다. 첫 번째 추가 사항은 램프의 본래 모습이 그대로 보이도록 하는 것이란 걸 알아두자. 이번 실습의 페이지에 나오는 그림을 보거나 레벨을 처음 열었을 때 확인할 수 있다.[2] 램프가 보이도록 하려고 동일한 텍스처를 사용할 것이다.

---

2   이 레벨은 당연히 05_01_EmissiveAsStaticLighting_Start 맵 파일을 열었을 때 나오는 레벨을 말하는 것이다. - 옮긴이

4. Texture Sample 노드를 생성하고 T_Lamp_Color 텍스처를 할당한다. 5장에서 사용하는 에셋이 저장돼 있는 Assets 폴더 안에 해당 텍스처가 포함돼 있다.[3]

5. Cheap Contrast 노드를 위의 Texture Sample 노드 앞에 추가하고 Texture Sample 노드의 출력을 In(S) 입력 핀으로 연결한다.

6. Scalar Parameter 노드를 추가하고 이름을 Contrast Intensity로 입력한다. 이렇게 이름을 지은 까닭은 노드를 실제로 대비의 강도를 조절할 때 사용할 예정이기 때문이다. Scalar Parameter 노드를 Cheap Contrast 노드의 Contrast(S) 입력에 연결하고 Scalar Parameter 노드 값을 설정한다. 2 정도면 잘 작동한다.

위의 과정이 일반적인 텍스처를 가져다가 해당 텍스처의 흑백 버전의 대비도를 조작했다. 이렇게 해서 램프의 특정 부분을 마스킹할 수 있다. 그래서 그 마스크를 사용해 다른 곳보다 빛을 더 많이 방출하는 곳을 정할 수 있다. 다음 그림을 잘 살펴보자.

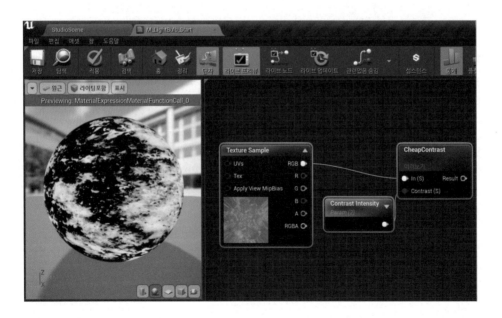

---

3 Content/UE4ShadersAndEffects/Assets/Chapter05 폴더를 말하는 것이다. - 옮긴이

앞의 그림 속 오른쪽이 지금까지 작업한 그래프이고, 왼쪽이 Cheap Contrast 노드의 결과를 미리보기한 것이다.

7. Cheap Contrast 노드 바로 앞에 Multiply 노드를 추가한다. Cheap Contrast 노드의 결과를 B 입력 핀에 연결하고 4단계의 Texture Sample의 출력을 A 입력 핀에 연결한다. 이렇게 해서 흑백 이미지의 밝은 영역을 원본 텍스처의 색상으로 칠할 것이다.

8. 7단계의 Multiply 노드 바로 앞에 두 번째 Multiply 노드를 추가하고 A 입력 핀에 연결한다. B 입력 핀에는 Scalar Parameter를 연결할 것이고 이 노드가 밝은 부분의 세기를 조절할 것이다.

9. Scalar Parameter 노드를 생성하고 8단계의 Multiply 노드의 B 입력에 연결하자. 밝은 영역의 밝기를 조절할 것이기 때문에 이름을 그에 알맞게 입력하자. 값은 500처럼 높은 값을 지정해야 한다는 것을 기억하라.

   앞서 작업한 노드 그래프를 통해 원본 텍스처에서 밝은 영역에서만 빛이 방출되도록 하는 에미시브 머티리얼을 가지게 됐다. 지금은 어두운 부분에서 빛을 방출하지 않는다. 이 점은 나중에 변경할 사항이다.

10. 원본 Texture Sample에서 선을 드래그해서 새로운 Multiply 노드를 생성하자.

11. 새 Scalar Parameter 노드를 추가하고 이름을 Dark area brightness로 입력한다. 이렇게 이름을 지은 이유는 어두운 영역의 에미시브 세기를 조절하고자 이 노드를 사용할 예정이기 때문이다.

12. 8단계에서 만든 Multiply와 직전에 만든 Multiply 노드 모두 앞에 Lerp 노드를 추가하자. 새 Lerp 노드의 B 입력에 8단계의 Multiply 노드를 연결하고 A 입력에 10단계에서 만든 Multiply 노드를 연결한다.

13. Cheap Contrast 노드의 Result 핀을 새 Lerp 노드의 Alpha 입력에 연결한다.

14. Lerp 노드의 출력을 메인 머티리얼 노드의 **에미시브 컬러** 입력에 연결하자.

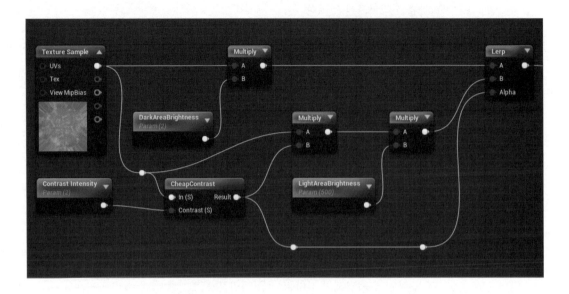

이렇게 레벨의 램프에 적용할 에미시브 머티리얼을 만들어봤다. 아직 결과를 확인하려면 여러 가지 작업을 더 해야 한다. 몇몇 속성을 활성화해야 하기 때문이다.

15. 월드 아웃라이너에서 Lamp를 선택하고 **디테일** 탭을 보자. 탭에서 아래로 스크롤해서 Lighting 카테고리를 찾았다면 Use Emissive for Static Lighting이라는 속성을 찾을 수 있을 것이다. 옆에 있는 체크박스를 체크한다.

16. 만들었던 머티리얼을 모델에 적용하자. 제공하는 모델을 사용한다면 **디테일** 탭에서 Materials 카테고리를 찾아서 **엘리먼트 1**에 해당 머티리얼을 할당한다.

이제 조명을 빌드해 결과를 확인할 준비가 됐다. 처음 결과가 이상해도 괘념치 마라. 이런 종류의 조명이 잘 동작하게 하려면 특정 라이트매스Lightmass 속성을 조작해야만 한다. 기본값을 사용했을 때 결과가 어떻게 보이는지 확인해보자.

동작한다! 하지만 기대한 것만큼 결과가 깔끔하진 않다. 렌더링된 결과물의 품질을 향상시키려면 라이트매스 속성을 조절하자. 라이트매스 속성은 **월드 세팅**World Settings 탭에서 찾을 수 있다. 월드 세팅이 어디에 있는지 모르겠다면 **창 〉 월드 세팅**(Window 〉 World Setting) 메뉴를 선택한다. 라이트매스 카테고리에서 확인할 수 있는 기본값과 이미지의 시각적 품질을 향상시키려고 사용한 값을 조절한 속성을 굵은 글씨로 표기하고, 기본값과 조절한 값을 옆에 적어 두었다.

- Static Lighting Level Scale: 1.0/0.3
- Num Indirect Lighting Bounces: 3/30
- Num Sky Lighting Bounces: 1/7
- Indirect Lighting Quality: 1.0/5.0
- Indirect Lighting Smoothness: 1.0/3.0

이외에도 **Use Ambient Occlusion** 속성의 체크박스에 체크하는 것도 유용하다.

마지막으로 최종 결과를 보고자 조명을 빌드하기 전에 레벨에서 에미시브 머티리얼이 블룸에 영향을 주는 방법을 조절하는 두 개의 추가적인 속성을 알려주고 싶다. 빛을 방출하려고 에미시브 출력을 사용하는 오브젝트가 매우 밝아지게 하고 싶거나 그렇지 않은 때에 특히 유용하다. 만약 설정을 변경하고 싶다면, 레벨에서 **Post Process Volume**을 선택하고 **디테일** 탭을 살펴보자. 거기에서 **Bloom** 세기를 조절할 수 있는데 값을 0.1로 변경하면 기본값보다 이번 예에서는 훨씬 결과가 괜찮을 것이다. 다른 하나는 **디테일** 탭에서 Emissive Boost 속성을 조절하는 것이고 빛을 방출하는 물체에 블룸 효과가 생기게 해준다.

예제 분석

그래서 이렇게 작동하는 건가? 에미시브 머티리얼의 빛을 방출하는 이런 특성을 만들어 내는 원리는 무엇인가? 질문이 무척 까다로워 보이지만 답은 간단하다. 우선 조명 용도로 에미시브 머티리얼을 사용하는 것을 스태틱 조명을 사용하는 것이라고 생각하라. 조명을 빌드해야만 결과를 확인할 수 있다. 그리고 특정 라이트매스 속성을 설정하는 데 신경을 써야 원하는 결과를 얻을 수 있다.

이 방법을 사용하는 것이 성능상 꽤 저렴하다. 이번 머티리얼은 지금까지 살펴봤던 거의 모든 머티리얼보다 렌더링하는 비용이 적게 든다. 셰이딩 모델이 Unlit이기 때문이다. 조명 자체로 봐도 매우 단순하고 컴퓨터에서 사용하는 자원도 적다. 기본적으로 조명이 스태틱이기 때문이다. 이는 동적 그림자를 생성하지 못한다는 의미이고 이 조명을 사용하려면 레벨의 조명을 빌드해야 한다는 의미다.

가장 신경 쓸 필요가 있는 요구 사항은 조명을 빌드할 때 사용할 라이트매스의 설정이다. 빌드 과정은 레벨의 크기와 복잡도에 따라서 긴 시간이 걸리기도 하기 때문이다. 이 점만 신경 쓴다면 원하는 만큼 이 기법을 사용해도 좋다. 레벨에 조명의 다양성을 추가하는 가장 값싼 방법이기 때문이다. 많은 아티스트들이 세밀한 조명을 가짜로 흉내 내려고 이 기법을 활용한다. 레벨의 전반적인 분위기를 정의하고자 실제 조명을 사용한다. 하지만 특정 영역을 강조하려고 조명을 빌드하는 방법을 사용한다. 꼭 직접 테스트해보라.

추가 정보

바로 앞에서 확인한 바와 같이 레벨에 빛을 비추려고 머티리얼의 에미시브 입력을 사용하는 것이 스태틱 조명을 배치하는 것과 비슷하다. 만약 좀 더 괜찮은 결과를 얻고 싶다면 라이트매스 탭에 간접광$^{indirect\ lighting}$ 속성을 조작해 최종 품질을 올릴 수 있다. 이번에 이 주제에 관한 에픽 게임즈에서 무료로 제공하는 좀 더 많은 예제를 알려주고 싶다. 예제들을 확인하고 싶다면 에픽 게임즈 런처로 가서 Content Examples 프로젝트를 다운로드하기만 하면 된다. 다운로드를 받으려면 우선 **언리얼 엔진** 탭의 **학습**^{Learn} 카테고리로 가자. 거기서 해당 프로젝트를 다운로드할 수 있다. 그리고 간접광 주제로 만들어진 맵을 살펴보라. 다운로드하는 위치를 참고하려면 다음 그림을 확인하라.

프로젝트를 다운로드했다면 Content Browser ❯ Maps ❯ Lighting Section 안을 살펴보면 적절한 맵 파일을 찾을 수 있을 것이다. 꼭 확인해보길 바란다.

읽을거리

에미시브 머티리얼을 좀 더 알고 싶다면 에픽 게임즈의 공식 문서를 확인해보라.

- https://docs.unrealengine.com/Engine/Rendering/Materials/HowTo/ EmissiveGlow

▌ 화면에 인터넷에서 얻은 영상 재생하기

5장을 소개할 때 이야기했던 게임이 여러 상호작용 요소를 조합해 마술 같은 순간을 경험하게 해준다는 말은 사실이다. 마술 같은 순간을 묻는다면 그건 대답하는 사람에 따라 다를 수 있을 것이다. 질문을 받은 사람에 따라 얻을 수 있는 답변이 다양할 것이다. 내게 묻는다면 초창기 3D 게임 시절, 게임 속 텔레비전이 나를 놀라게 했다고 대답할 것이다. 게임 화면 속에서 TV 화면을 볼 수 있다는 점이 정말 멋지다고 느꼈다. 그때 기억을 기념하고자 상호작용 가능한 디스플레이를 만드는 방법과 거기에 재생하고 싶은 영상을 재생할 수 있는 방법을 다루고자 한다. 필자의 경험이 즐거웠던 만큼 이번 실습으로 유용한 것들을 배울 수 있길 바란다. 다음 그림을 살펴보자.

준비하기

항상 실습을 준비할 때마다 많은 것이 필요하지 않다고 말했다. 대부분 사실이지만 이번엔 TV 화면으로 사용할 에셋 하나를 정해진 방법으로 만들어야만 한다. 직접 만든 모델을 사용하고자 한다면 '추가 정보' 절을 꼭 확인해보라. 만약 제공하는 에셋을 사용하고 싶다면 바로 실습을 시작할 수 있다. 평소처럼 Content/UE4ShadersAndEffects/Maps/Chapter05 폴더에 위치한 05_02_VideoStream_Start 맵 파일을 열면 실습에 필요한 모든 준비물이 갖춰져 있다.

예제 구현

이번 실습에선 인터넷을 통해 비디오를 스트리밍하는 것이 주 목적이다. 간단해 보이지 않나? 실제로도 그렇다. 약속한다. 하지만 방송을 재생하기 위해 필요한 것은 디스플레이다. 만약 제공하는 에셋을 사용한다면 프로젝트에 포함돼 있는 **SM_TV_Screen**을 디스플레이로 사용 수 있다. 직접 만든 모델을 사용한다면 디스플레이로 작동할 것처럼 보이는 모델이고 '추가 정보' 절에서 다루는 몇몇 조건을 충족해야 한다. 둘 중 어떤 모델을 사용하건 있는 그대로 사용할 수는 없다. 다음처럼 모델을 포함한 블루프린트를 생성해야 한다.

1. **콘텐츠 브라우저**에서 우클릭을 하고 액터의 한 종류인 블루프린트를 생성하라. BP_TVScreen_Video와 같은 적절한 이름을 입력하라.

2. 대부분 실습에서 새로운 에셋을 만들면 에디터를 열어서 작업한다. 새로 만든 블루프린트 에셋을 더블클릭해서 블루프린트 에디터를 열자.

3. TV 디스플레이 모델의 스태틱 메시를 드래그해서 블루프린트 에디터로 가져다 놓자. 블루프린트에 스태틱 메시를 포함시키는 방법은 **콘텐츠 브라우저**에서 스태틱 메시를 드래그해서 블루프린트 에디터에 놓던가 블루프린트 에디터 자체에서 **+ 컴포넌트**^{Add Component} 버튼을 누르고 드롭다운 리스트에서 스태틱 메시 컴포

넌트를 선택하는 두 가지 방법이 있다.

4. 새로 추가한 TV 화면을 블루프린트의 최상위 컴포넌트로 만들자. **컴포넌트** 탭에서 해당 스태틱 메시 컴포넌트의 이름을 선택한 후 드래그해서 Default Scene Root 위로 가져다 놓으면 된다.

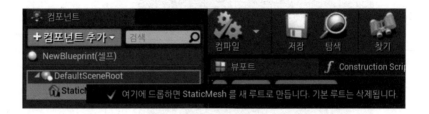

만약 제공하는 동일한 레벨을 사용한다면 지금 레벨에 있는 기존 TV 스태틱 메시를 TV 화면 모델을 포함하고 있는 블루프린트로 대체해도 된다.

여러 기능을 구현하려고 블루프린트 에디터로 돌아가기 전에 인터넷에서 비디오를 스트리밍하고 앱에서 재생하려면 몇 가지 에셋을 만들어야 한다.

5. 미디어 플레이어^{Media Player} 에셋을 생성한다. **콘텐츠 브라우저**에서 우클릭을 하고 **고급 에셋 생성**^{Create Advanced Asset} 탭 아래 **미디어 ＞ 미디어 플레이어**(Media ＞ Media Player)를 선택, 생성한 다음 적당한 이름을 입력한다.

6. 미디어 플레이어를 생성한 뒤 **미디어 텍스처**^{Media Texture} 에셋을 생성해야 하는데 미디어 플레이어와 같은 카테고리에 해당 메뉴가 있다. **미디어 ＞ 미디어 텍스처**(Media ＞ Media Texture)를 눌러 에셋을 생성하고 적절한 이름을 입력한다.

7. 스트림 미디어 소스^{Streaming Media Source} 에셋을 미디어 플레이어를 만든 것과 같은 방법으로 생성하라.

> **ⓘ** 인터넷으로 스트리밍한 비디오를 재생하려고 하기 때문에 이 실습을 테스트해보려면 꼭 인터넷에 연결돼 있어야 한다.

다음 그림을 보고 메뉴 위치를 참고하라.

8. 새로 생성한 미디어 플레이어 에셋을 열고 **디테일** 탭을 살펴보라. Loop 속성이 있을 것이다. 플레이를 할 때 비디오가 반복되게 하려면 체크박스를 꼭 체크해야 한다.

   필요한 모든 에셋을 생성하고 편집했으니 이제 다시 TV 블루프린트로 돌아가 약간의 기능 구현을 계속하자.

9. TV 블루프린트 안에 세 개의 변수를 생성한다.

10. 첫 번째 변수는 타입이 스트링^{String}이어야 한다. 공개로 변경하고 이름을 Media

URL로 바꾼다.

11. 두 번째 변수는 이름을 Media Player로 변경한다. 꼭 변수 타입이 Media Player Object Reference여야 한다.

12. 마지막 변수는 타입이 꼭 Stream Media Source Object Reference여야 한다. 또한 이름을 Stream Media Source와 같이 이벤트 그래프에서 변수들을 사용할 때 쉽게 용도를 알 수 있는 이름으로 변경하자.

 변수를 공개로 변경하려면 변수의 이름 바로 옆에 있는 감고 있는 눈 아이콘을 클릭하면 된다. 공개로 변경하면 블루프린트 에디터 밖에서도 값을 변경할 수 있다.

이제 모든 변수를 생성했으니 변수들의 기본값을 이전에 생성했던 에셋으로 할당할 차례다.

13. **Stream Media** 변수를 선택하고 7단계에서 만들었던 스트림 미디어 소스 에셋을 할당한다. **디테일** 탭을 살펴보면 작동하는 드롭다운 메뉴에서 해당 에셋을 선택하면 된다.

14. 5단계에서 만든 미디어 플레이어 에셋을 선택해 Media Player 변수에도 같은 작업을 수행한다.

15. 만들었던 스트링 변수를 선택하고 URL을 다음과 같이 입력한다. 내가 이 기능을 확인할 때 사용할 수 있게 비디오를 입로드해놓은 주소다. https://www.dropbox.com/s/sd80rzat105rhwm/SampleVideo.mp4?dl=1

 생성한 변수에 값이 할당되도록 하려면 블루프린트를 꼭 컴파일하고 저장(Save)해야 한다. 꼭 기억하자.

개발자의 비디오를 업로드해서 사용하고 싶다면 방법을 알려주겠다. '예제 분석' 절로 가서 방법을 설명하는 글을 읽으면 된다. 그러면 자신만의 비디오 링크를 사용할 수 있다.

블루프린트의 이벤트 그래프에서 기능을 구현하기 전에 필요한 기본적인 준비가 완료됐다. 이제 이벤트 그래프로 가서 구현을 시작해보자.

16. 그래프에서 Stream Media Source 변수를 참조할 수 있도록 한다.[4]

17. Stream Media Source 변수의 출력 핀에서 선을 드래그해서 Set Stream URL을 입력해 해당 노드를 생성한다.[5]

18. URL 주소를 담고 있는 Media URL 변수를 그래프에 가져와 **Set Stream URL** 노드의 Stream URL 입력에 연결한다.

19. Event BeginPlay 노드에서 선을 드래그해서 **Set Stream URL** 노드의 실행 핀에 연결한다.[6]

20. 그래프에서 Media Player 변수를 참조할 수 있도록 하고 마지막 노드 앞쪽에 배치한다.

21. Media Player 변수의 출력 핀에서 선을 드래그해서 Open Source라고 입력해서 해당 노드를 생성한다.

22. Stream Media Source 변수 노드를 **Open Source** 노드의 **Media Source** 입력 핀에 연결한다.

23. **Set Stream URL**의 실행 출력 핀을 **Open Source** 노드의 실행 입력 핀에 연결한다.

---

4 변수 목록이 나오는 탭에서 Stream Media Source 변수를 선택한 후 드래그해서 이벤트 그래프에 놓으면 Set을 할지 Get을 할지 물어보는 팝업 메뉴가 나온다. 이때 Get을 선택하면 된다. 그러면 변수 이름의 노드가 생기는 걸 확인할 수 있다. – 옮긴이

5 선을 드래그해서 빈 곳에서 놓으면 연결될 수 있는 노드들의 문맥 메뉴가 나온다. 이건 머티리얼 에디터와 같은 동작을 하니 쉽게 익숙해질 것이다. – 옮긴이

6 실행 핀은 야구 홈플레이트 모양처럼 생겼다.

24. Media Player 변수 노드를 복사해서 위의 모든 노드들보다 앞쪽에 붙여 넣는다.

25. Media Player 노드에서 선을 드래그해서 Play 노드를 생성하자. Open Source의
    실행 출력 핀을 Play 노드의 실행 입력 핀으로 연결한다.

최종 그래프는 다음 그림처럼 보일 것이다.

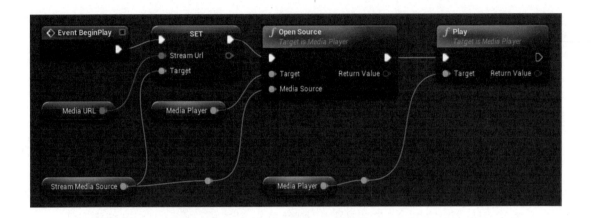

그래프를 완료했다면 이제 작동 테스트를 할 준비가 됐다.

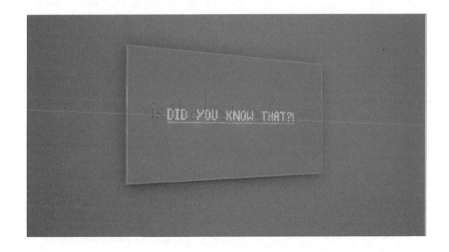

플레이 버튼을 누르면 웹에서 영상으로 가져오는 데 2초 정도 걸리고 그후에 동작할 것이다. 드롭박스^{Dropbox} 링크에서 다운로드한 비디오를 사용하는 것이 유일한 방법은 아니다. 동작 방식을 확인하려고 다른 URL로 실험해보고 싶다면 그래도 된다. 드롭박스 링크를 사용한다면 다음 절을 꼭 기대하길 바란다. 거기서 드롭박스에서 작동하는 링크를 얻는 방법을 설명할 것이다. 스포일러를 미리 말하자면, 항상 잘 작동하는 것은 아니다.

예제 분석

다양한 플랫폼에 따라 어떤 형식을 지원하는지 좀 더 알고 싶다면 에픽 게임즈의 미디어 프레임워크 공식 문서를 꼭 확인해보라. 여러 장치마다 지원하는 영상 형식이 다르기 때문에 꼭 알아둬야 한다. 어쨌든 드롭박스에서 개발자의 온라인 영상을 호스팅할 때 확인해야 할 몇몇 고려 사항을 이야기하는 데 약간의 시간을 할애하고자 한다.

만약 드롭박스로 비디오를 공유하려고 한다면, 첫 번째 단계는 비디오를 원하는 폴더로 업로드하는 것이다. 다음으로 링크를 생성해야 한다. 이 단계는 꽤 쉽다. 영상 이름 옆에 있는 **공유**^{Share} 버튼만 누르면 되기 때문이다. 그리고 다음 절차를 따라 하라. 시스템에서 기본적으로 제공하는 URL을 수정하는 것은 약간 속임수와 같다. 제공하는 URL 주소가 대개 …mp4?dl=0과 같이 끝나기 때문이다. 링크의 마지막 0을 1로 수정해야 한다. 이렇게 해야 Unreal이 파일을 다운로드해서 앱에서 재생할 수 있다. 그러니 그 부분을 …mp4?dl=1로 변경하라.

추가 정보

직접 만든 에셋을 사용하려고 할 때 TV 디스플레이의 UV를 설정하는 방법을 이야기하는 것이 필요하다.

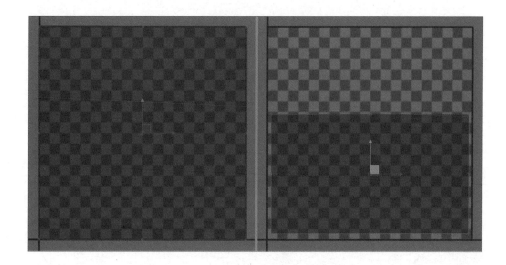

약간 직관에 반하긴 하지만 해야 할 것은 간단하다. 특히 예전에 UV를 언랩^{unwrap}해봤다면 더욱 그렇다. 위의 오른쪽 그림처럼 UV를 물체의 모양과 일치시키려고 배치하지 말자. 대신 위의 왼쪽 그림처럼 UV 좌표의 범위인 0부터 1까지 공간 전체를 차지해야 한다. 이렇게 해야 어떤 영상을 사용하든 디스플레이의 전체 영역에 걸쳐서 보이도록 보장한다. 그렇게 보이는 것이 목표다. 그러려면 반드시 가이드라인을 따라야 한다.

읽을거리

공식 문서에서 언리얼의 미디어 프레임워크와 관련한 많은 다른 정보도 확인할 수 있다.

* https://docs.unrealengine.com/ko/Engine/MediaFramework/index.html

▌ CCTV 카메라 만들기

인터넷에서 스트리밍한 영상을 재생하는 것은 근사했다. 하지만 실시간으로 장면을 캡처해서 보여주는 작업은 더 멋질 것이다. 이렇게 하는 것은 다양한 활용 가능성이 있다. 모든 활용 가능성이 시각적으로나 게임 플레이 측면에서나 꽤 흥미롭다고 생각한다. 예를 들어 몬스터로부터 탈출하려고 하고 있고, 탈출을 계획하고자 CCTV의 감시 영상에 의존해야만 한다고 상상해보자. 이제 살펴보고자 하는 기법이 이런 상상을 구현하는 데 도움을 줄 것이다. 추가로 잠재적인 사용법은 그 이상일 것이다. 이번 실습을 끝내면 개발자가 이 기법의 가능성을 알아볼 거라 확신한다. 실시간으로 장면을 캡처하는 것을 포털을 만들거나 반사를 향상시키는 것과 같은 상황에서 다양하게 활용할 수 있다. 실시간으로 장면을 캡처하는 방법의 모든 것을 살펴보자.

준비하기

사용할 대부분의 에셋, 특히 장면을 캡처할 수 있게 해주는 에셋이 엔진에 포함돼 있다. 평소처럼 프랍으로 사용할 몇몇 에셋은 제공 프로젝트에 포함돼 있다. 에셋은 Content/UE4ShadersAndEffects/Assets/Chapter05 폴더에서 찾을 수 있다. 또 제공하는 레벨을 사용해 시작하려고 한다면 Content/UE4ShadersAndEffects/Maps/Chapter05 폴더에서 해당 맵 파일을 찾을 수 있다.[7]

---

7   맵 파일은 05_03_CCTV_Start다. - 옮긴이

직접 만든 레벨과 에셋을 사용하고 싶다면 조명이 설정된 레벨에 몇몇 프랍들을 배치해 두기만 하면 된다. 문자 그대로 완전히 비어 있는 레벨은 사용할 수 없다. 빈 레벨이 아니면 아마 실습을 진행하는 데 문제가 없을 것이다.

예제 구현

우선 실습을 진행할 방법을 고민해보자. 많은 가능성이 존재하기 때문이다. 장면을 캡처하는 것은 여러 위치에서 여러 방향으로 가능하다. 하지만 CCTV에서 바라보는 장면을 캡처한다고 하자. 이때 시스템에 어떤 요소가 필요한지 생각해보자. 상황에 대한 아이디어가 있다면 전체 과정을 시각화하는 데 도움이 된다. 전체 과정이라고 한 이유는 아이디어를 여러 단계로 구성할 것이기 때문이다. 만약 실제 상황을 고려해보면 적어도 장면을 찍을 수 있는 한 대의 카메라가 있어야 하고 찍은 장면을 재생해 볼 수 있는 디스플레이가 한 대는 있어야 하며 어떤 저장 장치나 데이터를 카메라에서 디스플레이로 전송하는 방법이 있어야 한다. 바로 확인할 수 있겠지만 언리얼에서도 해당 역할을 할 액터가 필요하다. 그럼 우선 각 액터를 만들어보자.

1. **콘텐츠 브라우저**에서 새 블루프린트를 생성하자. 그리고 화면을 캡처하는 장치라는 것을 알려주는 이름을 입력하자. 이번 실습의 테마를 따르자면 아마 BP_WebCam 같은 이름이 적절할 것이다. 우연의 일치인지 사용하려고 하는 스태틱 메시가 웹캠과 비슷한 모양이다.

2. 블루프린트 에디터를 열고 컴포넌트 추가 드롭다운 메뉴에서 Static Mesh를 선택, 생성하자.

3. 2단계처럼 **컴포넌트 추가** 버튼을 누르고 이번에는 Scene Capture Component 2D라는 컴포넌트를 찾아서 추가하자.

컴포넌트를 추가했다면 이제 컴포넌트 몇몇 속성에 값을 설정할 차례다.

4. 블루프린트의 루트 컴포넌트를 **스태틱 메시**로 바꾸자. **컴포넌트** 탭에서 스태틱 메시 컴포넌트를 드래그해서 Default Scene Root에 갖다 놓으면 변경이 된다.

5. 스태틱 메시 컴포넌트를 선택하고 **디테일** 탭을 살펴보자. 컴포넌트 이름과 동일한 이름의 속성에 사용하려는 모델을 할당하자. 만약 내가 사용한 것과 동일한 모델을 사용하려면 SM_WebCam 에셋을 선택하자.

6. Scene Capture Component2D에 값을 설정하기 전에 해당 컴포넌트가 필요로 하는 다른 에셋을 생성해야 한다. **콘텐츠 브라우저**로 돌아가 새 에셋을 생성하고 싶은 빈 공간에 우클릭을 하고 **미디어 & 텍스처** 항목에서 **렌더 타깃** 메뉴를 찾아 선택하자.

7. 렌더 타깃 에셋의 이름을 RT_WebCam으로 입력하자.

8. 블루프린트 에디터로 돌아와서 Scene Capture Component2D를 선택하자. **디테일** 탭을 살펴보고 Scene Capture 카테고리까지 아래로 스크롤하고 Texture Target 속성에 앞서 만든 렌더 타깃을 할당하자.

9. Capture Every Frame 체크박스를 체크하자. Texture Target 속성 약간 아래쪽에서 찾을 수 있다.

10. Scene Capture Component2D가 선택된 상태에서 **뷰포트** 탭으로 가서 웹캠 스태틱 메시 앞에 놓이도록 해당 컴포넌트를 약간 움직이자. 이렇게 해서 웹캠에서 바라보는 장면이 녹화되는 것처럼 할 수 있다. 만약 조정을 하지 않으면 검은색으로 보일 것이다. Scene Capture Component2D가 웹캠 안쪽에 있기 때문이다.[8]

여기까지 블루프린트 작업만으로도 이미 작동하는 무언가를 만들 수 있다. 하지만 웹캠을 움직이도록 처리하는 어떤 로직도 없기 때문에 한 위치만 보게 된다. 반복 모션을 추가해서 지정된 두 각 사이를 카메라가 회전하도록 처리를 해보자.

---

8 카메라 메시 안쪽에 있을 때 카메라 메시의 머티리얼이 2-sided가 아니라면 어차피 그 위치에서 카메라 메시가 그려지지 않을 것이기 때문에 문제가 되지 않고 2-sided라고 해도 카메라 메시가 그려질 뿐이지 검은색으로 보이진 않는다. - 옮긴이

이렇게 하려면 우선 블루프린트의 **이벤트 그래프**로 가자.

11. 이벤트 그래프에서 Event Begin Play 바로 앞에 **타임라인**^{Timeline}을 만들자. 빈 공간에서 우클릭을 하고 **타임라인 추가**^{Add Timeline} 메뉴를 눌러 타임라인을 생성할 수 있다.

12. Event Begin Play의 실행 출력 핀을 Timeline의 Play 실행 입력 핀에 연결한다.

13. Timeline 노드를 더블클릭해서 Curve 에디터를 열자.

14. 새 윈도우의 좌측 상단에 f+ 버튼을 눌러서 Float Track을 추가한다.

15. Camera Rotation처럼 적절한 이름을 Track에 입력한다.

16. +f 버튼에서 우측을 살펴보면 **길이**^{Length}라는 입력 상자가 있는데 값을 10으로 설정하자. 그리고 길이 입력 상자 약간 더 오른쪽에 **루프**^{Loop} 체크박스가 있는데 그 체크박스를 체크한다.

17. 곡선을 만들려면 여러 개의 점들을 추가해야 한다. 에디터의 메인 섹션에서 우클릭을 하고 **···에 키 추가**^{Add key to...} 메뉴를 선택한다.[9] 새로운 점 하나가 추가될 것이다.

18. 점을 선택하면 좌측 상단에 두 개의 작은 편집 가능한 입력 상자가 나올 것이다. **시간**^{Time}을 0.0으로, **값**^{Value}을 0.25로 설정한다.

19. 두 개의 점을 더 추가하자. 첫 번째 점의 시간을 5로, 값을 −0.25로 설정하고 두 번째 점의 시간을 10으로, 값을 0.25로 설정한다.

---

9   ··· 부분은 그래프 곡선의 이름으로 대체돼 나온다. − 옮긴이

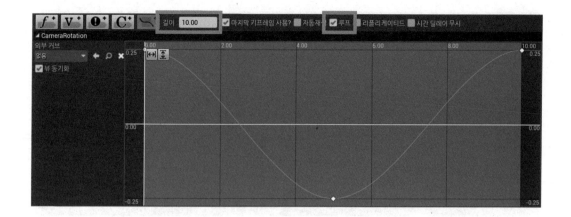

'추가 정보' 절에서 Timeline의 좀 더 자세한 정보를 확인할 수 있다.

이제 타임라인을 만들었으므로 잘 활용해보자. Event Graph로 돌아가 웹캠을 회전시킬 수 있는 노드를 생성해본다.

20. 블루프린트의 스태틱 메시를 이벤트 그래프에서 참조할 수 있도록 드래그해서 가져다 놓는다.

21. 스태틱 메시 노드에서 선을 드래그해서 놓고 Add Relative Rotation이라고 입력해서 해당 노드를 추가한다.

22. Delta Rotation 입력 핀에서 우클릭을 해서 **구조체 핀 분할**^{Split Struct Pin} 메뉴를 선택한다. 이제 각 축마다 개별적으로 회전을 조절할 수 있다.

23. 타임라인의 부동소수점^{float} 출력 핀(아마 15단계에서 트랙에 이름을 입력했다면 해당 이름으로 표기된다)에서 Add Relative Rotation 노드의 Delta Rotation Z(Yaw) 입력 핀으로 연결한다.

그래프가 다음 그림처럼 보일 것이다.

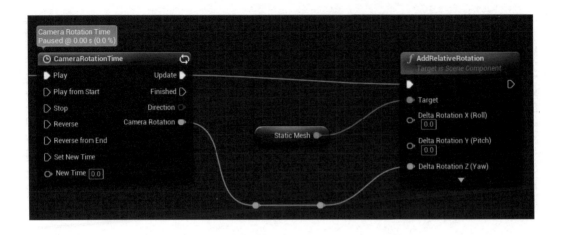

단지 웹캠 스태틱 메시에만 움직임을 적용했지만 씬 캡처 컴포넌트도 같이 움직일 것이다. 웹캠 스태틱 메시가 컴포넌트의 루트이기 때문이다. 결과적으로 그 래프에서 다른 컴포넌트를 움직이려고 노드를 추가할 필요가 없다. 지금까지 작업한 것을 빠르게 정리하자면 웹캠에 회전을 조절하는 애니메이션되는 값을 생성했다는 것을 알아두자. 타임라인 에셋이 이번 실습에선 하나의 부동소수점 값을 시간에 따라서 다른 값을 지정함으로써 주어진 값을 애니메이션되도록 만들 수 있는 툴이다. **Add Relative Rotation** 노드의 Yaw 회전 값에 연결해서 고정 주기마다 카메라가 좌우로 움직이게 만들었다.

타임라인에서 커브로 지정한 회전 값에 따라 한쪽 방향으로 움직인 다음 멈추고, 다시 다른 방향으로 회전할 것이다. 거기에 추가로 루프 속성을 켜서 멈춤 없이 계속 좌우로 회전한다.

블루프린트를 레벨에 배치해서 카메라에 들어오는 화면을 렌더 타깃에 저장할 수 있다. 그리고 렌더 타깃을 TV 화면상에 출력되는 것처럼 보이도록 머티리얼에서 해당 렌더 타깃을 사용할 수 있다. CCTV를 구현하려면 필요한 가장 마지막 부분이 렌더 타깃을 사용하는 머티리얼을 만드는 것이다. 바로 살펴볼 내용처럼 매우 간단하다.

24. **콘텐츠 브라우저**에서 새 머티리얼을 만든다. M_TV_WebCamDisplay와 같은 적절한 이름을 입력한다.

25. 머티리얼 에디터를 열고 6단계에서 만들었던 **렌더 타깃**을 그래프로 드래그해서 놓는다.

26. Texture Sample 노드의 출력을 메인 머티리얼 노드의 **에미시브** 입력에 연결한다.

앞의 과정에서 캡처한 장면이 머티리얼의 에미시브 입력을 통해 보이도록 했다. 그래서 더 이상 추가적인 작업을 하지 않아도 된다. 이걸로 머티리얼 작업은 끝났다. 렌더 타깃을 사용해 정말 TV 화면처럼 보인다. 또 TV 화면에서 빛이 새어나오는 것 같은 착시도 일어난다. 다음 과정으로 머티리얼을 실제로 모델에 적용하면 모든 작업이 끝난다.

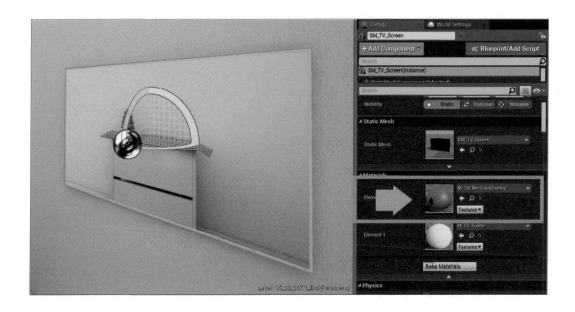

이제 **플레이** 버튼을 누르면 웹캠 블루프린트가 회전하면서 TV 화면이 갱신되는 모습을 볼 수 있다. 레벨에 만든 블루프린트를 배치해 TV 화면에 적용된 머티리얼이 갱신되게 하는 것을 잊지 말자. 이렇게 실습이 끝났다.

예제 분석

이번 실습을 진행하면서 필요한 모든 단계들을 이미 살펴봤지만 구현한 전체적인 로직을 다시 살펴보는 것은 항상 괜찮다. 개괄적으로 이번 실습을 생각해본다면 장면을 캡처하기 위한 웹캠을 설정하고 정보를 텍스처로 저장하고 레벨의 다른 액터에서 해당 텍스처를 재사용하는 것이 전부였다. 문제를 다룰 방식을 알면 문제를 해결하는 데 필요한 에셋이 무엇인지 생각하는 데 도움이 된다. 아울러 앞서 확인한 바와 같이 몇 가지 에셋이 필요했다.

첫 번째는 웹캠이라는 블루프린트 에셋이었고 스태틱 메시와 Scene Capture Componen 2D 컴포넌트로 구성됐다. 첫 번째 에셋이 사용자에게 카메라가 어느 위치에서 어느 방향을 바라보고 있는지 시각적으로 알려주고 실제 화면을 캡처하는 작업을 하기 때문에 필요했다. 장면 캡처는 그다음으로 캡처한 정보를 저장하려고 테이프 역할을 하는 렌더 타깃을 사용했다. 최종적으로 테이프 역할을 하는 렌더 타깃을 머티리얼의 입력으로 사용해 TV 화면에 표시되도록 해, 원하는 결과를 얻었다.

추가 정보

약속했던 대로 이번에는 타임라인을 한 번도 접해보지 않은 개발자가 빠르게 익숙해질 수 있도록 몇 가지 자세한 정보를 좀 더 제공하고자 한다. 추가적으로 '읽을거리' 절에 에픽 공식 문서의 링크도 알려줄 것이다. 그러니 공식 문서도 꼭 확인해보라. 다음 그림을 확인하자.

위 그림을 다음 부분으로 나눌 수 있다.

- **A 파트**: 이 5개의 버튼은 여러 종류의 타임라인을 생성할 수 있게 해준다. 이번 실습에선 부동소수점 타입을 사용했다. 해당 타입에서 여러 값과 시간을 지정할 수 있었다. 개발하는 프로젝트에서 필요한 곳에 적절한 종류의 타임라인을 사용할 수 있다. 예를 들면 **벡터**^{Vector} 트랙을 사용하면 편리하게 물체의 위치를 지정할 수 있다. 지정한 특정 프레임에서 이벤트가 발생하게 하려면 여러 실행 핀들을 제공하는 **이벤트**^{Event} 트랙을 사용할 수 있다. **컬러**^{Color} 트랙은 색상을 애니메이션하는 데 유용하다. 또 **콘텐츠 브라우저**에 있는 외부에서 임포트한 곡선 정보를 대신 사용할 수도 있다.

- **B 파트**: 이 부분에 길이 속성, 반복 설정, 또는 네트워크로 복제 여부와 같은 곡선의 작동을 설정하는 여러 중요한 속성이 존재한다. **마지막 키프레임 사용?**$^{Use Last Keyframe?}$이 중요한 속성이다. 이 속성은 타임라인의 길이가 자동적으로 마지막 키의 위치와 일치하게 해준다. 이런 기능이 필요하다면 이 체크박스에 꼭 체크하라.

- **C 파트**: 곡선 에디터의 메인 윈도우다. 여기서 여러 개의 키를 생성하고 각 키에

값을 지정할 수 있다. 키 프레임 위에서 우클릭을 하면 각 키 사이를 보간하는 방법을 수정할 수 있다.

- **D 파트**: 타임라인에서 작업할 때 가장 중요한 버튼이 이 코너에 위치한다. 선택한 키가 그래프의 창에 알맞게 들어맞도록 하거나 전체적인 길이와 너비를 조절하거나 여러 키에 값을 할당하거나 하는 작업이 여기서 가능하다. 특정 키를 선택했을 때에만 시간과 값 UI와 같은 것이 나오는 것처럼, 이 영역이 문맥 의존적^{context-sensitive}임을 기억하자.

지금까지 전체 파트를 다뤘다. 익숙해지려면 또 모든 기능이 설명대로 작동하는지 확인하려면 꼭 실제로 에디터를 사용해보라. 이렇게 하면 타임라인 에디터를 사용할 때 자신감을 갖게 될 것이다. 처음 몇몇 기능이 원하는 대로 동작하지 않고 또 그 이유도 알 수 없어서 약간 혼란스러울 수 있으니 말이다. 다시 한 번 꼭 이야기하고 싶은 중요한 설정이 **마지막 키프레임 사용?**이다. 이 설정을 해제했다면 애니메이션 길이를 지정해야만 한다. 이 사실을 쉽게 잊어버리니 꼭 기억해두자.

읽을거리

에픽에서 제공하는 타임라인 문서 링크다.

- https://docs.unrealengine.com/ko/Engine/Blueprints/UserGuide/Time
lines

▎게임에서 상호작용 가능한 물체 하이라이트하기

지금까지 여러 머티리얼을 작업해왔다. 실습에서 확인한 바와 같이 대부분 머티리얼은 본래 용도로 사용됐다. 이제 살펴보고자 하는 것처럼 몇몇 머티리얼은 일반적인 용도와는 다르게 사용된다. 5장은 실시간 게임 또는 애플리케이션 사용 경험에 상호작용성과 기능성을 추가하는 테마로 진행하고 있다. 그러므로 테마에 적합한 또 다른 셰이더를 살펴보고자 한다. 이제 확인할 내용은 포스트 프로세스 머티리얼Post Process Material이다. 포스트 프로세스 머티리얼은 언리얼의 포스트 프로세싱 파이프라인에 포함되는 에셋의 한 종류이고 이를 통해 매우 멋지고 흥미로운 효과들을 만들 수 있다. 이번 실습에서 이러한 한 가지 예를 살펴보고자 한다. 여기서 게임과 앱에서 상호작용 가능한 요소를 하이라이팅하는 데 포스트 프로세스 머티리얼을 사용할 것이다.

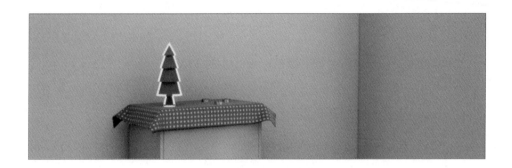

준비하기

이제 만들어보고자 하는 머티리얼에서 커스텀 수학 노드와 스크립트를 사용해야 한다는 사실을 곧 확인할 수 있다. 커스텀 수학 노드와 스크립트를 사용한다는 것은 텍스처나 다른 에셋을 거의 사용하지 않는다는 의미다. 결론적으로 다른 실습보다 직접 만든 레벨을 사용해 실습을 따라 하는 것이 훨씬 쉽다. 하지만 평소처럼 제공하는 레벨을 사용해도 상관없다. 해당 레벨을 Content/UE4ShadersAndEffects/Maps/Chapter05 폴더에서 찾을 수 있다. 맵 파일은 05_04_OutlineEffect_Start이다.

예제 구현

앞에서 이야기한 바와 같이 포스트 프로세스 타입의 머티리얼을 만들어볼 것이다. 이 미티리얼을 사용해 특정 핵심 게임 플레이 요소를 하이라이팅해보고자 한다. 실습을 진행하면서 사용할 모든 노드와 노드를 사용해 얻게 되는 효과를 모두 설명하겠지만, '예제 분석' 절에서 전체 과정에서 수행하는 단계의 이면에 있는 로직을 좀 더 자세히 다루고 있으니 우선 확인할 것을 추천한다. 포스트 프로세스 머티리얼이 지금까지 사용했던 머티리얼과 태생적으로 차이가 있고 이제 구현하려고 하는 기법을 기술적인 관점에서 바라볼 때 좀 더 잘 이해할 수 있기 때문이다. 이런 이야기 때문에 걱정이 될 수도 있지만 그렇다고 겁먹을 필요는 없다. 그러나 '예제 분석' 절에 몇몇 괜찮은 정보가 담겨 있으니 읽어보라고 했음을 기억하자. 자, 그럼 바로 시작해보자.

1. 새 머티리얼을 만들자. 머티리얼을 장면에서 상호작용 가능한 요소를 하이라이팅하는 데 사용할 것이다. 나는 이름을 M_EdgeOutline으로 입력했다. 이름이 셰이더가 하는 일을 설명해주기 때문이다.

2. 메인 머티리얼 노드를 선택하고 **디테일** 탭을 살펴보자. 거기에 두 가지 변경해야 할 속성이 있다. 첫 번째는 Material Domain을 기본값인 Surface에서 Post Process로 변경하는 것이다.

3. 머티리얼의 Blendable Location을 조정하자. 이 속성을 **디테일** 탭에서 Post Process Material 카테고리에서 찾을 수 있다. Material Domain 속성에서 약간 아래로 내려가면 있다. 속성을 기본값인 After Tonemapping에서 Before Tonemapping으로 변경하자. 다음 그림을 참고하라.

Blendable Location 속성은 포스트 프로세스 머티리얼에서만 사용 가능하다. 언리얼의 포스트 프로세싱 파이프라인에서 포스트 프로세스 머티리얼이 적용될 단계를 지정할 수 있기 때문이다. '추가 정보' 절에서 이 과정을 좀 더 자세히 설명한다.

여기까지 진행했다면 이제 노드 그래프에서 로직 구현을 시작할 수 있다. 특정 오브젝트 모양의 아웃라인을 생성하길 원하기 때문에 첫 번째 단계에서 외곽선 판별^{edge detection}을 해야 한다. 외곽선 판별은 다양한 이미지 편집 프로그램과 비슷한 기능을 한다. 그리고 기본적으로 합성곱 연산^{convolution operation}을 사용해 외곽선 판별을 수행한다. 앞서 언급한 바와 같이 이 과정의 이면에 있는 로직을 더욱 알고 싶다면 '예제 분석' 절을 주저하지 말고 살펴보라.

4. 4개의 Constant2Vector 노드를 만들어라. 모델의 외곽선을 판별하려고 4개의 픽셀을 샘플링하는 데 이 노드를 사용할 것이다. 판별을 할 한 픽셀이 주어지면 해당 픽셀의 위, 왼쪽, 오른쪽, 아래 픽셀과 비교해야 하는데 방금 만든 Constant2Vector로 주변 픽셀 값에 접근할 것이다.

5. 4단계에서 만든 노드들의 X, Y값을 각각 (-1, 0), (1, 0), (0, -1), (0, 1)로 지정하자. 좌, 우, 위, 아래 픽셀을 샘플링하는 데 이 값들을 사용할 것이다.

이제 실제로 지정된 픽셀들을 샘플링하는 코드를 구현해야 한다. 이 코드를 여러 번 상용한다. 그래서 이 작업을 머티리얼 함수로 구현할 수 있다. 머티리얼 함수 에셋은 기본적으로 작은 머티리얼 그래프라고 할 수 있다. 기능이 필요한 곳이면 다른 어떤 머티리얼에서도 재사용할 수 있다. 그래서 동일한 노드들을 여기저기에 복사와 붙여넣기할 필요가 없다.

6. **콘텐츠 브라우저**로 돌아가 새 머티리얼 함수를 생성하자. **콘텐츠 브라우저**에서 우클릭을 하고 **머티리얼 & 텍스처 확장** 메뉴를 살펴보면 머티리얼 함수 메뉴를 찾을 수 있고 클릭하면 생성할 수 있다. 나는 이름을 MF_PixelDepthCalculation으

로 입력했다.

7. 새 함수를 열어서 우선 Function Input 노드를 생성하자. Function Input 노드는 새로 만든 머티리얼 안에서 이 함수를 사용하려고 생성했을 때 함수 노드가 입력 핀을 가질 수 있게 해준다.

8. 새 노드를 선택한 다음 **디테일** 탭으로 가자. Input Type을 Function Input Vector2 로 변경하자. Input Name 속성에서 입력의 이름도 변경할 수 있다. 나는 이름을 Offset으로 입력했다. 실제로 이 입력값을 오프셋 용도로 사용하기 때문이다. 또한 Use Preview Value as Default 속성의 체크박스를 체크하자.

9. Multiply 노드를 추가하고 위의 Function Input 노드를 입력에 연결하자.

10. Scene Texel Size 노드를 추가하고 9단계에서 만든 Multiply 노드의 남은 입력 핀에 연결하자.
    Scene Texel Size는 앱이 실행되는 다양한 해상도를 고려할 수 있게 해주는 아주 편리한 노드다. 픽셀의 오프셋을 계산하려고 하는데 고정 값을 사용해서는 제대로 계산할 수 없다. 그래서 이런 계산에 도움을 주는 Scene Texel Size와 같은 노드를 사용해야 한다.

11. Texture Coordinate 노드를 위에서 만든 그래프 위쪽에 생성하자.

12. Add 노드를 Texture Coordinate 노드 앞에 생성하고 Texture Coordinate 노드의 출력을 A 입력에 연결하고 9단계에서 생성한 Multiply 노드의 출력을 B 입력에 연결하라.

13. Add 노드 앞쪽에 Scene Depth 노드를 추가하자. Add 노드의 출력을 Scene Depth 노드의 UVs 입력에 연결하자.

14. Scene Depth 노드의 출력을 Output Result 노드에 연결한다.

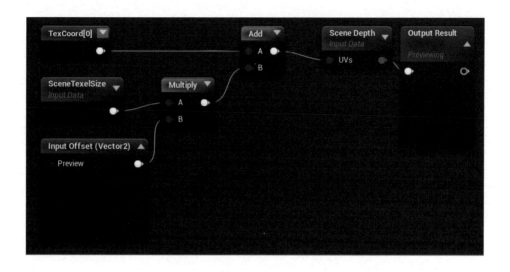

ℹ 'Only transparent or postprocess materials can read from scene depth(투명 또는 포스트 프로세스 머티리얼에서만 씬 뎁스를 읽어올 수 있다)'라고 출력되는 붉은색 경고는 무시해도 괜찮다. 어차피 포스트 프로세스 머티리얼에서 이 함수를 사용할 것이기 때문이다.

Scene Depth 노드를 Output Result 노드로 연결하는 것으로 새 머티리얼 함수 작업을 완료했다. 앞서 만든 머티리얼에서 이 머티리얼 함수를 사용하면 앞서 만든 그래프 대신 작은 함수 노드 하나만 포함하면 된다. 이렇게 해서 머티리얼 그래프를 더욱 깔끔하게 할 수 있다.

15. M_EdgeOutline 머티리얼에 Material Function Call 노드를 추가하자. 노드를 선택한 상태로 **디테일** 탭으로 가서 드롭다운 메뉴에서 만들었던 MF_PixelDepth Calculations 머티리얼 함수를 선택해서 할당한다.

16. Material Function Call 노드를 4번 복사해서 4단계에서 만들었던 Constant2 Vector 각각의 앞쪽에 배치하는 두 사이에 약간의 간격을 둔다.

17. 한 번 더 Material Function Call 노드를 복사해서 붙여 넣고 다른 네 개의 노드 아

래쪽에 배치한다.

18. Scalar Parameter 노드를 하나 생성하고 Constant2Vector 노드 뒤쪽에 배치한다. 이 노드를 외곽선 효과의 선 두께를 조절하는 데 사용할 것이다. 그러니 적절한 이름을 입력한다. 나는 Line Width로 입력했다.

19. 네 개의 Multiply 노드를 만들고 Constant2Vector 노드와 Material Function Call 노드 사이에 각각 하나씩 배치한다. A 입력에 Constant2Vector를 연결하고 출력을 Material Function Call 노드의 Offset(V2) 입력으로 연결한다.

20. 18단계에서 선의 두께를 조절하려고 만들었던 Scalar Parameter 노드의 출력을 모든 Multiply의 B 입력 핀에 연결한다.

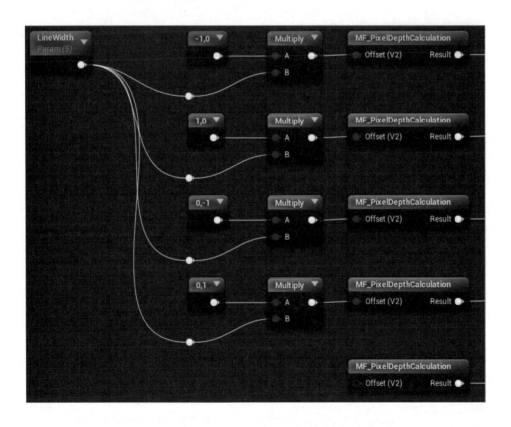

위의 단계들로 만들어진 그래프가 현재 그려지는 픽셀의 각 인접 픽셀마다 외곽선 판별을 수행할 것이다. 아직 완전히 작업이 끝나지 않았다. 나머지 부분을 구현해보자.

21. **Add** 노드를 추가하고 첫 번째, 두 번째 Material Function Call 노드 앞에 배치하자. 두 Material Function 노드를 입력으로 사용한다.

22. **Add** 노드를 하나 더 추가해서 21단계처럼 Material Function Call 노드를 입력으로 사용한다.

23. 다섯 번째 Material Function Call 노드 바로 앞에 **Multiply** 노드를 추가하고 **Material Function Call** 노드를 A 입력 핀에 연결한다.

24. **Constant** 노드를 하나 생성하고 값을 −4로 지정하자. 23단계에서 생성한 **Multiply** 노드의 B 입력에 **Constant** 노드를 연결한다.

    −4 값을 일반 Constant 노드로 사용하는 이유는 수행하려고 하는 합성곱 연산과 직접 관련이 있다. 자세한 사항은 '예제 분석' 절에서 확인하길 바란다.

25. 두 개의 **Add** 노드를 추가하자. 이 노드는 다음에 사용할 것이다.

26. 21과 22단계에서 만든 두 개의 Add 노드들을 25단계에서 생성한 Add 노드 중에 첫 번째 노드에 입력으로 연결한다.

27. 25단계에서 생성한 **Add** 노드 중 첫 번째 노드의 출력을 두 번째 **Add** 노드의 A 입력으로 연결하고 23단계에서 생성했던 **Multiply** 노드의 출력을 두 번째 **Add** 노드의 B 입력으로 연결한다.

28. **Abs** 노드를 생성한다. 25단계의 두 번째 **Add**의 출력을 **Abs** 노드에 연결하자. 이렇게 하면 입력된 값의 절대값을 반환한다. 여기부터 계속해서 값이 양수이어야 하기 때문이다.

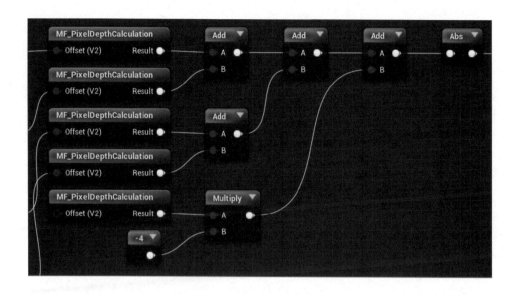

Abs 노드를 여기서 사용하는 것은 이전 연산의 결괏값이 꼭 양수여야 하기 때문이다. 해당 픽셀이 외곽선인지 아닌지를 판별하는 데 양수값이 필요하다. 이것을 벡터의 길이를 계산하는 것으로 생각할 수도 있는데, 길이가 양인지 음인지에 상관없이 얼마나 긴지 알고 싶기 때문이다.

이제 외곽선 판별을 하는 시스템의 첫 번째 부분이 완성됐으므로 약간 향상시켜 보자. 지금은 머티리얼을 적용했을 때 원하는 것보다 더 많은 외곽선이 그려져 상태가 완벽하지 않다. 카메라부터 보여지는 계산된 이미지의 깊이에서 차이를 고려하지 않아 발생하는 문제다. 이제 그 부분을 다뤄 보자.

29. If 노드를 생성하고 Abs 노드 앞쪽에 배치하자. If 노드의 A 입력에 Abs의 출력을 연결하자. If 노드는 입력 핀에 연결한 값에 따라 조건 분기를 만든다.

30. Scalar Parameter 노드를 추가하고 If 노드의 B 입력에 연결하자. 노드의 이름을 Threshold로 입력하자. 이 노드가 역치^{threshold}를 조절하기 때문이다.

31. 두 개의 Constant 노드를 생성하고 하나를 If 노드의 A > B 입력 핀에 연결하고 다른 하나를 A < B 입력 핀에 연결하자. 첫 번째 노드의 값을 1로 지정하고 두 번째

노드 값을 0으로 지정하자. 아래 오른쪽 그림을 참고하라.

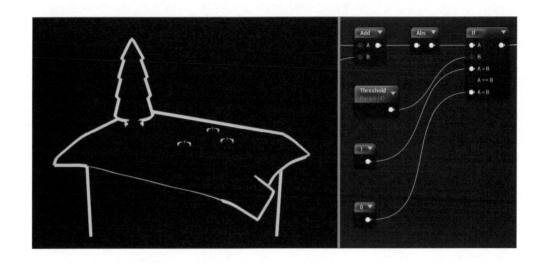

앞의 연산이 초기 합성곱 연산의 절댓값이 설정한 역치보다 클 때 모델의 외곽선이라고 판단해서 외곽선이 보이도록 하는 의미를 갖는다. 반대라면 외곽선이 아니다. 소개하고자 하는 모든 주요 단계들이 지금까지 구현으로 완성됐다. 결과적으로 외곽선 판별 시스템을 갖게 됐다. 레벨에 포스트 프로세스 볼륨에서 머티리얼을 적용해 기능을 확인할 수 있다.

32. 머티리얼 에디터를 종료하고 메인 레벨로 돌아가 Post Process Volume을 선택하자. 디테일 탭을 살펴보고 Rendering Features 카테고리를 찾을 때까지 아래로 스크롤한다. 그런 다음 Post Process Materials 섹션을 확장한다.

33. Array 옆에 + 아이콘을 클릭한다.

34. + 버튼을 클릭하면 드롭다운 메뉴가 생긴다. 드롭다운 메뉴에서 에셋 레퍼런스를 선택하자. 그러면 머티리얼은 선택할 수 있는 드롭다운 메뉴가 생긴다. 드롭다운 메뉴에서 머티리얼을 선택한다.

35. M_EdgeOutline 머티리얼을 선택해 레벨에 어떤 영향을 주는지 확인해보자.

레벨에 있는 물체들의 대부분의 외곽선을 표현하는 흑백 이미지가 보일 것이다. 그리고 레벨에 몇몇 물체에 하이라이트 효과를 생성하려고 이 결과를 마스크로 사용할 것이다. 이 작업을 시작해보자.

36. 포스트 프로세스 머티리얼로 돌아가서 Lerp 노드를 생성하자. 29단계에서 만든 If 노드의 출력을 Alpha 입력에 연결한다.

37. Scene Texture 노드를 추가하고 이전 Lerp 노드의 A 입력에 연결한다. Scene Texture 노드를 선택하고 **디테일** 탭을 살펴본다. Scene Texture Id를 Post Process Input 0로 선택한다. 이 단계에서 새로운 포스트 프로세스 머티리얼이 적용되기 전에 장면의 색상을 얻을 수 있다는 의미다.

38. Vector Parameter 노드를 하나 추가하고 이름을 Outline Color로 입력하자. 외곽선 색상으로 사용할 것이기 때문이다. 사용하고 싶은 외곽선 색상을 지정하자.

39. Make Float 4 노드를 추가하고 이전 Vector Parameter의 RGBA 각 채널을 입력으로 연결한다.

40. Multiply 노드를 추가하고 Make Float 4 노드 바로 앞쪽에 배치하자. Make Float 4 노드를 Multiply 노드의 입력으로 연결한다.

41. Scalar Parameter 노드를 추가하고 이름을 Outline Intensity로 입력하자. 입력한 외곽선 색상에 배수로 사용해 세기를 변경할 것이기 때문이다. 값을 5로 설정하고 앞의 Multiply 노드의 빈 입력에 연결한다.

42. 40단계에서 만든 Multiply 노드의 출력을 36단계에서 만든 Lerp 노드의 B 입력에 연결한다.

다음 그림이 앞서 작업한 노드 그래프를 보여준다. OutlineColor 벡터 파라미터는 외곽선 색상을 조절한다. 그리고 OutlineIntensity는 원본 색상의 밝기를 조절한다.

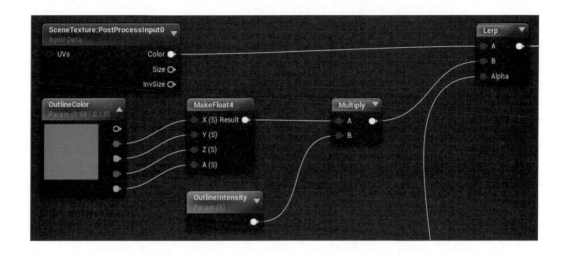

여기까지 완료하고 머티리얼을 적용한 것을 확인하면 레벨에 모든 물체가 눈에
띄는 외곽선 효과를 갖고 있음을 알 수 있다. 다음 그림처럼 말이다. 분명히 올
바른 길을 따라가고 있지만 정확히 원하는 결과는 아니다. 영향을 받을 물체와
영향을 받지 않을 물체를 결정할 수 있는 방법이 필요하다. 머티리얼을 만드는
데 있어서 가장 마지막 과제가 이 방법을 구현하는 것이다. 이제 그 방법을 살펴
보자.

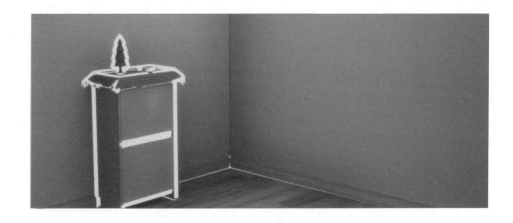

43. 새 Lerp 노드를 추가하고 그래프의 가장 앞쪽에 배치하자. 39단계에서 만든 Lerp 노드의 출력을 B 입력에 연결한다.

44. 37단계에서 만든 Scene Texture 노드를 복사하고 새 Lerp 노드의 A 입력 근처에 붙여 넣고 Scene Texture 노드와 A 입력을 연결한다.

45. Scene Texture를 하나 생성하고 Scene Texture Id에서 Custom Depth를 선택한다.

46. 새 Multiply 노드를 생성하고 이전 Scene Texture 노드를 A 입력에 연결하고 B 입력에는 값을 설정하는 데 제공한 레벨을 사용할 때 0.01 정도면 잘 작동한다.

47. Frac 노드를 46단계에서 만든 Multiply 노드의 앞쪽에 배치한다. Frac 노드는 입력으로 연결한 원본 값의 소수점 부분만 출력한다. 매우 적은 값을 원할 때 유용하다.

48. Frac 노드의 출력을 43단계에서 만든 Lerp 노드의 Alpha 입력에 연결한다. 그리고 Lerp의 출력을 메인 머티리얼 노드의 에미시브 입력에 연결한다. 이렇게 머티리얼 작업이 완료됐다.

위의 단계를 통해 원본 장면(Scene Texture Id를 Post Process Input 0로 설정한 Scene Texture 노드를 통해 해당 렌더링 단계를 얻을 수 있었다)과 장면의 Custom Depth에 의한 외곽선 효과를 혼합했다. Custom depth는 어떤 메시를 보고 싶은지 결정할 수 있도록 레벨에 있는 각 모델마다 활성화할 수 있는 속성이다. 여러 방법으로 설정할 수 있는데 블루프린트 명령어를 통해 상호작용하도록 조작할 때 특히 유용하다. 하이라이트되길 원하는 물체를 실제로 설정하는 것이 최종 단계이다.

49. 효과를 적용하고 싶은 물체를 선택하고 **디테일** 탭에서 Rendering 카테고리까지 아래로 스크롤한다.

50. Render Custom Depth Pass 속성이 있을 것이다. 그 옆에 체크박스를 체크하고 어떤 마법이 일어나는 확인해보자.

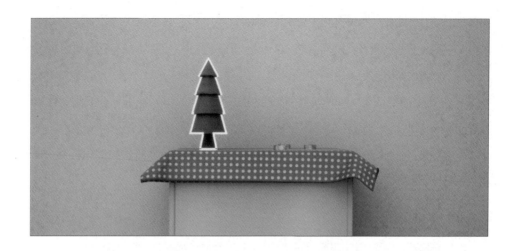

끝났다. 블루프린트 함수를 통해 Custom Depth 속성을 조절할 수 있다. 예를 들어 레벨 블루프린트에서 특정 물체의 참조를 가져다 해당 함수를 호출하면 된다. 이 실습을 향상 시켜보고 싶다면 해볼 만한 예일 것이다. 직접 해보길 바란다.

예제 분석

이해가 안 되지 않나? 이제 이해할 수 있게 설명해보겠다. 일반적으로 실습을 진행할 때 번호로 구분된 단계들을 왜 따라 하는지와 무엇을 했는지를 설명한다. 물론 이번 실습은 예외였다. 이번 실습에서 외곽선 판별을 위한 로직의 대부분은 합성곱^{Convolution}이라고 부르는 연산에 기초를 하고 있다. 그렇기 때문에 이번 실습을 진행하면서 세부 사항들을 일일이 이야기하는 것보다 여기서 합성곱이 무엇인지를 설명하는 것이 더 낫다고 생각했다.

우선 합성곱이라는 이름은 하나의 값을 생성하려고 두 개의 그룹의 수들을 기반해서 수행되는 연산이라는 의미에서 유래했다. 이미지 기반 연산들에서, 이러한 두 그룹의 수들을 다음과 같이 분해할 수 있다. 첫 번째 그룹의 역할을 하는 커널^{kernel}이라고 알려진 그리드 형태의 정해진 값들이다. 두 번째는 커널 그리드에 대응하는 픽셀들의 실제 값들이다. 그리드의 크기는 일반적으로 3×3픽셀의 행렬인데 중앙 픽셀이 가장 중요한 역할을 하기 때문이다. 결과를 계산하려고 사용하는 방법은 커널 값들과 대응하는 픽셀의 값을 각각 곱해서 곱해진 결과를 다 더하는 것이다. 그렇게 해서 얻어진 값이 중앙 픽셀의 합성곱 결과다. 이미지를 가로지르면서 이 연산을 수행함으로써 여러 목적에 알맞은 결과를 얻을 수 있다. 외곽선을 좀 더 분명하게 하던 이미지를 흐르게 하든 아니면 실습에서 했던 것처럼 외곽선을 판별하든 목적에 따라 커널 그리드 값이 변한다.[10] 이번 실습에서 사용한 커널 값은 실습에서 봤던 값으로 이뤄진다. 그 커널은 라플라시안^{Laplacian} 외곽선 판별 시스템을 따르고 있고 커널 그리드의 값은 다음 그림과 같다.

전체 개념이 실습 초기 단계인 4단계에서 27단계까지에서 수행됐다. 우선 그리드의 왼쪽, 오른쪽, 위, 아래 픽셀의 값을 가져오려고 Constant2Vector 노드를 머티리얼 함수의 입력으로 사용했고 다음에 커널의 값과 대응하는 픽셀의 값을 곱했다. 그 후에, 24단계에서 만든 −4 값을 가진 Constant 노드를 중앙 픽셀의 값과 곱해서 값을 구했다. 마지막으로 이렇게 구한 모든 값을 더해 최종 결과를 얻었다. 대각선에 있는 픽셀을 계산하지 않는다. 커널의 해당 그리드 값이 모두 0이기 때문이다.

---

10   일반적으로 포토샵과 같은 프로그램에서 '필터를 먹인다'는 것이 바로 합성곱 연산을 수행하는 것이다. – 옮긴이

추가 정보

마치기 전에 언리얼 엔진 4에서 포스트 프로세스 머티리얼과 포스트 프로세스 파이프라인이 동작하는 방법을 이해하는 데 도움을 줄 이야기를 하고 싶다. 지금까지 여러 종류의 셰이더와 익숙해질 수 있는 기회를 가졌다. 목재 또는 콘크리트와 같은 불투명 재질, 유리나 물과 같은 투명 재질, 그 중간에 있는 왁스와 같은 재질 같은 것 말이다. 이 모든 머티리얼을 정의하는 한 가지 방법은 레벨에 조명과 머티리얼과의 상호작용이라는 것이다. 그리고 상호작용 방식에 따라서 머티리얼을 분류할 수 있다. 앞서 언급한 머티리얼을 레벨에 놓인 물체들에 적용할 수 있다는 의미이기 때문이다. 레벨에 있는 물체에 머티리얼을 적용했다면 렌더러가 레벨이 어떻게 보일지 최종적으로 계산할 수 있다.

하지만 포스트 프로세스 머티리얼에선 사실이 아니다. 포스트 프로세스 머티리얼은 3D 모델에 적용되지 않기 때문이다. 포스트 프로세스 머티리얼은 엔진의 포스트 프로세스 파이프라인 속에 삽입돼서 다른 방법으로 장면에 기여한다. 주로 여러 렌더링 단계 중에 한곳에서 연산을 수행함으로써 말이다. 언리얼은 렌더링된 장면의 정보를 여러 계층으로 저장하는데, 예를 들면 피사계 심도, TAA[temporal anti-aliasing], 암명 반응[eye adaptation], 톤 맵퍼[tone mapper]와 같은 것들이다. 여러 렌더링 단계를 접근할 수 있다는 것은 실습처럼 특정 효과를 구현하는 데 매우 유용할 수 있다. 근본적인 수준에서 엔진의 작동 방법에 영향을 줄 수 있기 때문에 매우 강력한 기능이다. 이 기능을 통해 여러 시각적 스타일과 렌더링 효과를 만들 수 있는 무궁무진한 가능성이 생긴다.

읽을거리

마지막으로 두 개의 링크를 알려주려고 한다. 하나는 다른 형태의 외곽선 효과를 깊이 있게 다룬다. 다른 하나는 언리얼의 렌더링 단계를 설명한다. 둘 다 매우 유익한 정보를 담고 있으니 꼭 확인해보자.

- https://www.raywenderlich.com/92-unreal-engine-4-toon-outlines-tutorial7
- https://unrealartoptimization.github.io/book/profiling/passes/

█ 게임 속 나침반 만들기

머티리얼을 사용해 앱과 게임의 기능을 향상시킬 수 있는 새로운 가능성을 계속 알아보자. 이제 UI처럼 아직 사용해보지 않은 기능을 살펴볼 텐데, 일상 생활에서 UI가 차지하는 역할이 크기 때문에 이미 익숙할 거라고 확신한다. 사용하는 컴퓨터 프로그램, 앱 또는 상호작용하는 어떤 소프트웨어에도 UI가 있기 때문이다. UI를 구성하는 많은 요소가 버튼, 드롭다운 메뉴, 화면에서 종종 볼 수 있는 로고처럼 익숙한 것들이다. 하지만 언리얼과 같은 게임 엔진에서는 머티리얼도 큰 역할을 한다. 언리얼과 같은 게임 엔진은 한층 더 풍부한 UI 경험을 제공한다. 게임 속에서 어디를 향하고 있는지 알려주는 게임 나침반을 만들어서 이런 가능성을 살펴보자.

준비하기

이번 실습에서 UI에서 사용할 나침반 머티리얼을 만들어본다. 그래서 대양보다 배경으로 사용하기에 더 나은 선택지는 없을 것이다. 목적에 좀 더 부합하기 때문에 4장에서 만들었던 레벨을 다시 사용하려고 한다. 이번 실습을 진행하는 데 필요한 레벨의 요구 조건이 없으므로 직접 만든 레벨을 사용해도 괜찮다. 나침반을 표현하기 위한 한 쌍의 텍스처만 있으면 충분하다. 그리고 Content/UE4ShadersAndEffects/Assets/Chapter05/05_05

폴더에서 필요한 에셋을 찾을 수 있다.

텍스처 자체는 매우 단순하다. 만약 직접 비슷한 텍스처를 만들고 싶다면 다음 그림을 참조하라. 두 개의 텍스처가 있는데 하나는 항상 같은 위치에 표식이 있어서 바라보는 방향을 알려주는 역할을 한다. 다른 하나는 동, 서, 남, 북 방향이 담겨 있고 플레이어의 회전에 따라 움직인다.

추가적으로 위의 텍스처에 픽셀이 그려져 있지 않는 부분은 배경이 보이도록 투명도를 가져야 한다. 그래서 알맞은 알파 채널이 있어야 한다.

예제 구현

도입부에서 이야기를 한 바와 같이 지금 만들려고 하는 머티리얼은 UI의 요소로 사용할 것이다. 그래서 우선 유저 인터페이스를 만들어야 한다(책에서 처음으로 만들어보는 것이다). 전에 UI를 다뤄 본 적이 없다면, 우선 이번 실습의 '추가 사항' 절에서 UMG 에디터가 어떻게 구성돼 있는지 꼭 확인하길 바란다.

1. **콘텐츠 브라우저**에서 새 유저 인터페이스를 생성한다. 유저 인터페이스는 **위젯 블루프린트**^{Widget Blueprint} 에셋을 생성하면 된다. 그러니 우클릭을 해서 유저 인터페이스^{User Interface}의 확장 메뉴에서 위젯 블루프린트를 찾아 선택한다.

2. 생성된 위젯을 열어서 **팔레트**^{Palette} 탭에서 Scale Box를 찾자(탭의 각 카테고리를 확장해서 찾을 수 있고 Search Palette 검색창에서 이름을 입력해서 찾을 수도 있다). Scale Box를 드래그해서 메인 뷰포트에 놓자.

3. UI 에디터의 **팔레트** 탭에서 Image를 선택해서 메인 뷰포트를 드래그해서 놓자. T_Compass라고 이름을 입력한다.

4. **계층 구조**^{Hierarchy} 탭을 살펴보자. 여기서 현재 UI를 구성하고 있는 모든 요소들을 확인할 수 있다. Image를 Scale Box로 드래그해서 놓아 Scale Box를 부모로 만든다.

5. Scale Box를 선택해 **디테일** 탭을 살펴보자. **앵커**^{Anchors} 드롭다운 메뉴에서 상단 중앙 앵커를 선택하자.

6. Scale Box를 다음과 같이 설정한다. Position X를 0.0으로 남겨두고 Position Y 는 75.0으로 변경한다. Size to Content 속성을 켜고 Alignment의 X는 0.5로, Y는 0으로 설정한다. 이렇게 값을 변경하면 Scale Box가 화면상에서 상단 중앙에 위치하게 된다. 다음 그림을 참조해 정확한 설정을 확인한다.

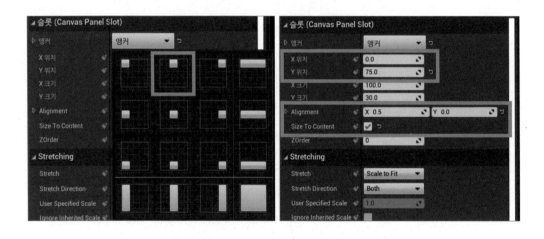

전에 UI 에디터를 다뤄 본 적이 없다면 다시 이야기하지만 '추가 정보' 절을 꼭 확인하라. 앞의 모든 단계가 UI 요소를 조절하기 위한 설정을 다뤘을 뿐이다. 따라서 나침반 역할을 할 머티리얼을 만들어 Image 요소에 할당해야 한다. 이제 해당 머티리얼을 만들어보자.

7. **콘텐츠 브라우저**에서 새 머티리얼을 생성한다. M_Compass처럼 적절한 이름을 입력하자. 머티리얼 에디터를 열고 머티리얼을 구현하자.

8. 메인 머티리얼 노드를 선택하고 **디테일** 탭을 살펴보자. 그리고 Material Domain 속성을 Surface에서 **User Interface**로 변경한다. 이렇게 하면 머티리얼을 UI 요소로 사용할 수 있다.

9. Blend Mode를 Opaque에서 Mask로 변경한다. 이러면 UI 머티리얼에서 알파 채널을 사용해 보이는 것과 보이지 않는 것을 조절할 수 있다.

이제 머티리얼에 실제 기능을 구현해보겠다. 때때로 나침반이 최종적으로 어떻게 보일지를 고려하는 것이 꼭 필요하다. 플레이어 회전에 따라 알맞은 방위를 보여줄 애니메이션되는 텍스처가 필요하다. 그리고 플레이어가 바라보는 방향을 표시해줄 이미지 텍스처도 필요하다. '준비하기' 절에서 두 텍스처 이미지를 이미 살펴봤다. 구현해보자.

10. Texture Coordinate 노드를 생성한다.

11. Panner 노드를 생성하고 Texture Coordinate 노드를 Panner 노드의 Coordinate 입력 핀에 연결한다.

12. Scalar Parameter 노드를 생성해서 Player Rotation이라고 이름을 입력한다. 플레이어가 현재 바라보는 방향을 얻으려고 사용하려 하기 때문이다.

13. Scalar Parameter 노드 바로 앞에 Add 노드를 추가하고 둘을 연결한다. B 입력 핀 값을 0.25로 설정한다.

14. Add 노드의 출력을 Panner 노드의 Time 입력 핀에 연결한다.

    왜 Add 노드에 0.25 상수를 포함한 것일까? 이미지를 보면 알겠지만 북쪽 방향 표시가 이미지의 중앙에 있어서 언리얼의 실제 북쪽 위치와 일치시키려면 약간의 오프셋이 필요하다.

15. 두 개의 Constant 노드를 추가하고 값을 각각 1과 0으로 설정한다.

16. MakeFloat2 노드를 추가하고 15단계에서 만든 두 Constant 노드를 연결하는 데 꼭 X 입력에 1이 그리고 Y 입력에 0이 연결되도록 한다.

17. MakeFloat2 노드의 결과를 Panner 노드의 Speed 입력에 연결한다.

    Y축은 고정이고 X축으로만 이동하도록 상수 속도를 1과 0으로 설정했다. 실제로 움직일 크기는 Player Rotation 노드에 의해서 조절된다. 나중에 플레이어에서 이 값을 동적으로 할당할 것이다.

18. Texture Sample 노드를 생성하고 Panner 노드의 출력을 UVs 입력 핀에 연결하한다. 그리고 T_Compass_Directions 텍스처를 할당하자.

19. Vector Parameter 노드를 생성하고 이름을 Directions Color라고 입력한다. 머티리얼에서 움직이는 부분에 색상을 입히려고 사용할 것이기 때문이다.

20. 앞의 두 노드들 앞에 Multiply 노드를 추가하고 Texture Sample 노드와 Vector Parameter 노드를 각각 입력에 연결한다.

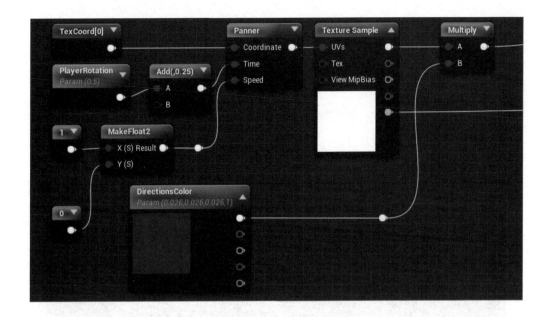

이미 애니메이션이 되는 나침반을 구현했다. 하지만 아직 플레이어가 바라보는 방향을 알려주는 정적인 표식을 추가해야 한다. 이제 그걸 해보자.

21. Texture Sample 노드를 추가하고 T_Compass_Fixed 텍스처를 할당한다.

22. Vector Parameter 노드를 추가하고 이름 Maker Color라고 입력한다. 이 노드를 플레이어의 방향 표식 색상으로 사용할 것이기 때문이다.

23. Multiply 노드를 추가하고 21, 22단계에서 만든 노드들을 입력에 연결한다.

앞의 단계가 머티리얼 인스턴스를 생성했을 때 나침반 머티리얼의 고정 표식의 색상을 변경할 수 있도록 해준다. 이제 방위 표시와 고정 표식을 합치고 머티리얼의 Opacity Mask를 지정할 차례다.

24. 이전 단계의 Multiply 노드 앞에 Lerp 노드를 추가하고 Multiply 노드의 출력을 Lerp 노드의 A 입력에 연결한다.

25. Lerp 노드의 B 입력에 20단계에서 만든 Multiply 노드의 출력을 연결한다.

26. Lerp 노드의 Alpha 입력 핀에 18단계에서 만든 Texture Sample의 Alpha 채널을 입력으로 사용하자.

27. Lerp 노드의 출력을 메인 머티리얼의 **최종색**Final Color 입력에 연결하자.

28. 메인 머티리얼 노드의 **오패시티 마스크**Opacity Mask 바로 뒤쪽에 Add 노드를 추가하고 둘을 연결하자.

29. Add 노드의 A와 B 입력에 두 개의 Texture Sample의 Alpha 채널을 연결하자.

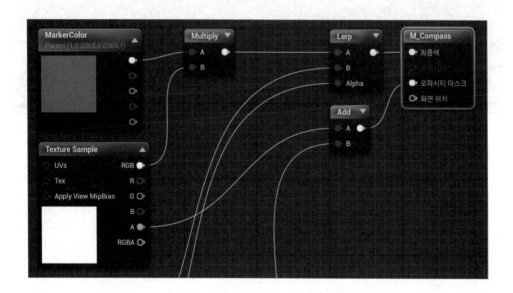

이렇게 해서 머티리얼 작업을 완료했다. 이제 머티리얼 인스턴스를 생성해 UI에 적용해보자.

30. **콘텐츠 브라우저**에서 만든 머티리얼 위에서 우클릭해 **머티리얼 인스턴스 생성**Create Material Instance 메뉴를 선택한다.

31. 여러 편집 가능한 설정 특히 Directions Color와 Marker Color를 마음에 들 때까지 원하는 대로 설정한다.

32. 생성했던 위젯 블루프린트로 다시 돌아가 **계층 구조** 탭에서 Image를 선택해 **디**

테일 탭을 살펴보자. Brush 속성을 확장하고 Image 속성에 생성한 머티리얼 인스턴스를 할당한다.

33. 화면 상단에 나침반 이미지가 확실히 보이도록 Image Size를 X축은 1532, Y축은 24와 같이 설정한다. 이 값은 화면 해상도에 따라 달라져야 하기 때문에 이번 실습의 가장 마지막에 나오는 그림처럼 보이도록 한다.

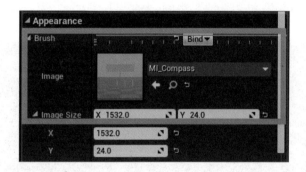

이제 머티리얼에 있는 Scalar Parameter 노드에 플레이어의 방향을 입력해서 나침반을 방향에 맞게 움직일 차례다. 이벤트 그래프로 넘어가 작업해보자.

34. T_Compass 변수를 메인 이벤트 그래프로 드래그해서 놓자.

35. T_Compass 노드에서 선을 드래그해서 왼쪽 버튼을 놓고 Get Dynamic Material 이라고 입력한다.

36. Event Tick 노드의 실행 핀을 새 노드의 실행 입력 핀에 연결한다.

37. Get Player Controller 노드를 생성한다.

38. Get Player Controller 노드에서 선을 드래그해서 Get Controller Rotation을 검색해서 추가한다.

39. Get Controller Rotation 노드에서 선을 드래그해서 Break Rotator를 검색해서 추가한다.

40. Break Rotator 노드의 Z 출력에서 선을 드래그해서 Float/Float 노드를 생성하고

분모를 360으로 설정한다.

41. Get Dynamic Material 노드의 Reture Value 출력 핀에서 선을 드래그한 다음, Set Scalar Parameter Value 노드를 검색해서 추가한다.

42. Set Scalar Parameter Value 노드의 Parameter Name 입력에 PlayerRotation 이라고 입력한다. 그리고 40단계에서 만든 Float/Float 노드의 결과를 Value 입력에 연결하라. 이렇게 해야 제대로 동작한다.

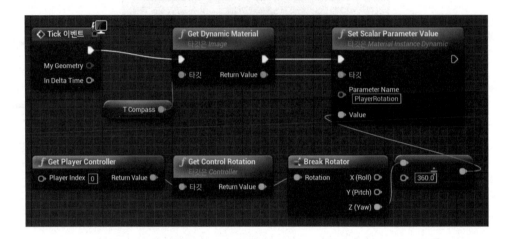

여기까지 했다면 레벨 블루프린트Level Blueprint에 몇 가지 로직을 추가해서 UI가 보이게 한다.

43. 툴바에서 **블루프린트 ﹥ 레벨 블루프린트**(Blueprints ﹥ Open Level Blueprint)를 선택해 레벨 블루프린트를 연다.

44. Event Begin Play 노드에서 선을 드래그한 다음 Create Widget 노드를 생성한다.

45. Get Player Controller 노드를 생성하고 44단계에서 만든 Create Widget 노드의 Owning Player 입력 핀에 연결한다.

46. Create Widget 노드의 드롭다운 메뉴에서 만들었던 위젯 블루프린트를 선택한다.

47. Create Widget 노드의 Reture Value에서 선을 드래그해서 Add to Viewport 노드
를 생성한다.

작업이 끝났다. **플레이** 버튼을 누르면 직접 결과를 확인할 수 있다. 특정 종류의 앱이나
게임에서라면 특히 북쪽이 어느 쪽인지 확인할 수 있는 것이 매우 도움이 될 것이다. 게
임업계에서 〈포트나이트〉처럼 근래 성공했던 게임을 떠올려보면 미니맵이나 나침반과
같은 특정 네비게이션 툴을 이용해 플레이어가 월드에서 어디에 있는지 확인하는 것은
거의 필수적이다. 새로운 엔진 기능을 사용해 문제를 해결하는 방법을 배웠다. 그러니 적
재적소에 사용하자.

예제 분석

평소처럼 실습에서 다룬 모든 것을 이해할 수 있도록 어떤 작업을 한 것인지 핵심을 다시 살펴보자. 이번 실습의 핵심 기능은 나침반 머티리얼의 그래프에 구현한 로직에 들어 있다.

첫 번째 머티리얼 그래프에서 가장 핵심 요소는 아마 Panner 노드와 이 노드의 하위에 연결된 모든 노드일 것이다. 이 부분에서 텍스처를 얼마나 움직일지를 정한다. 그런 다음 머티리얼을 적절히 설정한 뒤 북쪽이 어디인지 처리한다. 텍스처를 얼마나 움직여야 하는지 알고자 Player Rotation이라는 Scalar Parameter 노드를 사용했다. 하지만 실제로 UI의 이벤트 그래프에서 기능을 구현할 때까지 정확한 값이 할당되지 않는다. Panner 노드의 입력으로 사용되는 또 다른 노드는 Texture Coordinate 노드와 속도를 결정하는 노드와 같은 것이다. X축으로만 이동하면 되기 때문에 Y축의 속력은 0으로, X축은 1로 지정했다.

머티리얼의 나머지 부분은 좀 더 익숙하다. 색상을 변수로 설정하고 텍스처의 특정 색상과 곱해서 색상을 만드는 것, Add와 Lerp 노드를 함께 사용해 계산의 결과를 합성하는 것은 예전에도 이미 해봤던 작업이기 때문이다. 다음으로 흥미로운 코드는 UI의 이벤트 그래프에 있고 실제로 여기서 머티리얼에 정의된 Scalar Parameter 값을 수정했다. UI 이미지 요소에 적용된 머티리얼 인스턴스의 참조를 통해 Player Rotation에 접근했다. Player Rotation에 설정한 값은 플레이어 방향의 Z값을 이용해서 계산했고 이 값이 월드에서 플레이어가 바라보는 방향이다. 지금까지 이번 실습에서 한 작업을 설명했다.

추가 정보

전에 UI를 다뤄 본 적이 없다면 지금 UI 에디터를 간략히 살펴보자. 이번 실습에서 UI 작업을 해야 하기 때문에 중요하다. 만약 사용법에 익숙하지 않다면 다음 팁을 읽어보자. 도움이 될 것이다.

첫 번째, UI 에셋을 생성하는 방법을 알아야 한다. **콘텐츠 브라우저**의 적절한 폴더에서 우 클릭을 하고 **유저 인터페이스**에서 **위젯 블루프린트**를 선택하면 된다.[11]

다음으로 UI 에디터를 이야기해보자. UI 에디터는 디자이너와 그래프 이렇게 두 모드로 구성된다. 그래프 모드는 이미 익숙한 블루프린트 그래프와 유사하다. 하지만 디자이너 모드는 처음 접할 것이다. 언리얼에서 원하는 UI를 생성하고 구성하는 곳이 디자이너 모드다. 그리고 UI 에디터에 작업을 쉽게 할 수 있도록 여러 탭이 포함돼 있다. 이제 각 탭을 살펴보자.

---

11   적절한 폴더라고 이야기한 것은 에셋을 종류에 따라 분류해서 폴더의 구조를 만들었다면 UI 에셋을 위한 폴더가 따로 있을 거라고 생각해서 적절한 폴더라고 이야기한 것이다. 콘텐츠 폴더의 하위 폴더 어디서든 생성 가능하다. – 옮긴이

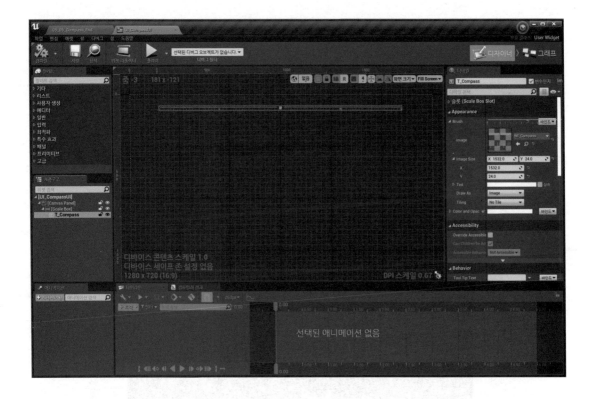

각 탭의 역할은 다음과 같다.

- **팔레트**Palette: UI를 생성하려고 이용할 수 있는 여러 요소를 선택할 수 있다. 사용 가능한 요소 가운데 몇 가지 예를 들면 버튼Button, 이미지Image, 버티컬 박스vertical box, 세이프 존safe zone이 있다. 그리고 각 요소마다 몇몇 유일한 기능을 가지고 있어서 특정 상황에서 다른 요소보다 더 적합하다. 이 탭에 익숙해지는 것은 매우 유용하고 추가하고 싶은 모든 종류의 에셋을 위젯에 추가할 수 있는 곳이다.

- **계층 구조**Hierarchy: 계층 구조 탭은 여러 요소가 특정 계층 구조를 갖게 만들도록 해주기 때문에 매우 중요하다. 이를테면 **팔레트** 탭에서 생성한 여러 에셋이 각각 가질 수 있는 자식 수가 다르다. UI를 적절하게 구조화하려면 이를 아는 것이 중요하다. 버튼은 하나의 자식만 허용하는 반면, 버티컬 박스는 많은 자식을 가질

수 있다. 여기서 여러 컴포넌트가 서로 부모 자식 관계를 가질 수 있게 해서 원하는 기능을 얻을 수 있다.

- **애니메이션**^{Animation} : 만약 UI에 애니메이션을 적용하고 싶다면, 애니메이션 탭에서 작업을 수행한다. 앱이 로딩될 때 멋진 페이드-인^{fade-in}을 생성해서 UI가 갑자기 튀어나오는 것처럼 보이지 않도록 하고 싶다고 해보자. 바로 여기서 그런 다양한 애니메이션을 생성할 수 있다.
- **디자이너**^{Designer} : 생성한 여러 요소를 배열하고 확인하는 곳이다. 생성한 모든 UI 요소가 여기에 보인다. 또한 실시간으로 작업하는 내용을 확인할 수 있다.
- **타임라인/컴파일러 결과**^{Timeline/Complie results} : 만약 **애니메이션** 탭이 애니메이션을 생성하는 곳이라면, 타임라인은 애니메이션을 실제로 작업하는 곳이고 애니메이션시킬 기와 값을 할당하는 곳이다. 애니메이션 작업을 한다면 거의 대부분의 시간을 여기서 작업할 것이다.
- **디테일**^{Detail} : 어떤 요소를 선택했다면 **디테일** 탭에서 살펴볼 수 있다. 특정 요소가 보이는 방식이나 동작하는 방법을 변경할 수도 있다.

화면의 해상도나 선택된 대상에 따라 보여지는 탭의 위치가 변할 수 있음을 기억하자. 만약 특정 탭을 추가 또는 제거하고 싶다면 **창**^{Window} 메뉴를 살펴보고 원하는 모든 탭을 선택해도 괜찮다.

여기까지 UI 에디터 안에 각 탭들이 어디에 위치하고 있는지 알아봤으므로 이번 실습을 마칠 준비가 됐다. 직접 에디터를 다뤄 보고 여러 탭에 익숙해졌다면 빠르게 다음으로 진행할 준비가 된 것이다. 다음 실습에서 만나자.

읽을거리

UI 에디터를 사용하는 것이 생소한 경험이었을 것이다. 하지만 그렇게 겁낼 필요는 없다. 처음에는 낯설겠지만 UI 에디터를 통해 할 수 있는 작업은 어마어마하다. 그러니

꼭 잘 살펴보라. 멋진 버튼 기능을 추가하는 것부터 개발자의 앱을 좀 더 향상시킬 수 있
는 아이디어를 전달하는 것까지 UI 에디터가 개발자의 비전을 실현하는 데 많은 도움을
줄 것이다. UI 툴에 관해 좀 더 자세한 사항을 알고 싶다면 에픽 공식 문서를 확인하자.

- https://docs.unrealengine.com/ko/Engine/UMG

▌ 미니맵 만들기

이제 동적 UI 요소와 익숙해졌으므로 미니맵을 만들어봄으로써 관련 주제를 계속 살펴
보자. 이 실습이 전에 만든 나침반의 기능을 멋지게 확장할 것이다. 나침반이나 미니맵은
게임이나 앱에서 종종 같이 사용한다. 게다가 이번 실습에서 게임에서 벌어지는 일들과
그것을 UI에서 시각적으로 표현하는 것 사이에 상호작용하는 새로운 계층을 추가할 것
이다. 관련 내용을 알아보자.

준비하기

이번 실습에서는 두 가지 에셋이 필요하다. 물론 평소처럼 필요한 에셋을 제공한다. 만약 동일한 에셋을 사용해 실습해보고 싶다면 해당 에셋을 사용하면 된다. 하지만 직접 만든 에셋을 사용하는 것도 문제없다. 직접 만든 에셋을 사용하려고 한다면 맵을 보여주는 텍스처와 플레이어의 위치를 표시할 텍스처가 꼭 필요하다. 다행히 다른 소프트웨어를 사용해 텍스처를 만들고 싶지 않다면, 엔진에 포함된 에셋 중에서 완전히 알맞은 에셋을 찾을 수 있고 나중에 소개할 두 개의 트릭도 있다. 만약 내가 사용할 동일한 에셋을 사용하고 싶다면 제공한 프로젝트에 Content/UE4ShadersAndEffects/Assets/Chapter05/05_06 폴더에서 찾을 수 있다. 또 Content/UE4ShadersAndEffects/Maps/Chapter05 폴더에서 05_06_Minimap_Start 맵 파일을 찾아 열면 동일한 레벨을 사용할 수 있다.

예제 구현

나와 동일한 레벨을 사용하건 직접 만든 레벨을 사용하건 관계없다. 이제 실습 첫 단계에서 필요한 텍스처를 생성할 것이다. 스스로 실습을 완료할 수 있게 필요한 모든 에셋을 제공하는 것을 이미 알고 있을 것이다. 하지만 직접 만든 레벨이나 텍스처를 사용하고 싶다면 '추가 정보' 절을 확인해보라. 거기서 실습에서 사용할 몇몇 필수 텍스처를 만들 때 유용한 팁을 제공하기 때문이다. 그리고 나서 미니맵을 만들어보자.

평소처럼 우선 실습에서 사용할 에셋을 생성한다. 첫 번째 에셋은 UI이고 미니맵을 보여주는 용도로 사용될 것이다. 새로 생성하는 대신 나침반용 UI를 복제해 그걸 확장하자.

1. 이전 실습에서 만들었던 UI_Compass라는 이름을 가진 위젯 블루프린트를 찾아 복제하자. Content/UE4ShadersAndEffects/Assets/Chapter05/05_05 폴더에서 찾을 수 있다.

2. 새 위젯에 UI_MinimapAndCompass처럼 새로운 이름으로 변경하자.

3. 새 위젯을 더블클릭해 UI 에디터를 열고 두 번째 **Scale Box**를 추가하자. Scale Box의 앵커를 화면 중앙으로 지정하자.

4. **Alignment**의 X와 Y 속성 모두 0.5로 설정하고 **Size To Content** 체크박스를 체크하자.

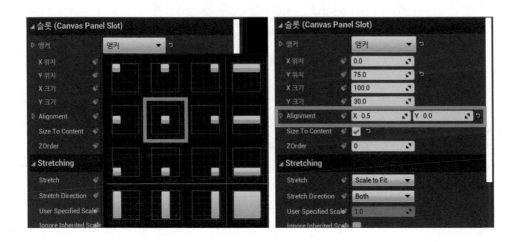

지금까지 새 UI를 생성하고 위젯에서 미니맵의 위치를 제한할 **Scale Box**를 추가했다. 다음 단계에서 텍스처를 사용해 미니맵 자체를 UI에서 보이도록 할 것이다.

5. **Overlay**를 생성하고 **Scale Box**의 자식으로 만든다. Overlay가 여러 위젯을 쌓을 수 있게 해준다. 미니맵에선 기본적으로 여러 계층이 필요하기 때문에 Overlay가 최선의 선택이다. 여기선 한 계층을 기본 맵으로 그리고 다른 한 계층을 플레이어의 위치를 표시하는 용도로 사용할 것이다.

6. **Overlay**의 **디테일** 탭의 가장 위쪽에 **변수인지**^Is Variable^라는 텍스트 옆에 체크박스를 체크하자. 이렇게 하면 실행 시간에도 **Overlay**의 속성에 접근할 수 있다.

7. 두 개의 **Image**를 생성하고 **Overlay**의 자식으로 만들자.

8. 첫 번째 **Image**의 이름을 **I_Minimap**으로 변경하자. 그런 다음 미니맵 텍스처를

할당하자. 만약 제공한 텍스처인 **T_Minimap**을 사용한다면 UI 안에서 알맞게 보이도록 크기를 약간 조절해야 한다. 여기선 원본 크기인 1024×1024보다 800×800이 더 낫다.

9. 두 번째 Image는 플레이어 위치에 표시할 아이콘이다. 알맞은 이름으로 변경하고 원하는 아이콘을 할당하자. 나는 이름을 **I_PlayerLocation**으로 변경했고 텍스처로 **T_Minimap_Locator**를 사용했다.

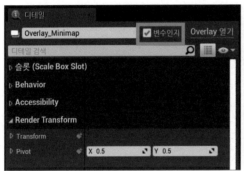 

Overlay의 **디테일** 탭에서 **변수인지**를 체크했는지, 각 Image에 텍스처를 올바르게 할당했는지 확인하라.

 T_Minimap_Locator라는 에셋을 제공하고 있지만 엔진 콘텐츠에서 용도에 알맞은 에셋을 찾을 수 있다. 에셋의 이름이 Target Icon이다.

모든 요소를 다 추가했으니, 이제 미니맵의 동작을 정의할 로직을 구현해보자. 머티리얼에서 로직을 구현했던 실습과 다르게 UI 에디터의 이벤트 그래프에서 작업할 것이다. 이번엔 머티리얼 인스턴스가 필요하지 않기 때문이다. 신경 쓰지 않아도 되는 부분이 있으니 편하다. UI 에디터에서 이벤트 그래프를 열자. 그리고 나침반 기능을 구현했던 마지막 노드에서 시작하자. 전에 만든 이 마지막 노드가 Set Scalar Parameter Value일 것이다. 다음에 여기에 이어서 기능을 구현할 것이기 때문에 꼭 기억하자. 만약 처음부터 다시 UI를 만든다면 **Tick 이벤트** 노드가 처음 실행되는 노드로 사용되는 것을 기억하자.

10. 우선 새 벡터 타입의 변수 두 개를 생성하자. **내 블루프린트**^{My Blueprint} 탭의 변수 카테고리에서 **+** 아이콘을 클릭하면 변수가 생성된다.

11. 첫 번째 변수 이름을 Lower Right World Position으로, 두 번째 변수 이름을 Upper Left World Position으로 변경하자. 미니맵 텍스처의 각 모서리의 물리적 좌표를 변수들에 저장할 것이다. 그래서 다음에 값을 측정해야 한다.

12. 맵의 경계 좌표를 알아내야 한다. 임시 액터를 하나 생성해 알고 싶은 두 위치에 임시 액터를 수동으로 배치하자. 알맞은 위치에 배치를 했으면 **디테일** 탭에서 위치를 확인하고 적어 두자! 동일한 레벨을 사용했다면, Lower Right World Position은 X=350, Y=180, Z=0이고 Upper Left World Position은 X=−15, Y=−180, Z=0이다.[12]

---

12 이렇게 수작업으로 입력하지 않아도 된다. 이런 역할을 하는 액터를 생성해 Hidden In Game 속성을 켜 실제 게임에서는 보이지 않게 하고 레벨 블루프린트에서 해당 액터의 위치를 읽어와 사용해도 된다. − 옮긴이

더미 액터를 적절한 위치에 배치하고 **디테일** 탭에서 해당 좌표를 확인한 다음 적어 두자.

> ℹ️ 내용을 정확히 이해했다면, 직접 만든 레벨의 북서쪽과 남동쪽 모서리의 위치 좌표를 적어야 한다. 직접 만든 미니맵 텍스처의 상단이 북쪽을 향하고 있다면 이렇게 해야 잘 작동한다.

좌표를 확인해 변수에 값을 할당했으므로 이벤트 그래프에서 로직을 계속 구현할 수 있다.

13. 두 변수를 이벤트 그래프로 드래그해놔 변수 노드를 생성한다.

14. 두 노드 앞에 Vector−Vector 노드를 생성한 뒤 Lower Right World Position을 피감수로 사용할 것이므로 위쪽 핀에, Upper Left World Position을 감수로 사용할 것이므로 아래쪽 핀에 연결한다.

15. Vector−Vector 노드의 벡터 출력 핀에서 우클릭을 해서 **구조체 핀 분할**^{Split Struct} ^{Pin} 메뉴를 선택한다. X, Y 두 좌표만 필요하기 때문이다.

16. 두 개의 Vector/Vector 노드를 만들어서 이전 노드들의 앞쪽에 배치하고 한 노드가 다른 노드의 위쪽에 위치하도록 한다.

17. 14단계에서 만든 Vector−Vector 노드에서 X, Y 출력을 각각 Vector/Vector 노드의 제수로 사용하도록 아래쪽 핀에 연결한다.

18. 6단계에서 Overlay의 **디테일** 탭에서 **번수인지** 체크박스를 체크했다면, **내 블루프린트** 탭에서 변수 카테고리에 Overlay가 있을 것이다. 이벤트 그래프로 가져와 변수 노드를 생성한다.

19. Overlay 노드의 출력에서 선을 드래그해서 Get Desired Size 노드를 생성한다. **Return Value** 출력 핀에서 우클릭을 해 구조체 핀 분할을 선택한다. 구조체 핀 분할은 15단계에서 Vector −Vector 노드에서 한 것과 동일하다.

20. 전 단계에서 만든 Get Desired Size 노드의 Result Value X 출력 핀을 16단계에서 만든 Float/Float 노드의 피제수에 연결한다.

21. 마찬가지로 Result Value Y 출력 핀을 다른 Float/Float 노드의 피제수에 연결한다.

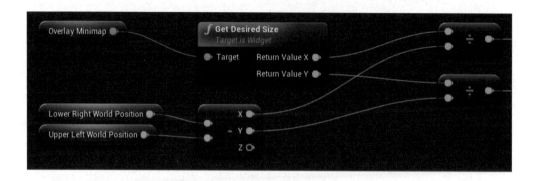

상황이 더 복잡해지기 전에 하고 싶은 이야기가 있다. 이번 실습에서 수행되는 모든 float 연산은 단지 한 축axis에만 관여한다. 앞의 예를 살펴보면 Get Desired Size 노드의 Return Value X값을 Vector−Vector 노드의 X 좌푯값으로 나눈 것을 알 수 있다. 마찬가지로 Y 좌푯값에도 동일한 연산을 수행한다. 위의 예처럼 이후에 생성할 모든 노드도 이 규칙을 따를 것이다. 좀 더 작업을 수행하면서 많은 수의 노드가 추가되고 진행 사항이 복잡해지기 전에 이야기하면 좋을 것 같았다. 의심이 들면 X와 Y값을 그래프에서 절대 합치지 않는다는 것을 확실히 기억하자.

22. Upper Left World Position 벡터를 복제해서 그래프의 앞쪽 약간 아래쪽에 배치한다.

23. Upper Left World Position 벡터 아래쪽 빈 공간에서 우클릭한 다음 Get Player Camera Manager 노드를 생성한다.

24. Get Player Camera Manager 노드에서 선을 드래그해 Get Actor Location 노드를 생성한다.

25. Vector − Vector 노드를 생성하고 Upper Left World Position 노드를 피감수로, GetActorLocation 노드를 감수로 연결하자.

26. 14단계에서 Vector − Vector 노드에 했던 것처럼 출력 핀에서 우클릭하고 구조체 핀 분할을 선택하자.

27. 두 개의 Float − Float 노드를 생성하고 위의 노드들보다 앞쪽에 배치하자. 두 노드 모두 피감수를 0으로 하고 Vector − Vector 노드에서 X, Y 출력을 각 노드의 감수로 연결하자.

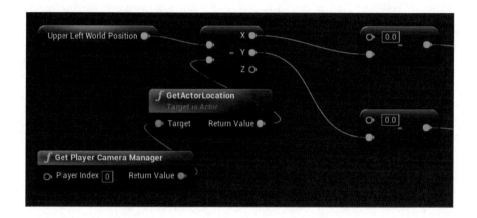

이 작업이 플레이어의 위치를 알아내고 미니맵에서 플레이어의 위치를 표시하는 아이콘이 어디에 배치돼야 하는지 계산하는 데 사용될 것이다.

28. Multiply 노드를 생성하자. 16단계에서 Get Desired Size 노드의 Return Value X 값을 Vector − Vector 노드의 X값으로 나눈 Float/Float 노드의 결과를 첫 번째 입력에 연결하자.

29. 두 번째 입력에 0−X를 수행했던 27단계에서 만든 Float − Float 노드의 출력을 연결하자.

30. 두 번째 Multiply 노드를 생성하고 앞에서 한 것처럼 Get Desired Size 노드의 Return Value Y값을 Vector－Vector 노드의 Y값으로 나눈 Float/Float 노드의 결과를 첫 번째 입력으로 연결한다.

31. 30단계에서 생성한 Multiply의 두 번째 입력 핀은 0－Y를 수행했던 27단계에서 만든 Float－Float 노드의 출력을 연결한다.

32. 두 개의 Float－Float 노드를 생성하고 앞의 두 Multiply 노드 앞에 배치한다.

33. Float－Float 노드의 피감수에 앞선 Multiply 노드의 각 결과를 연결한다. 앞서 이 야기했던 것처럼 X와 Y값을 계산하는 그래프는 합쳐지지 않는다는 규칙에 따라서 말이다.

34. 감수를 플레이어 아이콘의 해상도의 절반으로 설정한다. 제공하는 에셋을 사용했다면 그 값은 64다.

35. 두 개의 Clamp(float) 노드를 생성한다. 33단계에서 만든 Float－Float 결과를 각각 Value 입력에 연결한다.

36. Min 입력 핀에는 값을 연결하지 않는다. 대신 －64를 입력한다(직접 만든 아이콘을 사용한다면 텍스처 해상도를 2로 나누고 －1을 곱한 값을 사용하자).

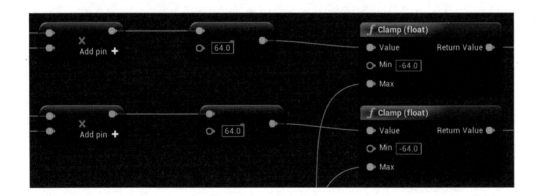

지금까지 한 작업이 레벨 경계의 실제 크기를 위젯의 크기로 대응시키는 작업을 수행한다. 이 그래프가 레벨에서 플레이어의 위치와 일치하도록 위젯 공간에서 플레이어 아이콘이 위치할 곳을 계산한다. 이제 앞서 만든 Clamp 노드에 마지막 입력을 연결해 이 로직을 완성시킨다.

37. 19단계 때 만든 Get Desired Size 노드의 앞쪽에 두 개의 Float-Float 노드를 생성한다.

38. Get Desired Size 노드의 출력 Return Value X와 Return Value Y를 각각 Float-Float 노드의 피감수에 연결한다.[13]

39. Float-Float 노드의 감수를 플레이어 아이콘 해상도의 절반 크기로 설정하는 데 동일한 에셋을 사용하고 있다면 값은 64여야 한다.

40. 35단계에서 생성한 Clamp 노드의 Max 입력 핀에 Float-Float 노드의 결과를 각각 연결한다.

41. 플레이어 위치 Image 위젯을 이벤트 그래프로 가져와 변수 노드를 생성한다.

42. 플레이어 위치 변수 노드에서 선을 드래그해 Set Render Transform 노드를 생성한다.

43. In Transform 입력에서 우클릭을 하고 구조체 입력 분할을 선택한다.

44. 35단계에서 만든 Clamp 노드의 출력을 In Transform X와 In Transform Y로 연결한다.

45. 메인 실행 핀을 Set Render Transform 실행 핀에 연결한다.

---

13 Float-Float 노드의 위쪽 입력을 말한다. – 옮긴이

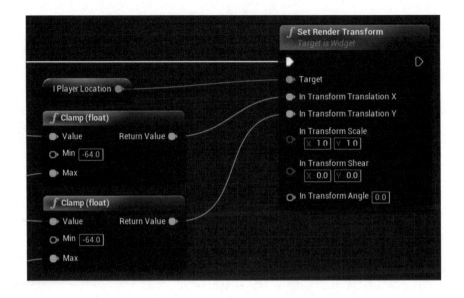

위젯이 모두 세팅됐으므로, 위젯을 화면에 추가해 보이도록 해야 한다. 나침반을 만드는 실습에서 이미 해본 작업이다. 다시 한 번 해보자.

46. 레벨로 돌아가서 레벨 블루프린트를 연다.

47. Begin Play 이벤트의 실행 핀에서 선을 드래그해서 **Create Widget** 노드를 생성한다.

48. Create Widget 노드의 **Class** 드롭다운 메뉴에서 앞에서 생성한 미니맵 위젯을 선택한다.

49. Get Player Controller 노드를 Create Widget 노드의 **Owning Player** 입력 핀에 연결한다.

50. Add to Viewport 노드를 생성하고 Create Widget 노드의 **Return Value** 출력과 실행 핀을 각각 **Add to Viewport** 노드의 **Target** 입력 핀과 실행 핀에 연결한다.

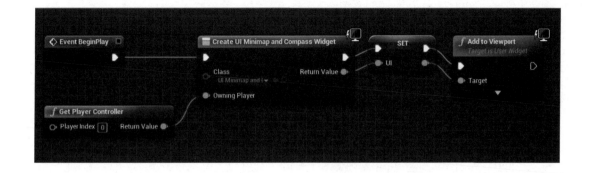

플레이 버튼을 누르면 화면에 플레이어의 위치를 표시하는 팝업 UI를 볼 수 있을 것이다. 물론 이 UI가 약간 화면을 가리기는 하지만 위치를 확인하는 데 도움이 된다. 추가적으로 미니맵을 끄고 켜는 버튼을 세팅하는 것은 해볼 만한 작업이다. 이미 만들어 놓은 것이 있으니 05_06_Minimap_End 맵 파일을 열어서 레벨 블루프린트와 위젯을 살펴보고 방법을 확인해보라. 거기에 변경된 사항이 있다. 하지만 필수적인 변경 사항은 아니니 스스로 테스트해보길 바란다.

예제 분석

실습 단계가 정말 길었지만 이면에 있는 로직은 매우 직관적이다. 미니맵을 생성하고 작동하게 하는 기능에 집중했다. 물론 필요한 것들을 설정하는 데 약간 시간이 들었지만 기본 원리는 간단하다.

평소처럼 첫 번째 단계는 작업에 필요한 에셋을 생성하는 것이다. 이 단계에선 미니맵 이미지와 플레이어 위치 아이콘 두 가지 요소밖에 이야기할 것이 없다. Overlay 위젯 덕분에 미니맵 위에 플레이어 위치 아이콘을 표시할 수 있었다.

두 번째와 마지막 부분이 실제로 이벤트 그래프에서 기능을 코딩하는 것이었다. 그리고 이 기능은 월드에서 플레이어의 실제 위치와 사용하는 위젯에서 위치를 비교하는 것이었다. 월드 좌표계에서 일어나는 것을 UI 안의 좌표로 변환하는 방법을 통해서 플레이어의 위치를 갱신하고 미니맵에서 어디에 위치하는지 표시하는 일이 가능했다. 그리고 이를 통해 전체 시스템이 동작할 수 있었다.

추가 정보

이번 실습 초반부에 이야기한 바와 같이 여기서 미니맵 텍스처를 만들기 위한 방법을 소개한다. 내가 제공하는 미니맵 에셋을 만들려고 했던 것처럼 톱다운top-down으로 렌더링하는 것을 이야기하려고 한다. 이렇게 렌더링된 이미지를 미니맵 텍스처 자체로 사용할수 있다. 또 해당 이미지를 이미지 편집 프로그램으로 가져다가 좀 더 스타일이 있어 보이게 또는 더 다른 분위기가 나게 변경할 수 있다. 어떤 때라도 우선 카메라를 레벨에 가져다 놓고 위에서 바라보게 설정해야 한다. 카메라의 뷰에서 렌더링되는 이미지의 위쪽 부분이 레벨의 북쪽이 되도록 카메라가 올바르게 회전돼 있는지 꼭 확인하자. 여기까지 설정했다면 뷰포트의 원근 드롭다운 메뉴의 왼쪽에 위치한 작은 화살표로 넘어가자. 버튼을 눌러 메뉴의 아래쪽을 살펴보면 고해상도 스크린샷High Resolution ScreenShot이라는 메뉴를 찾을 수 있을 것이다.

고해상도 스크린샷 버튼을 누르기 전에 카메라를 통해 보이는 뷰를 꼭 확인하라. 최종 이미지가 레벨을 톱다운으로 원근 투영해서 보는 것과 동일한지 반드시 확인하라. 미니맵으로 사용될 영역이 포함되도록 카메라의 위치에서 보여지는 화면을 이미지로 출력할 수도 있다. 하지만 이 방법은 빠르지만 원하는 결과를 얻을 때까지 지루하게 반복해야한다. 핵심은 이런 종류의 텍스처를 만드는 방법이 어렵지는 않다는 것이다. 마지막으로 레벨의 경계가 플레이 가능한 영역에 일치하게 하면서 이미지의 모서리가 가능한 한 꼭 들어맞을 때까지 계속 시도하라는 말을 하고 싶다.

읽을거리

미니맵은 월드에서 플레이어의 위치를 알려주는 것 이외에도 다른 많은 기능 포함하도록 확장이 가능한 에셋이다. 아마 흥미로운 위치를 알려주거나 경로 확인을 위한 힌트를 제공하거나 수행해야 할 목표의 방향을 표시하는 것과 같은 기능을 말이다. 하지만 일일이 열거하자면 한도 끝도 없을 것이다. 그래서 미니맵 시스템의 향상된 버전을 만드는 훌륭한 튜토리얼 링크를 남겨둔다.

- https://www.youtube.com/watch?v=EQgmt20knLo

06

머티리얼 고급 기법

언리얼 엔진 4에서 일반적인 머티리얼이 사용하는 여러 입력을 살펴보자. 그러면 처음 몇 개의 입력이 베이스, Metallic, 스펙큘라, 러프니스 등등이라는 것을 알 것이다. 지금 까지 이미 Normal 입력을 포함해서 앞서 언급한 입력의 대부분을 사용해봤다. 머티리얼 을 제작할 때 가장 기본적으로 필요한 입력이기 때문에 당연한 결과다. 하지만 이제 경계 를 뛰어넘이 특정 효과를 표현하기 위해 또 다른 머티리얼 기능을 사용할 때다. 이러한 기능을 살펴보는 일이 6장에서 하려는 것이다.

6장에서는 다음 실습을 해본다.

- 정점 칠하기 기능으로 메시 칠하기
- 데칼을 사용해 레벨에 세밀함 추가하기
- 시차 차폐 매핑을 사용한 벽돌 벽 표현하기

- 디스플레이스먼트를 사용한 벽돌 벽
- 메시 디스턴스 필드를 사용한 거리 기반 마스킹

▌ 소개

아직도 가능한 한 많은 다른 주제를 다루려고 노력하고 있다. 하지만 다시 일반적인 머티리얼로 돌아가서 기본 머티리얼 설정에서 사용할 수 있는 몇몇 다른 기법을 살펴볼 차례다. 이제 몇 가지 매우 흥미로운 기능을 살펴보겠다. 정점 칠하기 그리고 아직 사용해보지 않았던 World Displacement와 Parallax Occlusion Mapping과 같은 노드 사용해보기가 여기에 포함된다. 정리하자면 이를 통해 개발자가 원하는 머티리얼을 만드는 능력을 크게 향상시킬 것이다. 그러니 새로운 기법들을 살펴보자.

▌ 정점 칠하기 기능으로 메시 칠하기

'소개' 절에서 이야기한 바와 같이 이제 아직 사용해본 적이 없는 몇몇 고급 기법을 배우고 사용해볼 것이다. 우선 정점 칠하기$^{vertex\ painting}$라는 중요하고 유용한 기법을 살펴보고자 한다. 정점 칠하기는 모델에 적용한 머티리얼의 질감을 조절하려고 모델을 구성하는 정점에 특정한 값을 할당해 기존 정보를 재사용할 수 있게 해준다. 머티리얼이 어떻게 보일지 정의하려고 마스크를 사용하고 싶지 않거나 물체에 특정 효과를 텍스처에 직접 칠하고 싶지 않을 때 정점 칠하기가 매우 유용할 수 있다. 실습을 통해서 정점 칠하기의 유용함을 경험해볼 수 있다. 더 이상 지체하지 말고 시작해보자.

준비하기

정점 칠하기를 해보려면 3D 모델이 필요하다. 하지만 3D 모델이 특정 요구 사항을 충족해야만 정점 칠하기를 할 수 있는 것은 아니다. 모델과 머티리얼은 시작용 콘텐츠에서 쉽게 구할 수도 있고 직접 만든 것을 사용하거나 책에서 제공한 것을 사용해도 된다. 뭘 사용하든 지금 단계에서 언급해야 할 특별한 요구 조건은 없다. 그래서 제공하는 동일한 리소스를 사용해 실습을 따라 하고 싶다면 06_01_VertexPainting_Start 맵 파일을 사용하자. 맵 파일을 Content/UE4ShadersAndEffects/Maps/Chapter06 폴더에서 찾을 수 있다.

평소처럼 Content/UE4ShadersAndEffects/Asset/Chapter06/06_01 폴더에서 해당 레벨에 포함된 에셋을 찾을 수 있다.

예제 구현

정점 칠하기를 해보려면 두 가지 에셋이 있어야 한다. 하나는 이 기법을 활용하는 머티리얼이고 다른 하나는 실제 정점 칠하기를 할 메시다. 두 가지 에셋을 순서대로 살펴보고자 한다. 우선 새 머티리얼을 생성하는 것으로 시작하자.

1. **콘텐츠 브라우저**에서 새 머티리얼을 생성하고 적당한 이름을 정한다. 나는 M_VertexPaintExample_Start라고 지었다.

2. 작업하려고 하는 모델에 만든 머티리얼을 적용한다. 동일한 레벨을 사용하고 있다면 레벨 중앙에 램프가 있을 것이다.

3. 새로 만든 머티리얼을 더블클릭해서 머티리얼 에디터를 열자.

   정점 칠하기를 사용해 무엇을 하고 싶은 건지 이야기하려 한다. 그러면 다음 단계를 이해하는 데 도움이 될 것이다. 모델의 특정 부분에 다른 텍스처나 효과를 할당하는 것이 목표다. 램프를 예로 들자면, 램프의 받침대 부분이 다른 부분과 다르게 보이도록 설정하고 싶다. 이렇게 하려면 실제로 필요한 모든 텍스처를 머티리얼로 가져와서 정점을 칠할 때 사용할 텍스처가 어떤 것인지 지정해야 한다. 이제 이 작업을 해보자.

4. 머티리얼 그래프에 두 개의 Texture Sample 노드를 생성한다.

5. 첫 번째 Texture Sample 노드에 T_Lamp_Color 텍스처를 할당한다. 그러고 나서 **디테일** 탭에서 Sampler Type을 Color에서 Linear Color로 변경한다.

6. 두 번째 Texture Sample 노드에 T_Lamp_Base 텍스처를 할당한다.

7. Lerp 노드를 추가하고 위의 두 Texture Sample 노드 앞에 배치하고 첫 번째

Texture Sample 노드를 A 입력에 연결하고 두 번째 Texture Sample 노드를 B 입력에 연결한다.

8. Lerp 노드를 메인 머티리얼 노드의 베이스 입력에 연결한다.

위의 단계에서 램프의 받침대와 몸체를 표현하는 두 텍스처를 선형 보간하는 것을 알 수 있다. 하지만 아직 Alpha 값으로 사용할 것이 필요하다. 실습에서 핵심 요소가 될 Vertex Color 노드를 Alpha로 사용할 것이다.

9. 우클릭을 해서 Vertex Color라고 입력을 해서 Vertex Color 노드를 생성한다.

10. Red 출력에서 선을 드래그해서 Lerp 노드의 Alpha 입력에 연결한다.

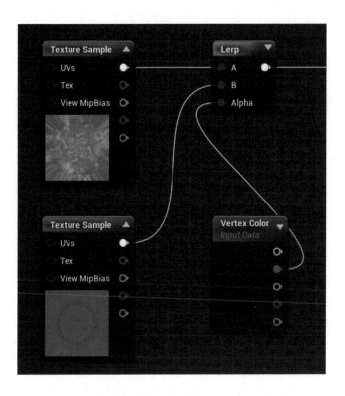

Vertex Color 노드는 머티리얼이 적용된 메시의 정점에 칠해진 정보를 읽어 올 수 있다. 머티리얼에서 특정 기능을 조절하려고 해당 정보를 사용할 수 있다. 앞에서 서로 다른 두 개의 텍스처를 혼합하는 Lerp 노드의 Alpha 입력에 Vertex Color의 R 채널 출력을 연결하는 데 Vertex Color 노드를 사용했다. R 채널 출력을 사용한 이유는 나중에 정점에 붉은색을 칠하려고 하기 때문이다. 하지만 원한다면 다른 채널을 사용할 수 있다. 머티리얼이 단순해 보이지만 베이스 입력은 이걸로 충분하다. 이제 메인 머티리얼 노드의 Metallic과 러프니스 입력에 추가 작업을 하자. 그래서 머티리얼을 좀 더 흥미롭게 만들어보자.

11. 네 개의 Constant 노드를 생성한다. 두 개는 Metallic 입력을 조절하는 데 사용할 것이다. 나머지 두 개는 러프니스 입력을 조절하는 데 사용할 것이다.

12. 머티리얼의 Metallic 입력을 조절할 상수에 각각 0과 1값을 입력한다. 기억을 되살리려고 다시 이야기하자면 1이면 철 재질이고, 0이면 그 반대다. 모델의 몸체와 받침대의 Metallic 입력을 서로 다르게 하고 싶다.

13. 나머지 두 개의 상수에 원하는 값을 입력한다. 몸체에 0.5, 받침대에 0.25를 입력했다.

14. 두 개의 Lerp 노드를 추가해 상수를 혼합한다.

15. Vertex Color의 R 채널 출력 핀을 두 Lerp 노드의 Alpha 핀에 연결한다.

16. 베이스 입력에서 했던 것처럼 각 쌍의 상수 노드들을 Lerp의 A와 B 입력에 연결한다.

17. 마지막으로 메인 머티리얼 노드의 Metallic과 **러프니스** 입력에 각 Lerp의 출력을 연결한다.

매우 간단한 머티리얼이라는 것을 알 수 있다. 하지만 이 머티리얼엔 **정점 칠하기** Vertex Paint 툴을 사용해볼 수 있다. 앞선 단계로 동작하는 머티리얼을 완성했고 레벨에 있는 모델에 적용할 수 있다. 머티리얼을 적용하는 것으로 끝이 아니다. 각 텍스처가 보이길 원하는 영역을 칠해보고자 한다. 이제 정점 칠하기를 살펴보자.

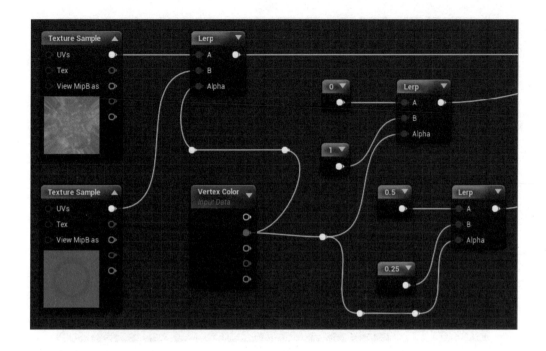

18. 작업을 수행할 모델을 선택한다.

19. **디테일** 탭의 Material 카테고리에서 방금 완성한 머티리얼을 할당한다.

20. 모드 탭으로 넘어가 **칠하기** 탭을 클릭한다.

21. 탭에서 Brush 카테고리를 살펴보자. Radius 값을 모델에 칠하기 편한 크기로 변경한다.

22. 이제 Vertex Painting 카테고리에 집중하자. **Red** 채널을 체크하고 나머지는 해제한다. 머티리얼을 만들 때 R 채널만 사용했기 때문에 R 채널로만 색을 칠해야 한다.[1]

23. 꼭 Paint Color를 흰색으로, Erase Color를 검은색으로 설정한다.

---

1   머티리얼에서 R 채널만 사용하고 있기 때문에 칠하기에서 R 채널이 체크돼 있다면 다른 채널은 체크 유무와 관계없이 결과는 똑같다. – 옮긴이

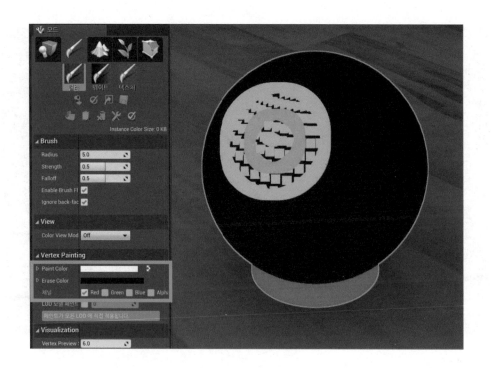

이제 모델에 색을 칠해볼 시간이다. 마우스로도 가능하고 만약 펜 디바이스를 갖고 있다면 그것으로도 가능하다. 칠하는 물체에 따라서 머티리얼에서 설정했던 두 개의 텍스처를 혼합해 머티리얼의 외양이 어떻게 변화하는지 마음껏 실험해보라. 최종적으로 다음그림처럼 보이도록 칠해보자.

여러 채널에 칠하고 머티리얼의 재질을 조절하려고 그 정보를 사용함으로써 이 기법을 확장할 수 있다. 그리고 여러 에셋을 혼합하는 흥미로운 방법을 생성하기 위한 강력한 도구로 사용할 수도 있다. 이 방법을 통해서 단순히 여러 텍스처를 가져다 혼합해서 만든 거대한 표면의 재질을 미묘하게 조작할 수 있다는 점도 유용하다. 여러 가능성이 존재한다. 그리고 이 기법을 통해 이득을 얻을 수 있는 다양한 방법이 존재한다. 이를테면 종종 마스크 텍스처를 사용하지 않거나 거대한 텍스처들의 사용 없이도 거대한 표면의 재질을 변경하는 것처럼 말이다. 결론적으로 편리하고 유용한 기능이다.

예제 분석

Vertex Painting 탭을 좀 더 살펴보고 설정할 수 있는 다른 속성들을 알아보자.

첫 번째 카테고리에서 정점 색상을 칠할 때 사용하는 브러시를 조작할 수 있다. Radius는 한 번에 모델에 칠해지는 브러시의 크기를 조절한다. Strength는 칠해지는 세기를 조절한다. 그리고 Falloff는 세기가 0과 지정된 값 사이에서 페이드되는 영역을 생성한다. 예를 들면 Strength를 1로 설정하는 것은 선택된 색상이 칠해지는 정점들에 그대로 할당이 되는 반면, 0.5로 설정하면 선택된 색상의 절반만 할당된다.

첫 번째 카테고리에서 마지막 두 속성은 Enable Brush Flow와 Ignore back-facing이다. 첫 번째는 매 틱마다 스트로크를 갱신해 지속적으로 표면을 따라 칠할 수 있게 해준다. 두 번째 속성은 삼각형의 뒷면에도 색상을 칠할 것인지를 지정한다. Ignore back-facing 속성은 현재 보이지 않는 영역에 의도치 않게 칠해지지 않게 해준다.

Brush 카테고리에서 다음으로 넘어가면 View, Vertex Painting, Visualization 카테고리가 있다. View의 Color View Mode 속성은 메시에 적용된 머티리얼 대신에 칠한 색을 볼 수 있도록 해준다. Vertex Painting 카테고리는 칠하고 싶은 색상 설정과 영향을 주고 싶은 채널 선택과 추가적으로 동시에 여러 LOD 모델에 색칠할 수 있게 해준다. 마지막으로 Visaulization 카테고리는 칠하는 동안 모델의 정점을 얼마나 크게 보이게 할 것인지 설정하는 속성을 갖고 있다.

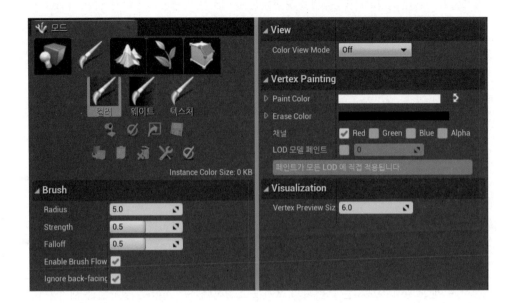

추가 정보

정점 색칠하기에 관한 주제로 실습을 진행했다. 하지만 아직도 할 이야기가 남아 있다. 다음 실습으로 넘어가기 전에 두 가지를 말하고 싶다. 하나는 이 기법으로 이득을 얻을 수 있는 다른 사례이며 또 다른 하나는 텍스처 칠하기의 가능성이다.

첫 번째 시나리오는 거대한 크기의 표면에서 종종 나타나는 반복 패턴을 제거하는 데 이 기법을 사용하는 것이다. 미묘하게 차이 나는 텍스처를 혼합해서도 반복 패턴을 제거할 수 있다. 정점 색칠하기를 상호작용을 통한 레벨에 다양성을 추가하는 방법으로 생각할 수 있다. 이러면 머티리얼 그래프에서 서로 다른 여러 노이즈 패턴과 이미지를 혼합할 필요도 없다.

두 번째 시나리오는 페인트 탭에 있는 다른 모드와 관련이 있다. 바로 정점 색칠하기와 비슷한 방법으로 동작하는 텍스처 칠하기다. 텍스처 칠하기가 페인트 탭에 세 가지 모드 중에 가장 우측에 있다. 이 기능을 통해 레벨에 있는 메시에 이미 적용된 텍스처를 수정할 수 있다. **페인트 텍스처**Paint Texture 드롭다운 메뉴에서 사용할 텍스처를 선택하기만 하면 된다. 그다음에 원하는 대로 칠할 수 있다. 지금은 단지 단색만 선택할 수 있으므로 사실적인 텍스처 에셋을 사용하는 베이스 입력에서 잘 작동하지 않을 것이다. 하지만 러프니스와 Metallic 입력으로 사용된 텍스처를 수정하길 원할 때 효과가 좋을 것이므로 꼭 확인해보라.

읽을거리

이 주제와 관련한 좀 더 자세한 정보를 에픽 공식 문서에서 찾을 수 있다.

- https://docs.unrealengine.com/ko/Engine/UI/LevelEditor/Modes/Mesh PaintMode/VertexColor

데칼을 사용해 레벨에 세밀함 추가하기

데칼decal은 특정 머티리얼을 월드에 투영 가능케 해주는 멋진 기능이다. 데칼로 인해 여러 가능성이 생긴다. 특정 텍스처를 어디에 배치할 것인지 좀 더 세밀하게 조정할 수 있다. 그리고 복잡한 그래프를 가진 머티리얼을 사용하지 않고도 여러 표면에 다양성을 추가할 수 있다. 또한 데칼은 시각화 방법으로도 유용하다. 머티리얼 에디터와 메인 레벨을 왔다갔다 하지 않고도 변화를 줄 수 있게 해주기 때문이다. 게다가 최근에 언리얼은 평면 투영뿐만 아니라 메시 기반 투영도 가능한 새로운 종류의 데칼을 제공하고 있다. 바로 확인해보겠지만 이런 기능이 데칼을 평평하지 않은 표면에 투영하려 할 때 정말 유용하다. 그러니 지체하지 말고 바로 데칼에 관한 모든 것을 알아보자.

준비하기

도입부에서 이야기한 바와 같이 언리얼이 제공하는 두 가지 표준 데칼을 사용해볼 것이다. 하나는 평면 투영 데칼이고, 다른 하나는 새로운 메시 기반 데칼이다. 두 가지 데칼을 사용해보려면 두 기법을 모두 확인할 수 있는 레벨이 필요하다. 일반적인 바닥이나 벽처럼 평평한 표면과 평면 투영이 작동하지 않는 구와 같은 좀 더 복잡한 표면이 포함돼 있는 것이 이상적이다. 직접 만든 레벨을 사용하려고 한다면 이런 조건을 꼭 기억하자.

만약 바로 실습을 진행하고 싶다면 항상 그렇듯 제공한 실습 레벨을 사용하자. Content/UE4ShadersAndEffects/Maps/Chapter06 폴더에서 06_02_Decals_Start 맵 파일을 찾을 수 있다. 평면과 하키 골대가 레벨에 배치된 전부다. 데칼을 사용해 레벨을 좀 더 흥미롭게 하려는 의도로 레벨이 단조롭게 구성됐다. 이제 시작해보자.

예제 구현

이번 실습에서 표준 디퍼드 데칼^{Deferred Decal}과 새로운 메시 데칼^{Mesh Decal}, 이렇게 두 가지를 사용해볼 것이다. 디퍼드 데칼은 별다른 준비 없이 바로 동작한다. 하지만 메시 데칼을 사용하려면 언리얼 버전에 따라서 프로젝트 세팅에서 특정 속성을 체크해줘야 한다. 또한 메시 데칼은 4.13 이후 버전에서만 사용 가능하다. 그러니 그 이전 버전을 사용하진 말자. 시작해보자.

1. **편집 ＞ 프로젝트 세팅**으로 가서 **렌더링 ＞** Lighting 카테고리에서 DBuffer Decals 체크박스를 찾아서 체크한다. 체크 여부는 사용하는 언리얼 버전에 따라 다르다.

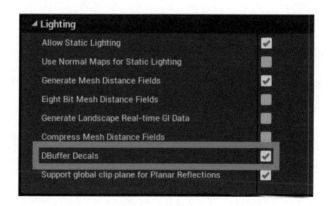

설정은 끝났으니 이제 데칼로 사용할 실제 머티리얼을 만드는 데 집중해본다. 이 기법을 두 개의 처리 과정으로 나눠 생각할 수 있다. 하나가 투영할 머티리얼을 구현하는 것이다. 다른 하나는 머티리얼을 투영할 때 사용할 방법을 결정하는 것이다.

2. 새 머티리얼을 생성하고 적절한 이름을 입력한다. M_DeferredDecal_ HockeyLines라는 용도에 알맞은 이름으로 입력했다.

3. 새 머티리얼을 머티리얼 에디터로 열고 메인 머티리얼 노드를 선택한다. 선택한 다음 **디테일** 탭에 집중하자.

4. Material Domain을 Deferred Decal로 설정하고 Blend Mode와 Decal Bland Mode를 모두 Translucent로 설정한다.

앞의 단계는 엔진이 새로운 머티리얼을 사용할 방식을 알려주는 과정이다. 이야기한 바와 같이 데칼로 사용할 거라고 설정했다. 다음에 처리할 부분이 원하는 실제 머티리얼 기능인 레벨에 하키 라인을 표시하는 것을 구현하는 것이다.

5. 두 개의 Texture Sample 노드를 생성한다.

6. 각각에 T_HockeyLines_Color와 T_HockeyLines_Normal 텍스처를 할당한다.

7. 노멀 텍스처를 담고 있는 **Texture Sample** 노드에서 선을 드래그해서 메인 머티리얼 노드의 **Normal** 입력에 연결한다.

8. T_HockeyLines_Color 텍스처를 담고 있는 노드의 **Alpha** 채널을 메인 머티리얼 노드의 오패시티 입력에 연결한다.

9. Multiply 노드를 생성하고 T_HockeyLines_Color를 담고 있는 노드의 메인 출력을 Multiply의 A 입력에 연결하고 B 입력은 500으로 설정해 메인 머티리얼 노드의 베이스 입력에 연결한다. 완벽하게 흰색을 얻고 싶어서 이렇게 했다. 다른 방법으로는 Texture Sample 노드 대신에 완전한 흰색 값을 연결할 수도 있다.

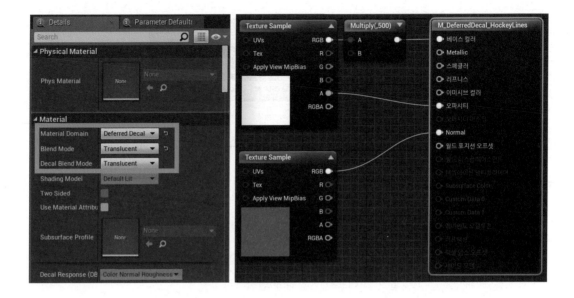

이렇게 해서 첫 번째 데칼에 필요한 모든 것이 완료됐다. 이 머티리얼을 언리얼의 디퍼드 데칼로 투영해볼 것이다. 이제 메시 기반 머티리얼을 만들어볼 차례다. 작업하기 전에 우선 메인 에디터로 돌아가자.

10. 머티리얼을 만들고 이름을 입력하자. 이번엔 데칼이 투영될 물체의 이름을 따라 M_MeshDecal_HockeyGoal이라고 이름을 입력했다.

11. 새 머티리얼을 더블클릭해서 머티리얼 에디터를 열고 메인 머티리얼 노드를 선택한나. **디데일** 탭으로 넘어가서 이전 머티리얼에서 했던 것처럼 몇몇 속성을 변경할 것이다.

12. Material Domain을 Deferred Decal로, Blend Mode를 Translucent로, Decal Blend Mode를 DBuffer Translucent Color, Normal, 러프니스로 설정하자.

> ℹ️ Decal Blend Mode 드롭다운 메뉴에서 DBuffer로 시작하는 여러 설정이 있다. 스태틱 조명을 사용한다면 텍스처로 구우라는 것처럼 DBuffer로 시작하는 설정은 데칼을 조명과 같이 사용할 수 있게 해준다.

13. 세 개의 **Texture Sample** 노드를 만든다. T_HockeyGoal_MeshDecal_Color, T_HockeyGoal_MeshDecal_AORM, T_HockeyGoal_MeshDecal_Normal 텍스처를 각각 할당하자.

14. 노멀 텍스처의 출력을 메인 머티리얼 노드의 Normal 입력으로 연결하자.

15. 그러고 나서 T_HockeyGoal_MeshDecal_AORM 텍스처 노드의 G 출력 핀을 메인 머티리얼 노드의 러프니스 입력에 연결하자.

16. 색상 텍스처 노드의 출력을 메인 머티리얼 노드의 베이스 입력에 연결하자.

17. 색상 텍스처 노드의 G 출력에서 선을 드래그해서 **Cheap Contrast** 노드를 생성하자.

18. Constant 노드를 하나 생성하고 **Cheap Contrast** 노드의 **Contrast(S)** 입력에 연결하자. 그리고 값을 2로 지정하자. 이번 실습에선 이 정도면 잘 작동할 것이다. 하지만 데칼을 생성한 이후에 값을 조정해보자. 바로 확인하겠지만 이 노드가 오패시티에 직접 영향을 주기 때문이다.

19. Cheap Contrast 노드의 출력을 메인 머티리얼 노드의 오패시티 입력에 연결하자. 두 번째 머티리얼 작업이 거의 끝나간다. 하지만 이제 메인 머티리얼 노드에 활성화돼 있는 **월드 포지션 오프셋**World Position Offset 입력을 조절해야 한다. 메시 기반 데칼에서는 이 입력이 중요하다. 다른 모델을 사용해 머티리얼을 모델에 투영하기 때문이다. 이때 언리얼에서 수행하는 깊이 계산과 관련된 문제를 해결하는 데 필요하다. 자세히 말하자면 머티리얼을 투영하는 기하학이 효과가 투영되는 물체보다 카메라에 더 가깝도록 해야 한다. 그럼 해보자.

20. 우클릭한 다음 Camera Direction Vector라고 입력해 해당 노드를 생성한다.

21. Multiply 노드를 추가하고 **Camera Direction Vector** 노드 앞에 배치하고 A 입력에 연결하자.

22. Constant 노드를 생성하고 값을 −0.5로 지정하자. 그러면 데칼이 제대로 보일 것이다. Multiply 노드의 **B** 입력에 연결하자.

23. Multiply 노드의 출력을 메인 머티리얼 노드의 **월드 포지션 오프셋** 입력에 연결하자.

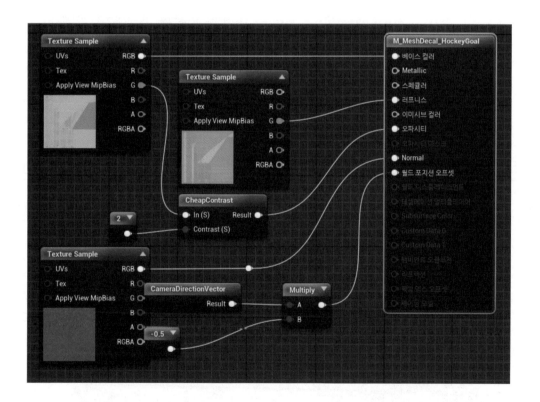

실제 레벨에서 확인해볼 준비가 됐다. **적용**과 **저장** 버튼을 클릭해 머티리얼 작업을 완료하자. 이제 메인 에디터로 돌아가 데칼 생성을 시작해보자.

24. **모드** 탭으로 가 검색창에 Deferred Decal이라고 입력한 다음 해당 액터를 찾아서 생성한다. 입력하고 싶지 않다면 하위 카테고리인 비주얼 효과에서 찾을 수 있다. 액터를 드래그해서 메인 뷰포트에 가져다 놓자.

25. 액터를 선택해서 **디테일** 탭으로 가서 **Decal Material** 속성에 만든 앞서 만든 M_DeferredLine_Hockey 머티리얼을 할당한다.

26. 라인이 정렬돼서 보일 때까지 크기와 위치를 조절한다. 원하는 결과를 확인하려면 다음 그림을 보라.

    일반적인 데칼 투영은 이미 확인했으니 이제 메시 데칼을 설정해보자. 이제 확인하겠지만 이 단계는 전보다 훨씬 간단하다.

27. 하키 골대로 사용되는 모델을 복제한다.

28. 복제된 액터를 선택, **디테일** 탭으로 가서 적용된 머티리얼을 M_MeshDecal_HockeyGoal로 변경하고 결과를 확인하자.

앞선 두 개의 예를 보면 알 수 있는 것처럼 데칼을 사용하는 것은 투영될 물체의 UV를 신경 쓰지 않고도 세부 묘사를 추가할 수 있는 훌륭한 방법이다. 이쯤에서 실습을 마치고 데칼 기법을 유용하게 사용할 수 있는 다른 예를 좀 더 이야기하고자 한다. 그럼 '리뷰하기' 절로 가 보자.

예제 분석

이상하게 들릴 수도 있겠지만 메시 데칼은 내가 좋아하는 언리얼 기능 가운데 하나다. 오랫동안 엔진에 포함되길 원했던 종류의 기능을 제공한다는 것이 그 이유다. 언리얼 엔진이 메시 데칼을 지원하기로 했을 땐 정말로 기뻤다. 메시 데칼은 단순한 평면이 아니라 선택한 어떤 메시 위에도 텍스처를 투영할 수 있는 기능을 제공한다.

실제 기하학 위에 차선 표시들을 투영하는 것을 항상 하고 싶었다. 텍스처를 사용하는 것은 매우 비싼 해결책이기 때문이다. 다음 같은 순간을 생각해보자. 텍스처링을 하길 원하는 커다란 도로가 있고 그 도로를 따라서 차선 표시를 해야 한다고 말이다. 어떻게 할 것인가? 이는 개발자에게 좋은 도전 과제가 될 것이다. 데칼 기법을 완전 정복하고 싶다면 스스로 이 문제를 해결해보자.

도전 과제를 해결하고자 아마도 반자동 절차적 기법과 같은 것을 사용하고 싶을 것이다. 적절한 크기의 이미지로 커다란 환경에 딱 들어맞도록 할 수 없기 때문이다. 하지만 반자동 절차적 기법으로 차선을 표시하는 것이 매우 어렵다는 사실을 맞닥뜨리게 될 것이다. 신경 써야 할 조건과 주의 사항으로 인해 기법을 완성하는 것이 매우 어렵기 때문이다. 평면 투영 데칼을 사용하는 것도 문제를 해결할 수 없다. 곡선 부분에서 딱 들어맞도록 하는 것이 쉽지 않다. 다행히 이번 실습에서 살펴본 메시 데칼을 사용해 해결할 수 있다.

추가 정보

어떤 종류의 데칼을 사용하든 Material Domain과 Blend Mode를 적절히 설정해야 한다. 데칼로 사용할 머티리얼을 설정할 때면 항상 Material Domain을 Deferred Decal로, Blend Mode를 Translucent로 설정하면 된다. 하지만 Decal Blend Mode 속성을 만들고자 하는 효과에 맞춰서 설정해줘야 한다. 드롭다운 메뉴에 여러 설정이 존재한다. 그리고 사용하는 엔진 버전에 따라 정확한 설정의 개수가 다를 수 있다. 여기서 개개의 설정마다 어떤 차이가 있는지 자세히 설명하진 않을 것이다. 하지만 각각을 언제 사용해야 하는지 개괄적으로 살펴보려 한다.

때에 따라 각 설정의 세부 설명을 읽어보면 선택할 설정을 결정할 수 있다.[2] 대부분 Translucent일 것이고 이때 머티리얼의 **베이스**, **Metallic**, **러프니스**, **Normal**과 같은 대부분의 입력을 사용할 수 있다. 다른 모드들은 계산을 좀 더 빠르게 하려면 특정 머티리얼 입력을 비활성화한다. 예를 들어 **Normal**과 **Emissive** 모드는 베이스와 러프니스와 같은 머티리얼 입력을 비활성화한다.

툴팁 설명을 읽어보면 알 수 있듯이 대부분의 설정이 스태틱 조명에서 동작하지 않는다는 점을 아는 것이 중요하다. 만약 스태틱 조명에서 사용하고 싶다면, DBuffer로 시작하는 설정 가운데 하나를 선택해야 한다. **DBuffer**로 시작하는 속성이 지금까지 살펴본 데칼과 비슷한 동작을 하지만 스태틱 조명과 함께 작동하도록 머티리얼의 Metallic 입력을 비활성화한다는 것이 다르다.

읽을거리

다음 링크에서 데칼과 메시 기반 데칼에 관한 좀 더 자세한 정보를 얻을 수 있다.

- https://docs.unrealengine.com/ko/Resources/ContentExamples/Decals
- https://docs.unrealengine.com/ko/Engine/Rendering/Materials/Mesh Decals

▌ 시차 차폐 매핑을 사용한 벽돌 벽 표현하기

이번 실습에서 추가적인 폴리곤 없이도 세부 묘사를 추가할 수 있는 매우 유용한 방법을 살펴보고자 한다. 이 기법이 노멀 맵을 사용하는 것과 매우 비슷하다는 생각이 들 수도 있다. 하지만 실제로 픽셀을 위, 아래로 움직여서 노멀 맵으론 표현할 수 없는 진짜 3D

---

2 각 설정 위에 마우스를 올려놓으면 툴팁이 나온다. – 옮긴이

효과를 만들 수 있다. 그럼 무엇이 이 기법을 그렇게 특별하게 만드는가? 이미 이야기한 바와 같이 폴리곤이 실제로 있는 것처럼 보이지만 실제로 그렇지 않다! 진짜처럼 보이는 속임수 효과이고 하이 폴리곤 메시들을 사용해 CPU가 더 많은 작업을 하게 대신 GPU가 그렇게 보이도록 하는 이미지를 가지고 작업한다. 폴리곤을 추가하지 않고 세부 묘사를 추가하고 싶다면 이 기법이 더욱 효과적일 것이다. 그럼 이 기법에 관한 모든 것을 알아보자.

준비하기

실습을 진행하려면 시차 차폐 매핑 기법^{Parallax Occlusion Mapping}을 적용하고 싶은 표면의 깊이 정보를 담고 있는 고품질 텍스처가 기본적으로 필요하다. 예를 들어 다음 몇 페이지 동안 벽돌 벽 표현을 언급하려는데 이때 고품질 벽돌 벽 깊이 텍스처가 필수적이다. 평소처럼 내가 사용할 동일한 에셋을 제공한다. Content/UE4ShadersAndEffects/Maps/Chapter06 폴더에 들어 있는 06_03_ParallaxOcclusion_Start 맵 파일을 열기만 하면 된다.

직접 만든 텍스처나 시작용 콘텐츠에 들어 있는 T_CobbleStone_Pebble_M 텍스처를 사용하는 것도 상관없다.

예제 구현

첫 단계는 이전에 해봤던 실습과 매우 비슷하다. 결국 기법을 적용할 머티리얼을 생성하는 것으로 시작한다는 뜻이다. 어서 진행해보자.

1. 새 머티리얼을 생성하고 만약 벽에 머티리얼을 적용해 확인하려고 한다면 M_Walls_Parallax와 같이 읽어보면 의미가 전달되는 이름을 입력한다.

2. 원하는 모델에 머티리얼을 적용하자. 만약 동일한 레벨을 사용하고 있다면 Room Walls의 Material 카테고리의 **엘리먼트** 1에 머티리얼을 적용한다.

   여기까지 완료했으면 새 머티리얼을 머티리얼 에디터에서 열어서 시차^{parallax} 효과를 구현하는 노드 그래프를 구성하는 것을 시작한다. 생성할 첫 번째 노드가 Parallax Occlusion Mapping 노드이고 이후에 생성할 많은 노드들의 허브 역할을 한다. Parallax Occlusion Mapping 노드를 더블클릭해보면 알 수 있듯이 함수 노드다. 그리고 여러 입력을 연결해야 작동한다. 이제 방법을 살펴보자.

3. 머티리얼 그래프의 빈 공간에서 우클릭해서 Parallax Occlusion Mapping이라고 입력하고 선택해 노드를 추가한다. 앞으로 이 노드를 POM이라고 지칭하겠다.

4. 필요한 여러 입력을 살펴본다. 첫 번째 입력이 Heightmap Texture라는 것을 알 수 있다. Texture Object를 생성해 노드를 입력에 연결한다.

5. Texture Object 노드를 선택해 **디테일** 탭에서 사용할 뎁스 텍스처를 선택한다. T_Walls_Depth를 사용하면 된다.

```
ParallaxOcclusionMapping
O▸ Heightmap Texture                    Parallax UVs O▸
O▸ Height Ratio                          Offset Only O▸
O▸ Min Steps                                 Shadow O▸
O▸ Max Steps                     Pixel Depth Offset O▸
O▸ UVs                               World Position O▸
O▸ Heightmap Channel           Tangent Light Vector O▸
O▸ Reference Plane     Material Complexity - Steps Debug O▸
O▸ ----------------------------
O▸ Use World Coordinates
O▸ Specify Manual Texture Size
O▸ Manual Texture Size
O▸ ----------------------------
O▸ Render Shadows (Occlusion Mapping)
O▸ Light Vector
O▸ Shadow Steps
O▸ Shadow Penumbra
O▸ Transform To VertexNormal
```

다음으로 상수 노드 한 세트가 필요하다. 원한다면 상수 노드를 모두 스칼라 매개변수 노드로 변환해도 된다. 그렇게 하면 머티리얼 인스턴스를 생성한 후에 매개변수를 마음껏 변경할 수 있다. 각 상수를 간략히 다루겠지만 나중에 '예제 분석' 절을 보면 좀 더 자세한 사항을 확인할 수 있다.

6. Scalar Parameter 노드를 생성하고 이름을 Height Ratio라고 입력한다. 머티리얼이 적용될 모델에서 텍스처가 얼마나 많이 돌출되거나 함몰될지 조절하는 데 사용한다. 값을 0.02로 지정한다. 하지만 나중에 값을 변경해 가면서 전체적인 효과에 어떤 영향을 주는지 확인해보길 바란다. 노드를 POM 노드의 Height Ratio 입력에 연결하라.

7. 다음 Scalar Parameter 노드를 생성하자. 노드를 POM 노드의 Min Step(S) 입력 핀에 연결할 것이다. 그러니 같은 이름을 입력하고 값을 8로 지정하자. 이 노드와 다음에 생성할 노드가 최종 이미지의 품질을 증가시킨다.

8. 또 Scalar Parameter 노드를 추가한다. 이름을 Max Steps로 입력한다. 하지만 아직 POM 노드에 연결하지 말자. 다음 단계를 따라서 약간의 작업이 더 필요하다.

9. 네 번째 Scalar Parameter 노드를 추가한다. 이름을 Temporal AA Multiplier라고 입력한다. 그리고 값을 2로 지정한다.

10. Lerp 노드를 생성하고 9단계에서 만든 노드를 B 입력에 연결하자. A 입력은 값을 0으로 지정한다.

11. 머티리얼 그래프에서 우클릭하고 Dither Temporal AA라는 노드를 찾아 생성한다. 노드를 Lerp 노드의 Alpha 입력에 연결하자.

12. Multiply 노드를 생성한다. 8단계에서 생성한 Max Steps 노드와 Lerp 노드의 출력을 입력에 각각 연결한다.

13. 마지막으로 Multiply의 출력을 POM 노드의 Max Steps 입력에 연결한다.

이야기한 바와 같이 머티리얼에서 앞선 단계가 동작하는 자세한 방법을 알고 싶다면 '예제 분석' 절을 꼭 확인해보라. 약간 설명하자면 앞서 한 작업은 머티리얼이 돌출돼 보이는 정도와 품질에 영향을 미친다. 앞서 만든 Min Step, Max Step 노드가 돌출 정도와 품질을 조절한다. Max Steps 노드를 POM 노드의 입력에 직접 연결하지 않았다. Dither Temporal AA 노드를 사용해 효과가 좀 더 부드럽게 보이길 원했기 때문이다. 그렇지 않으면 최종 결과가 약간 각져 보일 것이다.

이후에 신경 쓸 작업은 Heightmap Channel 입력과 텍스처 반복이다. 텍스처 반복은 이미 다룬 적 있다. 그래서 매우 간단할 것이다. 하지만 높이 맵 용도로 사용하는 텍스처의 채널을 지정해야 하는 것이 낯설게 느껴질 것이다. 우선 적절한 노드들을 생성하고 텍스처 채널 지정은 나중에 다시 살펴보자.

14. Vector Parameter 노드를 생성하고 이름을 Channel로 입력하자. 값을 붉은색 또는 1, 0, 0, 0으로 지정하자.

15. Append 노드를 추가하자. Vector Parameter 노드의 색상 출력과 alpha 채널 출

력을 입력에 연결하자.

16. Append 노드의 출력을 POM 노드의 Heightmap Channel(V4) 입력에 연결한다.

 POM 노드의 Heightmap Channel(V4) 입력은 4차원 벡터를 입력으로 필요로 하는데, Vector Parameter 노드의 색상 출력은 3차원 벡터다. 그래서 색상 출력과 Alpha 채널을 합쳐야만 한다.

17. Texture Coordinate 노드를 생성하고 기본값 그대로 둔다.

18. Scalar Parameter 노드를 추가한다. 머티리얼 인스턴스에서 텍스처의 반복을 조절하려고 하기 때문이다. 값을 7로 지정한다.

19. 17, 18번에서 만든 두 노드 앞에 Multiply 노드를 생성, 배치하고 두 노드를 입력으로 연결한다. POM 노드의 UVs(V2) 입력에 Multiply 노드의 출력을 연결한다.

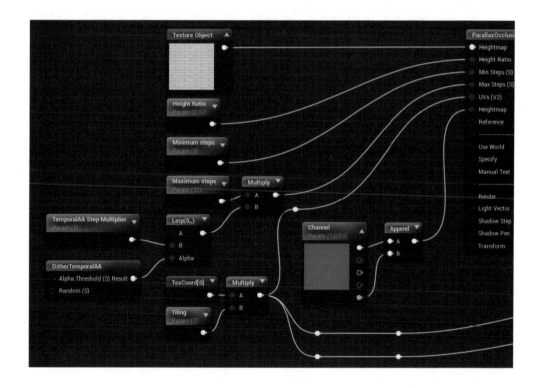

높이 맵으로 사용할 텍스처 채널을 별도로 지정해야 하는 까닭은 POM 노드가 텍스처를 입력받는 형식 때문이다. 입력 형식으로 텍스처 객체를 사용해, 특정 텍스처 채널을 접근할 수가 없다. 이번에 사용한 텍스처는 그레이스케일 이미지이기 때문에 어떤 채널을 사용하든 상관 없다. 하지만 만약 특별한 채널에 높이 정보를 담고 있는 텍스처를 사용한다면 어떤 일이 생길지 잠시 생각해보라. 그렇다면 사용하고 싶은 채널이 어떤 것인지 POM 노드에게 알려줄 방법이 필요할 것이다. 그래서 앞서 했던 것처럼 채널을 지정하는 입력이 필요하다. 엔진이 그 정보를 알아야 하기 때문이다.

이제 POM 노드에 모든 입력을 연결했으니 POM 노드를 이용해 사용할 텍스처 세트의 UV 좌표를 계산하는 기본적인 작업을 할 수 있다. 그럼 시작해보자.

20. 3개의 Texture Sample 노드를 생성하고 각각 T_Walls_Depth, T_Walls_AORM, T_Walls_Normal 텍스처를 할당한다.

21. POM 노드의 Parallax UV 출력을 3개의 Texture Sample 노드의 UV 입력으로 연결한다.

22. T_Walls_Depth 노드의 출력을 메인 머티리얼 노드의 베이스 입력에 연결한다. 그런 다음 T_Walls_AORM 노드의 R 채널을 앰비언트 입력으로 연결하고 G 채널을 러프니스 입력으로 연결한다.

노멀 텍스처를 연결하기 전에 설정을 약간 조작해야 한다. POM 기법 사용으로 인해 예전에 해왔던 것과 살짝 다른 방법을 사용할 것이기 때문이다. 만약 노멀이 제대로 보이길 바란다면 머티리얼에서 두 개의 속성을 조작해야 한다. T_Walls_Normal 노드를 선택하고 **디테일** 탭을 살펴보자.

23. T_Walls_Normal 맵을 담고 있는 Texture Sample 노드를 선택하고 **디테일** 탭을 살펴보자. Mip Value Mode 속성을 None에서 Derivative로 변경한다.

24. Texture Sample 노드 뒤쪽에 DDX와 DDY 두 개의 노드를 생성한다. 우클릭한 다

음에 이름을 검색하면 찾을 수 있다.

25. 19단계에서 만든 Multiply 노드의 출력을 DDX와 DDY에 연결하자. Multiply 노드가 새 노드의 반복을 설정한다.

26. 노멀 맵 Texture Sample 노드에 새롭게 생긴 DDX와 DDY 입력에 새 노드의 출력을 각각 연결한다.

27. 마지막으로 노멀 맵 노드의 출력을 메인 머티리얼 노드의 Normal 입력에 연결한다. 이렇게 작업이 끝났다.

이제 레벨에 적당한 모델에 머티리얼이 갱신되도록 **저장**과 **적용** 버튼을 클릭하기만 하면 된다. 머티리얼이 적용된 평면 밖으로 돌출된 하얀 벽돌 벽을 볼 수 있을 것이다. 그리고 보는 각도와 상관없이 효과가 유지된다. 추가적인 폴리곤을 사용하지 않고도 말이다.

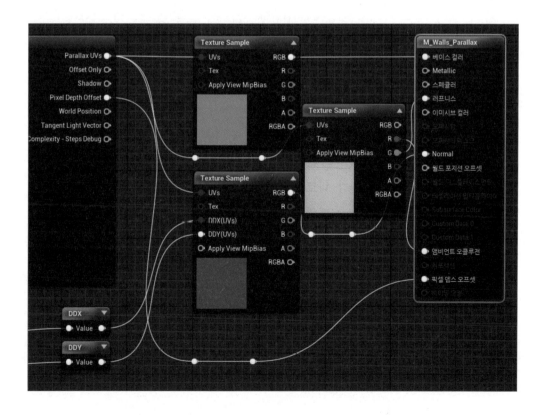

앞의 그림이 만든 머티리얼의 마지막 노드를 보여준다. 그리고 아래 그림이 최종 결과 화면이다.

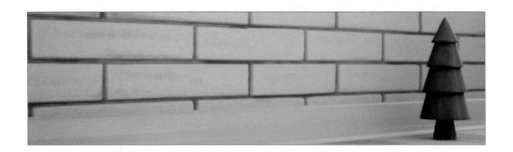

예제 분석

앞서 본 것처럼 POM 노드는 매우 복잡하다. 제대로 효과를 동작하게 하려면 적절히 설정해야 하는 여러 다른 입력이 있다. 노드를 봤을 때 당황스러울 수도 있었을 것이다. 하지만 각 입력이 무슨 의미인지와 최종 효과를 만드는 데 각 입력이 어떤 역할을 하는지 좀 더 자세히 살펴보면 조금씩 이해할 수 있다.

첫 번째 효과의 실제 동작 방식을 알아야 한다. 시차 차폐 매핑은 언리얼의 표준 렌더링 파이프라인의 상단에서 작동한다. 여기서 레벨을 구성하는 메시를 래스터화하고 그다음 각 픽셀에 월드 좌표를 할당한다. 다르게 표현하자면 화면에 보이는 각 픽셀은 엔진에 의해서 계산된 결과이고, 결과는 모델의 위치와 적용된 다른 효과나 머티리얼을 고려해서 계산된다. 실습에서 확인한 바와 같이 시차 차폐 매핑은 노드에 연결된 여러 입력에 따라서 주어진 픽셀에서 엔진이 계산한 월드 좌표를 수정한다. 첫 번째 입력으로 높이 맵 텍스처를 연결했다. 모델을 기준으로 해서 주어진 픽셀의 위치에 차이를 만드는 데 높이 맵을 사용한다. 실습에서 벽돌 벽 머티리얼을 평면에 적용했는데 텍스처의 흰 부분이 돌출되는 영역을 나타냈고, 반대로 검은 부분은 안쪽으로 함몰되는 영역을 나타냈다.

두 번째 입력으로 높이 비율$^{height\ ratio}$을 설정했다. 높이 비율이 앞선 높이 맵의 값을 증가시키거나 감소시키는 역할을 한다. 이를 통해 효과의 강도를 조절한다. 다음으로 두 개의 여분의 상수를 추가했었다. 각 상수는 효과의 최소, 최대 단계를 지정했는데 최종적으로 보이는 품질을 결정한다. 더 많은 단계는 효과가 더 사실적으로 보이는 것을 의미하고 더 적은 단계는 그 반대를 의미한다. 단계라는 용어를 사용한 이유가 3D 소프트웨어에서 스플라인^{spline}이나 곡면에서 같은 용어를 사용하고 비슷한 역할을 하기 때문이다. 값이 클수록 스플라인이 더 작게 나뉘고 곡면이 더 매끄럽게 보인다.

Dither Temporal AA 노드를 사용한 이유도 마찬가지다. Dither Temporal AA 노드를 사용해 생성한 각 단계 사이가 좀 더 매끄럽게 증가하도록 했다. 결국 각 단계를 더욱 자연스럽게 혼합한다.

마지막으로, 연결한 마지막 두 입력은 UV 좌표와 높이 맵 채널이었다. UV 좌표는 꽤 직관적인 연산이다. 머티리얼의 반복 정도를 지정해야 하기 때문이다. 생성한 원본 높이 맵 텍스처에서 사용하고자 하는 채널을 연결하지 않고 왜 높이 맵 채널 입력을 사용하는지 매우 흥미롭다. 이 부분이 사용해본 POM 노드의 약간 이상한 점인데 텍스처 입력을 Texture Sample 대신 Texture Object 노드로 받기 때문이다. 텍스처 객체 타입은 사용하고 싶은 채널을 지정하는 기능이 없어서 결국 채널을 지정해줄 입력이 필요하게 된 것이다.

추가 정보

앞서 설명한 바와 같이 시차 차폐 매핑은 GPU 주도적 효과다. 이건 CPU가 효과를 만드는 데 아무런 관여를 하지 않는다는 것을 의미한다. 그리고 이 점을 꼭 기억해야 한다. 게임 엔진에 따라서 여러 과정을 동시에 처리한다. 그리고 그중 몇몇은 CPU가 처리하고, 반면 몇몇은 GPU가 처리한다. 이럴 때 CPU가 처리하는 과정인 충돌 시스템$^{collision\ system}$을 신경 써야 한다. POM 기법을 사용할 때면 효과가 투영되는 표면에 세부 묘사를 추가하고 변환할 의도로 기법을 적용한다. 결국 눈에 보이는 모델의 경계와 원본 모델의 경계가 다르다. 동일한 위치에서 충돌이 일어나길 원할 때 이 점을 심각하게 고려해야 한다. 충돌은 CPU에서 처리하는 것이고 GPU에서 처리한 작업을 전혀 알지 못하기 때문이다.

이 문제를 피해 갈 방법은 시차 차폐 매핑 기법으로 만들어지는 결과를 고려해서 특수한 충돌 메시를 생성하는 것이다. 해당 기법을 적용한 이후에 새롭게 보이는 경계에 맞춘 충돌 볼륨을 추가해서 말이다. 최종적으로 어떤 조치를 할지 결정을 하든 CPU 주도적인 다른 시스템과 함께 작동을 할 때 발생 가능한 문제를 처리하려면 이 효과의 본질을 확실히 알아야 한다.

읽을거리

시차 차폐 매핑은 기술적인 관점에서 매우 흥미로운 주제일 것이다. 시차 차폐 매핑을 좀 더 자세히 살펴보자. 그러면 컴퓨터 그래픽스 작동 방법에 관한 더 나은 직관을 갖게 될 것이다. 시차 차폐 매핑을 자세히 설명하고 있는 사이트 링크를 남겨둔다. 여기서 다른 주제에 관한 정보도 얻을 수 있다.

- http://online.ts2009.com/mediaWiki/index.php/Parallax_Occlusion_Map

▌ 디스플레이스먼트를 사용한 벽돌 벽

이미 알고 있는 바와 같이 이번 실습은 고급 머티리얼 효과와 지금까지 메인 머티리얼 노드에서 사용하지 않은 입력을 알아보는 것이 전부다. 이미 많은 흥미로운 새 기법을 다뤄왔다. 하지만 일반적인 머티리얼에서 사용해본 입력 이외에 나머지 입력을 살펴보지 않았다. 월드 디스플레이스먼트나 테셀레이션 멀티플라이어$^{Tessellation\ Multipler}$와 같은 특정 입력은 아직 미지의 세계다. 그래서 이번 실습에서 언리얼의 해당 기능을 살펴보고 이전 실습에서 다룬 시차 차폐 매핑과 새 기법을 비교해봄으로써 더 나은 방법을 알아본다. 두 기법은 매우 유사해서 비슷한 점과 차이점을 살펴보는 것도 의미가 있을 것이다. 그래서 전에 사용한 레벨과 거의 똑같은 레벨을 사용해 실습하려고 한다. 월드 디스플레이스먼트는 주어진 텍스처에 따라서 모델의 삼각형의 위치를 강제로 변경하고 싶을 때 사용할 수 있는 입력이다. 테셀레이션 멀티플라이어는 원본 삼각형을 분할해 좀 더 명확하게 디스플레이스먼트를 수행하게 해준다. 두 입력을 동시에 사용할 때 몇몇 멋진 효과를 만들어낼 수 있다. 그러니 바로 실습해보자.

준비하기

사용하려고 하는 레벨이 시차 차폐 매핑을 이용한 벽돌 벽 표현하기에서 사용했던 레벨과 매우 유사하다. 그때 언급했던 유의 사항이 이번에도 똑같이 적용된다. 하지만 이야기하고 싶은 추가 사항이 한 가지 있다. 이번 실습에서 만들 머티리얼을 적용할 메시를 설정하는 것이다. 레벨에 있는 벽이 시차 차폐 매핑 예제에서 확인한 것과 똑같이 보일 수도 있다. 하지만 실제로 다른 메시를 사용하고 메시가 더 세밀하게 분할돼 있다. 테셀레이션^{Tessellation} 효과가 잘 작동하게 하려면 세밀하게 분할돼 있는 메시를 사용하는 것이 매우 중요하다. 단순한 평면은 테셀레이션 효과를 적용했을 때 잘 작동하지 않는 경향이 있다. 직접 만든 모델을 사용하려고 한다면 이 점을 유의하자. 동일한 에셋을 사용하고 싶다면 06_04_Displacement_Start 맵 파일을 열면 된다. 해당 파일은 Content/UE4ShadersAndEffects/Maps/Chapter06 폴더에서 찾을 수 있다.

예제 구현

우선 작업할 머티리얼을 생성하자. 그리고 테셀레이션 기능을 사용하도록 초기 설정을 해야 한다.

1. 새 머티리얼을 생성하고 이름을 입력하자. 이름을 M_BrickWall_Displacement 으로 입력했다.

2. 메인 머티리얼 노드를 선택하고 평소처럼 **디테일** 탭을 살펴보자. 거기서 몇 가지 속성을 조작해야 한다.

3. 변경할 첫 번째 속성은 D3D11 Tessellation Mode이고 Tessellation 카테고리에서 찾을 수 있다. **디테일** 탭에서 거의 마지막까지 아래로 스크롤하면 나온다. 기본 값을 PN Triangles로 변경하자.

4. 같은 카테고리에 Crack Free Displacement, Adaptive Tessellation, Max Displacement라는 이름을 가진 속성을 살펴보자. 이번에 두 속성은 기본값으로 놔두고 Max Displacement는 값을 100으로 지정하자.

> ⓘ 테셀레이션을 사용할 때 발생하는 틈을 제거하려면 Crack Free Displacement 체크박스를 체크하자. 특히 폴리곤의 변화가 심하다면 말이다. 이 속성도 한계가 있지만 어떤 문제가 발생하는지 경험해보고 싶다면 체크해보라.

속성을 변경했다면 다음 그림처럼 보일 것이다.

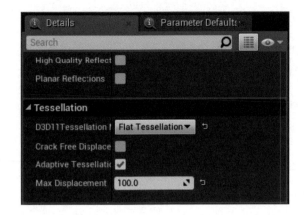

설정했다면 이제 메시의 디스플레이스먼트를 조작할 노드를 구현할 준비가 된 것이다.

5. Texture Sample 노드를 생성하고 T_Walls_Depth 텍스처를 할당하자.

6. Scalar Parameter 노드를 추가하고 사용 용도에 알맞게 Contrast Intensity로 이름을 입력하자. 그리고 값을 1로 지정하자.

> 방금 생성한 Contrast Intensity 노드는 입력받는 값에 따라서 원본 텍스처 샘플의 대비도를 증가시킬 것이다. 대비도를 증가시키는 것은 머티리얼의 돌출 부분과 함몰 부분 사이에 거리가 더욱 커진다는 의미다.

7. Cheap Contrast 노드를 추가하고 위의 두 노드 앞에 배치하자. Texture Sample 을 In(S) 입력에 연결하고 Scalar Parameter를 Contrast(S)에 연결하자.

8. 두 번째 Scalar Parameter 노드를 추가하고 이름을 Height Intensity라고 입력하자. 디스플레이스먼트 효과를 얼마나 많이 돌출시킬 것인가를 조절하는 데 해당 노드를 사용할 것이다. 값을 1로 지정하자. 1은 이 기능을 사용하지 않는다는 것이다. 하지만 나중에 이 값을 조절해 어떤 변화가 생기는지 확인해보길 바란다.

9. Multiply 노드를 추가하고 Cheap Contrast와 Scalar Parameter를 연결하자.

10. VertexNormalWS 노드를 생성하자. 월드 공간에서 정점의 위치를 접근하는 데 필요하기 때문에 이 효과를 구현하는 데 이 노드가 정말 중요하다.

11. 9단계에서 만든 Multiply와 VertexNormalWS를 곱하려면 두 번째 Multiply 노드를 만들자.

12. Multiply 노드의 출력을 메인 머티리얼 노드의 **월드 디스플레이스먼트** 입력에 연결하자.

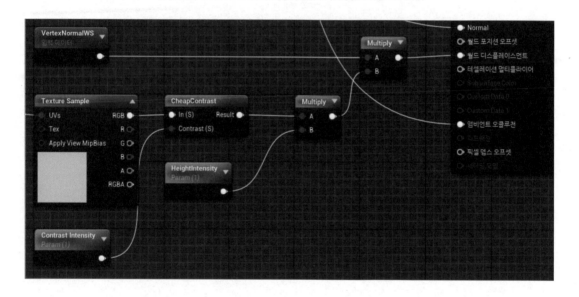

앞서 만든 그래프가 머티리얼이 적용되는 표면이 돌출되는 크기를 조절할 수 있게 해준다. 하지만 이제 표면을 얼마나 세분화할 것인지를 지정해야 한다. 세분화를 많이 할수록 좀 더 사실적으로 보이겠지만 비용도 같이 증가한다. 게다가 분할되는 모델에 따라 한계가 존재하는데, Wireframe 뷰 모드로 보면 확인할 수 있을 것이다. 그래서 때때로 세분화를 많이 해도 전혀 효과가 없을 수도 있다.

13. Scalar Parameter 노드를 생성하고 이름을 Subdivision Amount라고 입력한 다음 값을 5로 지정한다.

14. 메인 머티리얼 노드의 **Tessellation Multipler** 입력에 Subdivision Amount를 연결한다.

   이번에 고정 값으로 설정했지만 모델에서 거리에 기반해서 값이 변경되도록 하는 방법으로 머티리얼 그래프를 만드는 것도 유용할 수 있다. 3장, '불투명 머티리얼과 텍스처 매핑'의 거리 기반 텍스처 혼합 실습에서 이미 해봤던 것이다. 06_04_Displacement_End 맵 파일을 열어서 완성된 머티리얼을 살펴봄으로써 구현한 방법을 확인할 수 있다.
   마지막으로 러프니스, 베이스, Normal과 같은 머티리얼의 나머지 입력을 처리해야 한다.

15. 두 개의 **Texture Sample** 노드를 생성하고 각각 T_Walls_AORM과 T_Walls_Normal 텍스처를 할당한다.

16. 메인 머티리얼 노드의 베이스 입력에서 디스플레이스먼트를 하려고 사용했던 Texture Sample을 복제한다.

17. **Texture Coordinate** 노드를 생성하고 **UTiling**과 **VTiling** 값을 7로 지정한다.

18. **Texture Coordinate** 노드의 출력을 지금 그래프에 있는 네 개의 **Texture Sample**의 UVs 입력에 모두 연결한다.

19. T_Walls_Depth 복제본을 베이스에 연결하고 T_Walls_AORM 노드의 R 채널을 앰비언트에 G 채널을 러프니스 입력에 연결한다. 그런 다음 T_Walls_Normal 노드를 Normal 입력에 연결한다.

레벨에서 머티리얼이 적용된 모델에 여기까지 작업이 이미 적용돼 있을 것이다.[3] 이제 메

---

3   머티리얼을 저장하고 적용해야 한다. - 옮긴이

06장 머티리얼 고급 기법 | 433

인 뷰포트로 돌아가 머티리얼을 확인하자.

보면 알 수 있는 바와 같이 최종 효과가 시차 차폐 매핑 기법을 사용했을 때 얻은 결과와 매우 유사하다. 하지만 레벨에서 카메라를 자유롭게 움직여보면 차이점을 확인할 수 있다. 바로 확인 가능한 가장 눈에 띄는 한 가지는 테셀레이션 방법이 약간 더 각져 보인다. 특히 테셀레이션 배수값을 조절하지 않았다면 말이다. 머티리얼 구현이 끝났으므로 원하는 결과를 얻을 때까지 여러 매개변수를 미세 조정해볼 수 있다.

예제 분석

시차 차폐 매핑을 사용했던 이전 실습과 마찬가지로 새 기법도 적절한 머티리얼 설정을 통해서 모델에 세밀함을 더해줬다. 이번엔 그 세밀함이 눈속임이 아니다. 똑똑한 GPU 기반 기법을 사용하는 일 대신 주어진 메시의 폴리곤 개수를 실제로 증가시키고 원하는 최종 형태를 갖고 있는 텍스처에 따라서 정점 위치를 새로 수정하도록 엔진에 지시를 했다.

이 기능은 다이렉트X 11버전 API에 종속적이다. 마이크로소프트 윈도우 운영체제나 관련 제품에서 작동한다. 그래서 관련 API를 사용하지 않는 제품을 개발할 때에는 이 점을 꼭 기억해야 한다.[4]

특정 조건하에서만 사용할 수 있지만 매우 강력한 기법이다. 전 실습에서 봤던 시차 차폐 매핑과 결과가 매우 유사하더라도 가까이서 확인해보면 좀 더 잘 작동하고 또한 전반적으로 시각적인 문제점이 덜 발생한다. 하지만 매우 비싼 기법이므로 콘솔이나 태블릿과 같은 기기보다는 중, 고사양의 컴퓨터에서 더 잘 작동한다. 거리 기반으로 작동이 꺼졌다 켜졌다 하도록 사용하는 것이 가장 좋다. 그래서 테셀레이션 정도를 물체의 거리에 따라 변경되게 하는 것을 이야기했었다. 종합해보면 두 기법 모두 성능과 시각적 품질 사이에서 최적점을 찾을 때까지 확인해보고 최적화해야 한다. 최적화라는 거대한 세상으로 온 것을 환영한다.

추가 정보

이번 실습에서 처음 수행한 것이 D3D11 Tessellation Mode를 PN Triangles로 설정하는 것이었다. Flat Tessellation이라는 선택 가능한 다른 설정이 있다. 둘 모두 기본 메시의 세분화를 활성화함으로써 매우 비슷하게 작동한다. 하지만 두 설정의 작동 방법에 핵심적인 차이가 있다. PN_Triangles는 제한적이지만 맥스[Max]의 터보스무스 모디파이어[Turbosmooth Modifier]나 마야의 스무스 메시 프리뷰[Smooth Mesh Preview]와 비슷한 동작을 한다. 셋 다 메시를 분할하고 부드럽게 만든다. Flat Tessellation은 메시를 분할하는 작업만 수행하고 부드럽게 만드는 작업을 수행하지 않는다. 개발자의 프로젝트에서 추구하는 결과에 따라서 두 설정을 다 확인해보고 어떤 설정이 더 알맞게 동작하는지 확인해보라.

---

4 GPU에서 처리되는 기능은 OpenGL, DirectX 모두가 지원한다. 시기적인 차이기 있을 수 있지만 특정 API에 종속적인 기능 은 없다. 하드웨어 기능이 있고 그 기능을 지원하는 그래픽 API 드라이버가 나오면 사용할 수 있다. 하지만 언리얼에서 테셀 레이션을 다이렉트X RHI에서만 구현을 했다. – 옮긴이

읽을거리

평소처럼 이 기법에 관한 좀 더 자세한 사항을 알고 싶다면 다음 링크의 공식 문서를 살펴보라.

- https://docs.unrealengine.com/ko/Resources/ContentExamples/Material Properties/1_8
- https://docs.unrealengine.com/ko/Resources/ContentExamples/Material Nodes/1_11
- https://docs.unrealengine.com/ko/Resources/ContentExamples/Material Nodes/1_12

▌ 메시 디스턴스 필드를 사용한 거리-기반 마스킹

지금까지 다룬 각 실습에서 언리얼의 머티리얼 생성 파이프라인에서 새로운 기능을 살펴본 것을 알 것이다. 때때로 새로운 머티리얼 기능, 유용한 노드, 또는 편리한 셰이더 생성 기법을 이야기했다. 그리고 원하는 효과를 구현하려고 머티리얼 에디터 밖의 여러 기능까지도 사용했다. 이번 실습도 마찬가지다. 메시 디스턴스 필드^{Mesh Distance Field} 기능을 살펴보고자 하는데, 레벨에 있는 폴리곤 사이에 거리가 얼마나 가까운지 혹은 먼지에 따라 머티리얼의 질감을 바꿀 수 있다. 확인해보면 알겠지만 이 기능은 매우 유용하다. 거리-기반 마스크나 앰비언트 오클루전 기반 효과와 같은 동적인 효과를 생성할 수 있게 해주기 때문이다. 바로 예제를 살펴보자.

준비하기

이 기법을 시연하려는 레벨은 매우 간단하다. 실제로 3D 모델은 단지 하나의 평면과 하나의 구체만 존재한다. 하지만 이번엔 엔진에서 제공하는 에셋을 사용하지 말아야 한다. 사용하는 스태틱 메시에 조작해야 할 특정 설정이 있는데 엔진에서 제공하는 에셋을 사용하면 설정을 조작할 수가 없기 때문이다. 직접 만든 에셋을 사용하고 싶다면 엔진으로 임포트한 어떤 모델도 사용해도 괜찮다. 앞서 언급한 바와 같이 주된 관심사는 엔진에 포함된 모델에서 수정할 수 없는 특정 설정을 조작할 수 있으면 된다.

만약 동일한 레벨을 사용해 실습을 진행하려면 06_05_MeshDistanceFields_Start 맵 파일을 열면 된다. 해당 파일이 Content/UE4ShadersAndEffects/Maps/Chapter06 폴더에 들어 있다.

예제 구현

언리얼에서 제공하는 몇몇 매우 특정한 기능은 프로젝트마다 활성화해야 한다. 프로젝트 세팅으로 넘어가 적절한 기능을 활성화해야 한다는 이야기다. 우선 바로 프로젝트 세팅을 변경해야 한다. 그 뒤 이제 살펴볼 새 기법을 활용할 수 있도록 3D 모델을 설정해야 한다. 시작해보자.

1. **편집 › 프로젝트 세팅**으로 넘어가 **엔진 › 렌더링 ›** Lighting 카테고리에서 Generate Mesh Distance Fields 속성을 찾자. 사용하는 엔진의 버전에 따라서 이미 활성화 돼 있을 수도 있는데, 그렇지 않다면 체크를 꼭 하자.

   1 단계를 완료했다면 화면에 보이는 레벨을 살펴본다. 만약 동일한 레벨을 사용하고 있다면 평면과 구체 두 개의 모델을 확인할 수 있을 것이고 평면이 구체를 가로질러 교차하고 있다. 메시 디스턴스 필드를 적절하게 사용하려면 영향을 받을 모델이 어떤 것인지 알아야 한다. 나머지 모델과 다르게 다뤄야 하기 때문이다. 이번에 머티리얼을 평면에 적용할 것이고 해당 머티리얼에서 디스턴스 필

드를 처리한다. 우선 평면 모델을 조작해보자.

2. 레벨에서 평면을 선택하고 **스태틱 메시** 에디터를 연다. 레벨에서 모델을 선택하고 **디테일** 탭으로 가서 Static Mesh 속성 오른쪽에 보이는 썸네일을 더블클릭하면 스태틱 메시 에디터를 열 수 있음을 기억하자.

3. 스태틱 메시 에디터에서 **디테일** 탭을 살펴보고 General Settings 카테고리까지 아래로 스크롤하라. Generate Mesh Distance Field라는 속성을 찾아 해제한다.

4. 그러고 나서 다시 메인 레벨로 돌아가 구체 모델을 스태틱 메시 에디터로 열자.

5. 다시 Generate Mesh Distance Fields 속성을 찾아 이번에 체크하자.

6. 약간 위쪽으로 스크롤을 해서 **디스턴스 필드 해상도 스케일**Distance Field Resolution이라는 속성을 찾자. 해당 속성이 LOD 0 카테고리의 가장 아래쪽에 위치하고 있다. 값을 5로 지정하고 바로 아래 있는 **적용** 버튼을 클릭하자.

이렇게 해서 레벨에 있는 구체가 **메시 디스턴스 필드**를 생성하도록 하고 평면은 생성하지 않았다. 작업을 진행할 메시에서 디스턴스 필드를 생성하지 않도록 하는 것이 실습을 진행하는 데 있어 중요한 과정이다. 나중에 **메시 디스턴스 필드** 기능을 사용할 머티리얼을 생성할 때 어떤 모델에서 메시 디스턴스 필드를 생성했는지 헷갈릴 수 있기 때문이다. 좀 더 쉽게 설명하자면 머티리얼이 적용되는 모델이 아니라 다른 모델의 **메시 디스턴스 필드**를 알아야 한다는 것이다. 그렇지 않으면 자신의 메시 디스턴스 필드를 읽어오기 때문에 혼란스러운 결과를 얻게 된다. 그래서 평면에서 기능을 해제한 것이다. 속성 설정을 완료했으니 이 엔진 기능을 활용하는 머티리얼을 생성하는 데 집중하자.

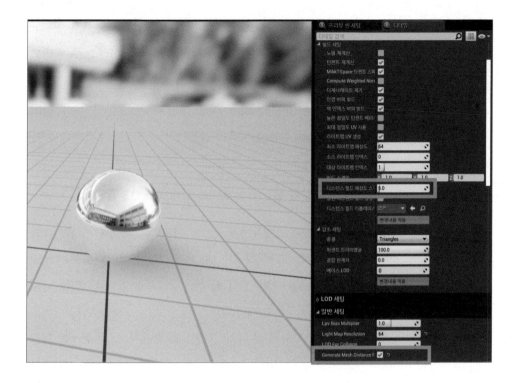

위의 그림에서 구체에서 메시 디스턴스 필드를 생성하려고 조작했던 설정들을 확인할 수 있다. 이제 만들 머티리얼을 적용할 모델에는 해당 속성을 해제하라.

7. 새 머티리얼을 생성하고 이름을 입력한다. M_SimpleOcean_Start라고 입력했다. 동일한 레벨을 사용한다면 이번 실습에서 하고자 하는 바를 잘 표현하고 있는 이름이기 때문이다.

> 기본적으로 평면과 구체가 만나는 가장자리 부근에서 물거품이 생기는 간단한 만화 같은 바다 머티리얼을 만들려고 한다. 4장, '투명 머티리얼과 더 많은 이야기'에서 애니메이션되는 바다 셰이더에서 만들었던 좀 더 복잡한 머티리얼에도 이 기법을 사용하고 싶을 수도 있을 것이다.

8. 새로운 머티리얼을 열고 그래프에 Distance To Nearest Surface라는 첫 번째 노드를 추가한다. 팔레트 탭에서 또는 우클릭을 해서 이름을 입력하는 두 방법으로 생성할 수 있음을 기억하자.

9. Scalar Parameter를 하나 추가하고 이름을 Distance Offset으로 입력한다. 앞의 Distance To Nearest Surface 노드를 사용해 만들어질 마스크를 조절하는 데 사용할 것이다.

10. Multiply 노드를 생성하고 앞의 두 노드의 출력을 입력으로 연결한다.

   Distance To Nearest Surface 노드가 머티리얼이 적용되는 모델과 접촉하는 다른 모델 주변에 생성된 흑백 그레이디언트 텍스처를 제공한다. Distance Offset 노드가 그레이디언트를 얼마나 멀리까지 확장할 것인지 조절할 수 있도록 해준다. 나중에 생성한 효과를 조절할 때 필요하다.
   이제 위의 과정을 완성했으므로 앞선 그레이디언트를 쪼개서 좀 더 툰 셰이더처럼 단순하게 보이는 머티리얼을 만들자. 이제 그레이디언트를 여러 작은 단계로 분할하는 것을 해볼 것이다.

11. Scalar Parameter를 생성하고 이름을 Number of Steps라고 입력한다. 이 노드를 그레이디언트를 분할하는 데 사용할 것이다. 값이 커질수록 더 많은 단계를 갖는다.

12. Multiply 노드를 생성하고 Scalar Parameter 노드와 10단계의 Multiply 노드의 출력을 입력으로 연결한다.

13. Floor 노드를 추가한다. 이 노드는 입력된 부동소수값에 내림을 수행한다. 예를 들어 0.6을 입력하면 결과는 0이 된다. 앞선 Multiply 노드의 결과를 연결한다.

14. Divide 노드를 Floor 노드 앞에 배치하고 Floor 노드의 출력을 A 입력에 연결한다. 11단계에서 생성했던 Scalar Parameter 노드의 출력을 B 입력에 연결한다. 만들어진 그래프를 확인하고 싶다면 다음 그림을 참고하라.

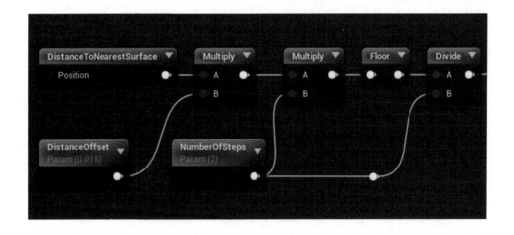

위의 그래프는 여러 단계의 그레이디언트를 생성한다. 그래서 이 그래프를 카툰 셰이딩 기법에서 유용하게 사용할 수 있을 것이다. Floor 노드를 통해 이러한 종류의 그레이디언트를 생성할 수 있다. 입력받은 색상의 소수점 부분을 제거하기 때문이다. 각 픽셀이 부드럽게 변화하는 그레이디언트를 갖고 있기 때문에 Floor 노드가 중간 값들을 제거함으로써 틈 없이 변화하는 색상에 변화가 좀 더 분명히 구분되게 해준다. 이 점을 알아두고 앞선 과정을 마스크로 사용해 머티리얼을 만드는 과정으로 다시 돌아가보자.

15. 머티리얼 그래프에 두 개의 Constant4Vector 노드를 배치하고 서로 다른 값을 지정해 두 색상을 생성한다. 푸른색과 하얀색으로 설정했다.

16. Lerp 노드를 추가하고 앞의 두 노드를 A와 B 입력에 연결하자. Alpha 입력에는 14단계에서 만든 Divide 노드의 출력을 연결해야 한다.

17. Lerp 노드를 메인 머티리얼 노드의 베이스 입력에 연결한다.

18. 러프니스 입력을 수정하려면 Constant 노드를 하나 추가한다. 값을 0.6 정도로 지정하면 잘 작동할 것이다.

19. 머티리얼을 **적용**하고 **저장**하고 나서 레벨에 평면에 머티리얼을 힐당한다.

짜잔! 결과물을 확인해보라. 이 단순한 머티리얼이 모델의 메시 디스턴스 필드 속성을 이용하고 있기 때문에 어떤 종류의 거리-기반 효과와 잘 작동할 것이다. 앰비언트 오클루전 기반 먼지 효과나 전에 만들어봤던 물 효과가 훌륭한 예일 것이다. 게다가 이 기법은 본질적으로 동적이다. 그러므로 레벨에서 물체가 움직이면 효과가 자동으로 갱신된다. 잠시 이것저것 살펴보면서 어디까지 활용할 수 있을지 알아보자.

예제 분석

처음에 메시 디스턴스 필드가 약간 애매모호하게 느껴질 수도 있다. 특히 많은 아티스트가 자주 접하는 것이 아니기 때문이다. 메시 디스턴스 필드의 기본적인 작동 원리와 필요할 때 품질을 향상시킬 수 있는 방법을 소개하려 한다.

너무 기술적인 세부 사항을 배제하고 가능한 개념을 단순화하려고 한다. 메시 디스턴스 필드를 엔진이 모델의 다른 부분에서부터 거리를 볼륨 텍스처에 저장하는 방법이라고 생각할 수 있다. 다음 그림을 살펴보자.

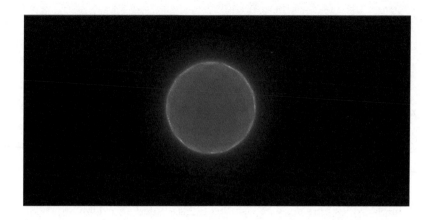

위의 그림은 레벨에 중앙에 있는 구체의 메시 디스턴스 필드를 시각적으로 표현한 것이다. 뷰 모드를 **표시 › 시각화 › 메시 디스턴트 필드**(Show › Visualize › Mesh Distance Field)를 클릭해 활성화할 수 있다. 그림으로 보는 바와 같이 구체가 볼륨에 감싸져 있다. 디스턴스 필드를 볼륨과 관련해서 계산한다. 이러한 계산은 오프라인으로 수행되고 실시간으로 계산되진 않는다. 계산에 드는 비용이 너무 비싸기 때문이다. 하지만 이번 실습에서 확인했던 것부터 동적으로 흐르는 맵 이외에 여러 효과들을 동작하게 하려고 기꺼이 이 계산된 데이터를 사용할 수 있다.

하지만 생성한 메시 디스턴스 필드의 최종 품질을 향상시킬 수 있는 방법을 알아두자. 이번 실습 초반에 살펴봤던 속성인 디스턴스 필드 해상도 스케일을 설정해서 품질을 향상시킬 수 있다. 기본값보다 큰 값을 사용하는 것이 볼륨 텍스처를 더욱 무거워지게 한다. 하지만 때때로 매우 정밀한 물체나 특정 상황에서 추가적인 품질 향상이 필요하다. 필요할 때 이 속성을 조작해야 함을 기억하자.

추가 정보

메시 기반 필드의 품질은 여러 다른 설정에 따른다. 그중 몇몇은 이미 살펴봤다. 하지만 r.AOGlobalDFResolution이라는 편리한 콘솔 명령어가 있다. 아마 이를 좀 더 알고 싶을 것이다. 콘솔창에 명령어를 입력하고 그다음에 품질을 변경하는 값을 입력하면 된다. 128, 256과 같은 여러 값을 실험해보고 결과를 확인해보면서 즐겨보라.[5]

읽을거리

메시 디스턴스 필드에 대해서 계속 배워보고 싶다면 에픽 게임즈의 공식 문서를 꼭 확인해보라.

- https://docs.unrealengine.com/ko/Engine/Rendering/LightingAndShadows/MeshDistanceFields

---

[5] r.AOGlobalDFResolution은 콘솔 명령이 아닌 콘솔 변수다. r은 rendering 콘솔 변수라는 의미다. 엔진에는 여러 기능별로 다양한 콘솔 변수를 갖고 있다. 실시간으로 변경하면서 확인하기 위한 목적이고, 최종적으로 필요한 값을 찾았을 때 설정 파일에 해당 값을 설정해 엔진이 동작하게 할 수 있다. - 옮긴이

07

머티리얼 인스턴스 사용하기

인스턴싱Instancing은 부모 머티리얼을 상속받아서 머티리얼에 변화를 준 복사본을 만드는 기능이다. 3장, '불투명 머티리얼과 텍스처 매핑'의 '머티리얼 인스턴싱하기' 절에서 이미 살펴본 기능이지만, 많은 것을 할 수 있다.

7장에서는 다음 실습을 해본다.

- 머티리얼 레이어링을 사용한 물체 위에 눈이 쌓인 효과
- 매개변수 컬렉션을 이용해 햇살 가득한 장면에서 눈 쌓인 장면으로 전환하기
- 커브 아틀라스를 통한 빠른 계절 변화
- 랜드스케이프 머티리얼 혼합하기
- UV 커스터마이징

▌ 소개

아티스트로서 팀의 다른 구성원이 좀 더 쉽게 머티리얼의 특정 부분을 조작 가능하게 해주는 도구를 제공할 수 있다. 실시간으로 게임을 디자인하면서 머티리얼을 조작할 수 있게 말이다. 예를 들면 팀의 게임 기획자[game designer]가 표현하고 싶은 머티리얼이 있지만 머티리얼 에디터의 사용법을 모를 수도 있다. 또 다른 예로 프로그래머가 게임에서 다른 날씨 종류를 지원하고 싶을 수도 있다. 이럴 때 기본 머티리얼을 만들고 그다음 시간에 따라 변화하는 것이 보이도록 하는 속성을 노출한 머티리얼 인스턴스를 만들 수 있다.

7장에서 머티리얼을 만들면서 할 수 있는 일에서 머티리얼을 만든 이후에 할 수 있는 일로 관심사를 옮겨 갈 것이다. 머티리얼 인스턴스를 사용해 속성을 빠르게 조작한다든가 각 물체 위에 다른 셰이더를 레이어링하거나 한 번에 여러 머티리얼 설정을 변경하는 작업 같은 것을 알아보려 한다.

▌ 머티리얼 레이어링을 사용한 물체 위에 눈이 쌓인 효과

머티리얼 레이어는 언리얼 엔진 4.19에서 도입됐다. 머티리얼 레이어는 여러 종류의 머티리얼을 가져다가 사용하기 쉬운 인터페이스를 사용해 추가적인 픽셀 셰이더 명령어 없이 머티리얼을 결합하기 위한 방법이다. 픽셀 셰이더 명령이 추가되지 않기 때문에 성능 향상이 있다.

머티리얼 레이어를 얼마나 쉽게 사용할 수 있는지를 확인하려고 월드에 적용된 머티리얼 위에 눈[snow] 머티리얼을 추가해봄으로써 알아보고자 한다.

준비하기

머티리얼 레이어는 실험적인 기능이다. 그래서 기능을 활성화해야만 사용할 수 있다.

1. 언리얼 에디터에서 **세팅 › 프로젝트 세팅** 메뉴로 간다. 상단 검색창에서 material layer라고 입력하고 Support Material Layers 속성을 체크한다.

2. 기능을 활성화하려면 언리얼을 다시 시작해야 한다고 알리는 팝업창이 나올 것이다. 그러면 **지금 재시작** 버튼을 클릭하고 언리얼이 다시 열릴 때까지 기다린다.

예제 구현

이제 머티리얼 레이어 기능이 활성화됐으니 실제로 첫 번째 머티리얼 레이어를 만들어보자.

1. **콘텐츠 브라우저** 안에서 우클릭을 하고 고급 에셋 생성 섹션에서 **머티리얼 & 텍스처 › 머티리얼 레이어**를 선택한다.

2. 원하는 이름을 입력한다. 이번에는 **Layer_Base**라고 입력했다. 새로 생성한 머티리얼을 더블클릭해서 머티리얼 에디터를 연다.

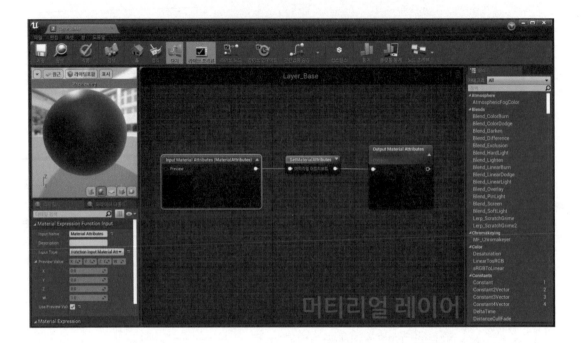

전에 머티리얼 함수를 만들어봤다면 에디터가 매우 비슷해 보일 것이다. 한 가지 차이점은 우측에 있는 Output Material Attributes라는 새로운 노드가 있다는 것뿐이다. Output Material Attributes 노드의 결과를 나중에 머티리얼에서 사용할 것이다.

3. Input Material Attributes의 뒤쪽에 우클릭을 해서 Make Material Attribute를 검색하고 선택해 해당 노드를 생성하자.

Make Material Attribute 노드는 전에 만들어본 머티리얼과 비슷해 보인다.[1] 전에 생성했던 어떤 머티리얼도 만들 수 있지만 실습을 단순하게 하고자 단지 **베이스**

---

1   머티리얼 그래프에 있는 메인 머티리얼 노드와 비슷하다는 의미다. – 옮긴이

와 Normal 입력만을 사용할 것이다.

4. 언리얼 에디터 **콘텐츠 브라우저**에서 Content/StarterContent/Textures 폴더로 가자. 거기서 디퓨즈와 노멀 텍스처를 선택해서 머티리얼 레이어 에디터로 드래그해서 가져다 놓을 것이다. 이번에는 T_Brick_Clay_New_D와 T_Brick_Clay_New_N 텍스처를 사용했다.

5. 텍스처를 MakeMaterialAttributes 노드의 베이스와 Normal 입력에 연결하자.

6. MakeMaterialAttributes 노드의 출력을 Input Material Attributes(Material Attributes) 노드의 Preview 입력에 연결하자.

7. 손쉽게 다른 물체들 위에 눈이 덮이도록 하고 싶다. 그래서 각 텍스처 샘플 노드에서 우클릭을 해서 **파라미터로 변환**Convert to Parameter 메뉴를 선택하자. 디퓨즈 텍스처를 Base Diffuse로, 노멀 텍스처를 Base Normal로 이름을 입력하자. 문제없이 진행했다면 그래프가 다음 그림처럼 보일 것이다.

8. 에디터에서 **적용**과 **세이브** 버튼을 클릭하고 에디터를 종료하자.

   이제 베이스 레이어를 완성했으므로 눈에 해당하는 다른 머티리얼 레이어가 필요하다.

9. **콘텐츠 브라우저**의 Layer_Base 머티리얼 레이어를 생성했던 같은 폴더에서 Layer_Snow라는 다른 머티리얼 레이어를 생성하자. 해당 머티리얼 레이어를 더블클릭해서 **머티리얼 레이어 에디터**를 열자.

10. 이 머티리얼 레이어도 이전 머티리얼 레이어와 같은 방법으로 만들 것이다. 다만 벽돌 텍스처를 사용하는 대신 눈처럼 보이는 텍스처를 사용할 것이다. 시작용 콘텐츠에 눈 텍스처가 포함돼 있지 않다. 하지만 T_Concrete_Poured_D 텍스처가 눈과 매우 비슷하게 보인다.

11. 에디터에서 **적용**과 **저장** 버튼을 클릭하고 에디터를 종료하자.

머티리얼 레이어는 바로 물체에 적용할 수 없다. 대신 머티리얼 레이어를 사용하는 머티리얼을 만들어야 한다.

12. 머티리얼을 생성하고 M_SnowLayeredMaterial이라고 이름을 입력하자. 해당 머티리얼을 더블클릭해서 머티리얼 에디터를 열자.

13. 메인 머티리얼 노드의 왼쪽에 우클릭을 하고 Material Attribute Layers 노드를 추가하고 이름을 Layer Stack으로 입력하자.

아직은 일반적인 머티리얼이기 때문에 메인 머티리얼 노드가 익숙하게 사용했던 모든 일반적인 입력을 포함하고 있다. 하지만 Layer Stack 노드는 Material Attribute 입력으로 연결돼야 한다.

14. 메인 머티리얼 노드의 **디테일** 탭에서 Use Material Attributes 속성까지 아래로 스크롤하고 체크하자. 그러면 기본 입력이 합쳐져서 Material Attribute 입력 하나로 보일 것이다.

15. Layer Stack의 출력을 M_SnowLayeredMaterial 노드의 Material Attributes 입력으로 연결하자.[2]

---

2   메인 머티리얼 노드의 이름은 에디터로 연 머티리얼 이름으로 표시된다. – 옮긴이

16. 이제 노드 연결은 끝났으므로 Layer Stack에 추가를 시작할 수 있다. **Layer Stack** 노드를 선택하고 **디테일** 탭으로 가서 **Default Layers** 속성 옆에 화살표를 클릭한다. 배경을 확장하고 **Layer Asset** 드롭다운 메뉴에서 Layer_Base를 선택하자.

17. 다음에 **Default Layers** 옆에 **+** 아이콘을 클릭해 스택에 새 레이어를 추가하자. 새로 생성된 **Layer 1**을 선택하고 확장하자. 그리고 **Layer Asset** 속성에 Layer_ Snow를 선택하자.

원본 배경 레이어를 눈이 뒤덮고 있는 것을 눈치챘을 것이다. 레이어는 포토샵에서 레이어를 다루는 방법과 비슷하게 작동한다. 위쪽 레이어가 아래쪽 레이어 위에 그려진다.

Layer 1이 Background 위에 그려지는 방식을 Blend Asset 속성으로 지정한다. 다음에 Blend Asset을 만들어볼 것이다.

18. **적용**과 **저장**을 클릭하고 에디터를 종료한다.

19. **콘텐츠 브라우저**에서 우클릭하고 고급 에셋 생성 섹션에서 **머티리얼 & 텍스처 〉 머티리얼 레이어 블렌드**를 선택한다.

20. 원하는 이름을 입력한다. 이번에 나는 SnowBlend라는 이름을 입력했다. 새로 만든 머티리얼을 더블클릭해서 머티리얼 에디터를 열자.

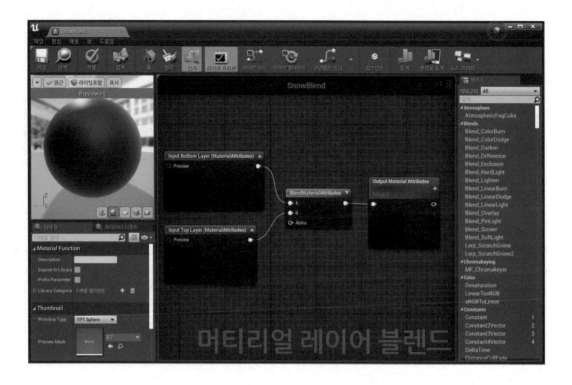

위 그림을 보면 알 수 있듯이 왼쪽에 두 개의 입력 노드인 Input Top Layer(눈)와 Input Bottom Layer(벽돌)가 있다. 두 노드가 BlendMaterialAttributes라는 노드에 연결돼 있다. Alpha 입력은 두 입력의 혼합 정도를 나타낸다. 이번에 월드 공간 상에 정점의 높이에 따라서 혼합하려고 한다.

21. 두 입력 노드 아래에 WorldAlignedBlend 노드를 추가한다. 그다음 w/Vertex Normals 출력을 BlendMaterialAttributes의 Alpha 입력에 연결한다.

22. WorldAlignedBlend 노드의 Blend Sharpness(S) 입력 왼쪽에 Constant 노드 를 생성하고 값을 10으로 지정한다. 그리고 WorldAlignedBlend 노드의 Blend Sharpness(S) 입력에 연결한다.

23. 이후에 다른 Constant 노드를 생성해서 Blend Bias에 연결한다. Constant 노

드에서 우클릭을 하고 파라미터로 변환 메뉴를 선택한다. Parameter 노드의 이름을 Snow Bias로 입력한다.

24. 머티리얼을 **적용**하고 **저장**한다. 그다음 머티리얼 에디터를 종료한다.

25. M_SnowLayeredMaterial로 돌아가 **Layer Stack** 노드를 선택하고 **Blend Asset** 에 방금 생성한 SnowBlend를 할당한다. 제대로 진행했다면 프리뷰 이미지의 위쪽 절반이 눈으로 덮인 것이 보일 것이다.

26. 좀 더 일반적인 에셋에 적용했을 때 어떻게 보이는지 확인하려고 메인 에디터에
    서 SM_MatPreviewMesh_02와 같이 좀 더 복잡한 메시를 레벨에 추가한다. 그
    리고 머티리얼을 드래그해서 메시에 가져다 놓는다.[3]

---

3   SM_MatPreviewMesh_02는 책에서 제공하는 프로젝트 안에 포함돼 있다. Content/UE4ShadersAndEffects/Assets/
    Chapter07 폴더에서 찾을 수 있다. – 옮긴이

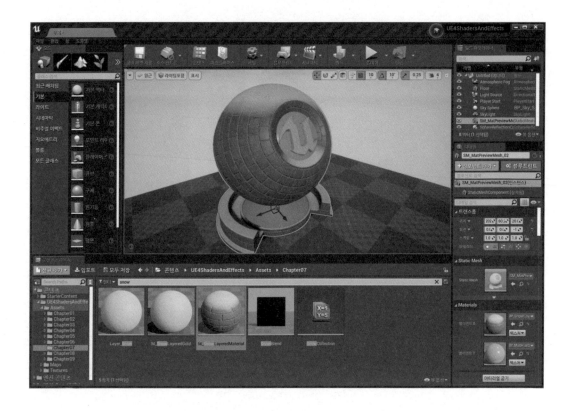

이제 기본 머티리얼을 만들었으므로 머티리얼에서 인스턴스를 만드는 것은 매우 쉽다.

27. M_SnowLayeredMaterial에서 우클릭을 하고 머티리얼 인스턴스 생성 메뉴를 선택하자. 새 머티리얼 인스턴스의 이름을 M_SnowLayeredGold라고 입력하자. 해당 머티리얼 인스턴스를 더블클릭해서 에디터를 열자.

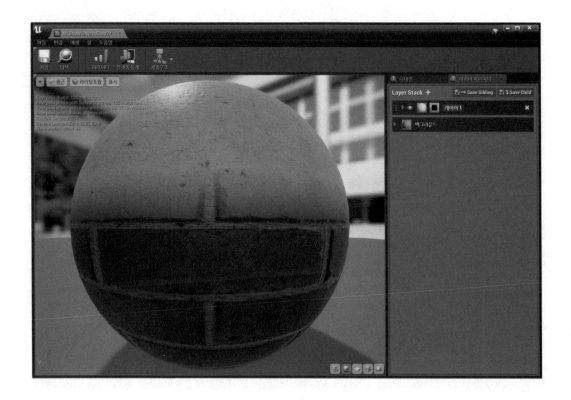

28. 이전과 다르게 메뉴가 구조화돼 있는 것을 확인할 수 있다. Background 속성을
열고 Layer Asset 옆에 화살표를 클릭하고 그다음 Texture Parameter를 클릭하
면 거기에 이전에 생성했던 매개변수가 있음을 알 수 있다.

 TIP 앞서 이야기한 바와 같이, 이 기능은 아직 실험 상태다. 그래서 나는 다음 단계에서 체크박
스를 체크했을 때 엔진이 크래시되는 문제를 겪었다. 만약 같은 문제가 발생한다면 우선
Layer 1 속성을 확장해 Blend Asset을 클릭하고 Clear를 선택한 다음 Blend를 제거하자.
그리고 속성들을 체크하고 그다음 SnowBlend를 다시 Blend Asset에 할당하자.

29. Base Diffuse와 Base Normal의 체크박스를 체크하자. 이제 새 텍스처를 할당할
수 있다. 여기서 나는 T_Metal_Gold_D와 T_Metal_Gold_N을 할당했다.

30. 언리얼 에디터에서 머티리얼 인스턴스를 물체에 드래그해서 놓자. 이를테면
Minimal_Default 레벨의 의자와 테이블 같은 물체에 말이다.

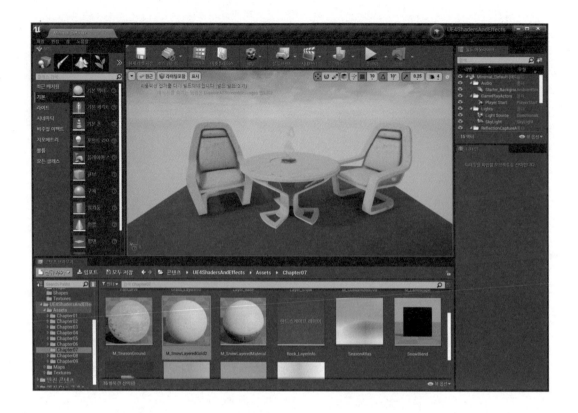

31. 머티리얼 에디터로 돌아가 Layer 1 아래에 Blend Asset에 Scalar Parameters의
    화살표를 열자. 그런 다음 Snow Bias 속성을 체크하고 값을 변경해본다. 의자와
    테이블에 변경 사항이 실시간으로 적용됨을 확인할 수 있을 것이다.

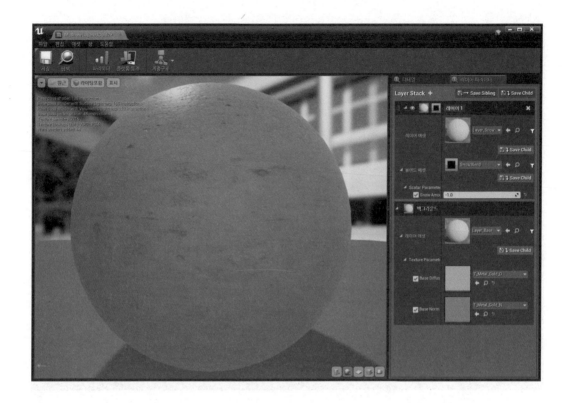

32. 이제 의자를 회전시키면 의자의 위쪽이 항상 눈으로 덮이는 것을 알 수 있다.

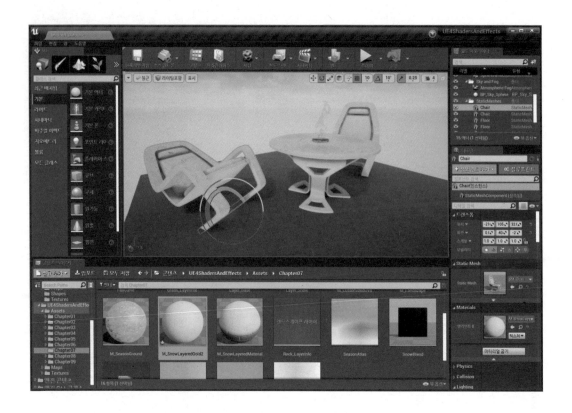

이 개념은 쉽게 확장이 가능하므로 캐릭터 피부의 색상 스키마^{scheme}처럼 자주 변경하고 싶은 어떤 머티리얼에도 사용할 수 있다.

예제 분석

머티리얼 레이어는 머티리얼 함수와 유사하게 동작하지만 머티리얼 인스턴스를 생성할 때 계층 구조를 생성할 수 있게 해준다.

머티리얼 레이어 블렌드^{Material Layer Blend}는 머티리얼에 여러 레이어가 다른 레이어 위에서 그려지는 방법을 제공한다. 이번 실습에선 WorldAlignedBlend 노드의 결과를 눈 레이어가 어디서 그려질지 결정하는 데 사용했다. 또한 머티리얼이 적용된 표면의 상단을 위치로 정했다.

부모 머티리얼에서 인스턴스를 생성할 때, 에디터를 열면 기본 에디터 대신 **레이어 파라미터** Layer Parameters 메뉴가 나오는 것을 확인할 수 있다. 머티리얼에 매개변수를 추가하거나 수정하는 일을 매우 쉽게 하려고 단지 매개변수를 갖고 있는 머티리얼의 부분만 보여준다. 원한다면 **디테일** 탭도 접근할 수 있음을 잊지 말자.

 머티리얼 레이어에 관한 더 자세한 사항은 다음 링크에서 확인할 수 있다.
https://docs.unrealengine.com/ko/Engine/Rendering/Materials/LayeredMaterials

▌ 매개변수 컬렉션을 이용해 햇살 가득한 장면에서 눈 쌓인 장면으로 전환하기

게임을 개발하다보면 동시에 여러 머티리얼을 변경하고 싶은 경우가 생긴다. 이미 매개변수를 배웠고 블루프린트를 이용해 실시간으로 변경하는 방법도 알지만 머티리얼 매개변수를 개별적으로 변경해야만 한다.

머티리얼 매개변수 컬렉션 parameter collection 은 여러 머티리얼에서 참조할 수 있는 특별한 매개변수를 생성할 수 있게 해준다. 그리고 에디터나 블루프린트나 C++를 통해 실시간으로 매개변수를 변경할 수 있다. 이번 실습에서 머티리얼 매개변수 컬렉션이 얼마나 사용하기 쉬운지 알아볼 것이다. 레벨에 있는 여러 머티리얼을 동시에 눈이 쌓인 것처럼 보이게 하는 방법을 살펴볼 것이다.

준비하기

실습을 시작하려면 하나는 완전히 말라 있는, 다른 하나는 눈이 쌓인 이렇게 두 가지 상태를 가진 머티리얼이 필요하다. 두 상태를 선형 보간 Linear Interpolation, Lerp 노드에 연결하는 대신 앞선 실습과 마찬가지로 레이어 블렌드를 사용할 것이다.

예제 구현

매개변수를 사용하는 대신 머티리얼 파라미터 컬렉션을 사용할 것이다. 그럼 시작해보자.

1. **콘텐츠 브라우저**에서 우클릭을 하고 고급 에셋 생성 섹션 아래 **머티리얼 & 텍스처 >**
   머티리얼 파라미터 컬렉션 메뉴를 선택한다. 그다음 원하는 이름을 입력한다. 나
   는 SnowCollection이라고 입력했다.

2. 새 컬렉션을 더블클릭한다. 그러면 Scalar Parameters와 Vector Parameters 두
   속성을 포함하고 있는 창이 나올 것이다.

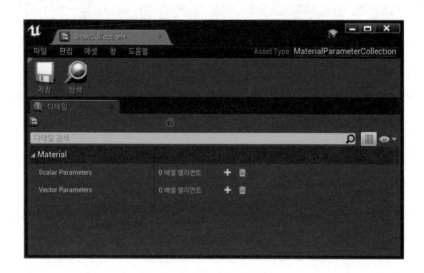

3. Scalar Parameter 속성 옆에 **+** 버튼을 클릭하자. 새 매개변수가 생성됐을 것이다.
   그런 다음 0을 확장하면 두 가지 속성이 보일 것이다. Parameter Name을 Snow
   Amount로 입력하자.

4. **저장** 버튼을 누르고 언리얼 에디터로 돌아간다.

5. 이전 실습에서 만들었던 SnowBlend 머티리얼 레이어 블렌드를 더블클릭한다.

6. Snow Bias 노드 옆에서 우클릭을 하고 CollectionParameter 노드를 추가한다. 생성됐다면 노드를 선택하고 **디테일** 탭으로 가서 Collection 속성을 생성했던 SnowCollection으로 할당한다. 그다음 Parameter Name 속성을 Snow Amount로 지정한다.

7. Snow Amount 속성 노드의 출력을 WorldAlignedBlend 노드의 Blend Bias(S) 입력에 연결한다. 그리고 Snow Bias 노드를 삭제한다.

8. **적용** 그리고 **저장** 버튼을 누르고 에디터를 종료한다.

9. 이전 실습에서 만든 눈 머티리얼이 적용된 두 개의 물체를 배치한 레벨을 만든다. 이 용도로 Content/UE4ShadersAndEffects/Maps/Chapter07/07_02_MaterialDisplay 맵 파일을 예제로 사용할 수 있다.

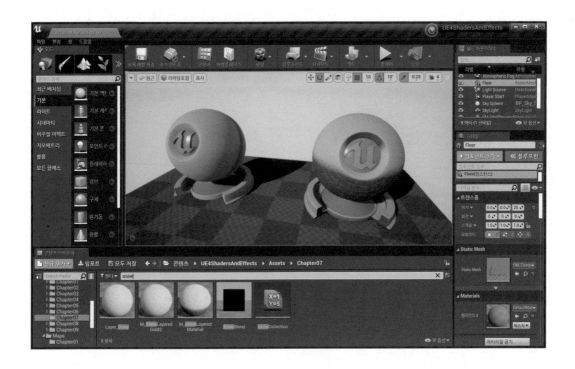

10. 이제 언리얼 에디터로 돌아가 **콘텐츠 브라우저**에서 Snow Collection을 다시 열자. 창에서 Snow Amount 값을 수정하면 다시 컴파일하지 않고 실시간으로 여러 머티리얼이 변경되는 것을 확인할 수 있다. 예를 들어 여기서 −3값으로 지정했다.

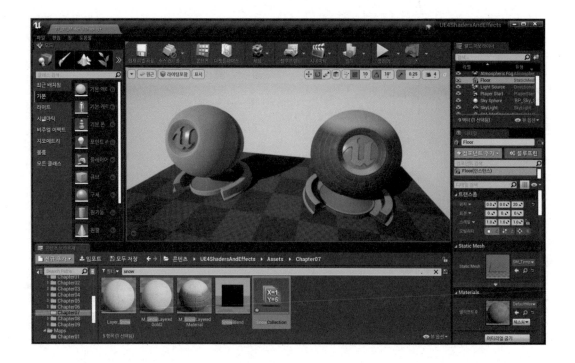

이렇게 해서 한 번에 여러 머티리얼을 손쉽게 조작할 수 있고 어떤 머티리얼 또는 머티리얼 레이어 블렌드에서 그 매개변수를 사용할 수 있다.

예제 분석

머티리얼 컬렉션은 한 번에 여러 머티리얼의 속성을 변경할 수 있게 해준다. 사용하려면 설정하는 데 시간이 필요하지만 가치가 충분하다.

▌ 커브 아틀라스를 통한 빠른 계절 변화

커브 아틀라스^{curve atlases}는 여러 곡선 정보를 함께 저장한다. 그리고 곡선 정보를 선형 보간하는 것이 가능하다. 머티리얼 인스턴스와 함께 이용할 때, 머티리얼에 폭넓고 다양한 변화를 생성할 수 있다. 이번 실습에서 머티리얼을 변경하고 블루프린트와 머티리얼 인스턴스 다이내믹을 사용해 계절 변화를 표현하는 데 커브 아틀라스를 활용하는 방법을 살펴볼 것이다.

준비하기

이번 실습은 시작용 콘텐츠를 사용한다. 시작용 콘텐츠는 언리얼 프로젝트에 선택적으로 추가할 수 있다. 하지만 직접 만든 텍스처를 사용해도 괜찮다.

예제 구현

커브 아틀라스를 생성하려면 사용할 몇몇 커브를 생성해야 한다.

1. **콘텐츠 브라우저**에서 우클릭을 하고 **기타 ▶ 곡선**(Miscellaneous ▶ Curve)을 선택하자.

2. Pick Curve Class 창에서 CurveLinearColor를 선택하고 **선택**Select 버튼을 누르자.

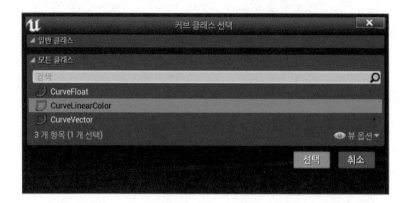

3. 커브에 이름을 입력하자. SummerCurve라고 입력했다. 그다음 해당 곡선을 더 블클릭해서 에디터를 연다.

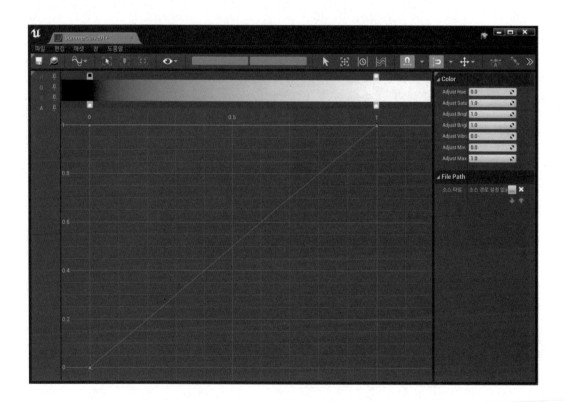

우선 Curve Gradient Result를 살펴보자. 에디터의 가장 아래쪽에서 Curve Gradient Result를 찾을 수 있다. 두 개의 키가 하나는 그레이디언트 상단에, 다른 하나는 하단에 있다는 것을 기억하자. 위쪽이 색상이고 아래쪽은 색상의 알파값이다.

4. 검은색 상자를 더블클릭해서 색상 선택 메뉴를 열자.[4] 색상 값을 녹색으로 할당하고 V 값을 1로 설정하자. 다음에 OK 버튼을 클릭하자.

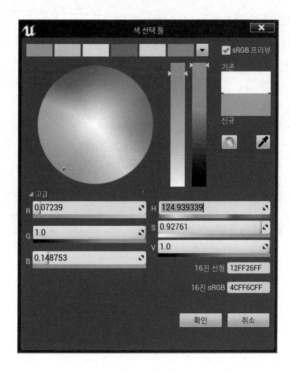

5. 그레이디언트가 갱신된 것이 보일 것이다. 다른 키를 클릭해 그레이디언트에 좀 더 변화를 주자.[5]

---

4 앞 페이지의 아래 그림에서 그레이디언트 바의 상단 좌측과 우측 끝에 색상 키 두 개가 있다. 왼쪽 상자가 검은색 상자다. – 옮긴이

5 앞 페이지의 아래 그림에서 그레이디언트 바를 보면 상단과 하단에 각각 두 개의 키가 존재한다. 위의 두 개가 색상 키이고 아래쪽 두 개가 알파 키다. 위를 클릭하면 색상 키가 추가되고, 아래를 클릭하면 알파 키가 추가된다. – 옮긴이

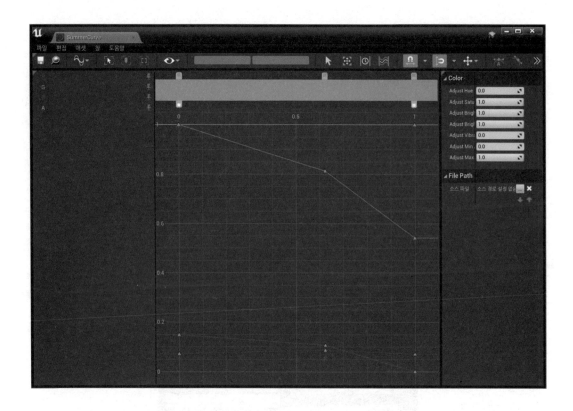

> ⓘ 곡선 에디터에 관한 좀 더 자세한 정보는 다음 링크에서 확인할 수 있다.
> https://docs.unrealengine.com/ko/Engine/UI/CurveEditor

6. **저장** 버튼을 클릭하고 언리얼 에디터로 돌아가자.

7. 다음으로 다른 계절에 대응하는 세 개의 곡선을 추가적으로 생성하자. 직접 생성하는 대신 책에서 제공하는 프로젝트에 포함된 이미 만들어진 곡선을 사용하는 것도 가능하다.

8. 이제 곡선을 다 만들었으므로, 곡선 아틀라스 에셋을 구성해야 한다. **콘텐츠 브라우저**에서 우클릭을 하고 **기타 > 곡선 아틀라스**(Miscellaneous > Curve Atlas)를 선택한다.

9. 새 **곡선 아틀라스**에 SeasonAtlas라고 입력한다. 그 뒤 더블클릭해서 에디터를 연다.

10. **디테일** 탭에서 Gradient Curves 속성을 열고 **+** 버튼을 클릭해서 배열에 요소를 추가한다. 그런 다음 첫 번째 곡선에 SpringCurve를 할당한다. 다시 **+** 버튼을 클릭하고 다음 곡선(여름), 그다음 가을과 겨울을 각각 할당한다. 마지막으로 Texture Size를 4로 설정한다.

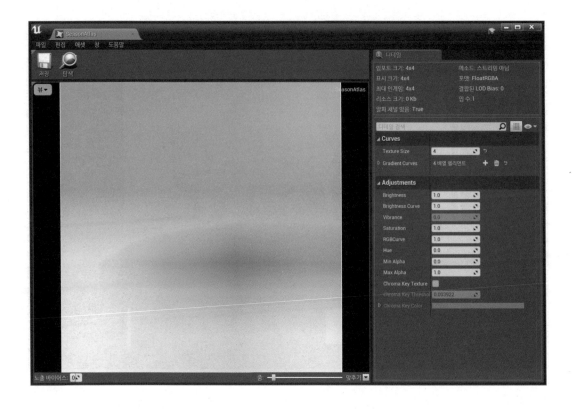

11. **저장** 버튼을 누르고 언리얼 에디터로 돌아가자.

이제 곡선 아틀라스를 만들었으므로 곡선 아틀라스를 사용할 머티리얼을 생성할 수 있다.

1. **콘텐츠 브라우저**에서 우클릭을 하고 머티리얼을 선택하자. M_SeasonGround라고 이름을 입력하자. 머티리얼을 더블클릭해서 머티리얼 에디터를 열자.

2. 언리얼 에디터의 **콘텐츠 브라우저**에서 Content/StarterContent/Textures 폴더로 이동하자. 거기서 디퓨즈 텍스처를 하나 골라서 머티리얼 에디터로 드래그해서 가져다 놓자.

3. 방금 생성된 Texture Sample 노드의 오른쪽에 Desaturation 노드를 생성하자.

474

Desaturation 노드를 선택하고 **디테일** 탭으로 가자. Luminance Factors 속성을 열어서 R, G, B 값을 1로 변경하자. 그런 다음 Texture Sample의 색상 핀을 Desaturation 노드의 상단 핀에 연결하자.

4. 마지막으로, 결과를 확인하려면 Desaturation 노드의 출력을 **베이스** 입력에 연결하자.

확인해보면 알 수 있는 바와 같이 텍스처의 색상이 보이지 않는다. 이제 곡선 아틀라스를 사용해 다시 색상이 보이게 해볼 것이다.

1. 그래프에서 우클릭을 하고 CurveAtlasRowParameter 노드를 추가한다.

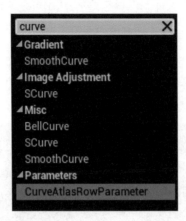

2. 이름을 Season이라고 입력한다.

3. **디테일** 탭에서 Curve에 SpringCurve를 할당하고, Atlas에 SeasonAtlas를 할당한다.

4. Season 노드의 오른쪽에 Blend_Overlay 노드를 생성한다.

5. Desaturation 노드의 출력을 Blend_Overlay 노드의 Base(V3) 입력에 연결한다.

6. Season 노드의 가장 상단 핀을 Blend_Overlay 노드의 Blend(V3) 입력에 연결한다.

7. 마지막으로, Blend_Overlay 노드의 Result를 베이스 입력에 연결한다.

8. 머티리얼을 저장하고 메인 에디터로 돌아간다.

이 시점에 머티리얼을 할당할 수 있지만 머티리얼이 변경되진 않는다. 머티리얼을 변경
하려면 블루프린트를 사용해야 한다.

1. 툴바에서 **블루프린트 › 레벨 블루프린트 열기**(Blueprints › Level Blueprint)를 선택해서
   레벨 블루프린트를 연다.

2. **BeginPlay** 이벤트 노드를 생성한다.

3. **BeginPlay** 이벤트 노드 오른쪽에 Create Dynamic Material Instance 노드를 생
   성한다. **컨텍스트에 따라서**^{Context Sensitive} 옵션을 해제하고 툴팁에서 **타깃: Primitive
   Component** ^{Target is Primitive Component}라고 표기돼 있는 노드를 선택한다.

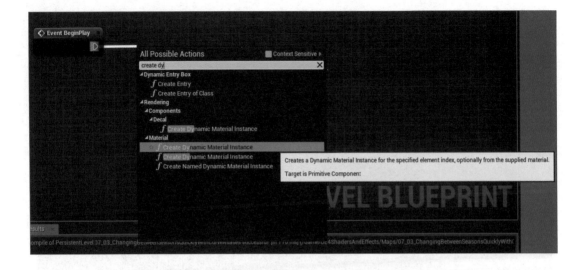

4. 노드를 선택하고 SourceMaterial에서 M_SeasonGround를 선택한다.

5. 다음으로 레벨에 있는 물체를 Target 입력에 연결한다. 기본 레벨에서 의자를 선택했다.[6] 물체를 이벤트 그래프로 드래그해서 놓고 그다음에 Target 입력 핀에 연결한다. Chair 노드가 자동으로 Static Mesh Component로 변환하는 노드가 자동으로 생성될 것이다.

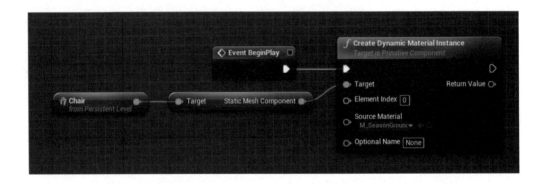

---

6 기본 레벨은 시작용 콘텐츠에 들어가 있는 Default_Minimal 레벨을 말한다. 레벨에 배치된 물체를 레벨 블루프린트로 가져다 놓으려면 레벨에서 선택해서 월드아웃라이너에서 선택된 액터를 레벨 블루프린트로 드래그해서 놓아야 한다. – 옮긴이

6. Create Dynamic Material Instance 노드의 오른쪽에 Set Scalar Parameter Value 노드를 생성한다. 꼭 컨텍스트에 따라서 옵션을 비활성화하고 툴팁에 **타깃: Material Instance Dynamic**^{Target is Material Instance Dynamic}이라고 표시된 노드를 선택한다.

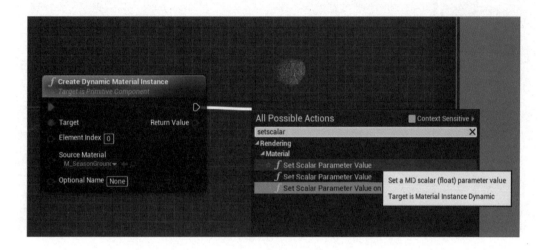

7. Parameter Name에 전에 생성했던 파라미터의 이름인 Season을 입력하고 Value를 0.5로 지정한다. 마지막으로 Create Dynamic Material Instance 노드의 Result Value를 Set Scalar Parameter Value 노드의 Target 입력에 연결한다.

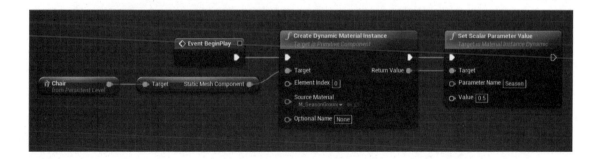

8. 블루프린트를 **저장, 컴파일**하고 게임을 시작한다.

화면을 보면 알 수 있듯이 의자에 새로운 머티리얼이 적용됐다. 곡선 아틀라스는 머티리얼을 변경한다. 변경되는 방식을 확인하고 싶다면 Set Scalar Parameter Value 노드의 값을 0과 1 사이 값으로 변경해보라.[7]

예제 분석

Linear Color Curve를 생성했을 때 **콘텐츠 브라우저**가 그레이디언트 정보의 미리보기를 보여준다.

여기서 0과 1 사이 값이 전에 생성한 각 계절 곡선을 통과한다. 0은 봄을, 0.25는 여름을,

---

7   게임이 실행 중일 때 블루프린트 변경을 할 수 없으므로 게임을 중지하고 값을 변경하고 다시 게임을 시작해서 확인해야 한다. – 옮긴이

0.75는 가을, 1은 겨울을, 이 사이 값은 인접한 두 곡선을 선형 보간한다.

이번 실습을 기초로 해서 시간에 따라 변화하도록 하고 싶다면 0에서 시작해 값이 점차적으로 증가하도록 변경해야 한다.

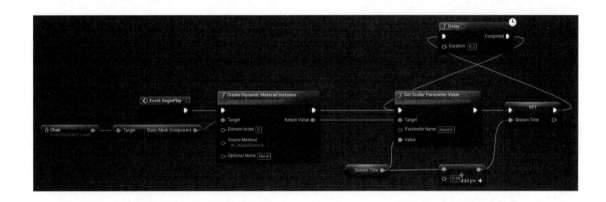

그렇게 변경하려고 한다면 변수를 하나 생성하고 다음으로 Delay 노드를 사용해 값을 시간에 따라 증가시키고 다시 Set Scalar Parameter Value를 호출함으로써 가능하다. 책에서 제공하는 프로젝트에 07_03_ChangingBetweenSeasonQuicklyWithAtlases 맵 파일을 열어서 실제로 동작하는 것을 확인할 수 있다.

▌ 랜드스케이프 머티리얼 혼합하기

머티리얼 인스턴스를 사용할 수 있는 또 다른 유용한 경우가 랜드스케이프^{landscape}를 위한 머티리얼을 만들 때다. 매우 강력한 랜드스케이프 시스템이 언리얼 엔진에 탑재돼 있다. 랜드스케이프가 Landscape Layer Blend 노드를 통해 여러 텍스처를 하나의 머티리얼에서 혼합할 수 있게 해준다. 이번 실습에서 Landscape Layer Blend 노드를 이용한 머티리얼을 만들고 적용하는 방법을 살펴볼 것이다.

준비하기

이번 실습에서 머티리얼을 생성하고 결과를 확인하는 데 필요한 랜드스케이프 정보를 설명할 것이다. 하지만 랜드스케이프의 작동 방법을 깊이 있게 다루진 않고 랜드스케이프를 생성하는 방법만 알아볼 것이다. 자세한 랜드스케이프 생성 정보는 다음 링크를 확인해보길 바란다.

- https://docs.unrealengine.com/ko/Engine/Landscape/Creation

예제 구현

랜드스케이프에 적용할 머티리얼을 우선 만들어야 한다. 그럼 시작해보자.

1. 머티리얼을 생성하고 M_Landscape라고 이름을 입력한다. 더블클릭해서 머티리얼 에디터를 연다.

2. 메인 머티리얼 노드의 왼쪽에서 우클릭을 하고 Landscape Layer Blend 노드를 추가한다.

3. **디테일** 탭에서 Layers 속성 아래 + 버튼을 클릭해 혼합할 레이어를 추가한다.

4. 새롭게 추가된 0 속성 옆에 화살표를 클릭해서 속성을 확장하자. Layer Name에 Grass라고 입력한다.

5. + 버튼을 다시 클릭해서 다른 레이어를 추가한다. 새롭게 추가된 1 속성에 **Layer Name**을 Rock으로 입력한다.

6. Layer Blend 노드의 출력 핀을 M_Landscape의 **베이스** 입력에 연결한다.

7. 그다음에, 생성한 레이어 각각에 텍스처를 연결할 것이다. **콘텐츠 브라우저**로 가서 Content/StarterContent/Textures 폴더로 이동해서 T_Ground_Grass_D 텍스처와 T_Rock_Slate_D 텍스처를 드래그해서 머티리얼 에디터로 가져다 놓는다.

8. 그런 다음 Texture Sample 노드의 색상 핀을 Layer Blend 노드의 대응하는 레이어 입력에 맞춰 연결한다.

9. 생성한 세 개의 노드를 선택하고 Ctrl + C를 눌러 복사하고 Ctrl + V로 붙여넣기를 한다. Layer Blend 노드의 출력을 M_Landscape 노드의 Normal 입력에 연결한다. Texture Sample 노드를 선택해서 텍스처를 각각 노멀 텍스처로 변경한다. 여기까지 끝냈다면 그래프가 다음 그림처럼 보일 것이다.

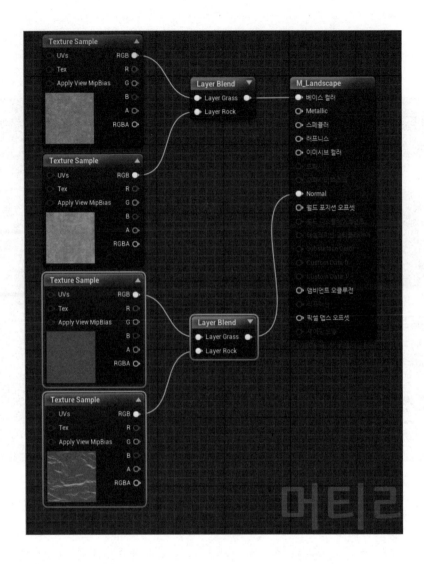

10. **적용**과 **저장** 버튼을 누르고 머티리얼 에디터를 종료한다.

11. 아직 레벨을 만들지 않았다면 레벨을 생성한다. 그런 다음 아직 랜드스케이프를 만들지 않았다면 랜드스케이프를 생성한다. **모드** 탭으로 가서 산 모양 아이콘을 선택하거나 Shift + 3 키를 누르면 된다.

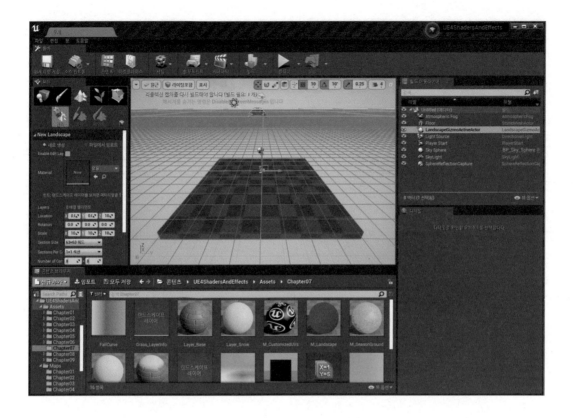

12. **모드** 탭에서 아래로 스크롤한 다음 Material 속성을 앞서 만든 M_Landscape 머티리얼로 할당한다.

13. Material 속성 아래에 Section Size를 7×7 Quads로 변경해 실습용으로 적합하게 랜드스케이프의 크기를 줄이자.

14. 그런 다음 Create 버튼을 클릭하고 셰이더 컴파일이 완료될 때까지 기다린다.

15. 다음으로 **칠하기** 버튼을 클릭하고 아래로 스크롤해서 Target Layers 카테고리를 찾는다. 거기서 Layers 속성을 열어서 + 버튼을 클릭해 해당 레이어에 **랜드스케이프 레이어 인포 오브젝트** 인스턴스를 추가한다. 팝업 메뉴가 나오면 **웨이트 블렌딩된 레이어(노멀)**를 선택한다.

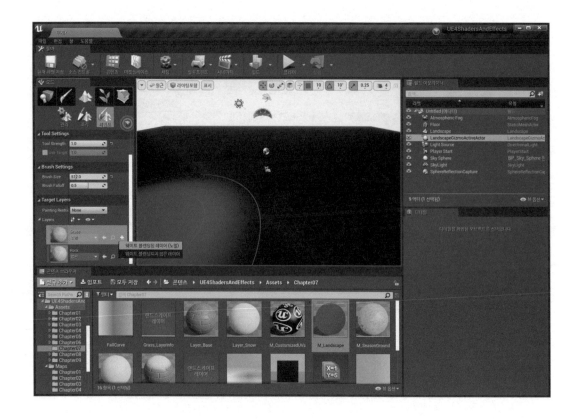

16. 정보를 저장할 폴더를 선택한다. UE4ShadersAndEffect/Assets/Chapter07 폴
    더로 선택했다. 선택했다면 OK 버튼을 누른다.
    몇 초 기다리면 랜드스케이프의 전체 영역이 첫 번째 레이어로 채워져 있는 모
    습을 확인할 수 있다.

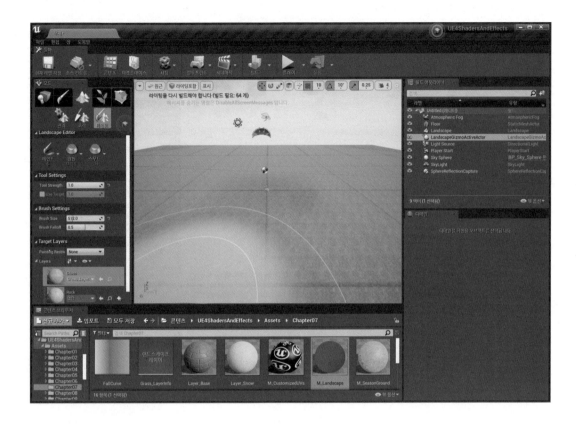

17. Rock 레이어에도 동일한 작업을 수행한다.

18. 이제 Rock 레이어를 선택해 메인 뷰포트에서 클릭하고 드래그하자. 그러면 마우스 커서가 지나가는 곳에 Rock 레이어가 칠해지는 모습을 확인할 수 있을 것이다.

이렇게 해서 랜드스케이프에서 레이어를 혼합하는 방법을 알아봤다.

예제 분석

Layer Blend 노드는 여러 텍스처 또는 머티리얼을 한 번에 혼합할 수 있게 해준다. 그래서 랜드스케이프 모드에서 텍스처나 머티리얼을 레이어로 사용할 수 있다. 각 레이어는 레이어가 그려지는 방식을 정의하는 여러 속성을 갖는다. 이번 실습에서 기본 혼합 모드인 LB Weight Blend를 사용했다. 이 모드는 레이어가 다른 레이어 위에 그려지게 해준다.

다른 혼합 모드들을 알고 싶다면 다음 링크로 가 보라.
https://docs.unrealengine.com/ko/Engine/Landscape/Materials#landscapelayer
blendtypes

칠하기^{Paint} 메뉴에서 Brush Size와 Brush Falloff 속성을 사용할 수 있다. 이 속성들로 한 번에 얼마나 많이 칠해질지 변경할 수 있다. 또 표현하고 싶은 분위기에 맞는 결과를 얻으려고 필요한 만큼 많은 레이어를 추가할 수도 있다.

▌ UV 커스터마이징

게임을 실행하는 데는 일반적으로 연산 비용이 비싸게 든다. 그래서 당연히 기회가 될 때마다 성능을 향상시켜야 한다. 컴퓨터의 GPU에서 정점^{vertex} 셰이더는 모델의 모든 정점마다 실행되고 픽셀 셰이더는 화면상의 모든 픽셀마다 실행된다. 언리얼은 커스터마이징 UV라는 기능을 갖고 있다. 이 기능이 정점 셰이더와 픽셀 셰이더 모두에서 동작하는 것이 아니라 정점 셰이더에서만 동작하게 해 성능을 증가시킬 수 있다.[8] 이 기능을 통해 텍스처를 더 효율적으로 반복할 수 있다.

준비하기

UV 맵에서 차이점을 쉽게 알아볼 수 있게 텍스처의 경계를 손쉽게 확인할 수 있는 텍스처를 사용하자. 이번엔 UE4_Logo 텍스처를 사용했다. **콘텐츠 브라우저**에서 Engine 폴더로 이동하면 Content/VREditor/Devices/Vive/ 폴더에 포함돼 있다.

---

8   Texture Coordinate 노드는 정점, 픽셀 셰이더 모두에서 동작하는데 픽셀 셰이더에서 좀 더 비용이 든다. 하지만 Customized UVs 기능을 사용하면 정점 셰이더에서만 동작하게 할 수 있다. – 옮긴이

예제 구현

머티리얼의 UV를 수정하기 전에 사용할 머티리얼을 만들어야 한다. 그럼 시작해보자.

1. 머티리얼을 생성하고 이름을 M_CustomizedUVs라고 입력한다. 더블클릭해서 머티리얼 에디터를 연다.

2. 에디터에서 T 키를 누르고 M_CustomziedUVs 결과 노드의 왼쪽에서 클릭해서 Texture Sample 노드를 생성한다. Texture Sample 노드의 색상 출력 핀을 **베이스** 입력에 연결한다.

3. 다음으로 Texture Sample 노드를 선택하고 **디테일** 탭으로 가서 Texture 속성에 경계를 손쉽게 확인할 수 있는 텍스처를 할당한다. UE4_Logo 텍스처를 사용했다.

4. 그런 다음 화면상 빈 곳을 눌러 노드 선택을 해제한다. **디테일** 탭이 일반적인 머티리얼 정보를 담고 있을 것이다.

> M_CustomizedUVs 결과 노드를 선택했다면 동일한 정보가 보일 것이다.[9]

5. **디테일** 탭에서 검색창에서 custom을 입력한다. Num Customized UV 속성이 보일 것이다. 값을 1로 지정하고 Enter 키를 눌러 변경을 수락한다.

---

9 기본적인 디테일 탭은 메인 머티리얼 노드의 정보를 보여준다. 그래서 다른 노드를 선택했다가 선택을 해세하면 메인 머티리얼 노드의 정보가 보이는 것이다. 그리고 메인 머티리얼 노드의 이름은 머티리얼 이름으로 표기되기 때문에 여기선 M_CustomizedUVs이다. - 옮긴이

제대로 진행됐다면 메인 머티리얼 노드에 새 입력인 Customized UV0가 아래쪽에 추가된 것을 확인할 수 있을 것이다.

이제 머티리얼에서 UV를 수정할 수 있게 됐으므로, 수정할 UV 좌표가 필요하다. Texture Coordinate 노드를 통해 UV 좌표를 얻을 수 있다.

6. Customized UV0 입력의 왼쪽에서 우클릭을 하고 검색창에 tex라고 입력하자. 거기서 Texture Coordinate 노드를 선택한다.

7. 시연 목적에 부합하도록 새로 생성한 TexCoord[0] 노드의 출력을 Customized UV0 입력에 연결한다. 연결했다면 TexCoord[0] 노드를 선택하고 **디테일** 탭에서 UTiling과 VTiling 속성을 4로 지정한다.

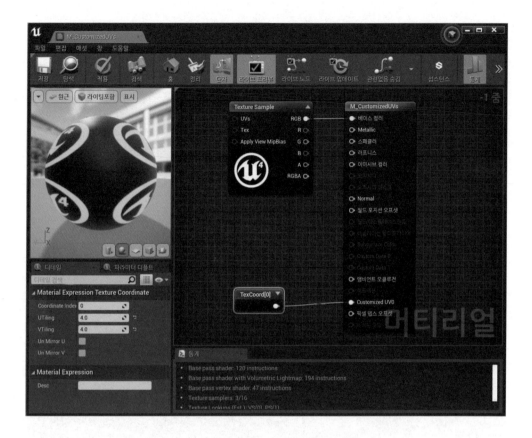

결과를 보면 알 수 있는 것처럼 속성을 변경하면 X와 Y축 이미지가 각각 4번 반복된다. 머티리얼을 확대, 축소하는 가장 쉬운 방법이다.

화대, 축소는 나중에 다뤄 볼 것이므로, 다른 방법으로 UV 좌표를 수정해볼 것이다.

8. Alt 키를 누르고 연결을 클릭해 TexCoord[0]과 Customized UV0 입력의 연결을 제거하자.

9. 두 노드 사이에 Panner 노드를 생성하자. 그다음 TexCoord[0]을 Panner 노드의 Coordinate 핀에 연결한다. 그리고 나서 Panner 노드의 출력 핀을 Customized UV0 입력에 연결한다.

10. Panner 노드를 선택하고 **디테일** 탭에서 Speed X 속성을 1로, 그다음에 Speed Y 속성을 2로 지정한다.

모든 것을 제대로 했다면, 다른 입력을 수정하지 않고도 머티리얼이 물체 주변을 따라 움직이는 것을 볼 수 있을 것이다.

예제 분석

UV 매핑은 2D 텍스처를 가져다가 3D 물체 위에 그리는 과정이다. 일반적으로 모델은 모델링 프로그램에서 생성된 기본적인 자신만의 UV 맵을 가지고 있다. 이번 실습에서

UV 좌표를 수정하는 방법을 살펴봤다. 폭포나 용암에 이 예제를 사용할 수 있는데, 시간에 따라서 변하는 이미지를 이동시켜서 폭포가 떨어지고 용암이 흐르는 것처럼 표현할 수 있다. 또한 홀로그램을 흔들리게 할 때도 사용할 수 있다.

이번 실습에서 머티리얼이 그려지는 방식을 변경하려고 커스터마이징된 UV 좌표를 사용하는 방법을 알아봤다. Num Customized UV 속성을 통해서 UV 좌표를 커스터마이징할 수 있도록 했다. Customized UVs 입력은 배열처럼 0에서부터 시작한다.

물체에 텍스처가 그려지는 기본적인 UV 좌표를 물체의 텍스처 좌표Texture Coordinates라고 한다. 머티리얼에서 TexCoord[0] 노드를 통해 텍스처 좌표를 가져다 그 텍스처 좌표를 기반으로 수정했다. 그렇게 함으로써 성능상으로 최소 비용으로 전체 머티리얼의 텍스처 좌표를 수정할 수 있다.

4장, '투명 머티리얼과 더 많은 이야기'에서 다른 종류의 투명 홀로그램 실습에서 Panner 노드를 사용했었다. 하지만 베이스 입력에서 텍스처를 이동시키는 대신 UV 좌표를 커스터마이징해서도 수정할 수 있다.

 좀 더 자세한 Customized UVs 정보를 알고 싶다면 다음 링크를 확인해보라.
https://docs.unrealengine.com/ko/Engine/Rendering/Materials/Customized UVs

08

모바일 셰이더와 머티리얼 최적화

8장에서는 다음 실습을 해본다.

- 모바일 플랫폼 머티리얼 만들기
- 셰이딩 렌더러를 사용한 VR 개발하기
- 텍스처 아틀라스를 이용해 최적화하기
- 3D 모델이 적용된 머티리얼을 텍스처로 굽기
- HLOD 도구로 여러 메시 결합하기
- 일반적인 머티리얼 최적화 기법

▌ 소개

개발자로서 항상 가장 강력한 게이밍과 컴퓨팅 플랫폼용으로 개발을 하는 것은 아니다. 그래서 낮은 사양과 적은 기능만 제공하는 디바이스에서도 동작하도록 해야 한다. 또한 성능을 유지하려고 셰이더와 같이 필수적인 요소들을 수정해야만 한다. 이제 만들어봤던 머티리얼을 모바일 환경으로 이식하는 방법과 최적화하는 방법을 이야기해보고자 한다.

▌ 모바일 플랫폼 머티리얼 만들기

모바일 플랫폼에서 머티리얼을 제작할 때 기억해야 할 몇 가지 사항이 있다. 일부 하드웨어적인 제약 사항 때문에 머티리얼 에디터에서 사용했던 모든 기능을 사용할 수 있다고 기대하면 안 된다. 모바일 디바이스용 머티리얼을 제작하는 데 많은 시간을 보낼수록 애플리케이션 크기나 프레임 레이트 때문에 복잡도를 줄이는 맞교환이 필요한 것을 발견할 수 있다. 이번 실습은 모바일 플랫폼에서의 머티리얼 제작을 논의할 것이다.

준비하기

모바일 플랫폼에서 텍스처 해상도는 2048×2048이나 그 이하이고 2의 승수(64, 128, 256, 512, 1024, 2048)인 변의 크기를 가지는 사각형 텍스처여야 한다. 크기 제한은 메모리를 최대한 효율적으로 사용하려는 목적 때문이다. 위의 조건을 만족하는 텍스처만 사용할 수 있다.

 언리얼 엔진 4에서 모바일 플랫폼에서 텍스처를 생성하는 자세한 정보를 다음 링크에서 확인할 수 있다.

https://docs.unrealengine.com/ko/Platforms/Mobile/Textures

예제 구현

우선 표준 머티리얼을 생성하는 것으로 시작하자. 그러고 나서 모바일 플랫폼에 맞게 조작할 수 있는 방법을 살펴보자.

1. 머티리얼을 생성하고 이름을 M_MobileExample로 입력한다. 더블클릭해서 머티리얼 에디터를 열자.

2. 에디터에서 T 키를 누르고 그다음 M_MobileExample 노드의 왼쪽에서 클릭해서 Texture Sample 노드를 생성한다. 노드의 색상 핀을 **베이스** 입력에 연결한다.

3. Texture Sample 노드를 선택하고 **디테일** 탭으로 가서 Texture 속성에 일반적인 텍스처를 할당한다. 시작용 콘텐츠에 있는 T_Brick_Cut_Stone_D 텍스처를 사용했다.

4. 추가로 Texture Sample을 생성하고 노멀 맵 텍스처를 할당한다. T_Brick_Cut_Stone_N 텍스처를 사용했다. 새로 생성한 Texture Sample 노드의 색상 출력을 Normal 핀에 연결한다.

통계^{Stats} 탭에 이 머티리얼에서 사용한 명령어의 개수를 살펴본다. 만약 통계창이 보이지 않는다면 상단 툴바에서 **통계** 버튼을 클릭해서 열 수 있다.

5. M_MobileExample 노드를 선택하자. **디테일** 탭에서 아래로 스크롤해서 Material 카테고리로 가 아래를 향하고 있는 화살표를 클릭해 고급 속성을 연다. 열린 이후 Fully Rough 속성을 활성화한다.

확인해보면 알 수 있는 바와 같이 통계 창에서 Base pass shader와 Base pass shader with Volumetic Lightmap 항목 모두에서 명령어의 개수가 적게 표시되고 있다.

예제 분석

머티리얼 에디터에 Mobile이라는 카테고리가 포함돼 있다. 여기에 두 가지 Use Full Precision과 Use Lightmap Directionality 속성이 존재한다. 이 속성은 모바일 디바이스에서 성능을 절약하기 위한 의도로 존재한다. 기본적으로 언리얼은 메모리와 계산 시간을 절약하려고 낮은 정밀도의 수학 연산을 사용한다. Use Full Precision을 활성화하면 모바일 디바이스에서 사용 가능한 최대 정밀도를 사용할 것이다. 정밀도를 높이면 특정 렌더링 문제를 해결하지만, 사용하는 데 더 많은 비용이 든다. 일반적으로 머티리얼이 표현되는 데 문제를 인식할 수 없다면 이 속성을 비활성 상태로 두는 것이 낫다.

Use Lightmap Directionality는 노멀 맵을 사용할 때 효과가 더 명확하게 보이도록 한다. 기본적으로 이 속성은 노멀 맵의 상단에 빛이 있고 아래쪽에 그림자가 있는 것처럼 보이도록 하려고 라이트맵을 사용한다. 라이트맵이 해당 정보를 사용하도록 하려면 프로젝트를 빌드Build해야 한다. 만약 비활성화하면 라이트맵에서 조명이 단조로워 보이지만 비용은 적게 든다.

Material 카테고리는 Fully Rough 속성을 갖고 있다. Fully Rough 속성을 활성화하면 **러프니스** 입력을 무시하고 대신 강제로 머티리얼이 완전히 거친 표면이라고 판단한다. 최적화 측면에서 몇몇 명령어가 절약되고 텍스처 샘플러 하나를 덜 사용해도 된다.

Forward Shading 카테고리는 High Quality Reflections 속성을 갖고 있다. 속성을 비활성화하면 사용할 수 있는 텍스처 샘플러의 개수가 2개 늘어난다. 속성을 끄면 반사를 표시하는 데 사용할 큐브맵을 사용하지 않는다.

몇몇 속성이 일반적인 완전한 형태의 머티리얼에 비해서 품질이 낮아지게 한다. 하지만 버텍스 셰이더에서 명령어 개수와 사용되는 텍스처 샘플러의 개수를 줄여준다. 이런 사실을 머티리얼 에디터의 통계 창에서 확인할 수 있다.

추가 정보

진짜 많은 종류의 모바일 디바이스가 있기 때문에 잠재적으로 지원할 수 있는 몇 가지 기능 단계가 존재한다. 최대 호환성을 보증한다면 다음 입력은 어떤 차이점도 없이 사용할 수 있다.

- 베이스^{Base Color}

- 러프니스^{Roughness}

- Metallic

- 스페큘러^{Specular}

- Normal

- 에미시브^{Emissive}

- 굴절^{Refraction}

하지만 전체 머티리얼에서 최대 5개의 텍스처 샘플러만 사용할 수 있다. 이 제한에서 사용할 만한 한 가지 방법은 Customized UVs를 사용하는 것이다. 7장, '머티리얼 인스턴스 사용하기'에서 추가적인 텍스처를 사용하는 것을 회피하려고 Customized UVs를 살펴봤다.

되도록 Default와 Unlit 셰이딩 모델만 사용하고 투명이나 마스크 셰이딩 모델은 계산적인 측면에서 매우 값비싸므로 사용하는 머티리얼 수를 제한해야 한다.

 모바일 디바이스에서 머티리얼 생성에 관한 좀 더 자세한 정보는 다음 링크에서 확인하라. https://docs.unrealengine.com/ko/Platforms/Mobile/Materials

읽을거리

7장, '머티리얼 인스턴스 사용하기'에서 UV 좌표 커스터마이징하기 실습을 통해 하나의 텍스처에서 UV 좌표를 수정할 수 있는 방법을 논의했다. 텍스처의 일부분만 보이도록 효율적으로 이미지를 자르는 데 이 개념을 사용할 수 있다.

개발자가 만든 머티리얼이 여러 종류의 디바이스에서 동작하도록 보장하고 싶다고 하자.

그러면 8장에 있는 '일반적인 머티리얼 최적화 기법' 실습에서 다룰 머티리얼 품질 시스템이 큰 도움이 될 것이다.

포워드 셰이딩 렌더러를 사용한 VR 개발하기

VR을 개발하는 동안 아티스트와 디자이너가 흥미를 가질 만한 많은 도전적인 문제에 직면할 수 있다. 일반적으로 VR을 경험하려고 높은 사양의 컴퓨터를 사용하더라도 종종 커다란 화면 크기가 필요하기 때문에 성능상 문제가 존재할 수 있다.[1] 언리얼 엔진 4는 포워드 렌더링이라는 다른 렌더링 시스템을 포함하고 있고 포워드 렌더링은 몇몇 렌더링 기능을 사용하지 못하는 대신 성능상 이점을 얻는다.

준비하기

VR에서 개발자의 게임을 플레이하려면 사용할 수 있는 VR 헤드셋을 연결해야 한다. 만약 VR 장치가 연결돼 있는데도 옵션이 선택 불가능한 상태라면 언리얼 엔진 4 에디터를 종료하고 다시 시작하자.

예제 구현

포워드 셰이딩은 기본적으로 꺼져 있다. 하지만 활성화하는 것은 매우 쉽다. 방법을 알아보자.

1. 언리얼 에디터에서 **편집 › 프로젝트 세팅**으로 가자.

---

1 가상 현실은 좌, 우 양안 시차를 이용해 3D 깊이감을 표현하기 때문에 사용하는 해상도의 2배의 크기의 프레임 버퍼가 필요하다. 그리고 멀미를 느끼지 않게 하려면 최소 90프레임 이상의 화면 갱신이 돼야 한다. - 옮긴이

2. **프로젝트 세팅** 메뉴에서 왼쪽 메뉴로 가서 Rendering 옵션이 나올 때까지 아래로
   스크롤해서 선택하자.

3. Forward Renderer 카테고리가 나올 때까지 아래로 스크롤하고 그다음 Forward
   Shading 속성을 활성화하자.

화면의 하단 오른쪽에 에디터를 재시작하라는 팝업창이 보일 것이다.

4. **지금 재시작** 버튼을 클릭하고 에디터가 재시작될 때까지 기다리자.

   에디터가 재시작된 이후에 다른 **Forward Renderer** 속성과 기능을 사용할 수 있다. 재시작하려면 시작용 콘텐츠를 포함해서 프로젝트에서 사용한 모든 셰이더를 언리얼이 다시 컴파일해야 하기 때문에 상당한 시간이 걸릴 수도 있다는 점을 꼭 기억하자.

5. **편집 › 프로젝트 세팅**을 눌러서 **프로젝트 세팅** 메뉴를 다시 열고 그다음 **렌더링** 옵션을 선택하자.

6. Default Settings 카테고리까지 아래로 스크롤하고 거기서 Anti-Aliasing Method를 MSAA로 변경하자.

7. 조명을 다시 빌드할 것인지 묻는 팝업이 뜰 수도 있다. 뜨면 다시 빌드를 하고 메뉴에서 **플레이** 버튼 옆에 드롭다운을 클릭한 다음 VR 미리보기를 선택하자.[2]

이렇게 해서 포워드 렌더러를 사용해 VR에서 게임을 플레이할 수 있다.

예제 분석

인리얼 엔진 4는 기본적으로 디퍼드 렌더러를 사용한다. 아티스트와 디자이너에게 더 많은 렌더링 기능을 사용할 수 있게 해주기 때문이다. 하지만 디퍼드 렌더러의 기능은 계산적인 측면에서 매우 비싸고 VR 소프트웨어를 실행하려는 게임을 느리게 할 수도 있다. 포워드 렌더러는 몇몇 기능을 사용할 수 없는 대신 얻는 성능의 이점으로 평균적으로 더 빠르게 작동한다. 그리고 추가적인 안티-에일리어스 설정을 사용할 수 있어 VR 프로젝

---

2 당연히 VR 기기가 연결돼 있어야 VR 미리보기 메뉴가 활성화된다. – 옮긴이

트에서 시각적인 측면에서 나은 점을 제공한다.[3]

 이 기능이 실험적 단계이고 향후 언리얼 엔진 4 버전에 따라서 변경될 수 있다는 것을 잊지 말자. 포워드 셰이딩 렌더러와 향후 업데이트와 관련한 좀 더 자세한 사항을 알고 싶다면 다음 링크를 확인하자.

https://docs.unrealengine.com/ko/Engine/Performance/ForwardRenderer

읽을거리

이번 실습에서 이야기했던 주요 기능을 성능을 향상시키는 데 사용할 수 있다. VR뿐만 아니라 모바일 프로젝트에서도 말이다.

 언리얼에서 VR용 아트 제작에 흥미를 느끼고 더 많은 것을 배우고 싶다면 팩트출판사에서 출간한 제시카 플로우만(Jessica Plowman)의 『Unreal Engine Virtual Reality Quick Start Guide』(2019)를 살펴보자.

▌ 텍스처 아틀라스를 이용해 최적화하기

게임업계에서 종종 스프라이트 시트sprite sheet라고 부르는 텍스처 아틀라스는 게임 프로젝트를 최적화하는 훌륭한 방법이다. 작은 이미지를 한곳에 모아 놓은 한 장의 이미지를 사용하는 것이 일반적인 개념이다. 그래픽 카드가 다른 텍스처를 사용하려고 메모리를 전

---

3 디퍼드 렌더러가 아주 긴 렌더링 단계를 가지고 많은 메모리를 사용하는 것은 사실이지만 조명 개수의 증가에 따라 성능이 떨어지는 폭이 엄청 적기 때문에 만약 많은 조명을 사용하며 다양한 고급 렌더링 기능을 사용한다면 포워드 렌더러보다 훨씬 나은 성능을 보여준다. 다만 VR에서 두 배의 화면 크기를 렌더링해야 하고 높은 프레임율을 보여줘야 하기 때문에 적은 개수의 조명과 단순한 형태의 콘텐츠를 사용한다면 포워드 렌더러를 사용하는 게 나은 것은 사실이다. – 옮긴이

환해야 하는 추가 부담을 줄이려고 자주 사용하는 작은 텍스처가 있을 때 종종 텍스처 아틀라스를 사용한다.[4]

 텍스처 아틀라스에 관한 좀 더 자세한 사항은 다음 링크를 확인하라.
https://en.wikipedia.org/wiki/Texture_atlas

준비하기

이번 실습을 해보려면 여러 작은 이미지를 담고 있는 하나의 텍스처가 꼭 필요하다. 만약 이런 텍스처를 가지고 있지 않다면 엔진 콘텐츠에 포함돼 있는 플립북 텍스처를 사용하면 된다. Engine/Functions/Engine_MaterialFunctions02/ExampleContent/Texture 폴더에서 찾을 수 있다.

예제 구현

텍스처 아틀라스를 이용하는 한 가지 방법은 물체의 UV 좌표를 변경하는 것이다. 이제 시작해보자.

1. 머티리얼을 생성하고 이름을 M_TextureAtlas로 입력한다. 더블클릭해서 머티리얼 에디터를 연다.

2. 에디터에서 T 키를 누르고 M_TextureAtlas 결과 노드의 왼쪽에서 클릭해서 Texture Sample 노드를 생성한다. 색상 핀을 **베이스** 입력에 연결한다.

---

4 아틀라스로 묶인 작은 이미지 중에 단 하나만 사용하더라도 전체 텍스처가 모두 비디오 메모리로 업로드돼야 해서 메모리 사용량은 증가한다. 그래서 UI처럼 항상 출력되는 작은 텍스처를 모아 놓는 것이 가장 효율적인 사용 예라고 볼 수 있다.
   – 옮긴이

3. Texture Sample 노드를 선택하고 **디테일** 탭으로 가서 Texture 속성에 일반적인 텍스처를 할당한다. 앞서 이야기한 바와 같이 플립북 텍스처를 사용했다. 엔진 콘텐츠에 들어가 있고 Engine/Functions/Engine_MaterialFunctions 02/ExampleContent/Texture 폴더에서 찾을 수 있다.
    텍스처를 자른 결과를 쉽게 확인할 수 있도록 미리보기 화면의 도형을 평면으로 전환한다.

4. 머티리얼 에디터의 좌측 미리보기 창에서 plane primitive 버튼을 클릭한다.

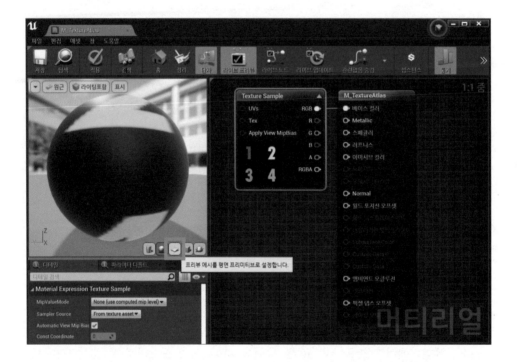

5. 평면이 잘 보이도록 카메라를 조절한다. 마우스 왼쪽 버튼을 누른 상태로 움직이면 카메라를 회전할 수 있다. 그다음 마우스 휠을 사용해 줌인, 줌아웃을 한다.

6. Texture Sample 노드의 왼쪽에 Texture Coordinate 노드를 생성한다. TexCoord[0] 노드의 출력을 Texture Sample 노드의 UVs 입력에 연결한다.[5]

7. TexCoord[0] 노드를 선택한다. **디테일** 탭에서 UTiling과 VTiling 속성을 0.5로 지정한다.

---

5   Texture Coordinate 노드를 생성하면 노드의 이름은 TexCoord[숫자]로 표현되고 숫자는 사용하는 UV 채널을 의미한다.
     – 옮긴이

셰이더가 컴파일된 후에 머티리얼이 이미지의 좌측 상단 절반만(플립북 텍스처상에 1) 출력하는 것을 확인할 수 있다. 다른 숫자 이미지를 표시하려면 **Add** 노드를 사용해 UV에 오프셋을 더해보자.

8. **Alt** 키를 누르고 TexCoord[0]과 UVs 입력으로 연결된 선을 클릭해서 연결을 제거한다. TexCoord[0] 노드를 왼쪽으로 움직여서 두 노드 사이에 새로운 노드를 추가할 공간을 확보한다. 이 공간에 **Add** 노드를 생성한다.

9. 2 키를 누르고 TexCoord[0] 노드 아래쪽에서 클릭해서 Constant2Vector 노드를 생성하자. 0,0 노드의 출력 핀을 **Add** 노드의 B 입력에 연결한다.[6]

---

6 Constant 노드들은 노드의 이름이 입력된 값으로 표현된다. 그리고 초깃값은 다 0이다. 그래서 Constant2Vector 노드에서 0,0으로 표기된다. – 옮긴이

10. 0,0 노드를 선택한다. **디테일** 탭에서 **R** 속성을 0.5로 변경한다.

셰이더가 컴파일된 후 화면상에 2가 표시되는 것을 확인할 수 있다.

예제 분석

텍스처 아틀라스의 각 이미지를 출력하려면 두 가지 작업을 수행해야 한다. 우선 이미지를 스케일링하고 그다음 출력하고 싶은 영역으로 오프셋을 조정하면 된다.

우선 출력하고 싶은 이미지의 영역을 스케일해야 한다. Texture Coordinate 노드의 UTiling과 VTiling 속성을 사용해 이미지를 줌인하거나 줌아웃할 수 있다. 값이 1이면 이미지의 원본 크기로 표시하는 것을 의미하고 0.5는 이미지의 50%, 2는 200% 크기로 이미지가 복제된다. 이번 실습에서 한 번에 이미지의 단 한 부분만 표시하고 싶었기 때문에 0.5 값을 사용했다. 각 이미지가 정확히 같은 크기를 가졌다면 부분들의 총 개수로 표시하고 싶은 부분의 수를 나눔으로써 수학적으로 값을 계산할 수 있다(이 경우에 1/2 또는 0.5).[7]

다음으로 어떤 타일을 사용할지 결정해야 한다. 기본적으로 1이라는 숫자 이미지가 보였다. 다른 이미지를 보고자 한다면 UV 좌표에 오프셋을 더해야 한다. **Add** 노드를 사용해 가능하다. 실습에서 U, V축에서 오프셋을 더하려고 Constant2Vector를 사용했다. R 속성을 U 오프셋으로 사용했고 G 속성을 V 오프셋으로 사용했다. 사용해야 했던 값이 UV 타일링 속성과 같은 비율이었다. R 속성에 0.5를 사용해 원본 이미지의 50% 크기만큼 오른쪽으로 이동한다. G 속성에서 0.5를 사용하면 아래쪽으로 50% 크기만큼 움직일 것이다. 그래서 (0.5, 0.5)를 사용하면 4를 표시할 것이다.[8]

Flipbook 노드가 이 개념을 확장하고 좀 더 세밀하게 사용한다. Flipbook 노드는 시간에 따라 다른 이미지를 출력할 수 있게 해주는 변수를 포함한다. 8장의 예제 에셋이 들어 있는 폴더 안에 M_Flipbook 머티리얼에서 Flipbook 노드를 사용한 예를 확인할 수 있다.

---

7 총 개수는 U, V축당 개수다. 텍스처에 포함된 전체 개수를 말하는 것이 아니다. – 옮긴이
8 원서상 좌표가 X, Y로 나오는데 실제로 텍스처의 좌표계는 U, V로 표시하는 것이 일반적이라 독자의 이해를 돕도록 변경했다.
   – 옮긴이

Flipbook 노드를 더블클릭하면, Flipbook 노드를 구성하는 각 단계를 확인할 수 있다.

이런 종류의 동작은 종종 게임에서 사용된다. 2D 게임에서 물체의 UV를 이동해 스프라이트 시트가 폭포 효과를 생성할 때처럼 말이다. 성능 측면에서 적은 비용으로 물체를 애니메이션시킬 수 있는 훌륭한 방법이다.

3D 모델에 적용된 머티리얼을 텍스처로 굽기

이번 실습에서 게임을 최적화하는 방법 가운데 한 가지를 알아보고자 한다. 머티리얼을 텍스처로 굽는 것이 바로 그 방법이다. 여러 머티리얼이 적용된 스태틱 메시를 사용할 때, 레벨에 스태틱 메시가 많아질수록 장면에서 스태틱 메시들을 렌더링하는 데 더 많은 비용이 든다. 이럴 때가 머티리얼을 텍스처로 굽는 방법을 사용하기에 가장 좋은 상황이다. 만약 메시가 하나의 머티리얼만 사용한다면 각 물체마다 하나의 드로우 콜^{draw call}만 필요하므로 렌더링하는 것이 더 나을 것이다. 모든 복잡한 셰이더 수학 연산을 하는 대신에 텍스처로 결과를 구워서 복잡도를 효율적으로 줄일 수 있다.

만약 포지션 오프셋이나 애니메이션과 같은 것을 사용하는 머티리얼이라면 텍스처로 굽는 것은 불가능하다. 하지만 구조가 바뀌지 않는 프랍이라면 텍스처로 굽는 것이 잘 작동한다.

몇몇 정밀도 관련 문제를 고려해야 할 수도 있다. 또 원본 머티리얼와 같은 높은 품질을 갖지 못할 수도 있다. 가능한 최대한 머티리얼을 최적화해야 하는 모바일이나 다른 플랫폼에서 개발자의 프로젝트를 배포할 때 머티리얼을 텍스처로 굽는 것이 매우 효율적인 도구일 것이고 목표 프레임율을 맞추려고 모든 것을 최적화하려면 정말 유용할 것이다.

준비하기

시작하려면 사용할 레벨에 하나 이상의 머티리얼이 적용된 메시가 배치돼 있어야 한다. 만약 직접 만든 모델과 레벨을 사용하고 싶지 않다면 08_04_MaterialMerge_Start 맵 파일을 열자. 해당 맵 파일을 제공하는 프로젝트의 Content/UE4ShadersAndEffects/Maps/Chapter08 폴더에서 찾을 수 있다.

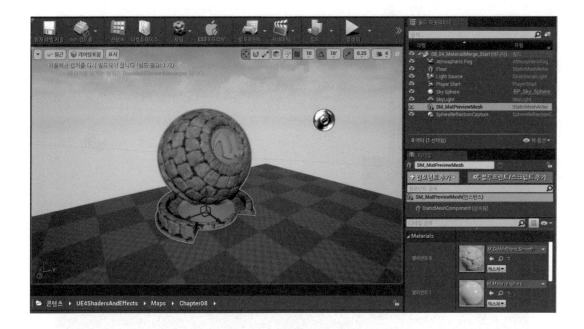

이번 예제는 M_CobbleStone_Smooth와 M_MaterialSphere 두 가지 머티리얼이 적용
된 스태틱 메시인 SM_MatPreviewMesh를 사용한다.

예제 구현

머티리얼을 합치는 가장 쉬운 한 가지 방법은 **액터 병합**Merge Actors 툴을 이용하는 것이다.

1. 언리얼 에디터에서 머티리얼을 텍스처로 구우려고 하는 모델을 가진 물체를 선택하자. 이번 실습에선 SM_PreviewMesh 물체를 선택하면 된다.

2. **창 ▶ 개발자 도구 ▶ 액터 병합** 메뉴를 선택한다.

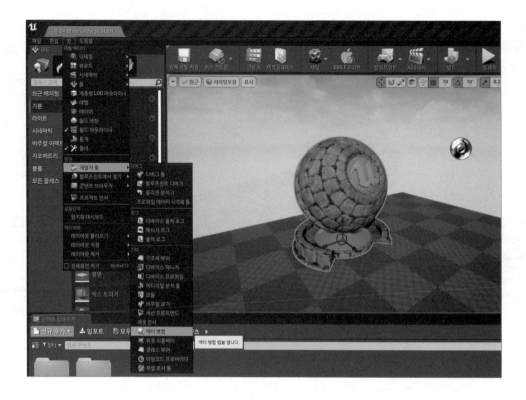

3. 팝업 메뉴에서 Mesh Settings 아래에 LODSelection Type을 Use specific LOD
   level로 설정한다.

4. Material Setting 아래에 Merge Materials 속성을 체크한다.

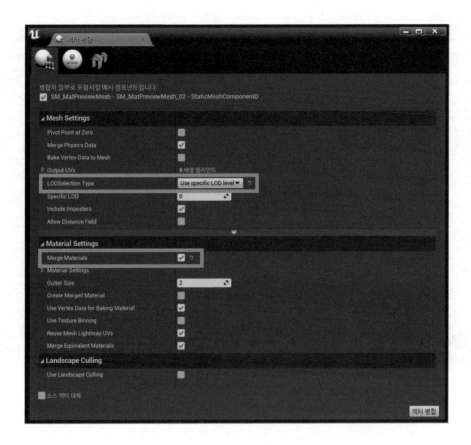

5. **액터 병합** 버튼을 클릭하면 새 메시와 머티리얼을 어디에 저장할지 묻는 메뉴창
   이 나온다. 나는 Assets\Chapter08 폴더를 선택해 MergeActors라는 새로운 폴
   더를 만들었다. 거기서 이름을 SM_Merged_Default로 변경한다. **저장** 버튼을
   클릭하고 언리얼이 필요한 모든 작업을 수행할 동안 기다린다.

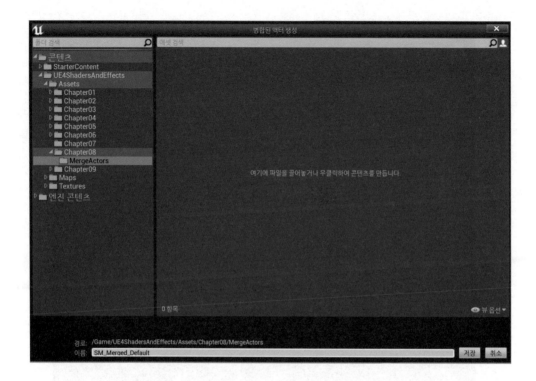

6. **콘텐츠 브라우저**에서 새로 만든 폴더로 이동해보면 새로 생긴 파일들이 담겨 있
   을 것이다. SM_Merged_Default라는 메시를 포함해서 말이다. 스태틱 메시를
   드래그해서 레벨에 가져다 놓자.

확인해보면 알 수 있는 바와 같이 새로운 메시가 두 개가 아니라 하나의 머티리얼을 갖고 있다. 물론 높은 품질 하락이 있는 것도 알 수 있다. 기본 설정이 최적화를 하려고 텍스처 샘플의 개수와 속성을 너무 과도하게 줄이기 때문이다. 몇가지 추가적인 속성을 알맞게 설정해 원본과 좀 더 비슷하게 보이게 할 수 있다.

7. 원본 SM_MatPreviewMesh를 에디터에서 선택해서 **액터 병합** 메뉴를 다시 선택한다.

8. 몇 가지 추가적인 정밀 설정을 하려면 Material Settings 옵션의 왼쪽에 있는 화살표를 클릭한다.

9. Texture Size 아래 X와 Y 속성값을 둘 다 2048로 변경한다.

10. Roughness Map, Specular Map, Ambient Occlusion Map 속성을 체크한다.

11. **액터 병합** 버튼을 클릭하고 파일이 생성될 폴더를 지정한다. 그래서 같은 폴더를
    선택했고 이름은 SM_Merged_2048로 입력했다. 폴더와 저장할 이름을 결정했
    으면 **저장** 버튼을 클릭하고 언리얼이 합치는 과정을 완료할 때까지 기다린다.

12. **콘텐츠 브라우저**에서 선택했던 폴더로 바로 이동한다. SM_Merge_2048이라는
    스태틱 메시를 포함해서 여러 새로 생긴 파일이 담겨 있을 것이다. SM_Merge_
    2048 스태틱 메시를 드래그해서 레벨에 갖다 놓자.

확인해보면 알 수 있는 바와 같이 원본 머티리얼과 더 비슷하게 보인다. 하지만 성능 측면에선 비용이 더 든다. 머티리얼의 품질이 맘에 들 때까지 Material Settings 카테고리의 속성을 조작해보자.

예제 분석

일반적으로 액터 병합 도구를 여러 스태틱 메시를 새로운 하나의 메시로 결합하려고 할 때 사용한다. 레벨을 플레이 테스팅하고 레벨에서 물체의 배치를 더 이상 수정하지 않을 거라고 결정한 이후에 일반적으로 개발 과정의 마지막 단계에서 최적화하려고 액터를 합치는 것을 수행한다. 이번 실습에서 메시를 합치는 것 이외에 여러 머티리얼을 UV 맵이 정확하게 설정된 하나의 머티리얼로 합치는 용도로 사용할 수 있는 것을 확인했다.

액터 병합 도구에 관한 더 자세한 사항을 알고 싶다면 다음 링크를 확인하라.

https://docs.unrealengine.com/ko/Engine/Actors/Merging

액터 병합 도구가 실제로 원본을 변경하진 않는다. 병합을 수행한 이후에 Material Settings 카테고리의 설정에 따라 자동적으로 텍스처와 머티리얼을 생성할 것이다. 이번에 디퓨즈와 노멀에 각각 하나씩 두 개의 텍스처와 두 텍스처를 사용하는 하나의 머티리얼과 새 스태틱 메시를 생성했다.

Material Settings 카테고리에 있는 여러 속성 각각에 관한 자세한 의미를 알고 싶다면 다음 링크를 확인하라.

https://docs.unrealengine.com/ko/Engine/Actors/Merging#materialsettings

두 번째로 메시를 생성했을 때 세 개의 텍스처를 추가했고 텍스처의 해상도를 두 배로 키웠다. 이 설정은 현재 모바일 장치에서 한 머티리얼에서 사용할 수 있는 최대치에 해당한다.

에픽 게임즈에서 머티리얼을 텍스처로 굽는 것을 수행하는 여러 방법을 설명하는 비디오를 제공한다.

https://www.youtube.com/watch?v=WaM_owaUpbE

▌HLOD 도구로 여러 메시 결합하기

트리플 A급 게임을 플레이할 때 맵의 어떤 영역에 가까워질수록 플레이 화면에 보이는 물체가 더 높은 품질의 버전으로 바뀌거나 나무들이 갑자기 나타나는 것을 경험한 적이 있을 것이다. 플레이어가 영역에 가까워질 때 레벨에 가능한 최고의 품질의 모델을 보여주고 반대로 멀어지면 덜 세밀한 모델을 보여주려고 할 때 일반적으로 사용하는 방법이다. **계층형 레벨 오브 디테일**HLOD, Hierarchical Level of Detail 도구는 레벨에 개별적으로 배치된 스태틱 물체를 가져다가 하나의 메시로 결합해 드로우 콜을 줄일 수 있게 해준다.

준비하기

레벨에 여러 개의 스태틱 메시가 포함돼 있어야 한다. 만약 그러한 레벨이 없다면 책에서 제공하는 프로젝트에 포함된 08_05_HLOD_Start 맵 파일을 사용하자.

예제 구현

HLOD 도구를 사용하기 전에 기능을 활성화해야 한다.

1. **설정 〉 월드 세팅** (Settings 〉 World Settings)으로 이동해 **월드 세팅** 메뉴를 선택하자.

2. **월드 세팅** 탭에서, LODSystem 카테고리까지 아래로 스크롤하자. 그러고 나서 Enable Hierarchical LODSystem 속성을 체크하자.
   Hierarchical LODSetup 속성이 이제 **1 Array elements**로 변경돼 있어야 한다.

3. **창 〉 계층형 LOD 아웃라이너** (Window 〉 Hierarchical LOD Outliner)로 가자.

화면 왼쪽에서 나오는 팝업 메뉴가 월드 세팅 메뉴의 LODSystem 카테고리와 매우 유사해 보일 것이다. Hierarchical LODSetup 속성을 열고 HLOD 레벨 0$^{HLOD Level 0}$의 화살표를 누르고 다음으로 Cluster generation settings의 화살표 버튼을 눌러 확장하자. 그러고 나서 Desired Bound Radius 속성을 250과 같은 작은 값으로 변경하자.

4. Hierarchical LODSetup 속성으로 돌아와서 HLOD 레벨을 추가하려면 오른쪽에 있는 + 아이콘을 클릭하자. 만약 새로 생성된 HLOD 레벨 1을 열어보면 자동적으로 Desired Bound Radius가 전에 생성한 HLOD보다 더 큰 값이 설정된 것을 확인할 수 있다.

5. 창의 좌측 하단에 있는 Generate Clusters 버튼을 클릭하자. 언리얼이 자동적으로 메시들을 클러스터로 그룹화할 것이다.

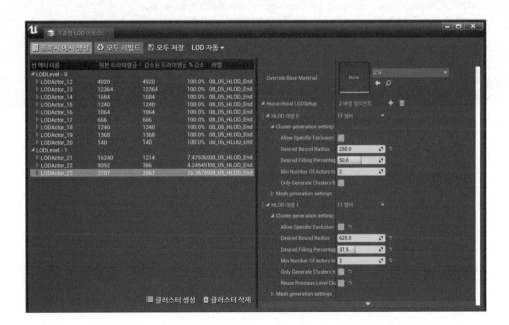

만약 임의의 LOD 액터를 선택하면, 사용되는 물체들을 둘러싼 구체를 볼 수 있다. LOD 레벨이 높을수록 더 많은 액터들이 합쳐지고 그래서 더 큰 구체를 볼 수 있을 것이다. 플레이어가 멀어짐에 따라서 LOD 액터를 대신 사용해 드로우 콜의 수를 줄일 수 있다.

6. LOD 액터를 빌드하려면 **프록시 메시 생성** Generate Proxy Meshes 버튼을 클릭하자. 빌드를 하는 데 일반적으로 시간이 상당히 든다. 그러니 작업을 진행할 동안 잠깐 쉬도록 하자. 완료가 됐다면 다음 그림과 비슷한 화면을 볼 수 있을 것이다.

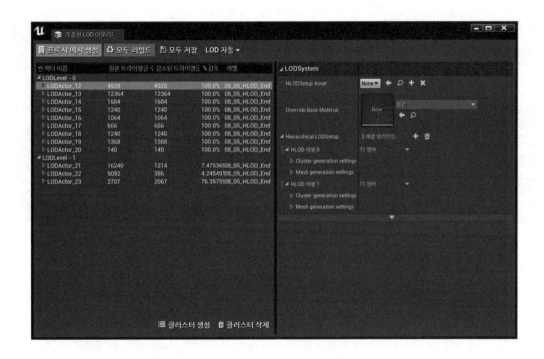

7. **모두 저장**^{Save All} 버튼을 클릭해서 생성된 프록시 메시를 저장하자. 팝업 윈도우
   가 나오면 **선택 저장**^{Save Selected} 버튼을 클릭하자.

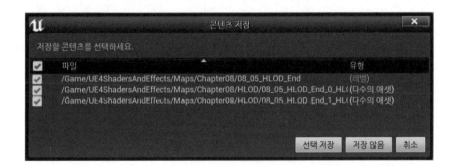

8. 방금 생성된 HLOD 폴더로 가 보면 레벨에 이미 배치돼 있던 메시로부터 새롭
   게 생성된 여러 개의 스태틱 메시를 확인할 수 있다.

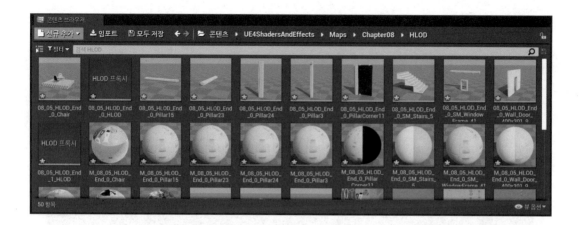

레벨에서 사용한 것과 똑같은 메시가 생성돼 있을 것이다. 하지만 각 메시는 하나의 텍스처를 사용한다. 그래서 레벨에 있는 물체에서 멀어질수록 필요한 만큼 드로우 콜의 개수를 줄일 수 있다.

9. **계층형 LOD 아웃라이너** 메뉴에서 LODLevel −1을 선택한다. 그리고 화면의 오른편에서 HLOD 레벨 1 옵션을 확장하고 Mesh generation settings를 확장한다. Mesh generation settings에서 확장 가능한 Material Settings 속성이 있는 것을 확인할 수 있다. 이전 실습에서 사용했던 것과 비슷한 역할을 한다. Simplify Mesh 속성을 체크하면 Proxy Settings 속성이 나타날 것이다. Proxy Settings 속성도 Material Settings 섹션을 가지고 있다. 원하는 대로 변경한 이후에 프록시 메시 **생성** 버튼을 누르고 완료될 때까지 기다리자.

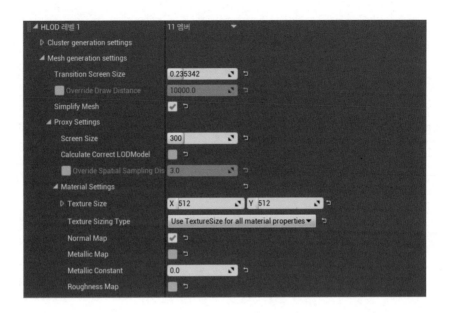

이제 플레이 버튼을 눌러 확인해보자. 물체와의 거리에 따라 메시가 서로 전환됨을 확인할 수 있다.

그리고 이번 실습을 통해 HLOD 도구를 활용하는 방법을 이해할 것이다.

예제 분석

HLOD를 사용하고 싶다면 모든 레벨에서 활성화해야만 한다. 결국 각 레벨마다 **월드 세팅**으로 가서 HLOD를 활성화해야 한다는 의미다. 활성화를 한 이후에 계층형 LOD 아웃라이너를 사용해 HLOD를 생성할 방식을 설정할 수 있다.

 HLOD 도구에 관한 좀 더 자세한 사항은 다음 링크에서 확인할 수 있다.
https://docs.unrealengine.com/ko/Engine/HLOD/HowTo

Desired Bound Radius가 얼마나 멀리 있는 액터까지 함께 합칠 것인지 의미한다. 반지름이 커질수록 더 많은 물체를 합칠 수 있다. 스태틱 메시가 드문드문 있는 사막과 같은 레벨에서 반지름은 커질 필요가 있지만 복잡하고 조밀한 지역에선 반지름이 작아져야 할 것이다. 여러 개의 레벨을 개발한다면 레벨마다 더 나은 병합 방법이 다를 수 있다.

기본적으로 모든 메시가 정확하게 똑같고 물체들이 동일한 속성을 가지고 있는 단일 머티리얼을 공유한다면 이전 실습과 동일하게 작동할 것이다. 하지만 만약 레벨이 크다면 성능을 더 향상시키고자 물체에서 멀어질수록 메시를 단순화하는 것이 당연하다. 하지만 종종 레벨이 괜찮다고 느껴질 때까지 속성을 조작해야 해서 작업 시간이 더 필요하다.

HLOD를 스태틱 메시에만 사용할 수 있음을 알아두자. 움직이는 물체에 HLOD 도구를 사용할 수는 없다. 스태틱 조명의 속성이 변경됐을 때 조명을 다시 빌드해서 라이트맵을 다시 구워야 하는 것과 마찬가지로 속성이 변경될 때마다 프록시 메시를 다시 생성해야 하기 때문이다. 실행 시간 때에 성능을 향상시키려면 실행 시간 전에 많은 작업을 수행해 줘야 한다.

▌ 일반적인 머티리얼 최적화 기법

저사양과 고사양 모든 장치에서 작동하는 머티리얼을 개발하는 한 가지 방법은 머티리얼
퀄리티–레벨$^{quality-level}$ 시스템을 사용하는 것이다. 이번 실습에서는 다양한 디바이스에
서 사용 가능한 머티리얼을 생성하게 해주는 품질 설정을 사용한 머티리얼 생성을 이야
기해보고자 한다.

준비하기

이번 실습을 진행하려면 개발자의 게임이 동작하는 레벨에서 품질에 따라 다르게 보이게
하고 싶은 머티리얼이 있어야 한다.

예제 구현

무언가를 표현하는 머티리얼을 생성하는 것부터 시작하자.

1. 머티리얼을 생성하고 이름을 M_QualitySettings라고 입력한다. 더블클릭해서
   머티리얼 에디터를 연다.

2. 머티리얼 에디터에서 T 키를 누르고 M_QualitySettings 결과 노드의 왼쪽에서
   클릭해서 Texture Sample 노드를 생성한다.

3.	Texture Sample 노드를 선택하고 **디테일** 탭으로 가서 Texture 속성에 일반적인 텍스처를 할당한다. 여기서는 시작용 콘텐츠에 포함된 T_Brick_Cut_Stone_D 텍스처를 사용했다.

4.	Quality Switch 노드를 생성한다. Texture Sample 노드의 색상 출력을 Quality Switch의 Default 입력에 연결한다. 그다음 Quality Switch 노드의 출력을 M_QualitySettings 노드의 베이스 입력에 연결한다.

머티리얼이 변경되는 것을 확실히 확인할 수 있도록 낮은 품질일 때 단일 색상을 사용하자.

5.	Texture Sample 노드 아래에 4 키를 누르고 클릭해서 Constant4Vector 노드를

생성한다. 그다음 원하는 색상을 지정한다. 여기서는 붉은색, (1, 0, 0, 0)을 사용했다. Constant4Vector 노드의 출력을 Quality Switch 노드의 Low 입력에 연결한다.

6. Texture Sample 노드를 하나 더 추가하고 노멀 맵을 할당한다. T_Brick_Cut_
   Stone_N 텍스처를 사용했다. 새로 생성한 Texture Sample 노드의 색상 핀을 M_
   QualitySettings의 Normal 입력에 연결한다.

7. 새로운 레벨을 생성한다. **모드** 탭으로 가서 상자^{Cube}를 레벨에 드래그해서 가
   져다 놓는다. 새로 만든 상자에 머티리얼을 적용해 기본 고품질 상태일 때 머티
   리얼이 어떻게 보이는지 확인한다.

머티리얼에 품질 변경이 적용되는 것을 확인하려면 레벨의 **머티리얼 퀄리티 레벨**
Material Quality Level을 설정해야 한다.

8. 언리얼 에디터에서 **세팅 › 머티리얼 퀄리티 레벨 › 낮음**(Setting › Material Quality Level
› Low)을 선택한다.

이제 해당 품질에 대응하도록 언리얼이 모든 셰이더를 컴파일할 때까지 기다리자. 완료가 된 이후에 머티리얼이 이제 Quality Switch 노드의 Low 입력에 연결한 색상을 사용하는 것을 알 수 있다.

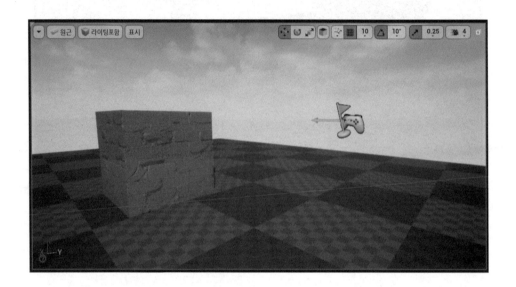

ⓘ 게임 플레이 중에도 품질을 변경할 수 있다. ~ 키를 누르고 콘솔 창에 r.MaterialQuality Level 0라고 입력하자. 0는 낮음, 2는 중간, 1은 높음을 의미한다. 품질 설정에 관한 좀 더 자세한 사항은 다음 링크를 확인해보라.

https://docs.unrealengine.com/ko/Platforms/Mobile/Performance#settingmaterial qualitylevel

예제 분석

머티리얼 퀄리티 레벨 속성은 낮은 사양의 그래픽 카드를 탑재한 장치에서도 동작하게 할 때 셰이더에서 덜 복잡한 수학적 연산을 사용하도록 해준다.

Quality Switch 노드는 프로그래밍에서 switch 구문과 비슷하게 작동한다. 머티리얼 퀄리티 레벨의 값을 기준으로 해당하는 코드가 작동하게 하는 것처럼 말이다. 입력이 없을 때 default 입력을 사용한다. 그래서 default 입력이 꼭 연결돼 있어야 함을 기억하자. 그렇지 않으면 오류가 발생한다.

 퀄리티 설정 시스템에 대한 추가적인 정보를 다음 링크에서 확인할 수 있다.
https://docs.unrealengine.com/ko/Platforms/Mobile/Performance#mobilematerial qualitysettings

원하는 만큼 많은 Quality Switch 노드를 추가할 수 있다. 사실 메인 머티리얼 노드의 각 입력마다 하나씩 필요할 수도 있을 것이다. 품질에 따라 각 입력마다 원하는 작동 방법이 다르다면 말이다.

 장치의 기능 레벨에 따라 특정 동작을 하게 하는 머티리얼을 만들 수도 있다. Feature Level Switch 노드를 통해 말이다. Feature Level Switch 노드는 Quality Switch 노드와 거의 동일하게 작동한다. 좀 더 자세한 사항은 다음 링크를 확인해보라.
https://docs.unrealengine.com/ko/Engine/Rendering/Materials/Expression Reference/Utility#featurelevelswitch

이 내용들을 기억하면 거의 모든 종류의 디바이스를 지원하는 머티리얼을 생성하고 원하는 성능을 얻도록 최적화하는 지식을 얻을 수 있다.

레벨 디자이너와 아티스트 모두에게 도움이 될 좀 더 자세한 성능 지침서를 다음 링크에서 찾을 수 있다.
https://docs.unrealengine.com/ko/Engine/Performance/Guidelines

09

몇몇 유용한 노드

언리얼은 다양하고 유용한 노드를 제공한다. 그중 몇몇을 이미 살펴봤지만 아직도 살펴 봐야 할 노드가 많다. 바로 사용할 수 있는 엄청나게 방대한 노드와 기능을 전부 확인해 보고자 시도하는 것은 아마도 너무 과한 욕심일 수도 있다. 하지만 좀 더 많은 노드와 예 제를 살펴봐 좀 더 정확히 노드를 이해할수록 새로운 머티리얼을 만들 준비를 더 잘할 수 있다는 것도 사실이다. 마지막으로 이럴 때를 대비해 아직 살펴보지 않았던 몇몇 유용 한 노드를 살펴보고자 한다. 특정 상황에서 매우 쓰임새가 많다.

9장에서는 다음 실습을 해본다.

- 동일한 모델에 무작위성 추가하기
- 차폐된 영역에 먼지 추가하기
- 여러 메시를 가로지르는 텍스처 좌표 일치시키기

- 퀄리티 스위치를 통한 머티리얼 복잡도 조절하기
- 인테리어 큐브맵 사용해 건물 내부 텍스처링하기
- 완전 절차적 Noise 패턴 사용하기

▌ 소개

이제 다뤄 볼 모든 노드가 매우 유용할 것이다. 하지만 특정한 요구 사항이 있을 때에만 이런 종류의 노드를 사용할 것이다. 이를테면 9장에서 다루려고 하는 주제 중 하나인 카메라의 초점에 기반해 텍스처의 품질을 조절하는 예를 생각해보자. 그럴 때가 매우 한정적이다. 같은 이유로 기초 단계에서 소개하는 것은 말이 안 된다. 하지만 프로젝트가 커가면서 해당 노드를 꼭 사용해야 할 수도 있다. 또 머티리얼의 초보적인 접근 방법과 좀 더 전문적인 접근 방법 사이의 차이를 해당 노드가 만들 수도 있다. 특정 효과를 구현하는 것부터 프로젝트를 좀 더 효율적으로 만드는 것까지 9장에서 소개할 노드가 다양한 수준에서 많은 도움을 줄 수 있다. 어떤 때라도 여러 관점에서 문제들을 해결하는 데 도움을 줄 수 있는 동료만큼이나 도움이 되는 노드를 알아보면 좋을 것이다.

▌ 동일한 모델에 무작위성 추가하기

마지막 장의 첫 번째 실습에서 특정 종류 모델의 인스턴스를 갖고 작업해보려 한다. 인스턴스 에셋이란 용어를 들어본 적이 있을 것이다. 여러 3D 콘텐츠 생성 패키지에서 인스턴스가 일반적인 기능이기 때문이다. 동일한 에셋의 복제본을 레벨에 걸쳐 여기저기 배치할 때 인스턴스라는 용어를 사용한다. 이럴 때 서로 다른 모델을 함께 사용하는 것보다 각 복제본을 렌더링하는 것이 더 쉽다. 인스턴스가 색상을 처리하거나 유사한 여러 메시를 배치하고 싶을 때 사용할 수 있는 매우 멋진 기법이다.

하지만 대개 각 인스턴스가 보이는 방식을 변경하길 원하거나 적어도 각각 인스턴스에 약간의 변화를 추가하고 싶을 때가 대부분이다. 그리고 이 작업이 항상 쉬운 것은 아니다. 이번 실습에서 각 인스턴스에 무작위 값을 할당해서 머티리얼에서 외견을 변경할 수 있도록 해 각 인스턴스가 다르게 보이도록 해주는 간단한 노드를 살펴볼 것이다. 다음 그림을 보고 실습을 끝냈을 때 결과를 확인하자.

준비하기

항상 이야기한 바와 같이, 직접 만든 에셋을 사용해 실습을 따라 하거나 아니면 제공하는 레벨을 열어서 실습을 따라 하든 상관없다. 직접 만든 에셋을 사용해 실습해보고 싶다

면 필요한 사항은 단순하다. 그저 간단한 모델 하나만 있으면 된다. 이전에 사용했던 몇
몇 머티리얼에서 작업을 수행할 것이다. 이외에 필요한 것은 없다. 어떤 때라도 머티리
얼 에디터에서 사용할 두 개의 새 노드가 핵심이다. 그래서 특별한 요구 사항이 필요하지
않다.

동일한 레벨을 사용해 이번 실습을 진행하고 싶다면 09_01_AddingRandomness_Start
맵 파일을 열자. Content/UE4ShadersAndEffects/Maps/Chapter09 폴더에서 찾을 수
있다.

예제 구현

동일한 모델의 여러 인스턴스에 시각적 다양성을 추가하고 싶다는 것을 안다. 그러므로
첫 번째 단계로 인스턴스 에셋을 생성하는 방법을 살펴보자.

1. **콘텐츠 브라우저**에서 블루프린트를 생성한다. 부모 클래스로 Actor를 선택하고
   더블클릭해서 블루프린트 에디터를 연다.

2. 에디터의 좌측 상단에 **컴포넌트 추가** 버튼을 클릭하고 Instanced Static Mesh 컴
   포넌트를 선택한다.

3. 새로 추가된 Instanced Static Mesh 컴포넌트를 드래그해서 Default Scene Root
   위에 가져다 놓는다. 그리고 **디테일** 탭을 살펴본다.

4. 새 컴포넌트를 선택하고 Static Mesh에 사용하고 싶은 메시를 할당한다. 여기서
   는 SM_Tank를 할당했다.

5. Instanced Static Mesh 컴포넌트의 **Materials** 탭 안에 **엘리먼트 0** 드롭다운 메뉴
   에서 머티리얼을 할당한다. 어떤 머티리얼을 선택해도 관계가 없다. 나중에 새
   로운 머티리얼을 만들 것이기 때문이다.

6. **Instances** 탭으로 내려가 **+** 버튼을 클릭해 다른 요소들을 추가하기 시작한다.

원하는 만큼 생성한다. 나는 9개를 생성했다.

7. 각 인스턴스의 **transform** 탭을 확장하고 위치를 조정해 서로 겹치지 않게 한다.

8. **저장**과 **컴파일** 버튼을 클릭하고 블루프린트를 레벨에 배치한다.

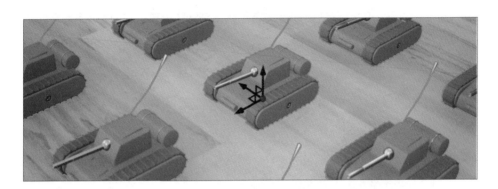

앞선 단계가 만들어보고자 하는 효과를 테스트하는 데 사용할 블루프린트를 만드는 과정이었다. 새 블루프린트가 작동하는 것을 확인하려면 꼭 레벨에 배치하는 것을 잊지 말자. 블루프린트를 만드는 것을 마무리하고 이제 방금 생성한 모델에 다양성을 추가하게 해주는 노드들을 알아볼 차례다.

9. 예전 실습에서 장난감 탱크에 적용했었던 원본 머티리얼인 M_ToyTank_Textured를 복제한다. 해당 머티리얼을 3장, '불투명 머티리얼과 텍스처 매핑'에서 만들었고 3장의 Assets 폴더에서 머티리얼을 찾을 수 있다. 복제한 머티리얼의 이름을 M_ToyTank_Instanced로 변경한다.

> ⓘ 이전 머티리얼을 복제하든 새로운 머티리얼을 만들든 상관은 없다. 머티리얼을 만드는 데 비슷한 작업을 하기 때문이다. 기존 머티리얼을 사용하는 것이 특정 매개변수를 설정하는 시간을 절약해줄 것이다. 하지만 그런 점을 무시하고 나중에 생성할 새로운 노드에 초점을 맞춰도 문제없다.

탱크의 메인 몸체 색상을 처리하는 머티리얼 부분에 초점을 맞추자. 이제 소개할 단계들이 매우 직관적이다. 그래서 복제한 머티리얼을 사용하든 새로 생성한 머티리얼을 사용하든 진행하는 데 문제없을 것이다.

10. Per Instanced Random 노드를 생성하고 머티리얼 그래프 안에 배치한다.

11. Multiply 노드를 추가하고 Per Instanced Random 노드를 A 입력에 연결한다.

12. B 입력에 장난감 탱크 몸체의 메인 색상을 조절하는 나무 텍스처의 색상 출력을 연결한다. 원본 머티리얼에서 나무 텍스처의 색상 출력이 Lerp 노드의 B 입력에 연결돼 있었을 것이다.

13. Multiply 노드의 출력을 이전에 나무 텍스처의 출력이 연결돼 있던 Lerp 노드의 B 입력 핀에 연결한다. 다음 그림을 참조한다.

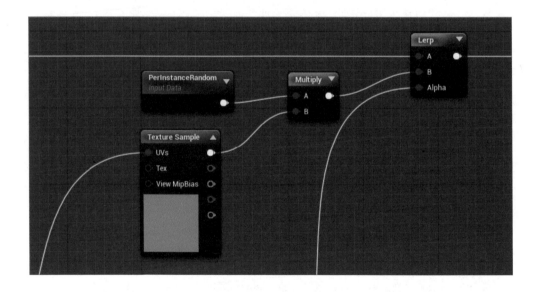

앞서 사용한 방법 대신 Per Instanced Random 노드를 머티리얼의 베이스 입력에 직접 연결할 수도 있다. 만약 앞선 단계에서 사용했던 머티리얼의 복제본 대신 새로운 머티리얼을 사용하면 그렇게 해도 괜찮다. 가장 중요한 개념은 Per

Instanced Random 노드가 스태틱 메시 배열의 각 인스턴스마다 무작위 그레이스케일 색상을 할당한다는 것이다. 부동소수점 값처럼 이 노드의 출력도 색상은 아니다. 그래서 다른 용도로 사용할 수도 있다. 머티리얼에서 적용한 텍스처의 UV 좌표를 변경하는 것처럼 말이다. UV 좌표를 변경할 수 있는 방법을 이제 살펴보자.

14. T_Wood_Pins_D 텍스처를 조절하는 Texture Coordinate 노드로 넘어가서 거기에 Per Instanced Random 노드를 하나 더 추가한다.

15. 앞쪽에 Multiply 노드를 추가하고 Per Instanced Random 노드의 출력을 방금 생성한 Multiply 노드의 A 입력 핀에 연결한다.

16. CustomRotator 노드의 UVs(V2) 입력 핀에 연결돼 있는 Texture Coordinate의 링크를 해제하고 Multiply 노드의 B 입력 핀에 연결한다.

17. Multiply 노드의 출력을 CustomRotator의 UVs(V2) 입력에 연결한다. 작업한 그래프가 다음 그림과 같을 것이다.

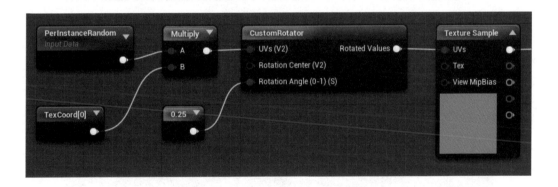

인스턴스를 가지고 작업할 때 편리한 또 다른 노드가 Camera Depth Fade이다. Camera Depth Fade 노드기 카메라에서 물체까지 거리에 기반해서 물체를 숨길 수 있게 해준다. 거리에 따라서 더 이상 보이지 않는 수백 또는 수 천개의 동일한 물체가 있다면 유용하다.

18. Constant 노드를 하나 생성하고 값을 100으로 지정하자.

19. Camera Depth Fade 노드를 추가하고 앞선 상수 노드를 Fade Length(S) 입력에 연결하자.

20. Camera Depth 노드의 출력을 머티리얼의 **오패시티** 입력에 연결하자.

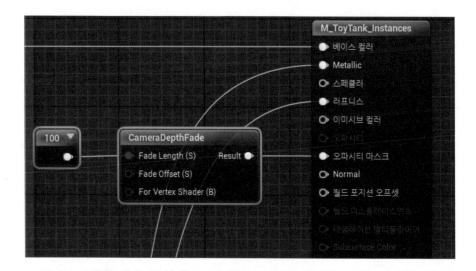

이제 모든 구현을 완료했으니 마지막으로 새 머티리얼을 인스턴스 스태틱 메시에 실제로 적용해봐야 한다. 앞서 블루프린트로 돌아가 인스턴스 스태틱 메시 컴포넌트를 선택하고 단계 5에서 봤던 드롭다운 탭에서 새 머티리얼을 선택하자.

이 기법은 레벨에 걸쳐 배치된 여러 인스턴스마다 차이를 두고 싶을 때 매우 유용할 수 있다. 스태틱 메시 인스턴스 컴포넌트를 무작위성을 제공하는 머티리얼과 함께 사용해 성능도 향상시킬 수 있다. 이러한 에셋을 가지고 작업할 때라면 꼭 이 점을 기억하고 있자.

예제 분석

매우 간단한 기법이었다. Per Instanced Random 노드가 인스턴스 스태틱 메시에 무작위 값을 할당하고 노출해준다. Per Instanced Random 노드를 다른 종류의 흥미로운 기능을 구현하기 위해 사용할 수 있다. 또 다른 노드인 Camera Depth Fade가 카메라에서 거리에 따라서 특정 메시를 숨길 수 있게 해준다.

앞서 이야기한 Camera Depth Fade의 사용 방법뿐만 아니라, 카메라에 가까운 물체를 숨기는 것도 유용하다(카메라가 바라보는 물체가 지나가는 길에 시야를 막고 있는 물체가 있을 때). 비슷한 방법으로 동작하는 또 다른 노드를 찾을 수 있다. 예를 들면 Per Instanced Fade Amount라는 다른 노드도 사용할 수 있다. Per Instanced Random 노드와 매우 유사하다. 인스턴스마다 무작위의 부동소수점 값을 할당하는 대신에 카메라에서 인스턴스 자체의 위치에 따라서 값을 제공한다. Per Instanced Fade Amount 노드를 카메라에서 가까이 있는 모델 대신에 카메라에서 멀리 있는 모델을 숨기는 데 사용할 수 있다. 이번 실습처럼 말이다. Per Instanced Fade Amount 노드를 꼭 확인해보라.

추가 정보

인스턴스 메시에 적용할 때에만 작동하는 노드를 사용했다. 하지만 인스턴스 스태틱 메시 컴포넌트가 이 점을 얻을 수 있는 유일한 컴포넌트가 아니라는 것을 알아두자. 이 기법으로 이득을 얻을 수 있는 또 다른 컴포넌트가 있는데 8장에서 살펴봤었다. 바로 계층적 인스턴스 스태틱 메시HISM, Hierarchical Instanced Static Mesh 컴포넌트다. 게임에서 성능을 향상시키고 싶을 때 두 컴포넌트 모두 사용 가능하기 때문에 둘 다 알아두는 것이 좋다. 기찻길이나 나무처럼 여러 동일한 메시의 인스턴스를 여기 저기 배치해야 할 때 특히 이 두 컴포넌트가 유용하다. 컴퓨터가 하나의 모델 정보만 저장하고 월드 여기저기에 반복해서 사용할 수 있기 때문이다.

두 컴포넌트가 매우 비슷하지만 HISM은 일반 스태틱 메시에 다른 레벨 오브 디테일을 생성해 인스턴싱함으로써 성능상 두 가지 이점을 얻게 해준다. 다음 절에서 HSIM 컴포넌트 기능을 설명하는 유용한 링크를 제공하니 꼭 확인하자.

읽을거리

HISM 컴포넌트를 사용하는 법을 소개하는 비디오 튜토리얼 링크다.

- https://www.youtube.com/watch?v=bOjYP-c4qhA

■ 차폐된 영역에 먼지 추가하기

지금쯤 언리얼 엔진 4에서 조명을 빌드하는 것이 얼마나 강력한지 알고 있을 거라 확신한다. 조명이 잘 빌드됐다면 레벨이 정말 실사처럼 보인다. 만약 동적 조명을 사용한다면 미리 계산된 그림자 맵이 품질과 아무런 관계가 없다. 하지만 레벨에서 조명을 계산하는 것이 그림자를 텍스처로 굽는 것 이외에도 도움을 줄 수 있으므로 조명을 계산하는 것이 유용하다. 머티리얼에서 이 정보를 다른 방법으로 재사용할 수 있다. 머티리얼의 질감을 조절하는 데 계산된 조명 데이터를 이용할 수 있게 해주는 유용한 한 가지 노드가 있다. 활용할 만한 한 가지 일반적인 사례가 차폐된 공간에 먼지를 적용하는 것이다. 이번 실습에서 이 방법을 살펴볼 것이다. 다음 그림을 확인해보자.

준비하기

만약 동일한 에셋을 사용해 실습을 따라 하고 싶다면 09_02_PrecomputedAoMask_ Start라는 맵 파일을 열자. 맵 파일을 Content/UE4ShadersAndEffects/Maps/ Chapter09 폴더에서 찾을 수 있다.

평소처럼 직접 만든 에셋과 레벨을 사용해도 된다. 하지만 실습을 진행하려면 몇 가지 요 구 사항이 있다. 첫 번째 실습을 진행할 레벨 안에 조명이 빌드 가능한 상태여야 한다. 이 사항이 핵심이다. 머티리얼에서 해당 정보가 없으면 작동하지 않는 노드를 사용하기 때 문이다.[1]

종합해보면 레벨에 배치된 조명이 스테이셔너리거나 스태틱으로 설정돼 있어야 한다. 그 리고 사용하는 모델이 라이트맵 용도로 사용할 UV 맵을 가지고 있어야 한다. 실습을 진 행하기 전에 꼭 이 점을 기억하자. 만약 제공하는 맵 파일을 사용한다면 이런 걱정은 하 지 않아도 된다. 이미 요구 사항을 충족하기 때문이다. 또 조명도 미리 계산돼 있다.

---

1   직접 만든 레벨을 사용하려면 **세팅 〉 월드 세팅**을 누르고 Lightmass 카테고리에서 Use Ambient Occlusion 속성과 Generate Ambient Occlusion 속성을 켜 줘야 한다. 원서에 관련 내용이 누락된 것 같다. – 옮긴이

예제 구현

가장 먼저 레벨 조명을 빌드해야 한다. 실습 진행 과정에서 사용할 머티리얼 만들기를 시작하기 전에 조명을 빌드하는 것이 가장 핵심이다. 이번에 사용할 새로운 노드가 라이트맵이 있어야만 동작하기 때문이다. 제공하는 레벨을 사용한다면 이러한 과정을 신경 쓰지 않아도 된다. 하지만 직접 만든 레벨을 사용한다면 꼭 조명 빌드를 하라.

이 이야기는 이쯤 하고 새 머티리얼 제작을 시작해보자.

1. 새 머티리얼을 만들고 적절한 이름을 입력한다. 뭔가 머티리얼의 목적을 알려주는 그런 이름으로 말이다. 여기서는 M_DirtyWalls라고 입력했다. 머티리얼의 용도를 설명하기 때문이다. 새 에셋을 더블클릭해서 머티리얼 에디터를 연다.

2. 머티리얼 그래프 안에서 우클릭해서 PrecomputedAOMask라는 노드를 검색해 그래프에 추가한다.

3. PrecomputedAOmask 노드 앞쪽에 Power 노드를 추가하고 PrecomputedAOmask 노드의 출력을 Power 노드의 Base 입력에 연결한다. Exp 입력은 1로 지정한다. 다음 그림을 참조한다.

이번 실습의 핵심은 PrecomputedAOMask 노드다. 베이킹된 조명 정보에 접근해야만 하는데 PrecomputedAOMask 노드를 사용하면 가능하기 때문이다. PrecomputedAOMask 노드를 활용할 수 있는 가장 일반적인 사례인 레벨의 차폐된 영역에서 대개 나타나는 닳고 부식된 표현을 하고 싶다고 하자. 이럴 때 베이스 텍스처의 더러워진 버전과 혼합하는 데 이 노드를 사용할 수 있다. 머티리얼을 적용할 모델의 차폐된 영역에 먼지를 표현하려면 다음 단계를 똑같이 따라 한다.

4. 두 개의 Constant3Vector 노드를 생성하고 각각 다른 값을 할당하자. 머티리얼을 레벨에 있는 벽에 적용할 것이므로 벽을 살펴보면 먼지가 쌓일 영역의 외견을 조절하기 위해 익숙한 흰색과 갈색을 사용한다.

5. 앞의 두 Constant3Vector 노드들 앞에 **Lerp** 노드를 추가해 두 상수를 혼합한다. 흰색을 **A** 입력 핀에 연결하고 갈색을 **B** 입력 핀에 연결한다.

6. 3단계에서 만든 **Power** 노드의 출력을 **Lerp** 노드의 **Alpha** 입력 핀에 연결한다.

각 상수 노드를 Lerp 노드의 어떤 입력 핀에 연결해야 할지 혼란스러울 수 있다. 경험에 따라 A와 B를 검은색과 흰색으로 생각하자. A는 텍스처의 검은 영역에 영향을 미치고, B는 좀 더 밝은 영역에 영향을 미친다.

다소 직관에 반하기 하지만 PrecomputedAOMask 노드가 차폐된 영역에 더 밝은 색상을 할당하는 것을 알 수 있다. 그래서 A 입력 핀에 차폐되지 않은 영역에 표현하고 싶은 색상을 그리고 B 입력 핀에 차폐된 영역에 표현하고 싶은 색상을 연결한 것이다. 이 상태로 머티리얼을 적용하면 흰색과 갈색의 표면을 확인할 수 있지만 원하는 것은 먼지가 쌓여 있는 것처럼 보이는 것이다. 다음 단계에서 두 번째 마스크를 도입해서 결과를 좀 더 미세하게 조정해보자.

7. Texture Sample 노드를 추가하고 T_Water_M 텍스처를 할당한다. T_Water_M 은 시작용 콘텐츠에 포함돼 있다. 직접 만든 프로젝트로 실습을 진행하고 있다면 T_Water_M을 사용해도 된다.

8. Texture Coordinate 노드를 추가하고 Texture Sample 노드에 연결하자. U Tiling 과 V Tiling 속성을 모두 10으로 지정한다.

9. 새 Lerp 노드를 생성하고 앞서 만든 그래프의 앞쪽에 배치한다.

10. Texture Sample의 출력을 Lerp 노드의 Alpha 입력에 연결한다.

11. 5단계에서 만든 Lerp 노드의 출력을 B 입력에 연결한다.

12. 흰색을 할당했던 Constant 노드의 출력을 A 입력에 연결한다.

13. Lerp 노드의 결과를 메인 머티리얼 노드의 **베이스** 입력에 연결한다.

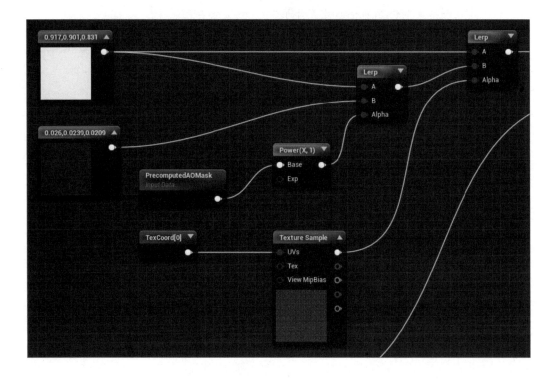

위의 단계에서 PrecomputedAOMask 노드로부터 얻었던 기존 마스크 안에 추가적인 마스크를 도입했다. 이렇게 하는 것이 특정 머티리얼에 적합한 텍스처를 생성해야 하는 필요와 추가적인 텍스처 호출 없이도 있는 텍스처를 사용하는 방법을 고려할 때 굉장한 유연성을 제공해주는 기법이다. 그래서 가장 일반적으로 사용한다. 러프니스와 Normal 입력을 생성하는 것이 마지막으로 구현해야 할 남은 부분이다. 모델에 적용했던 원본 머티리얼인 M_ColoredWalls에서 해당 부분을 복사할 수 있다. 2장, '포스트–프로세싱 이펙트'에서 해당 머티리얼을 만들었다.

14. 머티리얼의 러프니스를 조절하려면 Texture Coordinate, Texture Sample, Constant, Power 노드를 각각 하나씩 추가한다. Texture Coordinate의 UTiling과 VTiling 속성을 꼭 10으로 지정한다. 그리고 Texture Sample 노드에 T_MacroVariation 텍스처를 할당한다. Constant 노드에 0.15 값을 지정한다. Texture Coordinate 노드의 출력을 Texture Sample 노드의 UVs 입력에 연결한다. Texture Sample 노드의 출력을 Power 노드의 Base 입력에, Constant 노드의 출력을 Power 입력에 연결한다. 마지막으로 Power 노드의 출력을 메인 머티리얼 노드의 러프니스 입력에 연결한다.

15. 머티리얼의 Normal 입력을 만든다. Texture Coordinate와 Texture Sample 노드를 추가한다. Texture Coordinate의 UTiling과 VTiling 속성 모두를 꼭 7로 지정한다. Texture Sample에 T_Wallpaper_Normals 텍스처를 할당한다. 그리고 Texture Coordinate 출력을 Texture Sample 노드에 연결하고 Texture Sample 노드의 출력을 메인 머티리얼 노드의 Normal 입력에 연결한다.

물론 직접 만든 머티리얼을 사용한다면 러프니스와 Normal 입력에 다른 값을 설정하거나 다른 텍스처를 할당하는 것도 문제없다. 마지막으로 벽 모델에 머티리얼을 할당하면 된다. 지금 바로 해보고 결과를 확인해보자.

그림을 통해 알 수 있는 바와 같이 이제 벽이 뭔가 이전과 다르게 보인다. 차폐된 영역의 표면에 따라 집중적으로 여러 먼지의 형태가 보인다. 차폐된 영역에 먼지가 쌓여 있는 것처럼 보이게 하는 것이 이런 형태의 레벨에서 가장 일반적으로 사용되는 표현 기법 가운데 하나다. 수동으로 특정 텍스처를 배치하지 않으면 시간을 절약할 수 있다. 절차적 텍스처 생성 기법과 혼합해서 사용하면 이런 것이 가능하다.

예제 분석

PrecomputedAOMask 노드가 작동하는 방법은 간단하다. 머티리얼을 적용한 모델의 계산된 라이트맵을 가져다 머티리얼 에디터에서 라이트맵의 값을 사용할 수 있도록 해준다. 이해하기 매우 간단한 기법임에도 대개 제공받는 기본 텍스처에 몇몇 변경을 적용하고 싶을 것이다. 제공받는 기본 텍스처가 항상 매우 부드러운 그레이디언트를 가지고 있어서 마스크로 적용하기에는 뭔가 적합하지 않다. 그래서 보통 이번 실습에서 사용했던 Power 노드나 Cheap Contrast 노드와 같은 몇몇 변환을 적용하고 싶을 것이다. 두 노드 모두가 대비도를 증가시키거나 각 픽셀의 밝기를 증가시킴으로써 기본 텍스처를 변경할 수 있다. 이 과정을 통해 좀 더 명확한 이미지를 생성하고 여기서 차폐되거나 그렇지 않은 영역을 좀 더 쉽게 구별할 수 있게 해준다. 이렇게 하는 것이 일반적인 목적에 적합하다.

추가 정보

레벨에 있는 벽에 머티리얼을 적용한 결과가 성공적이라고 해도 이 효과를 사용하고 싶을 때 매번 조명을 빌드해야만 한다는 것을 기억하자. PrecomputedAOMask 노드 이름이 말하는 바와 같이 미리 계산된 효과를 다룬다. 그래서 특정 조건에서는 이 노드를 사용할 수 없다. 무버블 조명을 사용한다면 말이다. 무버블 조명을 사용할 땐 다른 기법을 사용할 수 있다. 외부 소프트웨어에서 앰비언트 오클루전 텍스처를 생성하거나 Distance To Nearest Surface 노드와 같은 유사한 노드를 사용해 말이다. 메시 거리 필드를 사용하는 것이 완전히 동일하진 않더라도 6장, '고급 머티리얼 기법'에서 살펴봤던 마스킹 머티리얼 때와 같이 유용할 수가 있다. 좀 더 자세한 사항을 알고 싶다면 꼭 해당 실습을 확인해보라.

읽을거리

언리얼에서 전제 조명을 텍스처로 굽는 과정을 설정하는 방법을 더 자세히 알고 싶다면 공식 문서를 다음 링크에서 확인할 수 있다.

- https://docs.unrealengine.com/ko/Engine/Rendering/LightingAndShadows/Lightmass/index.html

▌ 여러 메시를 가로지르는 텍스처 좌표 일치시키기

머티리얼과 텍스처를 적용하는 여러 방법이 존재한다. 그리고 다양한 요인에 따라서 어떤 방법을 사용할지를 결정한다. 작은 프랍에서 작업하고 있는가? 커다란 표면에 텍스처를 입혀야 하는가? 실제 물체를 정확하게 묘사해야 하는가? 또는 작업 과정에서 절차적 생성 기법을 사용할 수 있는가? 에셋을 만들기 시작하기 전에 이런 질문을 스스로에게 물어볼 필요가 있다. 지금까지 책에서 작고 큰 프랍 두 가지 모두를 다룰 기회가 있었다. 하지만 아직 동일한 머티리얼을 둘 이상의 다른 모델에 적용할 기회를 가지지 못했다. 이런 상황 자체가 도전적인 과제이고 이번 실습에서 해보고자 하는 것이다. 머티리얼이 적용된 모든 물체에서 머티리얼이 올바르게 보이게 하는 방법은 무엇인가? 해결책을 알고 싶다면 계속 책을 읽자.

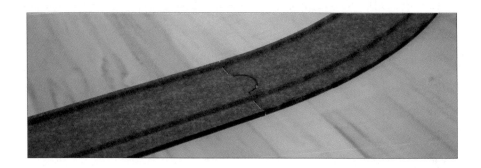

준비하기

이번 실습을 진행하려면 서로 다른 UV 좌표를 가지고 있는 메시가 적어도 두 가지 있어야 한다. 두 개의 서로 다른 모델이 일관성 있는 UV 좌표를 가지고 있는 것처럼 보이도록 하는 것이 목표다. 그래서 그 점을 증명하려면 확실히 구분되는 에셋을 가지고 시작하는 것이 낫다. 직접 만든 리소스를 사용하려고 한다면 이 점을 꼭 기억하자.

동일한 환경에서 실습을 따라 하고 싶다면 Content/UE4ShadersAndEffects/Maps/
Chapter09 폴더에 있는 09_03_TextureCoordinates_Start라는 맵 파일을 열면 된다.
그러면 두 개의 서로 다른 모델의 장난감 기찻길을 확인할 수 있다. 동일한 방법으로 텍
스처를 입히고자 두 모델을 사용할 것이다.

예제 구현

이번 실습을 진행하려면 동일한 머티리얼을 두 개 이상의 모델에 적용할 때 다르게 보이
는 모델이 있어야 하는 것이 필수다. 다음 그림을 보면 기대하는 결과가 무엇인지 알 수
있을 것이다.

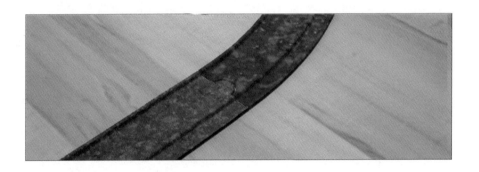

다음으로, 이런 상황에 적합한 새로운 머티리얼을 만들 것이다. 새 머티리얼을 아마 여러
번 반복해서 사용해야 할 것이다. 사용하는 모든 에셋마다 특정 머티리얼을 만드는 것이
효율적이지도, 실용적이지도 않다. 그래서 여러 물체를 합쳐서 하나의 커다란 물체를 만
들 때처럼 특정 종류의 물체를 다룰 때에는 이 실습에서 소개하는 기법을 사용해야 한다.
실습의 첫 번째 단계는 평소처럼 머티리얼을 생성하는 것이다.

1. 새 머티리얼을 생성하고 레벨에 배치돼 있는 두 개의 탱크 주행 트랙에 적용
   한다. 이번에는 머티리얼의 이름을 M_Wood_Track_Start로 입력했다.

2. 바로 머티리얼 에디터로 가서 이번 실습의 핵심인 **절대 월드 포지션** 노드를 생성한다.

> ℹ️ 노드 이름이 World Position이라는 것을 기억하는 것이 중요하다. 노드를 찾을 때 검색 바에 World Position이라고 입력해야 한다. 하지만 실제로 생성된 노드의 이름은 절대 월드 포지션(Absolute World Position)이지만 말이다. 접두어는 디테일 탭에서 정의된 실제 속성에 따라 달라질 수 있다.

3. 다음으로, 세 개의 Component Mask 노드를 생성하고 첫 번째는 R, G 채널을 켜고 두 번째는 G, B 채널을, 세 번째는 R, B 채널을 켠다.

4. **절대 월드 포지션** 노드의 출력을 모든 Component Mask 입력에 연결한다.

5. 두 개의 Lerp 노드를 그래프에 추가해 앞서 만든 Component Mask 노드를 선형 보간한다.

6. 첫 번째 Lerp 노드의 A 입력에 R, G 채널을 켠 Component Mask 노드를 연결하고 B 입력에는 G, B 채널을 켠 Component Mask 노드를 연결한다.

7. 그리고 나서 Lerp 노드의 출력을 두 번째 Lerp 노드의 A 입력에 연결하고 B 입력에는 R, B 채널을 켠 Component Mask 노드를 연결한다.

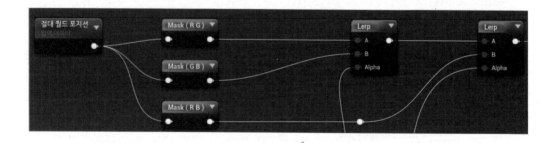

앞서 만든 그래프가 머티리얼이 적용된 모델의 여러 표면에서 월드 공간 좌표를 사용할 수 있게 해준다. 핵심은 **절대 월드 포지션** 노드를 평면 투영 방법Planar

Projection Method으로 사용하는 것이다. 그러려면 각 픽셀을 하나가 아니라 여러 평면으로 투영해야 한다.[2] 좀 더 자세한 사항은 다음 '예제 분석' 절에서 확인할 수 있다. 구현할 다음 로직의 부분은 각 픽셀이 실제로 향하고 있는 방향을 알아내서 구현하려는 투영 방법이 정확하게 적용되게 하는 것이다.

8. PixelNormalWS 노드를 생성한다.

9. PixelNormalWS 노드 앞쪽에 두 개의 Component Mask 노드를 추가하고 첫 번째는 R 채널을, 두 번째는 G 채널을 선택한다.

10. PixelNormalWS 노드의 출력을 앞선 두 개의 Component Mask 노드의 입력에 연결한다.

11. 두 개의 Abs 노드를 생성하고 Component Mask 노드의 앞 쪽에 각 하나씩 배치하고 Component Mask 노드의 출력을 Abs 노드의 입력에 연결한다.

12. If 노드를 검색해서 그래프에 추가한다.

13. 세 개의 Constant 노드를 추가하고 각각 0.5, 0, 1 값을 지정한다. 첫 번째(0.5)는 If 노드의 A 입력에 연결해야 하고, 두 번째(0)은 A > B 입력 핀에, 세 번째(1)는 A == B와 A < B 입력 핀에 연결해야 한다.

14. If 노드와 세 개의 Constant 노드를 R 채널을 선택한 Component Mask 노드가 연결된 Abs 노드 앞쪽에 배치하고 If 노드의 B 입력에 연결한다.

15. 앞의 If 노드와 세 개의 Constant 노드를 복사해서 이전 단계에서 한 것처럼 G 채널을 선택한 Component Mask 노드가 연결된 Abs 노드 앞쪽에 배치하고 If 노드의 B 입력에 연결한다.

---

2 표준 3D 좌표계에서 XY, YZ, ZX 이렇게 세 개의 평면이 있으면 된다. 언리얼은 X축이 앞, 뒤, Y축이 좌, 우 Z축이 위, 아래를 표현하고 왼손 좌표계를 사용한다면 맞는 표현이다. 각 좌표축이 표현하는 방향과 오른손 좌표계냐 왼손 좌표계냐에 따라서 평면의 표현은 달라진다. – 옮긴이

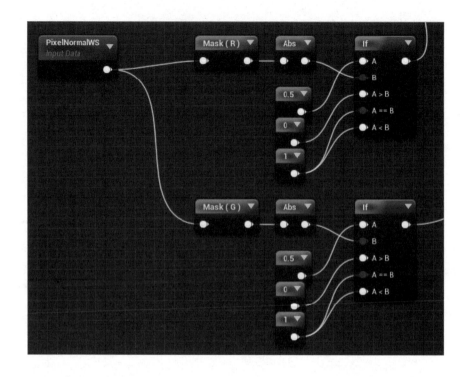

앞서 만든 그래프가 모델의 픽셀이 바라보는 방향에 따라서 특정한 값을 할당하도록 하는 조건문을 나타낸다. 이 조건문이 앞선 Lerp 노드들의 Alpha 값을 조절하는 데 유용하다.

16. R 채널 마스크로 조절되고 있는 If 노드의 출력을 5단계에서 생성한 두 개의 Lerp 노드 중에 첫 번째 Lerp 노드에 연결한다. 해당 Lerp 노드에 R, G 채널과 G, B 채널 미스크 노드가 연결돼 있다.

17. 다른 If 노드의 출력을 남은 Lerp 노드의 Alpha 입력에 연결한다.

이제 로직을 다 구현했으므로 각 픽셀이 바라보는 방향을 판별하고 바라보는 방향에 따라서 값을 할당할 수 있는 머티리얼을 가지고 있다. 머티리얼 그래프에서 두 가지 추가 작업을 해야 한다. 텍스처를 할당하고 텍스처의 타일링을 조절하는 작업이다. 구현을 시작해보자.

18. Divide 노드를 추가하고 마지막 Lerp 노드 앞에 배치한다. Lerp 노드의 출력을 A 입력 핀에 연결한다.

19. Scalar Parameter를 생성하고 이름과 값을 입력한다. 나는 UV 좌표를 조절할 것이기 때문에 이름을 UVing으로 입력했고 기본값을 5로 지정했다.

20. Texture Sample 노드를 추가하고 탱크 트랙 위에 보였으면 하는 임의의 텍스처를 선택한다. 출력을 메인 머티리얼 노드의 베이스 입력에 연결한다. 나는 시작용 콘텐츠에 있는 T_Concrete_Grime_D라는 텍스처를 할당했고, 텍스처를 좀 어둡게 표현하고자 Texture Sample 노드의 출력에 0.5를 곱했다.

21. 마지막으로, 러프니스와 다른 입력을 조절하기 위한 매개변수와 같은 것을 원하는 대로 추가한다. **러프니스**를 조절하려고 Constant 노드를 추가해서 값을 0.7로 지정했다.

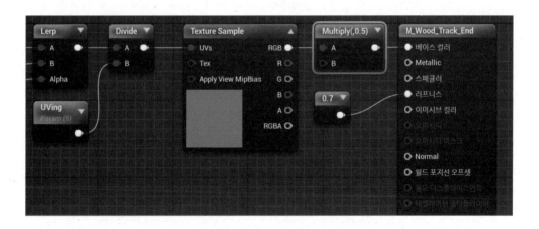

결과를 보면 알 수 있듯이 이 기법은 연결된 표면에 적용한 머티리얼이 일치해 보이게 하고 싶을 때 매우 유용하다. 도로부터 보도 블록까지, 또는 방금 만들었던 장난감 트랙과 다른 많은 모델에 이 기법을 적용할 수 있다. 또 잘못 펼쳐진 UV 맵을 가진 모델을 외부 소프트웨어에서 UV 맵을 조절하거나 다시 UV 맵을 생성하는 시간을 소모하지 않고 다룰 때에도 활용할 수 있는 좋은 기법이다.

예제 분석

방금 전에 만든 머티리얼이 작동하는 방법은 머티리얼의 노드 그래프 이면에 숨겨져 있다. 그래서 전체적인 작동 방법을 설명하는 데 약간 시간을 보내보자. 작동 방법을 다루려면 머티리얼이 두 개의 기본 부분으로 구성된다는 것을 알아야 한다. 하나가 투영 방법을 구현한 부분이고, 다른 하나가 모델의 픽셀이 어느 방향을 향하고 있는지 판별하는 부분이다.

절대 월드 포지션 노드를 통해 첫 번째 부분을 처리한다. 기본적으로 절대 월드 포지션 노드가 월드 좌표계에서 각 픽셀의 위치를 제공해준다. 물체의 UV 좌표를 대신해서 월드 위치를 사용한다. 그리고 월드 좌표를 이용해 이후에 추가한 임의의 텍스처를 평면에 투영할 수 있다. 하지만 투영을 하고 싶은 특정 평면을 얻으려면 노드에 마스크를 적용해야 한다. 두 채널을 선택한 이유는 선택하지 않은 세 번째 좌표축을 따라서 투영하려고 하기 때문이다. 예를 들어 R(x축)과 G(y축) 채널을 선택했다면 기본적으로 Z축 위에 있는 물체를 평면에 투영하라는 의미다. 각 채널을 좌표계의 하나의 축으로 대응하도록 기억하는 것이 좋다. R은 X축, G는 Y축, B는 Z축으로 말이다. 이 색상은 언리얼이 좌표 정보를 출력할 때 사용하는 기즈모^{gizmo}의 색상 표현과 일치한다.

두 번째 부분에선 픽셀이 어떤 방향을 바라보고 있는지 확인하는 작업을 수행한다. 우선 픽셀이 X나 Y축 방향을 바라보고 있는지를 확인하는데, 이때 다른 투영 평면이 필요하기 때문이다. 픽셀이 거의 Z축을 따라서 정렬돼 있을 때도 별도의 평면을 사용한다. 하지만 이때가 기본이므로 별도로 체크하지 않는다. X 그리고 Y(머티리얼에서 사용하는 용어로는 R, G)일 때, 배치한 If 노드들에서 확인할 수 있는 판별 방법을 수행한다. 그 노드들에서 기본 비교를 수행한다. 만약 픽셀들이 특정 역치 안에 있다면 픽셀이 특정 방향을 바라보고 있다고 가정하고 픽셀을 마스킹한다. 이것이 이 부분 노드들의 뼈대다.

최종 단계에 수행한 모든 작업은 매우 직관적이다. 수집한 정보들을 사용해 텍스처의 외견을 조절한다. 다음으로 그 결과가 머티리얼이 보일 방식을 정의한다. 러프니스 입력에 약간의 간을 더해서 마침내 머티리얼을 완성했다.

추가 정보

이번엔 3차원 물체에 만든 머티리얼을 사용했지만 평면 투영을 대개 평평한 표면에 더 자주 사용한다. 이미 언급한 도로와 보도 블록에서 이 기법을 사용하는 것을 더 자주 확인할 수 있다. 이번 실습보다 그럴 때 최종 머티리얼의 계산과 복잡도가 훨씬 단순하다. 하나의 평면만 고려하면 되기 때문이다. 최종 그래프를 확인하고 싶다면 다음 그림을 살펴보자.

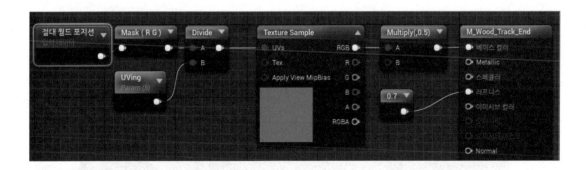

그림에서 알 수 있듯이 그래프가 매우 간단하고 가볍다. 그래서 모든 좌표축을 고려하지

않아도 된다면 이 그래프를 사용하자.

읽을거리

언리얼 엔진 4 포럼의 절대 월드 포지션 노드 사용법을 논의하는 글타래를 다음 링크에서 확인할 수 있다.

- https://forums.unrealengine.com/development-discussion/rendering/78756-absolute-world-position-material-how-to-set-it-up

▌ 퀄리티 스위치를 통한 머티리얼 복잡도 조절하기

컴퓨터 게임을 플레이해본 경험이 있다면 다양한 품질 설정에 아마 익숙할 것이다. 콘솔은 폐쇄된 생태계를 갖기 때문에 콘솔에서 품질 설정은 매우 드물다. 하지만 PC 사용자는 사용자의 컴퓨터 사양에 맞게 미리 준비된 여러 품질 설정 사이를 전환해야만 한다. 크로스 플랫폼cross-platform 개발의 도래로 동일한 프로젝트를 여러 다른 기기에서 작동시켜야 하고 각 기기의 강점에 적합하게 해야 하는 필요성이 점점 더 확대되고 있다. 뿐만 아니라 자주 발생하진 않지만 같은 장치가 동일한 수준의 렌더링 기능을 지원하지 않을 수도 있다. 그래서 그럴 때도 처리해야 한다. 이번 실습에서 품질 설정 방법을 살펴볼 것이다.

준비하기

이번 실습에서 사용할 레벨은 6장, '고급 머티리얼 기법'에서 테셀레이션을 다룰 때 사용했던 레벨과 매우 비슷하다. 테셀레이션을 다시 사용한다. 언리얼 엔진 4의 테셀레이션 렌더링 기능을 모든 플랫폼이 지원하지 않기 때문이다. 만약 직접 만든 에셋을 사용할 거라면 무슨 에셋이든 상관없다. 하지만 모든 플랫폼에서 지원하지 않는 기능을 사용하고 있어야 한다. 이제 소개할 노드들을 매우 쉽게 이해할 수 있다. 그래서 직접 만든 에셋에 노드들을 적용할 수 있을 것이다. 물론 테셀레이션을 사용하는 것이 한 가지 방법일 수도 있다.

어쨌든 실습을 진행하는 데 동일한 에셋을 사용하고 싶다면 09_04_QualitySwitch_Start 라는 맵 파일을 열면 된다. Content/UE4ShadersAndEffects/Maps/Chapter09 폴더에 들어 있다.

예제 구현

실습에서 사용할 머티리얼을 생성하는 것으로 시작하자. 그리고 머티리얼 안에 몇몇 속성을 설정한다.

1. 새 머티리얼을 생성하고 이름을 입력한다. 이번에는 이름을 M_Walls_Quality Switch라고 입력했다. 머티리얼을 더블클릭해 머티리얼 에디터를 열자.

   예전에 한 실습과 마찬가지로 이번 머티리얼에서 테셀레이션을 사용할 것이다. 그래서 메인 머티리얼 노드를 선택하고 **디테일** 탭으로 가 특정 매개변수를 변경한다.

2. Tessellation 탭으로 넘어가서 D3D11 Tessellation Mode 설정 아래 옵션을 기본값인 No Tessellation에서 PN Triangles로 변경한다.

3. Adaptive Tessellation 속성을 켜고 Max Displacement를 100으로 설정한다.

설정 변경을 통해 예전에 살펴봤던 테셀레이션 기법을 사용할 수 있다. 테셀레이션이 끄고 켜기에 적당할 기능이다. 앱과 게임을 실행하는 하드웨어가 테셀레이션을 지원하는지에 따라서 말이다. 이제 실제 노드 그래프를 생성해보자.

4. Texture Coordinate 노드를 추가하는 것으로 시작한다. 그리고 U Tiling과 V Tiling 속성을 모두 7로 설정한다.

5. 네 개의 Texture Sample 노드를 생성하고 첫 번째 Texture Sample 노드에 T_Walls_Depth 텍스처를 할당한다. 앞서 만든 Texture Coordinate 노드의 출력을 모든 Texture Sample 노드의 UVs 입력에 연결한다.

6. 첫 번째 텍스처에 색상값(Constant3Vector 노드)을 곱해서 머티리얼의 색상이 약간 틴트되도록 한다. 여기서는 자주색을 선택했지만 원하는 색상이 있다면 그렇게 하라.[3]

7. 앞서 만든 Multiply 노드의 출력을 메인 머티리얼 노드의 **베이스** 입력에 연결한다.

위의 노드 그래프가 머티리얼의 출력 색상에 영향을 준다. 하지만 과정에서 새로울 것은 없었다. 곧 이 노드 그래프에 변화를 줄 것이다.

8. T_Walls_AORM 텍스처를 두 번째 Texture Sample 노드에 할당한다.

9. 두 번째 Texture Sample 노드의 약간 앞쪽에 우클릭을 하고 Quality Switch를 검색해서 Quality Switch 노드를 생성한다.

10. Constant 노드를 추가하고 값을 0.7로 설정한다. Constant 노드의 출력을 Quality Switch 노드의 Low 입력에 연결한다.

11. T_Walls_AORM 텍스처를 담고 있는 Texture Sample 노드의 G 채널 출력을 Quality Switch 노드의 Default, Medium, High 입력에 다 연결한다.

---

3 Texture Sample과 Constant3Vector 노드의 색상을 곱하려면 Multiply 노드를 추가해 A, B 입력에 각 노드를 연결해야 한다. 지금까지 머티리얼을 만드는 실습을 많이 했기 때문에 저자가 간략하게 설명한 것 같다. – 옮긴이

12. Quality Switch 노드의 출력을 메인 머티리얼 노드의 **러프니스** 입력에 연결하자.

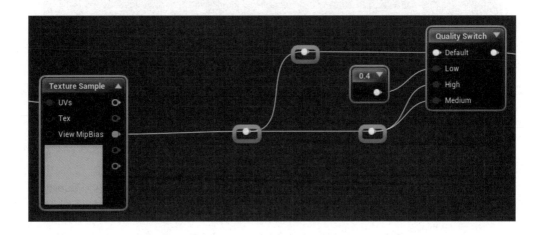

이번 실습에서 첫 번째 새 노드를 사용해봤다. Quality Switch 노드가 아직 익숙하지 않을 것이다. 그래서 관련 이야기를 해보고자 한다. Quality Switch 노드는 컴퓨터 게임에서 자주 볼 수 있는 여러 품질 프리셋을 머티리얼 그래프 안에서 전환할 수 있게 해준다. 텍스처와 단순 색상 사이에 선택권을 통해 텍스처 메모리를 절약하거나 좀 더 사실적인 반사를 표현하는 것 중 하나를 선택할 수 있는 것처럼 말이다. 나중에 이러한 설정을 전환하는 방법을 알아볼 것이다. 우선 머티리얼 제작을 마무리하자.

13. 세 번째 Texture Sample 노드에 T_Walls_Normals 텍스처를 할당한다.

14. 다른 Quality Switch 노드를 생성하고 이전 텍스처 노드의 출력을 Default, High, Medium 입력에 연결한다.

15. Constant3Vector 노드를 추가하고 값을 0, 0, 1로 지정한다. 설정한 값이 Normal 입력에 어떤 입력도 연결되지 않았을 때와 같다. Constant3Vector 노드를 Quality Switch 노드의 Low 입력에 연결한다.

16. Quality Switch 노드를 메인 머티리얼 노드의 Normal 입력에 연결한다.

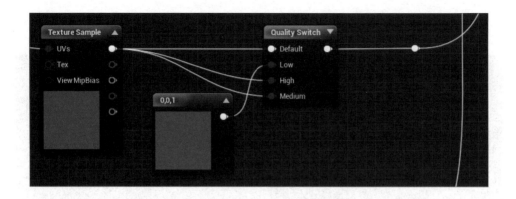

앞서 단계에서 Quality Switch 노드를 사용하는 또 다른 예를 살펴봤다. Quality Switch 노드를 통해 설정이 높음일 때 텍스처를 사용하고 설정이 낮음일 때 상수를 사용하도록 머티리얼의 노멀을 조절했다. 설명은 이쯤 하고 계속 머티리얼을 만들어보자.

17. 두 개의 **Scalar Parameter** 노드를 생성하고 이름을 Subdivision Amount High 와 Subdivision Amount Low로 입력한다. 이 노드들로 머티리얼의 테셀레이션 인자를 조절할 것이다. 첫 번째 Scalar Parameter를 5로, 두 번째 Scalar Parameter를 0으로 설정한다.

18. 우클릭을 하고 Feature Level Switch를 찾아서 생성한다. Subdivision Amount High 노드를 SM5 입력에 연결하고 Subdivision Amount Low 노드를 나머지 입력에 연결한다.

19. Feature Level Switch 노드의 출력을 메인 머티리얼 노드의 테셀레이션 멀티플라이어 입력에 연결한다.

이번에 두 번째 신규 노드를 사용해봤다. Feature Level Switch를 이야기를 해볼 차례다. Quality Switch 노드와 매우 유사해 보이지만 전혀 다른 용도로 사용해야 한다. Quality Switch 노드가 여러 품질 프리셋 사이를 변경할 수 있게 해주는 반면 Feature Level Switch 노드는 다양한 하드웨어가 지원하는 기능의 종류를 다룬다. 예를 들어 안드로이드 폰은 성능과 상관없이 윈도우 컴퓨터가 지원하는 동일한 기능을 지원하지 않는다. 이와 관련한 사항을 '예제 분석' 절에서 좀 더 자세히 알아볼 것이다. 실습을 마치고 꼭 읽어보길 바란다. 이제 머티리얼을 마무리하는 데 집중해보자.

20. VertexNormalWS 노드를 그래프에 추가한다.

21. 네 번째 Texture Sample 노드에 첫 번째에 사용했던 동일한 텍스처인 T_Walls_Depth 텍스처를 할당한다.

22. Cheap Contrast 노드를 Texture Sample 노드 앞에 생성하고 Texture Sample의 출력을 In(S)에 연결한다. Cheap Contrast 노드의 Contrast(S) 입력을 조절하려고 Scalar Parameter 노드를 하나 생성하고 이름을 Contrast Intensity로 입력한다. 그런 다음 값을 1로 설정하고 Contrast(S) 입력에 연결한다.

23. Multiply 노드와 Scalar Parameter 노드를 하나씩 만들자. Scalar Parameter의 이름을 Height Intensity로 입력하고 값을 1로 지정한다. Cheap Contrast 노드의 결과를 Multiply 노드의 A 입력에 연결하고 Scalar Parameter를 B 입력에 연결하자.

24. Multiply 노드를 생성해 VertexNormalWS 노드와 23단계에서 만든 Multiply 노드의 결과를 곱한다.

25. 위의 모든 노드 앞에 Feature Level Switch를 하나 추가하고 Multiply 노드의 출력을 SM5 입력에 연결한다.

26. Constant 노드를 생성하고 값을 0.5로 지정한다. 그리고 노드를 Feature Level Switch 노드의 Default, ES2, ES3_1, SM4에 연결한다.[4]

---

4 4.24 버전을 사용하면 SM4 입력 핀의 이름이 SM4_REMOVED로 변경된 것을 알 수 있다. 엔진에서 더 이상 SM4를 지원하지 않아서 그렇다. – 옮긴이

27. Feature Level Switch 노드의 출력을 메인 머티리얼 노드의 **월드 디스플레이스먼트** 입력에 연결하자.

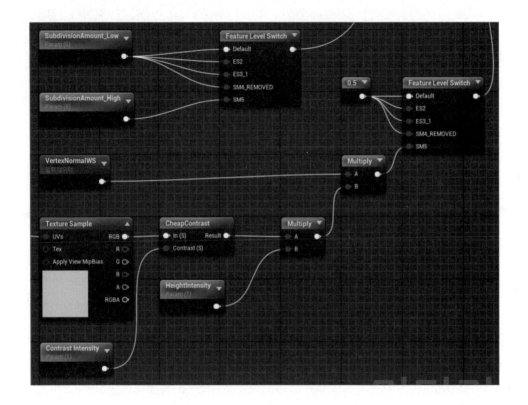

앞선 단계까지 완료했다면 머티리얼 작업은 끝났다. 이제 레벨에 있는 벽에 머티리얼을 적용하고 작업한 결과물을 시각적으로 확인하기만 하면 된다.

28. 벽(SM_Walls_Corner)을 선택하고 작업한 머티리얼을 적용하자. 테셀레이션과 머티리얼에 포함된 모든 멋진 기능으로 인해 결과물이 멋지게 보일 것이다.

29. 메인 툴바에 있는 **세팅** 버튼을 클릭하고 **머티리얼 퀄리티 레벨** 메뉴로 가서 낮음 Low Preset을 선택하자. 이렇게 하면 Quality Switch 노드의 Low 입력에 연결된 기능을 활성화시킨다.

30. **세팅** 버튼을 다시 클릭하고 **프리뷰 렌더링 레벨** 메뉴로 가서 셰이더 모델 4^{Shader} $^{Model\,4}$를 선택하자.[5] 이렇게 하면 머티리얼의 테셀레이션 기능이 꺼진다. Feature Level Switch 노드를 그렇게 되도록 사용했기 때문이다.

동작 방법까지 확인했다. 물론 결과를 좀 더 쉽게 확인하려고 단순한 머티리얼을 사용했다. 하지만 개발자의 프로젝트 요구 사항에 따라 이 기법을 사용할 수 있다. 아마 이번 실습에서 사용한 것과 다를 수도 있을 것이다. 머티리얼을 생성할 때 이러한 스위치를 포함하는 것이 항상 좋은 생각이다. 특히 설정이 가능해야 하는 상황에서는 말이다. 프로젝트의 타깃 플랫폼과 각 플랫폼의 최저, 최고 사양을 아는 것도 중요하다. 엔진이 지원하는 몇몇 고급 기법을 포함시킬 수 있는지 확인하려면 해당 장치의 피처 레벨에서 어떤 기능을 지원하는지 알아야 하기 때문이다. 머티리얼 최적화의 세계로 입문한 것을 환영한다.

---

5   앞서 이야기한 바와 같이 4.24 버전부터 SM4를 지원하지 않아 프리뷰 렌더링 레벨에 존재하지 않는다. 안드로이드 GLES3.1 프리뷰나 iOS 프리뷰를 대신 선택하자. – 옮긴이

예제 분석

Quality Switch와 Feature Level Switch 노드 모두를 사용해봤지만 숨겨진 동작 방법을 설명하진 않았다. 우선 Quality Switch를 살펴볼 것이다. Quality Switch가 이해하기 직관적이기 때문이다. 본질적으로 Quality Switch 노드는 머티리얼 그래프에서 작동하기 원하는 부분을 선택할 수 있게 해준다. 일례로 사용자에게 그래픽의 품질과 성능 사이에서 선택권을 제공하고 싶을 때에 사용할 수 있는 노드다.

이와 다르게 Feature Level Switch를 비슷하지만 다른 빈틈을 메꾸려고 사용한다. 특정 기기가 지원할 수 있는 기능에 따라서 머티리얼 그래프에서 실행시킬 부분을 개발자가 선택하고 싶을 때 사용할 수 있다. 좋은 예로 스마트폰은 최신 PC가 지원하는 동일한 그래픽 기법을 지원하지 않을 수도 있다. 단지 계산 능력의 차이로 인한 것이 아니라 아키텍처, OS 그리고 다른 관련된 많은 요소 때문에 말이다. 물론 이러한 차이가 단순히 스마트폰과 컴퓨터 사이에만 일어나는 것은 아니다. 각각 그룹 안에서도 차이가 존재한다. 예를 들어 최신 PC 하드웨어는 다이렉트X 11$^{Direct X 11}$의 셰이더 모델 5의 핵심 기능을 지원할 것이다. 하지만 예전 하드웨어는 아마 다이렉트 X 10까지만 지원할 수도 있다. 모바일 기기의 하드웨어는 좀 더 다양성을 갖고 있다.[6] 언리얼은 모바일에 대응하도록 ES2와 ES3_1 기능 수준을 제공한다.[7] 최신 모바일 단말기는 가장 최신 옵션을 사용할 수 있지만, 기능을 사용하기 전에 안드로이드와 애플 개발자에게 제공되는 관련 문서를 꼭 확인하길 바란다.

---

6   다양성을 갖고 있지만 실제로는 안드로이드 쪽은 그래픽 칩셋이 다 OpenGL ES2.0, OpenGL ES3.1 둘 중 하나 혹은 둘 다 지원한다. 그래서 하드웨어의 파편화를 걱정하지 않아도 된다. iOS는 OpenGL ES와 Metal을 지원한다. OpenGL ES 지원은 중단할 거라고 예고한 상태다. – 옮긴이

7   iOS의 Metal도 지원한다. – 옮긴이

추가 정보

개발자의 프로젝트에서 이러한 종류의 노드를 사용할 거라면 아마도 에디터에서만이 아니라 실시간으로 머티리얼의 품질 옵션을 변경하길 원할 것이다. 이런 요구는 당연하다. 방법이 단순하지만 설명 없이 넘어가진 않을 것이다. 콘솔 명령어를 통해 가능하다.[8]

머티리얼 품질을 변경하려면 콘솔 명령창에서 r.MaterialQualityLevel이라고 입력하고 그다음에 0에서 2까지 숫자 중 하나를 입력하면 된다. 이 표기법을 사용해 각 품질 수준 사이를 변경하려면 다음 라인을 입력하면 된다. 저수준 품질은 r.MaterialQualityLevel 0, 고수준 품질은 r.MaterialQualityLevel 1, 중간 수준 품질은 r.MaterialQualityLevel 2 이렇게 말이다. 아마 표기법이 낮음, 높음, 중간으로 가는 것이 이상할 것이다. 하지만 이것이 현재 구축된 정확한 방법이다. 아마 언리얼 개발 역사와 관련이 있고 초기에 단지 낮음과 높음 두 가지 단계만 제공됐다가 중간 수준이 나중에 제공되면서 앞서 소개한 순서를 갖게 되지 않았을까 추측해본다.

읽을거리

품질 변경과 기능 변경이 개발자의 앱과 게임을 최적화하는 데 도움을 준다. 언리얼이 제공하는 최적화 툴과 함께 이 기능을 사용하는 것이 좋다. 몇몇 유용한 링크를 남겨놓겠다. 꼭 확인해보길 바란다.

- 엔진 성능: https://docs.unrealengine.com/ko/Engine/Performance
- 모바일 플랫폼용 머티리얼: https://docs.unrealengine.com/ko/Platforms/Mobile/Materials

---

8   실제로는 콘솔 명령어가 아닌 콘솔 변수다. - 옮긴이

▌ 인테리어 큐브맵 사용해 건물 내부 텍스처링하기

매우 기본적인 개념부터 좀 더 고급 개념까지 아주 긴 여정을 지나고 있다. 그 과정에서 다양한 기법들을 다뤘고 이제 마지막을 향하고 있지만 그래도 변함없이 새로운 기법을 소개할 것이다. 마지막에서 두 번째인 이번 실습에서 또 다른 새 기법을 소개하고자 한다. 빌딩으로 가득한 외부 배경을 다룰 때 매우 유용하다. 이러한 배경에서 창문은 일반적인 요소이고 창문을 통해 건물 안이 보이도록 하는 것이 때때로 다루기 매우 힘들다.

아마도 건물의 창문이 정적인 텍스처로 표현돼 깊이감이나 인테리어가 전혀 현실적으로 보이지 않는 여러 비디오 게임이 생각날 수도 있을 것이다. 이번 실습에서 더욱 사실적인 레벨을 표현할 수 있도록 건물 내부를 좀 더 실제적으로 보이게 하는 현대적인 기법을 살펴볼 것이다.

준비하기

이전 대부분 실습과 다르게 만약 직접 만든 에셋으로 실습을 진행하려고 한다면 특정 종류의 에셋을 꼭 사용해야 한다. 일반적으로 큐브맵이라고 알려진 텍스처로 작업해야 하는데 이런 종류의 에셋은 언리얼에서 기본 제공하지 않는다. 언리얼 공식 문서에서 큐브맵을 구할 수 있으며 이번 실습에서 사용할 큐브맵과 동일하다. 또는 에픽의 가이드라인에 따라서 직접 생성해도 된다. 관련 주제에 관한 좀 더 자세한 사항은 '추가 정보'와 '읽을거리' 절에서 확인할 수 있다.

하지만 원한다면 제공하는 리소스를 사용할 수 있다는 점을 기억하자. 해당 큐브맵을 Content/UE4ShadersAndEffects/Assets/Chapter09 폴더에서 찾을 수 있다. 만약 Content/UE4ShadersAndEffects/Maps/Chapter09 폴더로 가서 이번 실습에서 사용할 레벨을 담고 있는 맵 파일인 09_05_InteriorCubemap_Start을 열어서 사용할 수도 있다.

예제 구현

우선 사용할 레벨을 에디터에서 살펴보는 것으로 시작하자. 레벨을 살펴보면 무엇을 하려고 하는지 이해하는 데 도움을 준다. 추가적으로 만약 직접 만든 텍스처와 에셋을 사용하려고 한다면 어떤 요소가 꼭 필요한지 이해하는 데도 도움을 줄 것이다. 레벨을 살펴보자.

위 그림에서 알 수 있듯이 기본적인 입방체인 이것을 건물로 사용할 예정이다. 최종 목표는 건물 벽에 창문을 배치하고 실제로 어떤 추가적인 폴리곤을 생성하지 않고 내부에 무엇이 있는지 보여주는 것이다. 만약 직접 만든 모델을 사용한다면 내부가 없는 빌딩 모양과 같은 것을 사용하면 된다. 원하는 머티리얼 작업을 시작해 원하는 효과를 구현해보자.

1. 새 머티리얼을 생성하고 이름을 M_InteriorCubemap으로 입력한다.

2. 머티리얼을 더블클릭해서 머티리얼 에디터를 열고 머티리얼 그래프에 첫 번째 노드인 Texture Sample 노드를 추가하자. 텍스처로 T_House_Color를 할당한다.

> ℹ️ 이번 실습에서 사용하는 텍스처들은 실습에서 사용하는 모델에 알맞도록 생성된 것이다. 만약 직접 만든 모델을 사용한다면 꼭 직접 만든 텍스처 이미지를 사용하자.

T_House_Color 텍스처를 사용해 모델의 외부가 건물처럼 보이도록 했다. 머티리얼을 컴파일, 저장하고 모델에 적용해보면 바로 확인할 수 있다. 내부가 보이도록 하는 것이 다음으로 수행할 단계다. 그리고 이미 생성한 외부와 내부를 혼합할 것이다.

3. 앞서 만든 Texture Sample 노드의 앞에 Lerp 노드를 생성하고 Texture Sample 노드의 출력을 A 입력 핀에 연결한다.

4. Texture Sample 노드를 하나 추가하고 T_Default_InteriorCubemap 텍스처를 할당한다.

5. 위의 Texture Sample 노드의 출력을 Lerp 노드의 B 입력에 연결한다.

6. 우클릭해서 Interior Cubemap이라고 특정 노드를 검색하고 cubemap 텍스처를 담고 있는 Texture Sample 뒤쪽에 배치한다. Interior Cubemap 노드의 UVW 출력을 Texture Sample 노드의 UVs 입력에 연결한다.

7. Constant2Vector 노드를 추가하고 Interior Cubemap의 Tiling(V2) 입력에 연결하자. Constant2Vector 노드의 R, G 채널 값을 각각 2와 4로 지정한다.

8. 마스크로 사용하기 위한 다른 Texture Sample 노드를 추가하고 T_House_Mask 텍스처를 할당하자. 출력을 Lerp 노드의 Alpha 입력에 연결하자.

9. 마지막으로 Lerp 노드의 출력을 메인 머티리얼 노드의 **베이스** 입력에 연결하자.

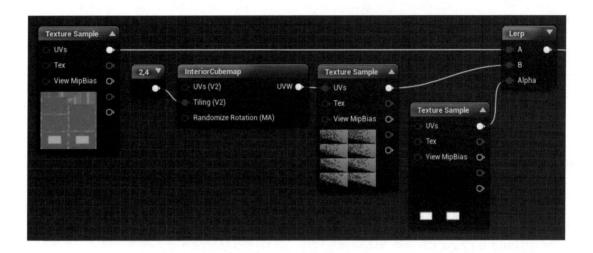

위의 노드 그래프가 머티리얼 안에서 큐브맵 로직을 구현하는 부분이다. 모든 것이 Interior Cubemap 노드 안에 응축돼 있다. Interior Cubemap 노드는 엄청나게 복잡한 그래프를 담고 있는 편리한 함수다. 노드를 더블클릭하면 로직의 작동 방법을 확인할 수 있다. '예제 분석' 절에서 좀 더 자세한 사항을 이야기할 것이다. 어쨌든 큐브맵을 가져와서 마스크된 특정 영역에 큐브맵을 적용하고 머티리얼의 다른 부분과 혼합함으로써 머티리얼에서 큐브맵을 사용할 때 구현해야 할 기본 로직을 이미 완성했다. 다음에 다룰 부분은 마스킹과 나머지 노드를 생성하는 것이다.

10. Texture Sample 노드를 그래프에 두 개 더 추가한다. 머티리얼의 노멀과 메탈릭을 조절하려면 필요하다.

11. 첫 번째에 T_House_AORM 텍스처를 할당하고, 두 번째에 T_House_Normal 텍스처를 할당한다.

12. 노멀 맵을 담고 있는 노드의 출력을 바로 메인 머티리얼 노드의 Normal 입력에 연결하자.

13. Lerp 노드를 생성하고 T_House_AORM 텍스처를 담고 있는 노드의 B 채널의 출력을 A 입력에 연결한다.

14. Constant 노드를 생성해서 값을 0으로 지정하고, Lerp 노드의 B 입력에 연결한다.

15. T_House_AORM 텍스처를 담고 있는 노드의 B 채널을 Lerp 노드의 Alpha 입력에도 연결하자.

16. Lerp 노드의 출력을 메인 머티리얼 노드의 Metallic 입력에 연결하자.

이상의 단계에서 머티리얼의 추가적인 정보를 할당하는 작업을 수행했다. 특히 노멀과 메탈릭 입력을 말이다. 러프니스 입력으로 사용한 Constant 노드를 인테리어 큐브맵에 대응하는 실제 러프니스 값으로 대체할 수 있다. 머티리얼의 베이스 입력에서 했던 것처럼 말이다. 러프니스 입력처럼 임의의 다른 입력을 처리할 때도 같은 방법을 사용할 수 있다. 에미시브 입력은 인테리어 큐브맵에서 꽤 자주 사용한다. 보이는 실내에 종종 조명이 있기 때문이다. 밤 시간이면 특히 그렇다. 마지막으로 머티리얼을 할당해 최종 결과를 확인해보자.

예제 분석

Interior Cubemap 노드의 내부 작동 방법을 보려면 노드를 더블클릭하면 된다. Interior Cubemap 노드는 머티리얼 함수여서 더블클릭을 해서 실제 구현된 그래프를 확인할 수 있다. 함수가 많은 노드로 구성된 꽤 긴 그래프이지만, 간략하게 살펴보면서 동작을 이해해본다. 그러면 다른 유사한 효과를 만들 수 있는 몇 가지 괜찮은 방법을 생각해낼 수도 있을 것이다.

첫 번째로 Interior Cubemap 노드에서 카메라 방향에 따라 모델의 UV 좌표가 달라진다는 점을 알아야 한다. 그래서 함수를 열어봤을 때 Camera Vector 노드가 존재하는 것이다. 노드의 작동에 영향을 미치는 또 다른 요인은 입력으로 제공하는 UVs(V2), Tiling(V2), Randomize Rotation(MA) 값들이다. 함수의 노드 그래프 안의 여러 단계에서 이 입력들을 사용한다. 함수의 로직에 따라 이 모든 입력을 사용한다. 그래서 실제로 내부에서 어떤 일이 일어나는가? 카메라 방향에 근거해서 UV 좌표를 계산하는 게 핵심이라고 간략하게 요약할 수 있을 것이다.

우선 카메라가 바라보는 방향 벡터를 구한다. 그리고 그 벡터를 월드 공간에서 탄젠트 공간으로 변환한다. 다음으로 변환된 벡터를 미러링한다.[9] 평면 위에 있는 가짜 3D 환경을 바라볼 때 꼭 따라 해야 하는 현상이기 때문이다. 사용할 텍스처와 적용할 UV 좌표의 반복 횟수가 이 모든 정보에 영향을 준다. 이렇게 얻은 정보를 입력해서 격자 구조를 얻을 수 있는데, 격자 구조의 각 셀이 원하는 효과를 담고 있다. 이 함수를 평평한 표면에 적용하는 것은 쉽기 때문에 앞의 이야기를 가장 중요하게 고려해야 한다. 그렇지 않다면 여러 문제가 발생함을 알 수 있다. 입방체에 인접한 면 사이에 눈에 띄는 불연속성이 발생해 원하는 효과를 얻을 수 없는 것이 대표적인 문제다. 이럴 때 동일한 인테리어 큐브맵을 사용하는 대신 불연속성이 발생하는 코너를 빌딩의 다른 방으로 생각해서 다른 인테리어 큐브맵을 생성하는 것이 좋은 접근 방법이다. 직접 만든 특정 모델에 이 기법을 꼭 실험

---

9   정확히는 YZ 평면에 대해서 미러링을 한다. - 옮긴이

해서 이런 가능한 문제를 다루는 데 얼마나 괜찮은 방법인지 확인해보자.[10]

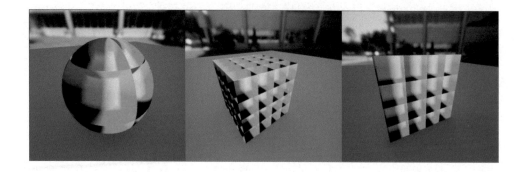

추가 정보

앞서 살펴본 바와 같이, 빌딩 내부를 표현하고자 할 때 인테리어 큐브맵이 매우 유용한 기법이다. 빌딩의 내부를 다뤄야 할 상황일 때 실습에서 사용했던 큐브맵 대신 직접 만든 큐브맵을 사용하고 싶을 것이다. 그래서 큐브맵을 만드는 방법을 알아보려 한다.

언리얼의 요구 사항에 부합하는 큐브맵 텍스처를 생성하는 것이 핵심이다. 관련된 사항을 '읽을거리' 절에 나오는 링크에서 좀 더 자세히 확인할 수 있다. 꼭 알고 있어야 하는 핵심 사항은 다음 그림에서 확인할 수 있는 정해진 패턴에 따라서 텍스처를 배열해야 한다는 것이다.

---

10   제공하는 레벨에서 확인해보면 알 수 있지만 한쪽 창문에서 내부를 들여다보면 바로 1이 써는 면이 보인다. 그래서 반대쪽 창문을 보면 앞을 보면 2가 보일 거라 생각하겠지만 반대쪽 창문에서도 1이 보인다. 탄젠트 공간의 Z축이 양의 값만 가져서 결국 큐브맵의 6면 중에 5면만 접근이 가능하기 때문이다. - 옮긴이

582

그림에서와 같이 텍스처가 6개의 조각으로 구성돼 있다. 그리고 각각은 정해진 카메라 방향과 일치한다. 카메라가 적절하게 정렬돼 있도록 확실히 하는 것이 큐브맵 텍스처를 생성하는 핵심 요소다. 좀 더 실제적인 상황으로 변환해서 이야기하자면 카메라가 가능한 모든 축 방향을 바라봐야 한다는 것을 의미하고, 가능한 축 방향은 양의 X축, 음의 X축, 양의 Y축, 음의 Y축, 양의 Z축, 음의 Z축 이렇게 6가지이고 각 방향에 따라서 배경을 렌더링해야 한다. 그다음 이렇게 만들어진 여섯 개의 이미지를 포토샵과 같은 편집 프로그램으로 가져가서 위의 그림에서 보이는 것과 같이 언리얼에서 요구하는 순서대로 왼쪽부터 오른쪽으로 이미지를 배열한다.

파일을 적절한 형식으로 저장하는 것은 또 다른 문제다. 엔비디아[NVIDIA]나 AMD와 같은 여러 제조사에서 제공하는 특정 툴이 필요하다. 다음 절에서 좀 더 자세한 정보를 확인할 수 있다.

읽을거리

- 일반적인 큐브맵 생성 과정을 설명한 에픽의 공식 문서 링크: https://docs. unrealengine.com/ko/Engine/Content/Types/Textures/Cubemaps
- 큐브맵 도구 설명 링크: https://docs.unrealengine.com/ko/Engine/Content/Types/Textures/Cubemaps/CubemapTools

▌ 완전 절차적 Noise 패턴 사용하기

이제 마지막 실습이다. 이를 끝으로 이 책의 긴 여정을 마치려고 한다. 이번엔 강력하면서도 유연한 기법을 이야기해볼 것이다. 하지만 성능적인 측면에서 본다면 상당한 계산 비용을 요구한다. 다른 에셋을 생성하는 수단으로 이 기법을 사용하는 것이 가장 좋다. 실시간 앱이나 게임에 직접 사용하는 일은 바람직하지 않다. 완전 절차적, 수학적 시스템인 Noise 노드를 이야기할 것이다. 이 노드를 통해 다양한 반복 패턴이 없는 텍스처를 만들 수 있다. 그리고 생성된 텍스처를 사용한 에셋을 생성할 수 있다. 3장에서 살펴봤던 반 절차적 머티리얼 생성 기법과 유사하다. 하지만 Noise 노드를 사용하면 오프라인 렌더러에서 폭넓게 사용하는 효과들을 구현할 수 있다. 이를 통해 반복 패턴이 없는 머티리얼을 생성할 수 있는 기회를 제공한다. 다음 그림에서 이번 실습의 최종 결과물을 확인할 수 있다.

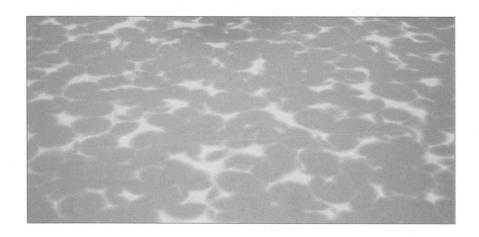

준비하기

평소와 다르게 이번엔 엔진에서 제공해 주는 기능 이외에 필요한 것은 없다. 하지만 원한다면 사용할 수 있는 레벨을 준비했다. 맵 파일은 09_06_Noise_Start이고 Content/

584

UE4ShadersAndEffects/Maps/Chapter09 폴더에서 찾을 수 있다.

직접 만든 레벨과 에셋을 사용하고 싶다면 원하는 어떤 것이든 사용해도 괜찮다. 효과를 적용할 모델이 있어야 하고 결과를 확인할 수 있도록 조명이 배치돼 있어야 한다. 나머지 요소는 다 부가적이다.

예제 구현

평소처럼 레벨에 있는 평면에 적용할 머티리얼을 생성하는 것으로 시작하자. 이번 실습에서 툰 셰이더 예제로 사용할 머티리얼을 만들어볼 것이다. 애니메이션되는 파도가 포함돼 있는 머티리얼이다. Noise 노드를 도입해 파도를 조절할 것이다. 시작하기 전에 머티리얼이 여러 부분으로 이뤄져 있음을 기억하자. 물거품을 표현하는 부분, 평범한 바다 색상을 표현하는 부분, 밋밋해 보이지 않도록 색상을 약간 변경하는 부분 이렇게 셋으로 이뤄져 있다. 기억하기 편하도록 실습을 진행하면서 각 부분을 다른 이름으로 부를 것이다. 시작해보자.

1. 새 머티리얼을 생성하고 M_Toon_Shader와 같이 적절한 이름을 입력한다. 머티리얼을 레벨에 있는 평면에 적용하고 머티리얼을 더블클릭해서 머티리얼 에디터를 연다.

2. 첫 번째 부분에서 바다 색상의 여러 변화를 처리할 것이다. Constant3Vector 노드 2개를 그래프에 추가한다.

3. 두 상수 노드에 약간 다른 푸른 색상을 할당한다. 두 색상을 바다를 표현하는 데 사용할 것이다.

4. Lerp 노드를 생성하고 두 상수 노드를 Lerp 노드의 A와 B 입력에 각각 연결한다. 다음 부분에서 앞서 만든 Lerp 노드의 Alpha 입력에 연결할 마스크를 생성할 것이다. 지금이 새 노드를 도입힐 적절한 기회다. 그래서 정적인 텍스처 대신에 완전 절차적인 Noise 노드를 사용할 것이다.

5. Texture Coordinate 노드를 그래프에 추가한다.

6. Texture Coordinate 노드 앞에 Append 노드를 생성하고 둘을 연결한다.

7. Constant 노드를 생성하고 Append 노드의 B 입력에 연결한다.

8. 우클릭을 하고 Noise 노드를 검색하자. 그래프에 Noise 노드를 추가하고 Append 노드의 출력을 Noise 노드의 Position 입력에 연결한다.

9. Noise 노드를 선택하고 **디테일** 탭에서 속성들을 다음과 같이 설정한다. Function 속성을 Fast Gradient - 3D Texture로 선택하고 Output Min을 -0.25로 설정한다. 다른 모든 설정은 기본값으로 둔다.

10. Noise 노드의 출력을 Lerp 노드의 Alpha 입력에 연결한다.

> Noise 노드의 Position 입력은 3차원 벡터여야 한다. 그래서 Texture Coordinate 노드와 값이 0인 Constant 노드를 Append 노드로 합쳐서 3차원 벡터로 만들었다.

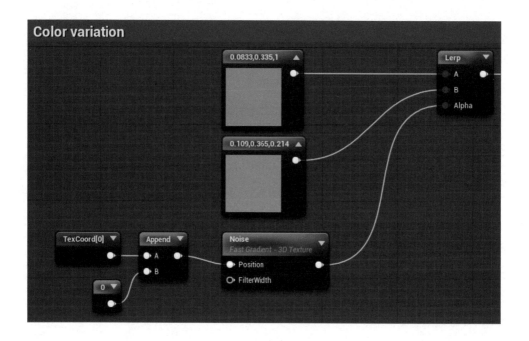

앞선 단계들이 두 가지 서로 다른 색상을 반복되는 패턴이 없이 혼합해준다. 나중에 부르기 편하도록 첫 번째 부분을 색상 변화^{color variation}라고 부르자. 물론 색상 변화 부분이 매우 작지만 정교한 효과를 사용해 최종 셰이더 결과에 무작위성을 추가한다. 계속해서 머티리얼의 다른 부분을 만들어보자.

11. 세 번째 Constant3Vector 노드를 생성하고 흰색에 가까운 값을 지정한다. 이 노드를 물거품 색상으로 사용할 것이다.

12. 새 Lerp 노드를 추가하고 앞서 만든 상수 노드를 B 입력에 연결한다.

13. 4단계에서 만든 첫 번째 Lerp 노드의 결과를 새 Lerp 노드의 A 입력에 연결한다.

여기까지 진행했으니 이제 노이즈 패턴 생성을 시작할 수 있다. 또한 노이즈 패턴을 사용해 평범한 바다 색상과 물거품 색상을 혼합할 수 있다. Noise 노드를 다시 사용하겠지만 이번엔 애니메이션을 추가해 좀 더 멋져 보이게 할 것이다.

14. **절대 월드 포지션** 노드를 추가한다.

15. Panner 노드를 추가하고 Speed X를 5로, Speed Y를 15로 변경한다.

16. Panner 노드 앞에 Append 노드와 0값을 가진 Constant 노드를 추가한다. 상수를 Append 노드의 B 입력에 연결하고 Panner 노드의 결과를 A 입력에 연결한다.

17. Add 노드를 추가한 다음 World Position 노드의 출력을 A 입력에 연결하고 Append 노드의 출력을 B 입력에 연결한다.

18. Noise 노드를 추가한 다음 디테일 탭에서 다음 속성을 조절한다. Scale을 0.015로, Quality를 5로, Function을 Voronoi로, Level을 1로, Level Scale을 4로 설정한다.

19. Add 노드의 출력을 Noise 노드의 Position 입력에 연결한다.

계속 진행하기 전에, 가장 마지막에 생성한 몇몇 노드를 살펴보는 것이 좋을 것 같다. 앞서 언급을 했던 바와 같이 Noise 노드는 반복되지 않는 패턴을 생성한다. 그리고 패턴을 Noise 노드의 **디테일** 탭에서 조절할 수 있다. 하지만 각 속성들이 어떤 동작을 하고 어떤 효과를 갖는지를 이야기하진 않는다. 관련 내용은 다음 '예제 분석' 절에서 다룰 것이다. 지금은 Function 속성이 매우 중요하다는 점만 알아두자. Function 속성이 결과로 얻는 노이즈의 형태를 결정하기 때문이다. 게다가 Noise 노드의 여러 매개변수를 통해 모양에 영향을 줄 수 있다. 앞서 생성했던 Panner 노드의 그래프가 노이즈의 모양을 움직이도록 한 것이 그 예이다. 다음 단계에서 주의를 기울여서 노드를 만들자. 여기서도 마찬가지로 노이즈의 모양을 조절할 것이기 때문이다.

20. Constant 노드를 생성하고 값을 0.3으로 지정한다. 그리고 앞서 만든 Noise 노드의 Filter Width 입력에 연결하자. 이렇게 하면 기본적으로 Noise 노드의 결과를 가늘어지게 한다. 결국 결과가 좀 더 깔끔한 그레이스케일 마스크가 될 것이다.

21. Noise 노드 앞에 Power 노드를 생성한다. Power 노드를 검은색과 흰색 영역을 더 분리되도록 하는 데 사용할 것이다. Noise 노드의 출력을 Power 노드의 Base input 입력에 연결한다.

22. Power 노드의 Exp 입력을 조절하려고 Constant 노드를 추가하고 값을 4로 지정한다.

23. Power 노드의 결과에 3을 곱해서 마스크의 결과를 좀 더 밝게 만든다.

24. 앞선 Multiply 노드의 출력을 12단계에서 만든 Lerp 노드의 Alpha 입력에 연결한다.

이 부분의 노드들이 Noise 노드를 사용해서 물거품 색상과 위치를 조절할 때 도움을 준다. 나중에 참조하기 편하도록 그래프의 이 부분을 물거품 변화[Sea Foam]

Variation라고 부르자. 여기까지 작업으로 머티리얼의 조작이 거의 끝났다. 하지만 생성한 물거품 패턴은 단지 한 방향으로만 애니메이션된다. 그래서 최종 결과물로 봤을 때 그렇게 멋지지 않다. 결국 더 작업할 여지가 조금 남아 있다. 애니메이션 부분에 약간 더 다양성을 추가해본다.

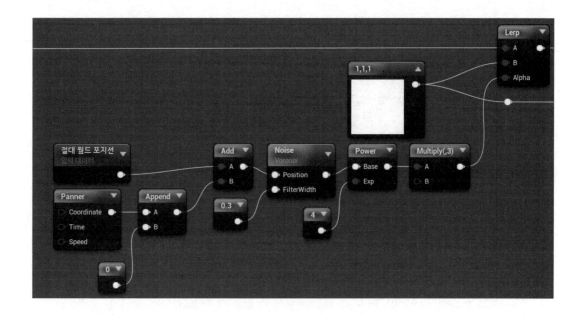

25. 14단계부터 23단계까지 만들었던 노드들의 그래프를 복사해서 빈 공간에 붙여 넣는다. 물거품 앞면에 약간의 다양성을 추가하기 위한 기본 틀로 사용할 것이다. 다른 부분과 명확히 구별하고자 이 부분을 추가적인 변화Extra Variation라고 부르자. 주석을 달아 놓는다.

26. 복사된 Panner의 값을 SpeedX를 10, Speed Y를 5로 변경한다.

27. 복사된 Noise 노드의 Scale을 0.0125로 수정한다.

28. Power 노드의 Exp를 조절하는 상수를 3으로 설정한다.

29. 새 Lerp 노드를 생성하고 12단계에서 만든 Lerp 노드의 출력을 A 입력에 연결

한다. 물거품 색상을 지정했던 Constant3Vector 노드의 결과를 B 입력에 연결한다.

30. 추가적인 변화 부분으로 복제된 그래프의 가장 앞에 있는 Multiply 노드의 출력을 Lerp 노드의 Alpha 입력에 연결한다.

31. 마지막 Lerp 노드의 출력을 메인 머티리얼 노드의 베이스 입력에 연결한다.

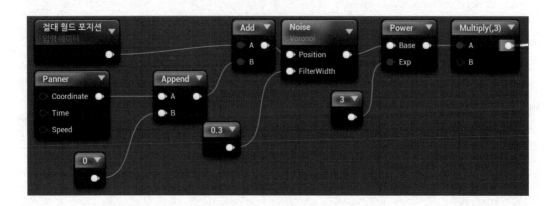

이렇게 머티리얼 제작이 끝났다. 최종적으로 어디를 바라보든 어떤 반복도 보이지 않는 머티리얼을 말이다. 이 방법이 반복 패턴을 없애고 싶을 때 사용할 수 있는 가장 강력한 기법이다. 하지만 이 기법을 사용함으로써 렌더링 파이프라인에 가해지는 비용을 알아야만 한다. 셰이더 명령어 개수를 확인하거나 개발자의 앱이나 게임이 얼마나 효율적으로 작동하는지 테스트하는 데 사용할 수 있는 언리얼이 제공하는 툴을 통해서 비용을 확인할 수 있다. 평소처럼 다음 두 개의 절을 기대해주길 바란다. 거기서 Noise 노드의 이면에서 어떤 동작을 하는지 자세히 이야기해보고자 한다.

예제 분석

이미 두 번이나 Noise 노드를 사용해봤다. 하지만 Noise 노드를 다시 한 번 더 살펴보고 디테일 탭에 나오는 여러 속성들을 조작해서 얻은 결과를 살펴본다고 손해 볼 것은 없다.

순서대로 속성을 살펴본다면 Scale 속성이 첫 번째다.

Scale은 매우 직관적인 속성이다. 숫자가 커질수록 노이즈는 점점 작아진다. 처음에는 아마 약간 혼란스러울 수 있다. 만약 작은 그레인^{grain} 효과가 아니라 마스킹 기법으로 Noise 노드를 사용하려고 한다면 일반적으로 정말 매우 작은 값을 입력해야 하기 때문이다.[11] 기본값인 1보다 더 작은 값(0.01처럼)이 항상 더 잘 작동한다. 그래서 개발자가 직접 Noise 노드를 사용할 때 이 점을 기억하지 않으면 왜 이런 결과가 생기는지 알아낼 수 없다.

두 번째 조절 가능한 속성은 Quality이다. Quality 속성이 미묘한 방법으로 최종 결과에 영향을 미친다. 서로 다른 값이 전이가 나타나는 부분을 좀 더 부드럽게 해줌으로써 대부분 결과가 약간 더 좋아 보인다. 세 번째 속성인 Function은 아마 가장 중요한 속성일 것이다. Function 속성이 최종 패턴을 생성하는 로직을 제어한다. '추가 정보' 절에서 Function 속성을 좀 더 자세히 이야기할 것이다. Noise 노드의 핵심이기 때문이다.

Turbulence가 활성화할 수 있는 다음 속성이다. 그리고 최종 결과물을 생성하는 데 얼마나 많은 주파수를 혼합할 것인지를 결정한다. 좀 더 많은 주파수를 사용한다는 것은 최종 결과가 더욱 다양성을 갖는다는 것을 의미한다. 이 속성을 이미 다양성을 가진 소스 머티리얼 안에 존재하는 것이라고 생각할 수 있다. 다음 속성인 Levels도 세부 묘사를 좀 더 풍부하게 함으로써 결과의 다양성을 증가시킨다. 그 아래에 Level Scale 속성이 나오는데, Levels 속성의 크기를 조절할 수 있게 해준다. Levels 속성을 낮은 값으로 설정하고 Level Scale의 값을 증가시켜서 얻게 되는 최종 세부 묘사를 더 높은 수준처럼 흉내낼 수 있다. 좀 더 효율적으로 세부 묘사를 표현하고자 할 때 효과적이다.

이제 Output Min과 Output Max 속성을 다룰 차례다. 최솟값 또는 최댓값을 제어하는 속성이다. 0은 검은색, 1은 흰색을 나타낸다. 기본값은 각각 음수와 양수로 설정돼 있다. 저울이라고 생각하고 이 속성들을 조절하는 것이 유용하다. 만약 최소를 −6으로, 최대를

---

11 그레인은 필름이나 CRT 모니터에서 작은 반점 형태로 생기는 노이즈를 말한다. – 옮긴이

1로 설정했다면 음수 영역에 좀 더 큰 범위를 가질 것이고 결국 밝은 영역보다 어두운 영역에 색조 단계가 많아진다.

마지막 속성은 Tiling과 Repeat Size이다. Tiling을 활성화하면 지정한 크기에 따라서 패턴이 반복되도록 한다. 이렇게 해서 매우 낮은 렌더링 비용으로 텍스처를 베이킹해서 나중에 노이즈를 생성하는 데 텍스처를 사용할 수 있다. 자신만의 에셋을 생성하고 싶을 때 유용한 기능이다.

추가 정보

Noise 노드 안에서 가장 중요한 속성을 선택해야 한다면 아마 이 기능을 조작하는 Function 속성일 것이다. 노이즈는 많은 측면에서 차이가 있다. 특히 렌더링 비용과 최종 결과물에 더욱 더 차이가 있다. 아마 개발자들이 다른 3D 소프트웨어에서 이런 기능을 본 적이 있을 것이다. 하지만 언리얼에서 여러 함수 중에 선택할 때 기억해야 할 가장 중요한 한 가지는 제한 사항과 소모되는 비용이다.

에픽 공식 문서에 따르면 특정한 상황에서 더욱 적합한 함수가 있다. 예를 들어 Simplex 함수는 반복이 되지 않고, Fast Gradient는 요철을 표현하는 데 적합하지 않다. 이런 사항이 벌써 특정 효과를 생성할 때 어떤 함수를 선택할지 고민하는 사용자에게 힌트를 주고 있다. 이외에 명령어의 개수도 기억해야 할 정말 중요한 요소다. 예를 들어 Gradient 함수는 반복되지 않을 때 각 수준마다 61개의 명령어를 포함하는 반면, Fast Gradient 함수는 대략 최고 16개의 명령어만 포함한다.

이런 사항들을 신경 쓰지 않는다면 가장 비싸지만 매우 유용한 함수는 바로 Voronoi 이다. 가장 최근에 엔진에 포함된 함수이다. 자연에서 볼 수 있는 많은 다양한 패턴을 재현하고 싶을 때 정말 유용하다. 돌이나 물을 재현할 때 사용할 수 있다. Voronoi 함수를 사용해 바다 셰이더를 다시 작성할 수 있다. 입력을 변경하면 금이 간 지형 같은 것도 생성할 수 있다. 다음 절에서 소개하는 문서에서 이러한 예를 확인할 수 있다.

읽을거리

라이언 브룩스[Ryan Brucks]가 작성한 블로그에서 Noise 노드에 관한 자세한 정보를 살펴볼 수 있다. 라이언 브룩스는 에픽 게임즈에서 근무 중이고, Noise 노드를 실제로 구현한 사람이다.

- https://www.unrealengine.com/ko/tech-blog/getting-the-most-out-of-noise-in-ue4

찾아보기

언리얼 엔진 4 머티리얼

70가지 예제로 배우는 머티리얼 제작과 활용

발 행 | 2020년 7월 28일

지은이 | 브라이스 브렌라 라모스 · 존 도란
옮긴이 | 김 규 열

펴낸이 | 권 성 준
편집장 | 황 영 주
편 집 | 조 유 나
디자인 | 윤 서 빈

에이콘출판주식회사
서울특별시 양천구 국회대로 287 (목동)
전화 02-2653-7600, 팩스 02-2653-0433
www.acornpub.co.kr / editor@acornpub.co.kr

한국어판 ⓒ 에이콘출판주식회사, 2020, Printed in Korea.
ISBN 979-11-6175-437-6
http://www.acornpub.co.kr/book/unreal-shader-effect

이 도서의 국립중앙도서관 출판시도서목록(CIP)은 서지정보유통지원시스템 홈페이지(http://seoji.nl.go.kr)와
국가자료공동목록시스템(http://www.nl.go.kr/kolisnet)에서 이용하실 수 있습니다.(CIP제어번호: CIP2020029702)

책값은 뒤표지에 있습니다.